W004⊿729

Das große NEIN zur Schule:
Trennungsangst und Schulphobie – Ursachenforschung, soziale Wahrnehmung in der Schule und Maßnahmen der Intervention

Pia Anna Weber

Dissertation
zur Erlangung des akademischen Grades
doctor philosophiae (Dr. phil.)
der Fakultät für Bildungswissenschaften
an der Universität Duisburg-Essen

Datum der mündlichen Prüfung: 01.09.2010
Erstgutachterin: Frau Professorin Dr. Gisela Steins
Zweitgutachterin: Frau Professorin Dr. Annette Boeger

PABST SCIENCE PUBLISHERS
Lengerich, Berlin, Bremen, Miami,
Riga, Viernheim, Wien, Zagreb

Kontakt:
PIA ANNA WEBER
Fakultät für Bildungswissenschaften
Institut für Psychologie
Allgemeine Psychologie und Sozialpsychologie
Universität Duisburg-Essen
Campus Essen/Weststadttürme
Berliner Platz 6-8
45127 Essen
pia.weber@uni-due.de

Bibliografische Information der Deutschen Nationalbibliothek
Die Deutsche Nationalbibliothek verzeichnet diese Publikation in der Deutschen Nationalbibliografie; detaillierte bibliografische Daten sind im Internet über <http://dnb.ddb.de> abrufbar.

Das Werk, einschließlich aller seiner Teile, ist urheberrechtlich geschützt. Jede Verwertung außerhalb der engen Grenzen des Urheberrechtsgesetzes ist ohne Zustimmung des Verlages unzulässig und strafbar. Das gilt insbesondere für Vervielfältigungen, Übersetzungen, Mikroverfilmungen und die Einspeicherung und Verarbeitung in elektronischen Systemen.

© 2011 Pabst Science Publishers, D-49525 Lengerich
Druck: Printed in the EU by booksfactory.de
Titelfoto: © gemenacom – Fotolia.com

ISBN 978-3-89967- 710-2

Vorwort

Die vorliegende Arbeit wurde von der Fakultät für Bildungswissenschaften der Universität Duisburg-Essen als Dissertation angenommen. Die Disputation fand im September 2010 statt

Mein Dank gilt in erster Linie meiner Doktormutter und akademischen Lehrerin Frau Professorin Dr. Gisela Steins, in deren Arbeitsgruppe ich als Mitarbeiterin die Gelegenheit habe, eine überaus interessante und sehr lehrreiche Zeit zu verbringen. Vielen Dank für die überaus interessierte und engagierte Betreuung. Mein Dank gilt auch Frau Professorin Dr. Boeger für die rasche Erstellung des Zweitgutachtens.

Ein großes Dankeschön möchte ich meinem Freund Felix Klopmeier aussprechen, der mich zu einer wissenschaftlichen Arbeit ermutigt und während der Promotionszeit liebevoll unterstützt hat. Einen ebenso großen Dank gebührt meinen Eltern und meiner Schwester Laura, die an diesem Thema großes Interesse gezeigt haben. Ihnen ist diese Arbeit gewidmet.

Meiner Cousine und Graphikdesignerin Bianca Schmitt gilt ein besonderer Dank für die Erstellung des Werbezettels zur Rekrutierung der Versuchsteilnehmerinnen sowie der graphischen Illustrationen.

Ohne die aktive Mitarbeit der Mütter, die sich gemeinsam mit ihren Kindern zum Interview zur Verfügung stellten und der zahlreichen Lehrer/-innen und Schüler/-innen wäre diese Arbeit nicht möglich gewesen. Allen ein herzliches Dankeschön.

Bedanken möchte ich mich außerdem bei meiner Kollegin Anna Haep für die Vermittlung kooperierender Schuldirektoren/-innen und Lehrer/-innen.

Meiner Kollegin Verena Welling, meinem Studienkollegen Benjamin Schulz und Petra und Nora Lauer herzlichen Dank, dass sie mein Manuskript gelesen und mir konstruktive Tipps gegeben haben.

Essen, im Februar 2011

Inhaltsverzeichnis

Abstract

Background

The present dissertation is based on the assumption, that different social areas influence the development of separation anxiety and schoolphobia disorders. Family, school and, if applicable, the therapeutical area belong to the relevant social reference systems of children and adolescents with separation anxiety and schoolphobia. Based on my assumption, this dissertation addresses 3 issues:(1) the exploration of causes, (2) the social cognition in school, (3) the measures of intervention.

Objective

The first study explores the causes of an emotional disorder of separation anxiety.This study includes 4 questions: (1) Do children of insecurely bound mothers have a distinctive separation anxiety? (2) Do children of mentally impaired mothers have a distinctive separation anxiety? (3) Does the familial dynamic with a passive father and an overcaring mother influence separation anxiety? (4) Do children with separation anxiety show general anxiety?
The second study examines teachers' and pupils' social cognition of children with separation anxiety.
The third study explores: What measures of interventions are reasonable for children and adolescents affected by school refusal? Can professional school company support the successful re-entry into the regular school?

Methods

The assumptionsaccording to which causes of separation anxiety and schoolphobia result from different specific cause factors are tested on children with diagnosed separation anxiety (n=6) and their mothers (n=6) using a questionnaire with standardized and also self-createdquestions. A self-created questionnaire was used for testing a non-clinical sample (n=10) before. In addition, 2 of 6 mothers and 3 children/adolescents with separation anxiety were interviewed.
In study 2, teachers (n=358) and pupils (n=441) were asked about their workaday theories of separation anxiety and schoolphobia. The teachers originate from all school forms, except special school and the pupils are from upper school and from professional school.For reviewing/checking my assumption, self-created questionnaires are used which were first tested in a pilot study with 100 teacher-trainee-students of the University Duisburg-Essen.

In the third study, a reintegration concept is developed as a measure of intervention and tested afield. This concept is specially designed for children and adolescents who avoid school. The assistance concept is exemplified in 4 case studies. The measures of interventions, described in study 3, shall ease the re-entry from clinic to regular school.

Results

The review of the issues in study 1 shows that the tested mothers have a secure binding to their mothers till the age of twelve.The present relationship of the subjects to their mothers, who are still alive at the time of the interview, is described as positive, except the relationship of one subject. Contrary to my assumption,the mental health of 4 mothers isn't clinically noticeable. The assumption that children of insecurely bound and mentally impaired mothers have children with a distinctive separation anxiety is not confirmed in my sample. The review of the 4th issue shows that children with separation anxiety do not necessarily suffer from general anxiety. However, the family relations are dysfunctional and full of conflict.
My assumption that the causes for separation anxiety and schoolphobia must be regarded as a combination of the four causes mentioned above has to be rejected. In fact, it attracts attention that all

children had to experience life events that are evaluated as critical. Furthermore, there are consistencies with the nightly separation behavior of the tested children.5 mothers reported that their children sleep in their bed or have done so in the past. The mothers assume a fear that something bad could happen to them behind this.

The bigger part of the tested teachers and pupils see pupils with separation anxiety negatively or rather have a negative impression of them. Compared to pupils, teachers have a more negative social cognition of pupils with separation anxiety. Moreover there are teachers and pupils who have no or only little knowledge about school avoidance and therefore it's difficult for them to distinguish between school-anxiety, schoolphobia and truancy.

Our reintegration concept failed in 3 of 4 cases insofar as we did not succeed in achieving a constant school attendance despite of an external assistance in form of a school company. 3 of 4 children didn't go to school during the reintegration experiment and also avoided school after the clinical stay, in opposition to our expectations.

Discussion

Critical life events of the child in combination with dysfunctional family relations could possibly maintain disorders. Ifchildren then meet with teachers having a negative social cognition of children with separation anxiety, this couldlead to a negative teacher behavior, which then could trigger a further retreat behavior. The behavior of the classmates can follow thesame principle. There are different causes in study 3 for the failure of the school experiment in 3 cases: (1) different and colliding imaginations and expectations of significant persons, (2) missing cooperation and compliance of the parents as well as (3) trivializing the necessity of going to school.

Conclusions

The integration of the family into the exploration of the causes, the consideration of the school setting and measures of intervention, which are individually fitted to every single pupil, could be helpful for the genesis of the disorder and for the success of a school reintegration. For this, it can be decisive how significant persons behave towards the child with separation anxiety or school phobia. It would be promising to explore this question in detail with a large control sample in a longitudinal study.

ZUSAMMENFASSUNG

Theoretischer Hintergrund

Die vorliegende Arbeit basiert auf der Annahme, dass unterschiedliche soziale Bereiche am Störungsverlauf einer Trennungsangst und Schulphobie beteiligt sind. Die Familie, die Schule und ggf. der therapeutische Bereich zählen zu den relevanten sozialen Bezugssystemen trennungsängstlicher und schulphobischer Kinder und Jugendlicher. Bezug nehmend auf meine Annahme werden in der vorliegenden Arbeit 3 Untersuchungen durchgeführt: (1) zur Ursachenklärung, (2) zur sozialen Wahrnehmung in der Schule und (3) zu den Maßnahmen der Intervention.

Fragestellungen

In Untersuchung 1 werden die Ursachen einer emotionalen Störung mit Trennungsangst explorativ untersucht. Studie 1 umfasst 4 Fragestellungen: (1) Haben die Kinder unsicher gebundener Mütter eine ausgeprägte Trennungsangst? (2) Haben die Kinder von psychisch beeinträchtigten Müttern eine ausgeprägte Trennungsangst? (3) Spielt die Familiendynamik: Passiver Vater und überfürsorgliche Mutter eine Rolle für die Trennungsangst beim Kind? (4) Weisen trennungsängstliche Kinder auch eine allgemeine Ängstlichkeit auf?
Studie 2 thematisiert die soziale Wahrnehmung trennungsängstlicher Schülerinnen[1] durch Lehrerinnen und Schüler.
In Studie 3 wird exploriert: Welche Interventionsmaßnahmen sind für Kinder und Jugendliche mit einer Schulvermeidung sinnvoll? Könnten Schulbegleitungen, durchgeführt von Externen, unterstützend für einen erfolgreichen Wiedereinstieg in die Regelschule sein?

Methoden

Die Annahme, dass die Ursachen einer Trennungsangst und Schulphobie im Zusammenspiel aus unterschiedlichen spezifischen Ursachenfaktoren begründet liegt, wurde an Kindern mit einer diagnostizierten emotionalen Störung mit Trennungsangst (n=6) und deren Müttern (n=6) unter Verwendung eines Fragebogens aus standardisierten und teils selbst konzipierten Fragen getestet. Ein selbst entwickelter Fragebogen wurde zuvor an Müttern einer nicht-klinischen Stichprobe (n=10) getestet. Zusätzlich wurden 2 von 6 Müttern und 3 trennungsängstliche Kinder bzw. Jugendliche interviewt.
In Studie 2 werden Lehrer (n=358) und Schülerinnen (n=441) über ihre Alltagstheorien zur Trennungsangst und Schulphobie befragt. Hierbei handelt es sich um Lehrer aller Schulformen, der Sonderschule ausgenommen, und um Oberstufenschülerinnen sowie Schülerinnen an Berufskollegs. Zur Überprüfung meiner Annahme werden selbst konzipierte Fragebögen eingesetzt, die zuvor in einer Pilotstudie an 100 Lehramtsstudenten der Universität Duisburg-Essen getestet wurden.
In Studie 3 wird ein Reintegrationskonzept als Interventionsmaßnahme im Rahmen einer Pilotstudie entwickelt und im Feld getestet, das speziell auf Kinder und Jugendliche, die die Schule vermeiden, zugeschnitten ist. Das Unterstützungskonzept wird an 4 Fallstudien veranschaulicht. Mit Hilfe der in Studie 3 beschriebenen Interventionsmaßnahmen soll den Schülerinnen der Wiedereinstieg aus der Klinik zurück in die Regelschule erleichtert werden.

Ergebnisse

Die Überprüfung der Fragestellungen in Studie 1 ergab, dass die getesteten Mütter eine sichere Bindung zu ihrer Mutter in ihrer Kindheit bis zum 12. Lebensjahr haben. Die gegenwärtige Beziehung der Probandinnen zu ihrer Mutter wird von den Müttern, deren Mütter zum Befragungszeitpunkt noch leben, von allen Müttern bis auf eine als positiv beschrieben. Die psychische Gesund-

---

[1] Beim Verfassen des Textes wurde eine stochastische Genuswahl verwendet (Nothbaum, Norbert & Steins, Gisela (2010). Nicht sexistischer Sprachgebrauch: die stochastische Genuswahl. In: Steins, Gisela [Hrsg.]. *Psychologie der Geschlechterforschung – ein Handbuch*. 409-416. Wiesbaden: Verlag für Sozialwissenschaften).

heit von vier Müttern ist entgegen meiner Annahme als klinisch unauffällig zu bezeichnen. Die Annahmen, dass Kinder von unsicher gebundenen und psychisch beeinträchtigten Müttern Kinder mit einer ausgeprägten Trennungsangst haben, kann also in meiner Stichprobe nicht bestätigt werden. Die Überprüfung der Fragestellung 4 ergab, dass trennungsängstliche Kinder nicht zwangsläufig an einer allgemeinen Ängstlichkeit leiden. Dagegen sind die Familienbeziehungen dysfunktional und konfliktreich.

Meine Vermutung, dass die Ursachen für eine Trennungsangst und Schulphobie in Kombination aus den vier oben genannten Ursachen betrachtet werden muss, muss verworfen werden. Vielmehr fiel auf, dass alle Kinder Lebensereignisse hinnehmen mussten, die als kritisch zu beurteilen sind. Außerdem gab es Übereinstimmungen im nächtlichen Trennungsverhalten der untersuchten Kinder. Fünf Mütter gaben an, ihr Kind übernachte bei ihnen im Bett bzw. habe in der Vergangenheit in ihrem Bett übernachtet. Die Mütter vermuten dahinter eine Angst ihnen könne etwas Schlimmes zustoßen.

Ein Großteil der befragten Lehrer und Schülerinnen nimmt trennungsängstliche Schüler negativ wahr bzw. hat eine negative Vorstellung über diese Schüler. Im Vergleich zu den Schülerinnen haben die Lehrerinnen eine negativere soziale Wahrnehmung zu trennungsängstlichen Schülern. Daneben gibt es eine Gruppe unter den Lehrpersonen und den Schülern, die kein bzw. nur wenig Wissen zur Schulvermeidung allgemein hat und Schwierigkeiten hat zwischen einer Schulangst, einer Schulphobie und dem Schuleschwänzen zu differenzieren.

Unser Reintegrationskonzept ist in 3 von 4 Fällen dahingehend gescheitert, dass es uns nicht gelungen ist, trotz einer externen Unterstützung in Form einer Schulbegleitung, bei diesen Schülern einen regelmäßigen Schulbesuch zu erzielen. Drei von vier Kindern sind bereits während des Reintegrationsversuches, entgegen unserer Erwartungen, gar nicht mehr zur Schule gegangen und haben auch nach dem Klinikaufenthalt die Schule verweigert.

Diskussion

Kritische Lebensereignisse des Kindes kombiniert mit dysfunktionalen Familienbeziehungen könnten möglicherweise störungsaufrechterhaltend wirken. Stoßen die Schülerinnen dann in der Schule auf einen Lehrer mit einer negativen sozialen Wahrnehmung über trennungsängstliche Kinder, kann dies zu einem ablehnenden Lehrerverhalten führen und beim Schüler ein erneutes Rückzugsverhalten begünstigen. Auch das Verhalten der Mitschülerinnen kann nach dem selben Prinzip erfolgen. Für das Scheitern des Schulversuches in drei Fällen lassen sich unterschiedliche Erklärungen in Studie 3 heran ziehen: (1) Unterschiedliche Vorstellungen und Erwartungshaltungen von relevanten Bezugspersonen, die miteinander kollidieren, (2) Fehlende Kooperation und Compliance der Eltern sowie (3) Bagatellisierung der Notwendigkeit des Schulbesuches.

Schlussfolgerungen

Das Einbinden der Familie zur Ursachenklärung, die Berücksichtigung des schulischen Umfeldes und Interventionsmaßnahmen, die individuell auf jeden einzelnen Schüler zugeschnitten sind, könnten für die Genese der Störung und für den Erfolg einer schulischen Reintegration hilfreich sein. Hierbei kann entscheidend sein, wie sich die relevanten Bezugspersonen gegenüber dem trennungsängstlichen oder schulphobischen Kind verhalten. Es wäre lohnend, diese Frage an einer umfangreicheren Stichprobe im Längsschnitt eingehend zu explorieren.

1. EINLEITUNG

Die Schulphobie ist neben der Schulangst und dem Schuleschwänzen eine Erscheinungsform von Schulvermeidung. Der Umfang einer Schulvermeidung kann stark variieren, von einzelnen Schulstunden bis zur vollständigen Schulvermeidung über mehrere Jahre. Warum vermeiden Kinder und Jugendliche die Schule, wo doch zahlreiche Gründe den Gang zur Schule attraktiv werden lassen? Die Schule ist ein Ort, an dem Gleichaltrige regelmäßig zusammentreffen und sich austauschen können. Daneben bietet Schule die Möglichkeit neue und interessante Beziehungen zu Peers aufzubauen. Mit der Zeit werden die Peers immer bedeutender und die Jugendlichen beginnen sich von ihren Eltern zu emanzipieren. Über einen regelmäßigen Schulbesuch nehmen Schüler am öffentlichen Leben teil. Trotz dieser Beweggründe verweigert eine Vielzahl von Kindern und Jugendlichen die Schule.

Auf den ersten Blick erscheint die Schulvermeidung in Form einer Trennungsangst als Ausdruck einer „Null-Bock"-Mentalität. Bei näherer Betrachtung haben wir es mit einer klinischen Angststörung zu tun, die in der klinischen Diagnostik in die Kategorie Emotionale Störung mit Trennungsangst fällt. So weisen zahlreiche Einzelstudien darauf hin, dass es Kinder gibt, die ohne erkennbare körperliche Erkrankung den Schulbesuch vermeiden und auf entsprechende elterliche Bemühungen hin mit einer übersteigerten Trennungsangst reagieren. Die übersteigerte Angst geht in vielen Fällen mit symptomatischen Beschwerden einher, die ihnen letztlich den Gang zur Schule unmöglich machen. Trotz guter Vorsätze gelingt es den Betroffenen über Monate, manchmal über Jahre, hinweg nicht, zur Schule zu gehen. Demzufolge zeigen schulphobische Kinder und Jugendliche in der Regel hohe Fehlzeiten. Aufgrund des Unterrichtsausfalls, der mit hohen schulischen Fehlzeiten einhergeht, sind die Bildungschancen betroffener Schüler erheblich eingeschränkt. Daraus können frühzeitige Schulabbrüche resultieren, so dass die Schülerinnen über keinen Schulabschluss verfügen und somit nur unzureichend am gesellschaftlichen Leben teilnehmen können.

Ziel der Arbeit ist, die Störungsbilder Trennungsangst und Schulphobie aus unterschiedlichen Perspektiven zu betrachten und diese zusammen zu führen. Mit Hilfe der verschiedenen Blickwinkel wird der Leserin eine umfassende Sicht auf die Störungsbilder mit ihren komplexen Zusammenhängen ermöglicht. Erkrankt ein Schüler an einer emotionalen Störung mit Trennungsangst, hat dies Auswirkungen auf den häuslichen, den schulischen und den therapeutischen Bereich. Drei wissenschaftliche Untersuchungen werden im Rahmen dieser Arbeit durchgeführt: (1) zur Ursachenforschung, (2) zur sozialen Wahrnehmung in der Schule und (3) zu den Möglichkeiten einer gezielten Intervention. Weiterhin soll die Arbeit zum derzeitigen Erkenntnisstand zur Trennungsangst und Schulphobie beitragen sowie solchen Fragestellungen nachgehen, die bisher in der internationalen Forschung nicht aufgezeigt wurden.

Struktur der Arbeit

Die Dissertation besteht neben einer theoretischen Einführung aus einem empirischen Teil, der drei Untersuchungen umfasst. Im Rahmen der ersten Untersuchung werden die Ursachen zum Störungsbild empirisch erforscht. Dabei wird auf die erkrankten Kinder und Jugendliche selbst und auf deren Bezugsgruppe eingegangen. Darin insbesondere auf die Mütter der trennungsängstlichen Kinder sowie auf die Familiendynamik, welche die Väter dieser Kinder mit einschließt.

Werden Lehrerinnen und Schüler als soziale Bezugsgruppe im Umfeld dieser Schüler fokussiert, existiert hierzu kaum Forschung. Diesbezüglich soll in der zweiten Untersuchung der Fragestellung nachgegangen werden, welche Alltagsvorstellungen Lehrer und Schülerinnen über eine Trennungsangst und Schulphobie haben. Die Fragestellung wird anhand selbst konzipierter Fragebögen, die speziell für Lehrerinnen und ältere Schüler entwickelt wurden, überprüft.

Untersuchung 3 dokumentiert vier Fallstudien in Hinblick auf die Möglichkeiten der Intervention schulvermeidender Kinder und Jugendlicher mit dem Ziel einer erfolgreichen Wiedereingliederung in die Regelschule. Ist die psychische Störung so massiv, dass das Kind aufhört die Schule zu besuchen, leidet sowohl die Schulbildung als auch die sozio-emotionale Entwicklung des Kindes bzw.

Jugendlichen darunter. Der Schwerpunkt von Untersuchung 3 liegt auf dem Unterstützungsprogramm, das als Pilotprojekt im Rahmen des Projektes „Qualitätssicherung in Schulen für Kranke", gefördert von der Robert-Bosch-Stiftung, entwickelt wurde. Dessen Vorgehensweise, Inhalte und Zielsetzungen orientieren sich an den individuellen Bedürfnissen und Wünschen der Schüler. Mit diesem Pilotprojekt werden Konzepte getestet, die psychisch kranke Schülerinnen nach ihrem Klinikaufenthalt den Wiedereinstieg in die Regelschule erleichtern sollen.

Aufgrund der Komplexität dieses Störungsbildes und der Beteiligung unterschiedlicher sozialer Bereiche, ist die Auseinandersetzung mit dem familiären, dem schulischen und dem therapeutischen Bereich trennungsängstlicher und schulphobischer Kinder für Forschung, Schule und klinische Praxis unerlässlich. Die Ergebnisse aus drei Untersuchungen werden am Schluss zusammengetragen und diskutiert.

THEORIETEIL

Die Entwicklung der Begriffe Schulphobie und Trennungsangst wird eingeleitet mit einer begrifflichen Hinführung. Die Beschäftigung mit der Begriffsentwicklung ist sinnvoll, um zu verstehen, warum es keine einheitliche Begriffsdefinition von Schulphobie und Trennungsangst gibt.

2. BEGRIFFLICHE ANNÄHERUNGSVERSUCHE

Die beiden Fachausdrücke Schulphobie und Trennungsangst werden in der Literatur oft nicht einheitlich verwendet. In einigen Quellen treten sie sogar deckungsgleich auf. An dieser Stelle werden mehrere Begriffsbestimmungen verschiedener Autoren aufgeführt, um den beiden Ausdrücken in ihrer komplexen Darstellungsweise gerecht zu werden.

2.1 Begriffliche Hinführung zum Fachausdruck Schulphobie

Zu Beginn der begrifflich-definitorischen Ausführungen steht die Begriffsbestimmung „Phobie" und sie bedeutet Furcht oder Schrecken. Der Begriff stammt aus der griechischen Mythologie und leitet sich aus dem grch. Begriff phobos ab. Phobos ist der Name einer griechischen Gottheit, von der angenommen wird, dass sie unter den Feinden der Griechen Furcht und Schrecken verbreitet hat (Essau, 2003; Brockhaus, 1992). Eine Phobie lässt sich anhand unterschiedlicher Kriterien von einer Furcht unterscheiden. Eine Phobie ist den Erfordernissen der Situation nicht angemessen. Weiterhin kann sie auf der rationalen Ebene von den Betroffenen nicht erklärt werden. Die Phobie entzieht sich einer willentlichen Kontrolle, ist fehl angepasst und altersunspezifisch. Außerdem bleibt sie über einen längeren Zeitraum bestehen und führt letztlich zur Vermeidung der gefürchteten Situation (Essau, 2003). Eine Phobie wird nach Essau (2003) neben „Furcht" und „Panik" den Emotionen zugeordnet und fasst automatisch Ängste mit ein. Diese Ängste, die als sehr extrem empfunden werden, zwingen die betroffene Person zum Vermeiden von Situationen, Orten und/oder Handlungen und lassen sich nicht allein mit den tatsächlichen äußeren Umständen erklären. Dementsprechend bedeutet schulphobisches Verhalten[2], dass die Schule von dem Kind oder Jugendlichen nicht mehr aufgesucht werden kann, ohne dass dies mit Belastungen in der Schule erklärt werden kann (Specht, 1985).

Einleitend sollen die Verständnisschwierigkeiten der Begrifflichkeit *Schulphobie* herausarbeitet werden, um anschließend die begriffliche Annäherung über die Geschichte der Begriffsentwicklung darzustellen. Die Schulphobie wird in den literarischen Quellen auf sehr uneinheitliche Weise verwendet. Im Laufe der Zeit und mit Erscheinen einer Vielzahl von Publikationen erhält die Wortbestimmung *Schulphobie* manchmal neue Inhalte und wird im Verlauf der Zeit durch weitere Interpretationen erweitert. So wird die Schulphobie von manchen Autoren durch die Verwendung des Ausdruckes *Schulvermeidung* erweitert (vgl. Klicpera 1983, S. 147 ff.). Andere Autoren unterscheiden die Schulphobie von der Trennungsangst (Schneider & In-Albon, 2004), wiederum andere verwenden die Trennungsangst und Schulphobie synonym mit der Schulvermeidung (King & Bernstein, 2001). Es gibt Wissenschaftler, die den Begriff ausdehnen, indem sie mit *Schulphobie* auch Schulängste umfassen. Die Schulangst wird nach Waldron et al. (1975) als ein Teilaspekt der Schulphobie angesehen. Eine kleine Anzahl von Autoren verwendet ihn eher eingeschränkt und bezieht sich damit entweder ausschließlich auf Trennungsängste (vgl. Waldfogel et al., 1957; Eisenberg 1958, Lippman 1962 in Hennig et al., 1973) oder auf bestimmte irrationale Ängste vor der Schule. Trennungsangst, Agoraphobie und Soziale Phobie werden nach Csóti (2004) der Schulphobie zugeordnet. Chitiyo & Wheeler (2006) betrachten wiederum die Schulphobie als ein Symptom von Trennungsangst.

Baumeister (2001) schließt sich in ihrer Dissertation zum Thema Schulphobie der Verwendungsweise an, die sich ausschließlich auf die Form mit Trennungsangst bezieht und benennt hierbei die Problematik:

---

[2] In den gesamten Ausführungen werden die beiden Begriffe „Schulphobie" und „schulphobisches Verhalten" miteinander gleichgesetzt. Mit der Verwendung der Begrifflichkeit „Schulphobie" wird die „Schulphobie mit Trennungsangst" synonym verwendet. Beide Bezeichnungen stehen für dasselbe Phänomen.

„[...] dass die allgemein übliche Bezeichnung „Schulphobie" irreführend und unpräzise ist, handelt es sich doch nicht um den Abwehrmodus einer Phobie, sondern um eine entwicklungsgeschichtlich viel frühere Form der Angst – um die Trennungsangst. Die äußere Situation, die gefürchtet wird, steht symbolisch für eine innere Bedrohung [...]: das eigentliche Problem liegt nicht in der Schule begründet, sondern in der Trennung von zu Hause" (Baumeister 2001, S. 25).

Nachfolgend werden die verschiedenartigen begriffsdefinitorischen Ausführungen tabellarisch aufgeführt:

Tabelle 1: Begriffsdefinitorische Ausführungen verschiedener Autoren in chronologischer Reihenfolge zur Schulphobie.

Autor	Jahr	Definition
Waldfogel et al. Eisenberg Lippman	1957 1958 1962	Diese Autoren verwenden den Begriff Schulphobie eingeschränkt und beziehen sich entweder ausschließlich auf Trennungsängste oder auf bestimmte irrationale Ängste vor der Schule.
Waldron et al.	1975	Waldron und Mitarbeiter dehnen den Begriff aus, in dem sie mit Schulphobie auch Schulängste umfassen.
Klicpera	1983	Die Schulphobie wird um die Verwendung des Ausdrucks Schulvermeidung erweitert.
Specht	1985	Specht spricht von schulphobischem Verhalten, das impliziert, dass die Schule von dem Betroffenen nicht aufgesucht werden kann, ohne dass dies mit Belastungen in der Schule erklärt werden kann.
Last und Strauss	1990	Trennungsangst und Schulphobie werden am häufigsten mit einer Schulvermeidung in Verbindung gebracht.
Bowlby	1999	Bowlby trifft eine Unterscheidung zwischen Trennungsangst, Schulphobie und Schulvermeidung.
Baumeister	2001	Baumeister bezieht sich ausschließlich auf die Form der Schulphobie mit Trennungsangst.
King und Bernstein	2001	Trennungsangst und Schulphobie werden in der Literatur oft synonym mit dem Begriff der Schulvermeidung verwendet.
Schneider und In-Albon	2004	Differenzierung zwischen Schulphobie und Trennungsangst.
Csóti	2004	Schulphobie umfasst Trennungsangst, Agoraphobie und Soziale Phobie. Das schulphobische Kind macht sich Sorgen, die sichere häusliche Umgebung zu verlassen sowie über die sichere Anwesenheit der Hauptbezugsperson.
Chitiyo und Wheeler	2006	Schulphobie als ein Symptom von Trennungsangst
Knollmann et al.	2010	Schulphobie wird wie die Schulangst der Schulverweigerung untergeordnet

Nachdem die unterschiedlichen Herangehensweisen an den Begriff und ihre Auswirkungen auf die begriffliche Verwendungsweise bekannt sind, bleibt die Frage offen, wann der Begriff das erste Mal aufgetreten ist und durch wen er geprägt wurde. Darüber hinaus geht es in Kapitel 2.2 um die Entwicklungsgeschichte des Begriffes, beginnend mit dem Jahr 1932. Das Kapitel schließt mit dem Jahr 2010.

2.2 Geschichte einer Begriffsentwicklung zum Fachausdruck Schulphobie

Die Geschichte der Schulphobie beginnt erstmals Anfang der 1930er Jahre mit der Psychologin Isra T. Broadwin. Broadwin gelang 1932 zu der Einschätzung und Beschreibung einer Schulphobie. Broadwin beschreibt in ihrer Studie über das Fernbleiben vom Unterricht psychoneurotische Elemente der Störung und spricht von Schulphobie als eine verhaltensauffällige Störung, die schließlich zu einem schulvermeidenden Verhalten führt (Broadwin, 1932). Broadwin verwendete den damals gebräuchlichen Begriff *truancy. Truancy* kann übersetzt werden mit „Fernbleiben vom Unterricht". Erst später wurde exakter differenziert, indem man schulvermeidendes Verhalten näher analysierte. Broadwin führte für die neurotische Komponente, die sie in einem Fallbeispiel beobachtete, keine neue Bezeichnung ein und blieb beim bekannten Begriff *truancy*. Ein Junge namens Arnold blieb aus Angst, seiner Mutter könne in seiner Abwesenheit etwas zustoßen, der Schule fern (Broadwin, 1932; vgl. hierzu auch Lebovici, 1990).

Broadwin beschreibt das Phänomen als Erste und erkennt neurotische Ursachen, die betroffene Kinder am Schulbesuch hindern. Sie beschreibt das auffallende Verhalten, das sie damals noch nicht zu benennen wusste, folgendermaßen:

> „Das Kind ist in variierenden Zeitabständen von einigen Monaten bis zu einem Jahr von der Schule abwesend. Das Wegbleiben ist durchgehend, und die Eltern wissen die ganze Zeit, wo das Kind ist, nämlich bei der Mutter oder in der heimischen Nähe. Der Grund für das Schwänzen ist den Eltern und der Schule unverständlich. Das Kind sagt etwa, es fürchte sich zur Schule zu gehen, es fürchte sich vor dem Lehrer, oder es sagt, dass es nicht weiß, warum es nicht zur Schule gehen will. Zu Hause ist es glücklich und scheint keine Sorgen zu haben. Wenn es aber gedrängt wird, zur Schule zu gehen, wird es ihm elend, es ist angsterfüllt und rennt bei der ersten Gelegenheit nach Hause, auch wenn es weiß, dass es dann körperlich bestraft wird. Der Anfall erfolgt im Allgemeinen aus heiterem Himmel. Der vorangehende Schulbesuch und das Verhalten waren völlig in Ordnung gewesen" (Broadwin, 1932 übersetzt in: Ganter-Bührer 1991, S. 21).

Broadwin (1932) schreibt weiterhin, dass die schulische Situation in vieler Hinsicht stellvertretend für die Situation zu Hause steht. Demnach muss eine Anpassungsarbeit geleistet werden zwischen den Gegebenheiten zu Hause und denen in der Schule (Broadwin, 1932).

Neun Jahre später wird der Begriff zu der von Broadwine hemals beschriebenen Phänomenologie geprägt. Johnson et al. führten 1941 den Begriff der Schulphobie ein und definierten die Störung als ein Syndrom, das häufig als *school phobia* bezeichnet wird. Es ist dadurch gekennzeichnet, dass es sich als eine starke Furcht vor dem Schulbesuch äußert. Das Kind ist für mehrere Wochen, Monate oder Jahre der Schule abwesend, sofern nicht eine Behandlung eingeleitet wird. Betroffene Kinder fliehen vor der Schule und gehen dann üblicherweise auf direktem Wege nach Hause, um bei der Mutter zu sein. Letztlich weigern sie sich, das Haus zu verlassen. Wenn man das Kind nach seinem Verhalten fragt, kann es nicht sagen, wovor es sich fürchtet. Die ganze Angelegenheit ist sowohl für die Lehrer, als auch für die Eltern unverständlich (Johnson et al., 1941). Weiterhin stellen Johnson et al. (1941) fest, dass das Syndrom phobischen Tendenzen entspricht und sich mit anderen neurotischen Verhaltensweisen überlappt. Das sind jene Verhaltensweisen, die hysterische oder zwanghafte Züge umfassen. Die Begriffsfindung und nähere Bestimmung erfolgen durch eine Veröffentlichung über ein Syndrom eines neunjährigen Jungen, das durch deutliche Angst und Abwesenheit von der Schule gekennzeichnet wird. Beim Versuch in die Schule zurück zu gehen entwickelt der Junge hypochondrische Beschwerden, zeigt Wutanfälle und äußert Ängste vor Gewitter (Johnson et al., 1941). Hierbei ist zu berücksichtigen, dass die Abwesenheit von der Schule in den Vereinigten Staaten eine andere Bedeutung als in Deutschland hat. Dort existiert in manchen Staaten keine allgemeine Schulpflicht, lediglich eine Unterrichtspflicht. Das bedeutet, dass die Kinder und Jugendlichen nicht zum Lernen in die Schule müssen. Dies kann genauso gut zu Hause mit einem Privatlehrer erfolgen.

Johnson et al. (1941) interpretieren das Syndrom als ein Abhängigkeitsverhältnis des Kindes von der Mutter. Dieses Abhängigkeitsverhältnis wird von dem häuslichen Kontext auf den schulischen Kontext, insbesondere auf den Lehrer, projiziert (Johnson et al., 1941). Auch Broadwin beobachtete damals die Parallelen zwischen Elternhaus und Schule.

In den 50er Jahren wird der Begriff ‚Schulphobie' von Johnson et al. durch den Begriff der Trennungsangst ersetzt. Schließlich stellen die Autoren fest, dass die gefürchtete Situation das Weggehen von zu Hause und das Verlassen der Mutter und nicht die Schule selbst Grund einer Furcht ist. Für sie ist die Verwendung des Begriffes Schulphobie deshalb eine Fehlbezeichnung (Estes et al., 1956; Bowlby, 1976; Bowlby, 2006).

Ende der 50er Jahre stellen Waldfogel et al.(1957) die charakteristische Besonderheit einer Schulphobie heraus, die darin liegt, dass das Kind ein großes Vertrauen zu seiner Mutter aufbaut, weil es weiß, dass die Mutter seine Angst kontrolliert. Mit dem Kindergarteneintritt wird das Kind erstmals mit einer Situation konfrontiert, die eine Trennung von der Mutter bedeutet. Gleichzeitig bewältigt das Kind einen narzisstischen Schicksalsschlag, indem das Kind seine sichere Stellung in der Familie einer anonymen Stellung im Kindergarten und später im Klassenzimmer überlassen muss (Waldfogel et al., 1957). Weiterhin machen die Autoren die erdrückende Nähe zwischen Eltern und Kind als ein charakteristisches Merkmal schulphobischer Kinder für die erschwerte Autonomieentwicklung verantwortlich. Die Eltern versuchen, ihr Kind ständig vor den Schmerzen einer emotionalen Krise zu schützen, somit bekommt das Kind nur selten die Gelegenheit, eine schwierige Situation selbstständig zu meistern (Waldfogel et al., 1957).

Seit Anfang der 60er Jahre werden Untersuchungen an größeren klinischen Stichproben von Schulphobikern durchgeführt. Die Untersuchungen werden überwiegend im angloamerikanischen Bereich unternommen (vgl. Coolidge et al. 1964; Hersov, 1960-61). Meine Vermutung ist, dass die Anzahl der schulphobischen Fälle dort häufiger ist, was auf das englische und amerikanische Schulsystem zurückgeführt werden kann. Die Kinder sind je nach Alter bis in den Nachmittag hinein in der Schule und somit zeitlich noch länger von zu Hause weg.

Auch der amerikanische Arzt Millar schreibt 1961 in seinem Aufsatz *„Das Kind, das den Schulbesuch verweigert"* über ein Syndrom, das mit einer wachsenden Häufigkeit in kinderpsychiatrischen Kliniken aufgetreten ist. Er schreibt, dass das Syndrom sich grundsätzlich erst in einer Abneigung des Kindes gegenüber der Schule präsentiert, die dann in eine endgültige Verweigerung die Schule zu besuchen übergeht (Millar, 1961).

Im deutschen Sprachraum erfolgt relativ spät eine Syndrombeschreibung aus kinderpsychiatrischer Sicht. Diese folgt inhaltlich den angloamerikanischen Vorstellungen (vgl. Weber, 1967, Mattejat, 1982 in Klicpera 1983, S. 148).

Coolidge et al. (1964) finden bei einer empirischen Nachuntersuchung an 49 schulphobischen Patienten zwischen zwölf und 22 Jahren heraus, dass mehr als die Hälfte ein fantasieloses, beschränktes Dasein ohne Schwung und Mut führen sowie eine übermäßige Abhängigkeit, abgestumpfte Affekte und Stimmungsschwankungen aufweisen (Coolidge et al., 1964). Insbesondere die untersuchten Mädchen zeigen eine kontinuierliche, bedingungslose Abhängigkeit von ihren Müttern (Coolidge et al., 1964).

Kennedy (1965) unterscheidet zwei Subtypen einer Schulphobie. Die wesentlichen Merkmale von Subtyp I und II sollen in Kasten 1 veranschaulicht werden:

Kasten 1: Kennedys Definition von Schulphobie (1965).

Typ I oder der neurotische Typ wird durch folgende Merkmale charakterisiert [...]:
(a) die gegenwärtige Episode ist die Erste;
(b) Am Montag bricht die Störung aus, folgend auf eine Erkrankung am vorherigen Donnerstag oder Freitag;
(c) ein akuter Ausbruch;
(d) vorherrschend in elementaren Altersstufen;
(e) sich sorgen über den Tod;
(f) physische Gesundheit der Mutter fragwürdig oder das Kind befürchtet, dass die Gesundheit seiner Mutter fragwürdig ist;
(g) allgemein gute Kommunikation zwischen den Eltern;
(h) Mutter und Vater sind ausgeglichen;
(i) Vater ist in die Haushaltsführung involviert und in die Betreuung des Kindes;
(j) mit den Eltern kann man gut zusammenarbeiten und sie haben eine Ahnung davon, was das Kind durchmacht. [...]
Typ II oder die Phobie ist charakterisiert durch ein beobachtetes Verhalten wie: schrittweise heimtückischer Beginn bei einem älteren Kind, bei dem Todesthemen keine Rolle spielen und mit dessen Eltern deutlich schwieriger zu arbeiten ist. Eltern zeigen nur wenig Einblick in das Verhalten des Kindes (Übersetzung aus dem Englischen nach Kennedy 1965 in King & Ollendick, 1989, S. 436).

Im Jahre 1969 stellt Berg die folgenden 4 Kriterien für schulphobisches Verhalten auf (siehe Kasten 2):

Kasten 2: Kriterien schulphobischen Verhaltens nach Berg (1969).

1. Ernsthafte Schwierigkeit die Schule zu besuchen – oftmals führt dies zu einer lang anhaltenden Abwesenheit von der Schule
2. Starke emotionale Störung – ausgedrückt durch Symptome wie übermäßige Ängstlichkeit, übermäßige Launen, Elend, oder Beschwerden über Krankheitsgefühle ohne erkennbare organische Ursachen
3. Zuhause bleiben mit dem Wissen der Eltern
4. Ausbleiben signifikanter antisozialer Störungen wie Stehlen, Lügen, Täuschen, Zerstörungswut und sexuelles Fehlverhalten (vgl. Berg 1969, S. 123).

Die Kriterien 1 und 3 werden bereits 1932 von Broadwin, die die Symptome zum ersten Mal beschreibt heraus gearbeitet. Das vierte Kriterium wird von ihr lediglich angedeutet bzw. umschrieben. „[...] *theprevious school work and conduct had been fair"* (Broadwin 1932, S. 254).

Bergs Kriterien über schulphobisches Verhalten beinhalten nicht die Trennungsangstproblematik. Bergs Kriterien beziehen sich ausschließlich auf die nicht-dissoziale Form der Schulvermeidung der Schulangst und der Schulphobie, weil in beiden Fällen die Eltern über das Fernbleiben ihrer Kinder informiert sind und keine antisozialen Störungen vorliegen. Berg sieht demnach ein psychologisch motiviertes Fernbleiben von der Schule. Bergs Kriterien beanspruchen bis heute Gültigkeit in der wissenschaftlichen Auseinandersetzung mit einer Schulphobie.

Im selben Jahr wird das Phänomen der Trennungsangst erneut im Zusammenhang mit der Schulphobie gesehen. Rabiner und Klein (1969) sprechen in einer Studie mit dem Titel „*Imipramine treatment of school phobia"* von Schulphobie als das erste erkennbare psychiatrische Symptom. Beide formulieren einige Kriterien zur Bestimmung von Schulphobie. Die beiden Autoren sprechen von Trennungsangst, die gemeinsam mit Panikattacken in Erscheinung tritt. Rabiner und Klein testeten ein Medikament namens Imipramine und setzten einen Altersbereich von sieben bis 14 Jahren an, in dem das beschriebene Verhalten auftritt (Rabiner & Klein, 1969).

Van Krevelen (1971) nimmt in einem Aufsatz über Kinder, die nicht zum Schulbesuch zu bewegen sind, drei Differenzierungen vor. Statt den Begriff *Schulphobie* weiter zu verwenden, definiert der Autor das Phänomen mit Hilfe der Umschreibung ,*Kinder, die nicht zum Schulbesuch zu bewegen sind'*. Darunter fallen solche Kinder, die sich nicht in die Schule wagen. Als Kinder, die unter *school refusal* leiden, bezeichnet er solche Kinder, die nicht in die Schule wollen. Und solche Kinder, die in der englischsprachigen Literatur mit ,*reluctance to go to school'* umschrieben werden, beschreibt er Kinder, die sich mit dem Schulbesuch nicht abgefunden haben (Van Krevelen, 1971). Van Krevelen vermeidet mit diesen vorgenommenen Umschreibungen vorschnelle Kategorisierungen. Das hat den Vorteil, dass er erst genügend Informationen sammelt, bevor er sich ein Bild von der Verhaltensauffälligkeit macht und diese zu klassifizieren versucht.

1973 subsumieren Hennig et al. die Schulphobie unter folgender Symptomatik. Die Trennungsangst rückt im Rahmen symptomatologischer Kriterien einer Schulphobie wieder in den Hintergrund. Erstrangig sind stattdessen die spezifischen kindlichen Eigenschaften sowie ein falscher Erziehungsstil (siehe Kasten 3):

Kasten 3: Symptomatologische Kriterien nach Hennig et al. 1973, S. 48.

- Kindergartenalter bis 16. Lebensjahr
- durchschnittliche bis überdurchschnittliche Intelligenz
- angepasste und disziplinierte Schüler
- auffallende Eigenschaften:
  - emotionale Beeindruckbarkeit
  - übermäßige Ängstlichkeit
  - Kontaktstörungen
  - erhöhte Sensibilität
  - Regressionswünsche
- keine gestörte Familie, aber falscher Erziehungsstil
- Trennungsangst spielt eine untergeordnete Rolle

Seit den 70er Jahren entwickelt sich der Begriff Schulphobie sprachraumabhängig. Das macht sich dadurch bemerkbar, dass dieser im englischsprachigen Raum oft als Oberbegriff fungiert während er im deutschsprachigen Raum als ein Teilaspekt einer Schulvermeidung interpretiert wird. So führen Waldron et al. (1975) unter dem Oberbegriff Schulphobie vier unterschiedliche Typen auf. Anhand dieser Vorgehensweise wollen sie verdeutlichen, dass es sich bei der Schulphobie um ein schlüssiges und beständiges Syndrom handelt oder um Syndrome, die sehr komplex im Vergleich zu anderen neurotischen Schwierigkeiten von Kindern und ihren Familien sind (Waldron et al., 1975). Die verschiedenen schulphobischen Typen werden im Kasten 4 detaillierter beschrieben:

Kasten 4: Vier Typen einer Schulphobie nach einer Unterscheidung von Waldron et al., 1975.

1. Der erste Typ wird als Familieninteraktionstypus definiert. Darunter verstehen die Autoren, Schulvermeidung als Konsequenz einer Trennungsangst im Kontext einer feindselig-abhängigen Beziehung, in der die Mutter, seltener der Vater, und das Kind einander festhalten. Die feindselig-abhängige Beziehung ist eine Wechselwirkung zwischen der Mutter und ihrem Kind.
2. Der zweite Typ wird als klassischer Phobietypus deklariert. Hierbei wird die Schulvermeidung als eine Phobie verstanden, bei der sich das Kind weigert, alleine die Schule aufzusuchen. Die Präsenz der Mutter ist für das Kind stets erforderlich.
3. Nach dem Phobietypus folgt der Angsttypus (Typ 3). Dieser erfasst solche Kinder, die Angst davor haben, dass ihren Eltern, während sie in der Schule sind, etwas Schlimmes widerfährt. Dabei kann es sich auch um eine reale Gefahr handeln, wie z.B. um eine Krankheit der Mutter oder um eine akute Depression mütterlicherseits, die für das Kind eine akute Bedrohung, bezüglich des Verlustes der Mutter, darstellt. Die Gedanken des Kindes unterliegen schwachen Rationalisierungen. Diese äußern sich in Beschwerden über die Schule.
4. Typ 4 benennt den situativen und charakterologischen Typus. Dieser umfasst Merkmale wie: Schulangst, konkrete Versagensangst, wenig Selbstvertrauen, körperliche Mängel, Verletzbarkeit, schwache Autonomieentwicklung etc. Das Kind versucht, diese negativen Aspekte zu umgehen, indem es die Schule meidet.

Laut der Definition von Waldron et al. (1975) wird die Schulangst dem Typ vier zugeordnet und stellt somit einen Teilaspekt der Schulphobie dar, wobei zu berücksichtigen ist, dass die Autoren nicht direkt von Schulangst sprechen, sondern von einer Angst vor realen Situationen in der Schule, die das Kind mit Fehlschlägen und einem schwachen Selbstwertgefühl bedrohen: *„[...] fear of real situations in school that treaten the child with failure, loss of self-esteem"* (Waldron et al. 1975, S. 803).

1976 schreibt der Bindungstheoretiker John Bowlby in seinem Werk „Trennungsangst", dass unter den Wissenschaftlern weitgehende Übereinstimmung darüber besteht, dass *„sich ein Kind nicht vor dem fürchtet, was in der Schule geschieht, sondern Angst hat, das Elternhaus zu verlassen"* (Bowlby 1976, S. 315).Weiterhin besteht Übereinstimmung darüber, dass *„unangenehme Merkmale der Schule, wie zum Beispiel ein strenger Lehrer oder freche und stärkere Kinder, nichts weiter sind als Rationalisierungen"* (Bowlby 1976, S. 315-316).Diese These schloss er aus einer Untersuchung von Hersov (1960-61), in der die von Hersov untersuchten Kinder ihm mitteilten, dass sie sich durchaus sicher fühlten, sobald sie in der Schule sind (Hersov, 1960-61). Demnach sieht Bowlby den Gang zur Schule als problematisch an. Sind die Schülerinnen dann im Klassenraum angekommen, setzt ein Gefühl von Sicherheit ein (Bowlby, 1976; Bowlby, 2006).

Bowlby ersetzt den Begriff Schulphobie mit dem Begriff der Pseudophobie. Dies geschieht in Anlehnung an Brun (1946) und Snaith (1968) (in Bowlby, 2006). Leidet eine Person unter einer Pseudophobie, so befürchtet der Betroffene die Abwesenheit oder den Verlust einer Bindungsfigur oder einer anderen sicheren Basis. In Hinblick auf die entsprechende Behandlung einer Pseudophobie und damit einer Schulphobie macht Bowlby eine wichtige Entdeckung: *„Während der Arzt im Falle einer Phobie die gefürchtete Situation korrekt identifiziert, bleibt die wahre Natur der gefürchteten Situation im Falle einer Pseudophobie häufig unerkannt, und es wird fälschlicherweise eine Phobie diagnostiziert"* (Bowlby 1976, S. 313). Bowlby macht 1976 keinen Unterschied zwischen solchen Personen, die unter Angstzuständen leiden, und denen, die unter einer Pseudophobie leiden. Denn beide Personengruppen erleben Angst in Bezug auf die Verfügbarkeit bzw. Nichtverfügbarkeit ihrer Bindungspersonen. Die Angst kann akut auftreten oder auch chronisch sein (Bowlby, 1976). Mit der Wortwahl *Pseudophobie* kritisiert der Bindungstheoretiker Bowlby indirekt die Bezeichnung

Schulphobie. Mit der Einführung einer neuen Wortwahl, hebt er sich bewusst von den anderen Autoren und ihrem Verständnis einer Schulphobie ab. Der Begriff *Pseudophobie* konnte sich jedoch nicht durchsetzen. 30 Jahre später schreibt Bowlby zum Begriff Pseudophobie, dass dieser Begriff für den gängigen Gebrauch äußerst unpraktisch sei. Demnach sei es weitaus besser, die Pseudophobie durch Angstzustände zu ersetzen (Bowlby, 2006). Im Gegensatz zu anderen Autoren, versteht Bowlby (2006) unter einer Schulphobie die Angst vor der Schule.

Mattejat (1981) unterteilt die Schulvermeidung, die weder organisch noch durch Abwesenheit von der Schule bedingt ist, in drei Subgruppen. Die Erste ist die des Schuleschwänzens, die Zweite benennt er als Schulangst und die dritte Untergruppe bezeichnet er als Schulphobie (Mattejat, 1981).

Schlung (1987) verzichtet auf den Begriff Schulphobie als Störungsbild, sondern spricht an dieser Stelle ausschließlich von „schulphobischem Verhalten" um die Komplexität kindlicher Verhaltensweisen besser abzubilden (Schlung, 1987). Ähnlich wie vorher Bowlby vermeidet er den Ausdruck *Schulphobie*, weil er ihm zu eng gefasst ist.

Davison und Neale (2002) beschreiben die Schulphobie in ihrem Lehrbuch *Klinische Psychologie* als eine Kindheitsangst. Beide Autoren unterteilen die Schulphobie in zwei verschiedene Formen. Die erste Form, die häufigere Form, ist mit Trennungsangst verbunden. Kinder, die unter Trennungsangst leiden, empfinden übermäßige Angst vor der Trennung von Zuhause oder von den Bezugspersonen. Diese Beschreibung lehnt sich an Broadwins Verständnis von Schulphobie an. Dabei fürchten die betroffenen Kinder, dass ihren Eltern oder ihnen selbst etwas zustoßen könnte, solange sie sich nicht in der Nähe ihrer Eltern befinden. Für solche Kinder sind folgende Verhaltensweisen charakteristisch: *„Wenn sie zu Hause sind, hängen sie einem oder beiden Elternteilen ‚am Rockzipfel' und versuchen häufig auch, bei ihren Eltern im Bett zu schlafen"* (Davison & Neale 2002, S. 161). Unter dem Aspekt des Schulbesuchs lässt sich mutmaßen, dass *„der Schulbeginn häufig das erste Ereignis ist, das längere und häufigere Trennungen der Kinder von ihren Eltern erfordert, so ist die Trennungsangst oft eine wichtige Ursache der Schulphobie"* (Davison & Neale 2002, S. 161).Insbesondere an dieser Stelle vermischen sich Trennungsangst und Schulphobie miteinander, in dem die Trennungsangst als eine Ursache der Schulphobie anerkannt wird.

Die zweite Form der Schulphobie hängt nach Davison und Neale mit einer ‚echten Phobie' vor der Schule zusammen. Dabei kann es sich entweder um eine Angst handeln, die speziell mit der Schule in Beziehung steht, oder um eine allgemeine soziale Phobie. Patienten, die unter der zweiten Form der Schulphobie leiden, lassen sich dadurch klassifizieren, dass sie sich erst zu einem späteren Zeitpunkt und in einem ausgeprägten und länger anhaltenden Maße weigern, die Schule zu besuchen. Davison und Neale (2002) vermuten, dass ihre Ängste *„wahrscheinlich an bestimmte Aspekte der Schulumgebung gebunden sind, wie etwa an das eigene Versagen oder an Ärger mit den Mitschülern"* (Davison & Neale 2002, S. 161).

Im Lehrbuch *Klinische Psychologie* von Davison und Neale (2002) gibt es nicht den Begriff der Schulangst. Sie fassen die Aspekte der Schulangst mit in den Begriff Schulphobie und sprechen in dem Zusammenhang von einer zweiten Form einer Schulphobie. Diese Unterteilung trägt zur Verwirrung bei, da sie ausschließlich in ihrem Lehrbuch und im Kinder-DIPS von Schneider et al. (2006) zu finden ist. Es kann durchaus möglich sein, dass die Fehlerquelle in ihrem Lehrbuch in der Übersetzung liegt, denn im englischsprachigen Raum gibt es für beide angstmotivierten Schulvermeidungsformen der Schulangst und Schulphobie lediglich den englischsprachigen Begriff *school phobia*.

Da nun die Fachliteratur die Schulphobie von der Trennungsangst nicht hinreichend definiert hat, soll an dieser Stelle eine Definition von Schneider und In-Albon (2004) hinzugezogen werden, die Trennungsangst sehr passend beschreiben: *„Unter Trennungsangst wird sowohl eine für ein bestimmtes Alter typische Entwicklungsphase als auch ein abweichendes Verhalten eines Kindes ab dem Vorschulalter verstanden"* (Schneider & In-Albon, 2004, S. 107). Weiterhin heißt es, dass Kinder, die unter einer Störung mit Trennungsangst leiden, eine übermäßige Angst in Erwartung einer oder unmittelbar bei einer Trennung von Eltern oder anderen engen Bezugspersonen aufweisen. Trennungen von Bezugspersonen werden nur unter starker Angst ertragen bzw. die Kinder setzen

21

alles daran, Situationen solcher Art zu vermeiden (Schneider & In-Albon, 2004). Daraus resultiert, dass Orte wie Kindergarten und später die Schule vermieden werden.

Die Tabelle 2 fasst die Entwicklung des Begriffes Schulphobie zusammen und berücksichtigt deren empirische Fundierung.

Tabelle 2: Historische Entwicklung des Fachausdrucks Schulphobie.

Autor	Jahr	Begriff und Bedeutung	Empirische Fundierung
Broadwin	1932	• Schulphobie als verhaltensauffällige Störung • Betont psychoneurotische Elemente der Störung • Führt schließlich zum Fernbleiben vom Unterricht	Ein Fallbeispiel mit einem Jungen namens Arnold
Johnson et al.	1941	• Führen eine Bezeichnung ein, für die einst von Broadwin beobachtete Störung als „school phobia" • Äußert sich durch eine starke Furcht vor dem Schulbesuch • Kinder äußern phobische Tendenzen mit neurotischen Verhaltensweisen	Dokumentation von auffälligem Verhalten
Johnson et al.	1956	• Die Schulphobie wird durch den Begriff der Trennungsangst übersetzt • Gefürchtete Situation ist das Weggehen von Zuhause sowie das Verlassen der Mutter	Empirisch ausgerichtete Artikel
Waldfogel et al.	1957	• Erdrückende Nähe zwischen den Eltern und ihrem Kind • Kind muss mit dem Kindergarteneintritt seine sichere Stellung in der Familie einer anonymen Stellung im Kindergarten und später in der Schule überlassen.	Dokumentation von auffälligem Verhalten
Hersov	1960-61	• Kind fürchtet sich nicht, vor Faktoren, die in der Schule liegen, sondern hat Angst das Elternhaus zu verlassen • Kind fühlt sich durchaus sicher, sobald es in der Schule ist	Untersuchungen an großen klinischen Stichproben
Millar	1961	• Erst Abneigung des Kindes gegenüber der Schule geht über in eine endgültige Verweigerung die Schule zu besuchen.	Beobachtungen in kinderpsychiatrischen Kliniken
Coolidge et al.	1964	• Übermäßige Abhängigkeit von ihren Müttern	Untersuchungen an 49 Kindern und Jugendlichen zwischen 12 und 22 Jahren
Kennedy	1965	• Schulphobie kann in 2 Typen unterteilt werden	Dokumentation von auffälligem Verhalten
Berg	1969	• Starke emotionale Störungen • Ernste Schwierigkeit die Schule zu besuchen • Psychologisch motiviertes Fernbleiben von der Schule	Dokumentation von auffälligem Verhalten
Rabiner und Klein	1969	• Schulphobie als erstes erkennbares psychiatrisches Symptom • Trennungsangst, die gemeinsam mit Panikattacken in Erscheinung tritt	Empirisch ausgerichtete Artikel

Van Krevelen	1971	• Nimmt eine Dreiteilung vor
		  o Kinder, die nicht zum Schulbesuch zu bewegen sind (Schulphobie)
		  o Kinder, die nicht in die Schule wollen (school refusal)
		  o Kinder, die sich mit dem Schulbesuch nicht abgefunden haben (reluctance to go to school)
			Empirisch ausgerichtete Artikel

Autor	Jahr	Begriff und Bedeutung	Empirische Fundierung
Hennig et al.	1973	• Falscher Erziehungsstil • Trennungsangst spielt eine untergeordnete Rolle • Angepasste und disziplinierte Schüler	Dokumentation von auffälligem Verhalten
Waldron et al.	1975	• Schulphobie umfasst vier unterschiedliche Typen • Schulphobie als ein komplexes beständiges Syndrom	Dokumentation von auffälligem Verhalten
Bowlby	1976	• Angst, das Elternhaus zu verlassen • Kind fürchtet sich nicht vor dem, was in der Schule geschieht	Untersuchungen basieren auf klinischen Praxisfällen

Mattejat	1981	• Unterteilung der Schulvermeidung in drei Subgruppen
		  o Schuleschwänzen
		  o Schulangst
		  o Schulphobie
			Dokumentation von auffälligem Verhalten

Schlung	1987	• Schulphobisches Verhalten statt Schulphobie, macht dadurch auf die Komplexität einer Schulphobie aufmerksam	Nimmt theoretische Differenzierungen vor

Davison und Neale	2002	• Schulphobie als eine Kindheitsangst
		• Unterteilung in 2 Formen
		  o Schulphobie mit Trennungsangst
		  o Echte Phobie
			Untersuchungen basieren auf klinischen Praxisfällen

Schneider et al.	2006	• Unterteilung in 2 Formen
		  o Schulphobie mit Trennungsangst
		  o Phobie
			Untersuchungen basieren auf klinischen Praxisfällen

Bowlby	2006	• Schulphobie und Schulvermeidung werden gleichgesetzt
		  o Angst vor dem Schulbesuch
		  o Beziehungen zwischen Eltern und Kind sind eng bis erdrückend
			Untersuchungen basieren auf klinischen Praxisfällen

Knollmann et al.	2010	• Schulphobie wird wie die Schulangst der Schulverweigerung untergeordnet	Nehmen theoretische Differenzierung vor. Untersuchungen mit Schulvermeidern basieren auf klinischen Praxisfällen.

Die aufgeführten Versuche zur Annäherung an eine schulphobische Begriffsbestimmung sind in vielerlei Hinsicht undifferenziert und unklar. Nachdem etliche begriffsdefinitorische Versuche unternommen worden sind, wird im Folgenden die Definition einer Schulphobie aufgeführt, die für die vorliegende Arbeit Gültigkeit haben soll:
Ob es sich um eine Schulphobie oder um eine Trennungsangst handelt, hängt zum Einen vom Alter des jeweiligen Kindes ab sowie davon, ob die Schule verweigert wird oder nicht. Nach meinem Verständnis ist jede Schulphobie mit Trennungsängsten verbunden. Jedoch ist nicht jede Trennungsangst automatisch eine Schulphobie. Trennungsängste können bereits im Kindergartenalter auftreten. Werden die Trennungsängste massiv und bleiben unbehandelt, besteht eine erhöhte Wahrscheinlichkeit, dass diese später im schulischen Bereich auftreten. Verweigert das Kind die Schule aufgrund der massiv erlebten Trennungsängste, liegt eine Schulphobie vor. Neben dem Alter der Kinder unterscheiden sich beide Gruppen auch in Hinblick auf den Schulbesuch voneinander. Eine weitere Differenzierung drückt sich darin aus, dass bei schulphobischen Kindern die Trennungsproblematik in den Ferien fast vollständig verschwindet (Latzko & Fegert, 1991), während trennungsängstliche Kinder die Trennungsprobleme kontinuierlich aufweisen (Schneider & In-Albon, 2004). Meiner Meinung nach ist der Begriff Schulphobie irreführend, schließlich liegen die Gründe für ein Fernbleiben nicht in der Schule. Die Schule wird vielmehr vermieden, weil

schulphobische Kinder, die sehr stark an ihre Bindungsperson gebunden sind, sich nur schwer oder gar nicht von ihrer Hauptbezugsperson trennen können. Demnach ist bei einer Schulphobie das eigentliche Problem nicht in der Schule zu suchen, sondern vielmehr im Elternhaus, insbesondere in einer vom Schulbesuch verursachten Trennung von der Bindungsperson, in den meisten Fällen von der Mutter. Dieses Phänomen ist unbewusst begründet. Bewusst wehrt sich das Kind massiv gegen den Schulbesuch bzw. gegenüber solchen Dingen, die mit dem Schulbesuch unmittelbar zusammenhängen. Die Schulvermeidung ergibt sich oft erst sekundär aus den geklagten körperlichen Symptomen. In den meisten Fällen geht die erlebte Angst mit somatischen Beschwerden einher, die meist unmittelbar vor dem Schulbesuch eintreten. Die ausgeprägte Trennungsangst nimmt in vielerlei Fällen extreme Ausmaße an, so dass ein Schulbesuch für die Betroffenen unmöglich wird. Die Schule wird zum Schauplatz der latenten Probleme, die bei manchen schulphobischen Kindern bereits im Kindergarten anfingen.

Trotz alledem ist die Schule der Ort, an dem die pathologischen Trennungsängste zwischen Mutter und Kind sichtbar werden. Was sind mögliche Erklärungen für dieses Phänomen? Es ist nahe liegend, dass Lehrer und Erzieher in den Augen der Kinder eine Stellvertreterfunktion der Eltern einnehmen, solange die Kinder in der Schule sind. Dort befinden sie sich in einem Lehrer-Schüler-Verhältnis und erwarten von ihren Lehrerinnen die gleiche uneingeschränkte Aufmerksamkeit, wie sie es von ihren Eltern gewohnt sind. Schnell stellen die Kinder fest, dass auch die anderen Kinder der Klasse die Aufmerksamkeit der Lehrerin suchen und auch bekommen. Schulphobische Kinder machen auch die Erfahrung, dass es innerhalb der Klassengemeinschaft Kinder gibt, die bessere Noten haben als sie selbst und bei Mitschülern beliebter sind. Anstatt sich dieser Aufgabe zu stellen, ziehen sie sich vorschnell ins vertraute häusliche Milieu zu ihrer Mutter zurück. Schließlich erhalten sie dort die „gewohnte" Sicherheit. Das kindliche Selbstwertgefühl ist über den sozialen Vergleich mit Gleichaltrigen in der Schule gefährdet, nicht jedoch im vertrauten häuslichen Umfeld. Um sein positives Selbstwertgefühl aufrechtzuerhalten, zieht das Kind sein Zuhause der Schule vor.

Es wird nun übergeleitet zur Hinführung des Ausdruckes Trennungsangst. Die Trennungsangst hat im Vergleich zur Schulphobie keine solche Geschichte einer Begriffsentwicklung vollzogen. Eine Hypothese ist, dass dies mit der Anzahl an Publikationen zusammenhängt. Es wurde quantitativ weniger explizit zur Trennungsangst publiziert. Ein weiterer bedeutender Faktor könnte darin liegen, dass zwischen beiden Begriffen zeitweise nicht differenziert wurde.

2.3   Begriffliche Hinführung zum Fachausdruck Trennungsangst

Bereits Bowlby (1961/62) macht auf die Vielseitigkeit im Verständnis des Begriffs Trennungsangst aufmerksam indem er schreibt, dass weit auseinander gehende Formulierungen zur Trennungsangst existieren. Jede dieser Formulierungen sei durch die jeweiligen Anschauungen von Wesen und Ursprung der Angst als eines allgemeinen Begriffes mitbedingt. Bowlby schreibt, dass für einige Autoren wie Hermann und Fairbain die Trennungsangst eine wichtige Primärangst bedeute. Freud vertrete in seinen früheren wie späteren Werken darüber eine ähnliche Ansicht, während Klein und ihre Mitarbeiter hingegen die Trennungsangst anderen primitiven Ängsten unterordnen und ihr eine geringe Folgeschwere zuschreiben (Bowlby, 1961/62).

Im Folgenden werden verschiedene Wege aufgezeigt die veranschaulichen, wie verschiedene Autoren an das Problem Trennungsangst heran gegangen sind (Bowlby, 1961/62): Eine Trennungsangst-Theorie stammt von Freud. Diese Theorie ist ein Teilstück der allgemeinen Angsttheorie, die er bis 1926 aufrechterhielt. Als Ergebnis seiner Studie zur Angstneurose (1895) hatte er die Ansicht vertreten, dass krankhafte Angst darauf zurück zu führen sei, dass sexuelle Erregung somatischen Ursprungs, die nicht abgeführt werden könne, in Angst umgewandelt werde. Die Angst, die ein Kind bei der Trennung von einer geliebten Person empfinde, sei ein Beispiel für diese Theorie. Unter Trennungsumständen bleibe die Libido des Kindes unbefriedigt. Schließlich wandele sich die unbefriedigte Libido in eine Trennungsangst um. Eine andere Theorie ist die von Rank (1924). Er geht davon aus, dass die Angst, die das kleine Kind bei der Trennung von der Mutter zeige, eine Reproduktion des Traumas der Geburt sei. Die Geburtsangst sei somit der Prototyp jeder späteren Trennungsangst (Rank, 1924 zit. nach Bowlby, 1961/62).

Eine weitere Möglichkeit mit der zu Beginn des 20. Jahrhunderts das Problem der Trennungsangst angegangen wurde, ist die Anschauung, die Trennungsangst als Sicherungsvorrichtung zu begreifen. In dem Moment der Abwesenheit der Mutter müsse sich das Kleinkind der Gefahr einer traumatischen psychischen Erfahrung unterwerfen und bilde darüber eine Sicherungsvorrichtung aus, die schließlich zu dem gezeigten Angst-Verhalten führe, wenn die Mutter ihr Kind verlässt. Das Angstverhalten soll sicherstellen, dass das Kind nicht zu lange von der Mutter getrennt bleibt. Bowlby nennt diese Theorie Signal-Theorie und macht von einem Ausdruck Gebrauch, den einst Freud eingeführt hat.

Trennungsangst kann sich innerhalb eines anderen theoretischen Diskurses auch aus der Ambivalenz des kleinen Kindes seiner Mutter gegenüber ergeben. In dem Zusammenhang glaubt das kleine Kind, indem seine Mutter verschwindet, habe es seine Mutter aufgegessen oder zerstört und dadurch für immer verloren. Bowlby nennt diese Theorie in Anlehnung an die Kinderanalytikerin Melanie Klein (1935), die Theorie der depressiven Angst (Klein 1935, in Bowlby 1961/62)

Eine andere theoretische Sichtweise beinhaltet, dass das kleine Kind seine Aggressionen auf seine Mutter projiziert und diese als Verfolgerin erlebt. Um welche Aggressionen es sich hierbei handelt, bleibt unbeantwortet. Das Kleinkind führt ihr Fortbleiben darauf zurück, dass sie böse auf es sei oder es bestrafen wolle. Dies löst beim Kind Aggressionen aus. Weiterhin glaube das Kind, wann immer die Mutter es verlasse, könne die Mutter entweder nicht mehr zu ihm zurückkommen, oder, wenn sie zurückkomme, dann in feindseliger Stimmung. Dann empfinde es Angst über die bevorstehende feindselige Stimmung.

Knox (1990) argumentiert, dass Trennungsangst durch eine pathologische Störung in der Familie verursacht wird. Sie behauptet, dass die Sorge seitens der Eltern in Hinblick auf das Leiden des Kindes eine völlig normale Reaktion sei. Und dass es pathologisch wäre, wenn die Eltern nicht besorgt sind. Die Familie verfügt über einen Komplex negativer Emotionen wie Angst, Furcht, Scham, Verwirrung und Schuldgefühle.

Nachdem einige frühere Ansichten zum Verständnis und zur Entstehungsweise des Begriffes Trennungsangst aufgezeigt worden sind, wird nun aufgezeigt, was die aktuelle Fachliteratur unter dem Fachausdruck „Trennungsangst" versteht.

Der Trennungsangstbegriff steht sowohl für eine Phase in der normalen Entwicklung eines Kleinkindes, als auch für ein abweichendes Verhalten eines Kindes, das im Vorschulalter einsetzt. Die „normale" bzw. entwicklungsphasentypische Trennungsangst ist die Postreaktion eines Kindes, nachdem eine Trennung von der primären Bindungsperson stattgefunden hat. Untersuchungen belegen, dass die „normale" Trennungsangst im Alter zwischen sieben und zwölf Monaten beim Baby einsetzt. Ihren Höhepunkt erreicht sie mit fünfzehn bis achtzehn Monaten. Ab dem Alter von achtzehn Monaten nimmt die entwicklungsphasentypische Trennungsangst kontinuierlich ab. Diese Form von Trennungsangst wird als entwicklungsphasentypisch verstanden, weil sie mehr oder weniger bei allen Kindern dieser Altersgruppe beobachtet werden kann und eine Angstreaktion darstellt, die von vorübergehender Zeit ist. Im Gegensatz zur „normalen" universellen Trennungsangst existiert die klinische Trennungsangst als eine Form von einer kindlichen Angststörung. Im klinischen, insbesondere im diagnostischen Diskurs bezeichnet man die abweichende Trennungsangst als „Emotionale Störung mit Trennungsangst". Die beiden Ausprägungen kindlicher Trennungsangst lassen sich am besten über den Zeitpunkt ihres Auftretens voneinander abgrenzen. Die erste Ausprägung kindlicher Trennungsangst ist die, die ab einem Alter von etwa drei Jahren auftritt. Einem Alter, in dem die Mehrzahl der Kinder die Trennung von ihrer Hauptbezugsperson ohne größere emotionale Belastung vollzieht. Die zweite Ausprägung, die ab einem Alter von 4 Jahren auftritt, ist mit einer deutlichen Beeinträchtigung des Kindes in seinem Alltag verbunden. Für Kinder, die unter einer emotionalen Störung mit Trennungsangst leiden, ist der Gang zum Kindergarten und später in die Schule geradezu unmöglich (Schneider & In-Albon, 2004). Auch Bowlby unterscheidet eine Trennungsangst, die zur Entwicklung des Kindes dazugehört von einer klinischen Trennungsangst (Bowlby, 2006).

Esser (2008) umschreibt Trennungsangststörungen, indem er herausstellt, dass Trennungsangststörungen sich bei jüngeren Kindern typischerweise in der Form zeigen, dass diese mit Angst und Widerstand reagieren, wenn sie sich von ihrer Hauptperson (z.B. von der Mutter) oder von Zuhause trennen sollen. Häufig kann schon die Drohung, dass eine Trennung bevorsteht, zu einer starken Angst führen, etwa, wenn die Eltern abends ausgehen wollen. Das Kind versucht bereits im Vorfeld solche Trennungsangstsituationen zu vermeiden zum Beispiel durch Schreien, Weinen, Betteln, verbale Drohungen und körperlichen Widerstand. Diese Symptome verschwinden, wenn das Kind sich nicht mehr gefordert fühlt sich von der Bezugsperson zu trennen (Mattejat et al., 2008). Entscheidend ist, dass die Rolle der Mutter je nach Autor eine andere ist. Hinzu divergieren die entscheidenden Variablen je nach Autor.

Tabelle 3 gibt einen Überblick zu den Auffassungen unterschiedlicher Autoren zur Trennungsangst.

Tabelle 3: Unterschiedliche Perspektiven auf eine Trennungsangststörung.

Autor	Jahr	Kurzerklärung	Rolle der Mutter	entscheidende Variable
Freud	1895	Nicht abgeführte sexuelle Erregung wird in Angst umgewandelt.	Mutter als ein Prototyp für Trennungsangst.	Umwandlung der unbefriedigten Libido in Trennungsangst.
Rank	1924	Angst vor Trennung resultiert aus der Reproduktion des Traumas der Geburt.	Kind kann sich durch das Geburtstrauma nicht von seiner Mutter lösen.	Trauma während der Geburt.
Klein	1935	Angst entwickelt sich aus der Ambivalenz zur Mutter.	Kind erlebt seine Mutter als ambivalent	Depressive Angst
Knox	1990	Trennungsangst wird durch eine pathologische Störung in der Familie verursacht. Die Familie verfügt über ein Komplex negativer Emotionen: Angst, Furcht, Scham, Verwirrung und Schuldgefühle.	Die Mutter fürchtet sich vor einer Trennung vom Kind.	Trennungsängste liegen bei Mutter und Kind vor.
Schneider und In-Albon	2004	Trennungsangstbegriff • Phase in der normalen Entwicklung eines Kleinkindes • Klinische Trennungsangst bedeutet eine deutliche Beeinträchtigung des Kindes in seinem Alltag	Phase 1 impliziert ein normales Verhältnis zur Mutter Phase 2 impliziert Trennungsangst beim Kind	Universelle Trennungsangst Pathologische Trennungsangst
Bowlby	2006	Unterscheidet die Trennungsangst als normale Entwicklung im Kindesalter von einer klinischen Trennungsangst.	Pathologische Trennungsangst kann sowohl auf Seiten des Kindes als auch auf Seiten der Mutter liegen.	Universelle Trennungsangst Pathologische Trennungsangst
Esser	2008	Trennungsängstliche Kinder reagieren mit Angst und Widerstand auf eine tatsächliche oder vermeintliche Trennung von der Hauptbezugsperson.	Die Mutter als Hauptbindungsperson, vor der das Kind Trennungsängste entwickelt.	Tatsächliche oder vermeintliche Trennung von der Hauptbindungsperson. Kind reagiert mit Angst und Widerstand.
Mattejat et al.	2008	Kind versucht oft im Vorfeld Trennungsangstsituationen zu vermeiden, z.B. durch schreien, weinen, betteln, verbale Drohungen und körperlichen Widerstand.	Die Mutter als Hauptbezugsperson, vor deren Trennung es sich besonders ängstlich zeigt.	Häufig verschwinden die Symptome, wenn das Kind sich nicht mehr aufgefordert fühlt, sich von seiner Bezugsperson zu trennen.

Zusammenfassung

Als Ergebnis der Literatursichtung möchte ich an dieser Stelle meine Definition vor Trennungsangst in Abgrenzung zur Schulphobie darstellen. Die Trennungsangst und die Schulphobie sind sich in ihren Inhalten so ähnlich, dass beide Störungsbilder nicht separat voneinander stehen können. Allerdings sind sie zu verschieden, um sie gleichzusetzen. Aus dem Grund, dass nicht jede Trennungsangst automatisch eine Schulphobie beinhaltet. Dies kann insbesondere dann ausgeschlossen werden, wenn das betroffene Kind aufgrund seines Alters noch nicht eingeschult wurde und stattdessen dem Kindergarten, aufgrund seiner erlebten Trennungsängste, fernbleibt. Während die Trennungsängste bei Schulphobikern in der Regel am Wochenende und in den Ferien verschwinden bestehen sie bei trennungsängstlichen Kindern weiterhin fort. Für die Schulphobie ist typisch, dass die Trennung von der Hauptbindungsperson problematisch ist. Sind die Schüler einmal in der Klasse angekommen, setzt ein Gefühl von Sicherheit ein. Von Schulphobikern ist weiterhin bekannt, dass sie ohne Trennungsangstproblematik Freizeitaktivitäten nachgehen können. Dies ist bei trennungsängstlichen Kindern nicht unbedingt der Fall. Diese werden versuchen auf keinen Fall im Kindergarten zu bleiben oder ohne ihre Hauptbindungsperson bei Freunden, Verwandten oder Bekannten bleiben.

Die begrifflichen Annäherungsversuche sowie die Definitionsvorschläge sollten dem Leser ein erstes Bild der beiden Störungen vermitteln. Im folgenden Verlauf sollen beide Störungsbilder in Hinblick auf die Erscheinungsformen beleuchtet werden und der Leserin aus einer weiteren Perspektive aufgezeigt werden. Kapitel 3 soll dazu beitragen, die Trennungsangst und die Schulphobie aus psychologisch-diagnostischer Sicht transparenter werden zu lassen.

3. BESCHREIBUNG DER PHÄNOMENE AUS PSYCHOLOGISCH-DIAGNOSTISCHER SICHT

3.1 Erscheinungsformen

Das Kapitel *„Erscheinungsformen"* umfasst die Symptomatik von Trennungsangst und Schulphobie. Hierbei werden spezifische Symptome für Trennungsangst und Schulphobie getrennt dargestellt.

3.1.1 Symptomatik von Trennungsangst und Schulphobie

Die Symptomatik nimmt auf das körperliche Wohlbefinden schulphobischer und trennungsängstlicher Kinder und Jugendlicher Einfluss. Die Symptome können das Verhalten in entscheidendem Maße beeinflussen.

Das Definieren der Trennungsangst bzw. Schulphobie nach symptomatologischen Kriterien dient der Abgrenzung zu anderen Störungsbildern. Gerade in Bezug auf die Symptomatik lassen sich Gemeinsamkeiten heraus stellen: Beide Störungsbilder gehen in vielen Fällen mit psychosomatischen Beschwerden wie Übelkeit, Bauchschmerzen und Kopfschmerzen einher (Schneider & In-Albon, 2004; Remschmidt, 2008). Weitere psychosomatische Symptome sind Schwindelgefühle und Schwächeanfälle (Bowlby, 2006). Schulphobische Kinder fühlen sich sehr unwohl, wenn sie in die Schule gehen sollen. Die Symptome verschwinden, sobald die Eltern ihnen erlauben zu Hause zu bleiben. Es sind die körperlichen Symptome, die viele Eltern in ihrem Handeln verunsichern (Schneider & In-Albon, 2004). Die Symptome können vereinzelt und in Kombination auftreten. Einige der in der Tabelle aufgeführten psychosomatischen Symptome sind bei Bowlby (1999) deckungsgleich. King und Bernstein (2001) berichten, dass die morgendlichen Wutanfälle, von einem ständigen und nachhaltigen Bitten des Kindes gegenüber seinen Eltern zu Hause bleiben zu dürfen, begleitet werden.

Die nachfolgenden Tabellen 4 und 5 listen die Symptome beider Störungsbilder getrennt voneinander auf. In Tabelle 4 unterscheiden die Autoren nach psychosomatischen und anderen Symptomen.

Tabelle 4: Übersicht über die Symptome einer Schulphobie (nach Csóti, 2004; King & Bernstein, 2001; Bowlby, 1999; Remschmidt, 2008).

Psychosomatische Symptome	Andere Symptome
• Durchfall	• Weinen
• Kopfschmerzen	• sich ohnmächtig fühlen
• Bauchschmerzen	• Schlafstörungen
• Übelkeit	• morgendliche Wutanfälle
• Harndrang	• sich schwach fühlen
• Hyperventilierung	• Unglücklichsein und Rückzug
• Schweißausbrüche	• extreme Angst
	• Wutausbrüche
	• Schreien
	• Festklammern an der Bezugsperson

Von trennungsängstlichen Kindern ist bekannt, dass sie bei bevorstehenden Trennungen mit Symptomen, wie Bauchschmerzen, Übelkeit, Erbrechen reagieren können. Als emotionale Reaktionen gelten heftiges Schreien, Anklammern, Weinen etc. Tabelle 5 gibt eine Übersicht über mögliche Symptome von Kindern mit einer Trennungsangst.

Tabelle 5: Übersicht über die Symptome einer Trennungsangst.

Symptome	Inhalte
Psychosomatische Symptome (Schneider & In-Albon, 2004)	• Bauchschmerzen
	• Kopfschmerzen
	• Übelkeit
	• Erbrechen
Emotionale Auffälligkeiten bei 2-5	• Heftiges Schreien

Jährigen **(Esser, 2008)**	• Weinen • Anklammern • Schlafprobleme bei Kleinkindern und Vorschulkindern
Andere Symptome **(Bowlby, 1999)**	• werden nervös, wenn sie alleine gelassen werden • werden nervös beim Gedanken ihre Eltern würden fortgehen • verfolgen ihre Eltern überall hin • möchten nicht alleine zu Hause bleiben • weigern sich alleine zu schlafen • Sorge, dass ihren Eltern etwas zustößt oder dass ihre Eltern sie verlassen • vermeiden die Schule • leiden, wenn eine Trennung von ihren Eltern bevorsteht

Meist sind die aufgeführten Symptome im Kontext der Trennungsangst zu verstehen: So lassen die psychosomatischen Symptome nach, wenn die Eltern das Kind nicht in den Kindergarten oder in die Schule schicken, sondern stattdessen zu Hause lassen (Schneider & In-Albon, 2004). Am Nachmittag, am Wochenende und in den Ferien treten die Symptome bei den Schulphobikern in der Regel nicht auf (Latzko & Fegert, 1991).

Latzko und Fegert (1991) berichten, dass die Angst sich zu trennen sich soweit steigern kann, dass es zu Erbrechen oder zu orthostatischen Dysregulationen bis hin zum Kollaps bei betroffenen Kindern kommen kann. Diese Symptome sind mit starken sozialen Beeinträchtigungen verbunden, indem aufgrund der starken Bindung an die Hauptbezugsperson und der heftigen Auseinandersetzungen vor dem Kindergartenbesuch kein Kindergartenbesuch bzw. Schulbesuch möglich ist (Esser, 2008).

Auswirkungen somatoformer Beschwerden

Die Symptome stehen häufig für die Betroffenen und ihre Angehörigen, die im unmittelbaren Umgang der Leidenden stehen im Vordergrund. Gerade die körperlichen Beschwerden verleiten Eltern dazu, Mediziner aufzusuchen und primär nach organischen Ursachen für die Erkrankung ihres Kindes zu suchen.

> „Mehrfach mussten wir feststellen, dass verschiedene Ärzte den Kindern auf Grund ihrer „schwachen Konstitution" bescheinigten, sie seien für den Schulbesuch nicht belastbar genug. Durch die vorliegenden Atteste wird auch lange Zeit eine Vorstellung bei dem/der Schularzt/ärztin umgangen. Gerade aus dieser protektiv gemeinten Entlastung des Kindes resultierte jedoch oft ein monatelanges Fehlen und damit eine schwerwiegende Chronifizierung der Problematik"(Latzko & Fegert 1991, S. 100).

Knollmann et al. (2010) schreiben hierzu:

> „Im Einzelfall wechseln Eltern häufiger den Arzt, um fortgeschrittene Krankschreibungen zu erwirken. Zu berücksichtigen ist auch, dass im Einzelfall eine invasive und kostenintensive somatische Diagnostik betrieben wird, ehe psychische Faktoren in die diagnostischen Überlegungen mit einbezogen werden" (Knollmann et al., 2010).

Zeitlicher und situationaler Zusammenhang

Während die Symptome bei den Schulphobikern in den Schulferien fast vollständig verschwinden, bestehen diese bei den trennungsängstlichen Kindern weiter fort. Immer dann, wenn eine unmittelbare Trennung von der Hauptbindungsperson bevorsteht. Tabelle 6 veranschaulicht, zu welchem Zeitpunkt und in welchen Situationen ein trennungsängstliches und ein schulphobisches Kind somatische Beschwerden äußern.

Tabelle 6: Zusammenhang zwischen Symptomatik und situativer Gegebenheit bei trennungsängstlichen und schulphobischen Kindern.

Trennungsangst	Schulphobie
• wenn eine Trennung von der Hauptbezugsperson unmittelbar bevorsteht • wenn das Kind sich vorstellt, von der Bindungsperson getrennt zu werden	• symptomatische Beschwerden treten in den meisten Fällen am Morgen auf, in der Regel vor dem Schulbesuch und/oder in der Schulsituation selbst • Symptomatik klingt ab, sofern die schulphobischen Kinder zu Hause bleiben dürfen • In den Ferien verschwinden die Symptome fast vollständig.

Emotionales Erleben und Verhalten im familiären und außerfamiliären Bereich

Innerhalb dieses Kapitels sollen Gefühlszustände beschrieben werden, denen der Betroffene im familiären Kontext aber auch außerfamiliär ausgesetzt ist.

Schulphobische und trennungsängstliche Kinder äußern verstärkt Furcht, dass ihrer Mutter bzw. sogar ihnen selbst beim Verlassen des Hauses etwas Schlimmes zustoßen könnte. Die übermäßige Furcht davor verlassen zu werden gehört mit zum emotionalen Erleben beider Gruppen. Beide leiden unter einer starken Abhängigkeit von ihrer Bezugsperson und haben große Schwierigkeiten sich von ihrer Bindungsperson zu trennen. Demnach ist ihr Bindungsverhaltenssystem sehr stark ausgeprägt, während ihr Explorationsverhalten eher minder ausgeprägt ist. Trennungsängstliche Kinder fühlen sich in ihrem vertrauten häuslichen Milieu wohl. Sollen die Kinder ihre vertraute Umgebung verlassen, klammern sie sich an ihre Bindungsperson und vermeiden dadurch die Schule in erheblichem Maße.

Tabelle 7 gibt das emotionale Erleben und Verhalten in der Familie und außerhalb der Familie wieder.

Tabelle 7: Emotionales Erleben und Verhalten im familiären und im außerfamiliären Bereich.

Soziale Bereiche	Emotionales Erleben	Emotionales Verhalten
Familiärer Bereich	• Fühlen sich zu Hause in Anwesenheit ihrer Hauptbezugsperson sicher und geborgen	• Bleiben zu Hause
Außerfamiliärer Bereich	• Erleben starke Furcht, dass ihrer Hauptbezugsperson in ihrer Abwesenheit und ihnen selbst außerhalb des Hauses etwas Schlimmes zustoßen könnte	• Klammern sich an die Hauptbezugsperson • Suchen die Sicherheit im vertrauten häuslichen Milieu • Vermeiden die Schule

Ergänzende Betrachtungen

Bei der Betrachtung der situativen Gegebenheiten fällt auf, dass die Fachliteratur keine exakten Angaben macht zwischen der Symptomatik in der Schule und in der Freizeit, beispielsweise während eines Besuches bei einem Klassenkameraden oder einem außerschulischen Freund. Es bleibt offen, ob die Symptome auch dann auftreten, wenn die Kinder auswärts sind. Gerade die körperlichen Symptome bewirken eine Verschleierung bzw. Maskierung der eigentlichen Problematik, die vielmehr auf einer psychoemotionalen Ebene liegt.

Die Konsequenzen dieser vielfältigen Erscheinungsformen für die Eltern, für die Schule und nicht zuletzt für den Betroffenen selbst sollen in Abbildung 1 schematisch aufgezeigt werden. Hierbei spielt es eine bedeutende Rolle, wie die Eltern auf die Äußerungen ihrer Kinder reagieren. Konzentrieren sich die Eltern primär auf die körperlichen Begleiterscheinungen, dann wählen diese einen vermeintlichen Lösungsweg, der den Verlauf einer Störungsaufrechterhaltung begünstigt und in die Länge ziehen kann. Abbildung 1 stellt mögliche Faktoren dar, die eine angemessene Behandlung zeitlich hinauszögern und lange Fehlzeiten begünstigen können:

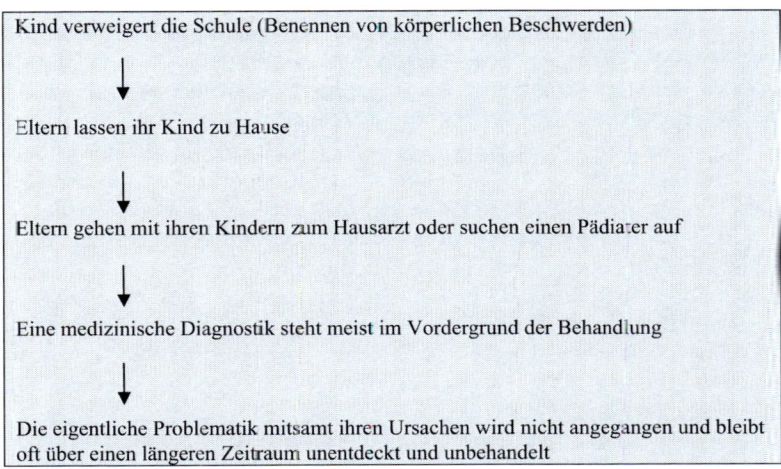

Abbildung 1: Ungünstige Behandlungsfaktoren für eine Trennungsangst und Schulphobie.

Damit ein solcher Weg zukünftig umgangen werden kann, werden nun Bedingungen aufgeführt, die das Erleben und Verhalten der Betroffenen beschreiben. Schließlich setzt die eigentliche Problematik vielmehr im Bereich der Psyche an. Nimmt man diese Bedingungen ernst und sucht sich entsprechend professionelle psychologische Hilfe, so ist dies eine ideale Voraussetzung für eine konstruktive Lösung und nicht zuletzt für positive Heilungsaussichten.

Nachdem bekannt ist wie sich die Störungsbilder äußern können und welchen Verlauf die Krankheiten nehmen können, soll nun die Verbreitung der Störungsbilder innerhalb einer Population thematisiert werden, damit ein Bild darüber entstehen kann, wie verbreitet beide Störungen in einer Gesamtpopulation sind.

3.2   Epidemiologie

In Kapitel 3.2.1 wird die Verbreitung von Trennungsangst und Schulphobie in einer Population aufgeführt. Die Epidemiologie umfasst Variablen wie Häufigkeit, Geschlechterverteilung sowie die soziale Herkunft betroffener Kinder und Jugendlicher und macht Aussagen zur Komorbidität.

3.2.1   Prävalenz von Trennungsangst und Schulphobie

Zur Krankheitshäufigkeit lassen sich Unterschiede zwischen einer Trennungsangst und einer Schulphobie festmachen. Während die Trennungsangst bei 6% aller Kinder und jungen Erwachsenen auftritt, liegt die Anzahl diagnostischer Fälle von Schulphobie bei 4%. Federer et al. (2000) berichten, dass sowohl 6-Monats-Prävalenzen als auch die Lebenszeitprävalenzen für eine Trennungsangst bei 1,8 bis 3% liegen. Chitiyo und Wheeler (2006) geben eine Prävalenz von 1-8% innerhalb einer Schülerpopulation an. Es liegen undifferenzierte Angaben zur Prävalenz vor.

Die Prävalenz beider Störungen ist im Kindesalter recht hoch und nimmt von der Kindheit bis zum Jugendalter hin ab (King & Bernstein, 2001). Dies ist ein interessanter Aspekt, wenn man davon ausgeht, dass sich eine Schulphobie aus einer unbehandelten Trennungsangst entwickeln kann. Möglicherweise werden die Trennungsängste frühzeitig erkannt und behandelt oder sie verschwinden von selbst. Auch der zeitliche Beginn beider Störungen ist unterschiedlich. Die Trennungsangst beginnt in der Regel ab einem früheren Durchschnittsalter von 8,7 Jahren, während die Schulphobie wie andere Phobien auch zu einem späteren Zeitpunkt einsetzen, zwischen 12,4 und 12,9 Jahren (King & Bernstein, 2001).

3.2.2 Geschlechterverteilung bei Trennungsangst und Schulphobie

Hinsichtlich der Geschlechterverteilung bei der Störung mit Trennungsangst macht das diagnostische Handbuch DSM-IV einen Unterschied zwischen klinischen und epidemiologischen Stichproben, denn beide weisen unterschiedliche Befunde auf. An dieser Stelle muss angemerkt werden, dass der Begriff Schulphobie nicht in den Diagnosehandbüchern DSM-IV und ICD-10 als separater Punkt aufgeführt ist. Stattdessen fällt die Schulphobie im ICD-10 unter eine emotionale Störung mit Trennungsangst, im DSM-IV unter eine Störung mit Trennungsangst. Laut der Angaben im DSM-IV tritt die Störung in klinischen Stichproben bei Jungen/Männern wie Mädchen/Frauen gleich häufig auf. Bei epidemiologischen Stichproben kommt die Störung häufiger bei Mädchen/Frauen vor. In einer Untersuchung von Lotzgeselle (1990) ergab sich ein Verhältnis von 25 Jungen zu 13 Mädchen. Dies entspricht dem Verhältnis von ca. 2:1 der durchschnittlichen Zusammensetzung bei der Inanspruchnahme kinder- und jugendpsychiatrischer Einrichtungen.

Dagegen kommen Last und Strauss (1990) in einer Studie über Schulphobiker zu anderen Erkenntnissen. Bei kinder- und jugendpsychiatrischen Patienten wird für die Schulphobie in der Regel ein Geschlechterverhältnis von 1:1 für Jungen und Mädchen angegeben(Last & Strauss, 1990). Schmidt (1987), Remschmidt (2008) und Van Dyke et al. (2009) stellen fest, dass bei der Schulphobie keine Geschlechterbevorzugung besteht.

Die Fachliteratur macht zur Häufigkeit der Störung zwischen den Geschlechtern widersprüchliche Angaben so dass eine eindeutige Klärung der Geschlechterverteilung nicht möglich ist. Das Geschlechterverhältnis, der von mir befragten Kinder und Jugendlichen (n=6) ergab in meiner Studie von Untersuchung 1 ein Verhältnis von 1:1 für Jungen und Mädchen.

Neben der Häufigkeit und der Geschlechterverteilung ist die soziale Herkunft der Familien zur Erfassung eines Gesamtbildes von Bedeutung.

3.2.3 Soziale Herkunft trennungsängstlicher und schulphobischer Kinder und Jugendlicher

Untersuchungen zur sozialen Herkunft trennungsängstlicher und schulphobischer Kinder weisen widersprüchliche Befunde auf:

> „ [...] that school phobic children tended to be male, post pubertal and from higher socio-economic backgrounds. On the other hand, children experiencing diagnosed separation anxiety disorder were pre-pubertal and from families of lower socio-economic status " (Pilkington and Piersel, 1991 zit. nach Chitiyo & Wheeler 2006, S. 88).

Chitiyo und Wheeler ergänzen (2006), dass in weiteren Studien diese Ergebnisse nicht bestätigt werden konnten (vgl. auch Kendall et al. 2010). Neben der Grunderkrankung existieren häufig weitere Störungsbilder, die parallel zur eigentlichen Störung vorliegen. In der Regel erfüllt ein Patient mit einer bestimmten Störung ebenfalls die Diagnosekriterien einer anderen Störung. Dies trifft auch auf die emotionale Störung mit Trennungsangst zu. Das Vorliegen mehrer paralleler Störungsbilder neben der eigentlichen Grunderkrankung stellt Kapitel 3.3 dar.

3.3 Komorbidität

Die Komplexität schulphobischen und trennungsängstlichen Verhaltens spiegelt sich in der Komorbidität wider. Dies lässt sich damit belegen, dass psychiatrisierte Kinder und Jugendliche, die von einer schweren Schulphobie betroffen sind überzufällig häufig die Kriterien einer zweiten psychischen Erkrankung erfüllen. Neben der Abhängigkeit von wichtigen Bezugspersonen und der starken Trennungsschwierigkeit von der Mutter, leiden trennungsängstliche Kinder gehäuft unter depressiven Verstimmungen, die mit der Zeit hartnäckiger werden und eine zusätzliche Diagnose einer Dysthymen Störung oder einer Major Depression rechtfertigen können (vgl. Strauss et al., 1987; Nichols & Berg, 1970).

Sicherlich ist eine mögliche Ursache einer erhöhten Komorbidität in der Vielgestaltigkeit der psychosomatischen und somatischen Symptome zu finden und/oder in der Verfestigung der Störung, die sich über mehrere Jahre hinziehen kann, vorausgesetzt, es werden bis dahin keine produktiven, lösungsorientierten Maßnahmen zur Intervention unternommen (siehe Abbildung 1). Demnach besteht die Wahrscheinlichkeit, dass ätiologische Faktoren, die in ihrer Komplexität sehr detailliert aber auch vielseitig sein können, einen kausalen Einfluss auf die Komorbidität haben. Jedoch bezieht die Fachliteratur zu diesen Fragestellungen keine klare Stellung.

Die Anzahl und Intensität weiterer psychischer Erkrankungen können den Verlauf der Pathogenese entscheidend mit bestimmen.

3.4 Pathogenese

Dieses Kapitel umfasst den Störungsbeginn, den weiteren Verlauf und schließlich die prognostischen Gesichtspunkte. Prognostische Aspekte beinhalten beispielsweise, welche Bedingungen wirksam sein müssen, damit die Störung günstig verläuft.

Die Bedingungen, die zum Auslösen der Störung geführt haben können sich prinzipiell auf den Störungsbeginn und -verlauf auswirken. Der Beginn und Verlauf einer psychischen Störung, wie er im Folgenden beschrieben wird, sollte immer im Zusammenhang mit den individuellen Ursachen betrachtet werden, weil die Ursachen den Störungsverlauf in einem entscheidenden Maße mitbestimmen.

Insbesondere in Hinblick auf den Störungsbeginn und -verlauf verwendet das DSM-IV beide Störungsbilder überwiegend synonym und deckungsgleich. Durch welche Faktoren werden Trennungsangst und Schulphobie ausgelöst?

3.4.1 Mögliche situationale Variablen zur Auslösung von Trennungsangst und Schulphobie

In der Fachliteratur (Hersov 1985; Lehmkuhl et al. 1988 in Baumeister 2001, S. 22; Lotzgeselle 1990) wird häufig ein Schulwechsel als eine mögliche auslösende Variable aufgeführt, bevor die eigentliche Symptomatik ausbricht. In einer Untersuchung von Overmeyer et al. (1994) war bei mehr als der Hälfte der schulphobischen Kinder ein Schulwechsel vorausgegangen (Overmeyer et al., 1994). Neben dem Schulwechsel ist auch der erste Schultag nach den Sommerferien eine Variable zur Auslösung der Störung sowie zu Zeitpunkten in der Schullaufbahn an denen sich Freundschaften verändern (Csóti, 2004). Remschmidt spricht in dem Zusammenhang von drei Altersgipfeln: (1) Kindergartenalter, (2) Einschulung, (3) Adoleszenz (Remschmidt, 2008).

Für das Auftreten schulvermeidenden Verhaltens bei den Schulanfängern werden am häufigsten bestehende Trennungsängste als mitursächlich für das Fernbleiben vom Unterricht betrachtet (Schmidt, 1987).

Häufig führen Verlustereignisse im Leben des Kindes wie der Verlust einer geliebten Person durch Trennung oder Tod und/oder eine Ehekrise mit drohender Scheidung (Häring, 1997), der Tod eines Haustieres etc. zur Erkrankung und/oder Manifestation der Störung (Martinius & Orthofer, 1993). Demnach ist ein Verlustereignis ein Beispiel für einen möglichen Risikofaktor, der einen Ausbruch der Störung bewirken kann.

Neben diesen Variablen kann auch das elterliche Erziehungsverhalten, welches durch ein hohes Ausmaß an überbehütetem und kontrollierendem Verhalten geprägt ist, ein möglicher Risikofaktor für die Entstehung einer Trennungsangststörung darstellen (In-Albon & Schneider, 2006).

3.4.2 Störungsbeginn einer Trennungsangst und Schulphobie

Die Schulphobie fällt in den klinisch-diagnostischen Leitlinien des ICD-10 unter die Kategorie F93.0: *emotionale Störung mit Trennungsangst des Kindesalters.* Darunter fallen etliche Merkmale, von denen mindestens drei zutreffen müssen, damit von einer emotionalen Störung mit Trennungsangst gesprochen werden kann. Das ICD 10 setzt den Beginn vor dem sechsten Lebensjahr an (WHO, 2006).

Kasten 5 gibt die Kriterien einer emotionalen Störung mit Trennungsangst des Kindesalters wieder:

Kasten 5: Emotionale Störung mit Trennungsangst des Kindesalters nach ICD 10 (WHO 2006, S. 1994/95).

„F93.0 emotionale Störung mit Trennungsangst des Kindesalters
A. Mindestens drei der folgenden Merkmale:

1. unrealistische und anhaltende Besorgnis über mögliches Unheil, das der Hauptbezugsperson zustoßen könnte oder über den möglichen Verlust solcher Personen (z.B. Furcht, dass sie weg gehen und nicht wieder kommen könnten, oder dass das Kind sie nie mehr wieder sehen wird) oder anhaltende Sorge um den Tod von Bezugspersonen
2. unrealistische und anhaltende Besorgnis, dass ein unglückliches Ereignis das Kind von seiner Hauptbezugsperson trennen werde (z.B. dass das Kind verloren gehen, gekidnappt, ins Krankenhaus gebracht oder getötet werden könnte)
3. andauernde Abneigung oder Verweigerung, die Schule zu besuchen aus Angst vor Trennung von einer Hauptbezugsperson oder um zu Hause zu bleiben (eher als andere Gründe, z.B. Angst vor bestimmten Ereignissen in der Schule)
4. Trennungsschwierigkeiten am Abend, erkennbar an einem der folgenden Merkmale:
   a. anhaltende Abneigung oder Weigerung, Schlafen zu gehen, ohne dass eine Hauptbezugsperson dabei oder in der Nähe ist
   b. häufiges Aufstehen nachts, um die Anwesenheit der Bezugsperson zu überprüfen oder bei ihr zu schlafen
   c. anhaltende Abneigung oder Weigerung, auswärts zu schlafen
5. anhaltende, unangemessene Angst davor, allein zu sein, oder tagsüber ohne die Hauptbezugsperson zu Hause zu sein
6. wiederholte Albträume zu Trennungsthemen
7. wiederholtes Auftreten somatischer Symptome (Übelkeit, Bauchschmerzen, Kopfschmerzen, Erbrechen) bei Gelegenheiten, die mit einer Trennung von einer Hauptbezugsperson verbunden sind, wie beim Verlassen des Hauses, um zur Schule zu gehen oder bei anderen Gelegenheiten, die mit einer Trennung verbunden sind (z.B. Urlaub, Ferienlager)
8. extremes und wiederholtes Leiden in Erwartung, während oder unmittelbar nach der Trennung von einer Hauptbezugsperson; dieses zeigt sich in Angst, Schreien, Wutausbrüchen, in der anhaltenden Weigerung, von Zuhause weg zu gehen, in dem intensiven Bedürfnis, mit den Eltern zu reden oder in dem Wunsch, nach Hause zurückzukehren, ferner in Unglücklichsein, Apathie oder sozialem Rückzug.
B. Fehlen einer generalisierten Angststörung des Kindesalters (F93.80).
C. Beginn vor dem sechsten Lebensjahr.
D. Die Störung tritt nicht im Rahmen einer umfassenderen Störung der Emotionen, des Sozialverhaltens oder der Persönlichkeit auf oder bei einer tiefgreifenden Entwicklungsstörung, einer psychotischen Störung oder einer durch psychotrope Substanzen bedingten Störung.
E. Dauer mindestens vier Wochen"

Um den Beginn einer Schulphobie mit Trennungsangst beschreiben zu können, soll das diagnostische und statistische Manual psychischer Störungen (DSM-IV) herangezogen werden. Das DSM-IV verwendet nicht die Bezeichnung Schulphobie, stattdessen wird darin die Formulierung *„Störung mit Trennungsangst"* gewählt. Der Text, der dem Kapitel ‚Störungsbeginn' zugeordnet wurde, ist im DSM-IV unter ‚Verlauf' zu finden. Der Verständlichkeit und besseren Übersichtlichkeit wegen wird innerhalb dieses Teils der Arbeit der Störungsbeginn vom Störungsverlauf getrennt.Im DSM-IV ist der Beginn einer Störung mit Trennungsangst wie folgt beschrieben:

> *„Die Störung mit Trennungsangst kann sich nach schwierigen Lebensereignissen entwickeln (z.B. Tod eines Verwandten oder Haustiers, Krankheit des Kindes oder eines Verwandten, Schulwechsel, Umzug oder Einwanderung). Die Störung kann bereits im Vorschulalter beginnen und jederzeit bis zum Alter von 18 Jahren auftreten. Selten beginnt die Störung bereits in der* Adoleszenz" (Saß et al. 2003, S. 158/159, vgl. auch Häring 1997, S. 21).

Bezüglich des Einsetzens schulphobischen Verhaltens, einschließlich der damit verbundenen auftretenden Symptome, lässt sich oftmals nicht klar feststellen, ob sich die Angaben auf den Zeitpunkt beziehen, an dem sich der Patient in Therapieeinrichtungen vorstellt, oder ob sie sich auf Angaben von Eltern, Lehrerinnen oder Ärzte beziehen. Des Weiteren bleibt oftmals unklar, ob der Beginn einer Schulphobie die Schulvermeidung an sich oder die somatischen Begleiterscheinungen sind. Aus diesen genannten Gründen ist es schwierig, den Beginn schulphobischen Verhaltens exakt zu bestimmen und festzulegen (Baumeister, 2001). Die Fachliteratur bezieht hierzu keinen klaren Standpunkt.

In einigen Veröffentlichungen wird darüber berichtet, dass die Schulphobie bereits im Kindergartenalter ihre Wurzeln hat. So heißt es in einem Aufsatz von Dellisch (1991) zum zeitlichen Einsetzen von Erscheinungsformen, die später beim Eintritt in die Schule mit ‚Schulphobie‘ klassifiziert werden:

> „Diese Kinder wehrten sich oft schon im Kindergartenalter mit allen Zeichen der Angst gegen den Kindergartenbesuch. Da dieser nicht Pflicht ist, geben die Eltern bereits dann den vehementen Protesten des Kindes nach. Mit Schuleintritt sind die Eltern dann neuerlich mit dem Problem konfrontiert" (Dellisch 1991, S. 130).

Fremont (2003) schreibt zum Störungsbeginn das die Symptome, die mit einer Schulvermeidung einhergehen, gewöhnlich schrittweise erfolgen. Symptome können erstmalig nach langen Ferien oder nach einer Krankheit auftreten. Auch fällt es manchen Schülerinnen schwer nach Wochenenden oder nach dem Urlaub zurück zur Schule zu gehen. Stressvolle Ereignisse zu Hause oder in der Schule selbst oder mit Peers können eine Schulvermeidung mit verursachen.

Der Störungsbeginn wird beeinflusst durch situative Variablen, die das Auslösen der Störung begünstigen. Eine entscheidende situative Variable ist der Schulbesuch mit einer Schulpflicht.

3.4.3 Störungsverlauf einer Trennungsangst und Schulphobie

Zur Beschreibung des Störungsverlaufs werden die Angaben im DSM-IV hinzugezogen. Es wird zunächst der Verlauf hinsichtlich des Alters und der Prognose angesprochen, um schließlich den Störungsverlauf hinsichtlich besonderer Erlebens- und Verhaltensweisen heraus zu stellen. Folgende Angaben macht das DSM-IV zum Störungsverlauf einer Störung mit Trennungsangst (F93.0):

> „Phasen der Verschlimmerung und der Remission sind charakteristisch. Sowohl die Angst vor einer möglichen Trennung als auch das Vermeiden von Trennungssituationen (z.B. Beginn eines Studiums) kann in manchen Fällen jahrelang anhalten. Allerdings weist bei langfristigen Katamnesestudien die Mehrzahl der Kinder mit Störungen mit Trennungsangst keine beeinträchtigenden Angststörungen auf" (Saß et al. 2003, S. 159).

Es besteht die Möglichkeit, die beiden Erscheinungsweisen der Trennungsangst und der schulphobischen Störungen im Störungsverlauf hinsichtlich älterer und jüngerer Kinder zu differenzieren bzw. zwischen günstigen und ungünstigen Verläufen zu unterscheiden. So lässt sich bezüglich des Alters festhalten, dass beim Auftreten von schulvermeidendem Verhalten im Grundschulalter die Trennungsangst eine bedeutende Rolle spielt, während sich bei älteren Kindern schulphobische Störungen beobachten lassen (Lehmkuhl et al., 2003).

Je länger der Schulbesuch zurück liegt, desto schwieriger ist es, die Schule wieder zu besuchen (King & Bernstein, 2001). Die schulische Abwesenheit gehört mit in die Betrachtung des Störungsverlaufs.

Zu den Erlebens- und Verhaltensweisen schulphobischer Kinder im Störungsverlauf ist herauszustellen, dass Kinder, wenn sie zum Schulbesuch aufgefordert werden, mit einem panikartigen Erregungszustand reagieren, der beim Verlassen des Elternhauses stärker wird und in der Schulsituation oft an Intensität verliert. Neben körperlichen Angstsymptomen wie Übelkeit, Erbrechen, Schreien und Weinen werden Wutanfälle, Anklammerungsversuche an die Mutter, aber auch Tendenzen des Sich-Zurückziehens geschildert (Fremont, 2003; Schlung, 1987). Die Dramatik der Situation kann sich bis hin zu Selbstmorddrohungen oder Suizidversuchen des Kindes zuspitzen. Die Symptomatik verliert spätestens dann an Intensität, wenn die betroffenen Kinder nicht zum Schulbesuch gezwungen werden und Zuhause im vertrauten Milieu bei ihrer Bindungsfigur bleiben dürfen (Schlung, 1987).

Damit eine Störung fortbesteht, müssen bestimmte Bedingungen erfüllt sein, die die Störung in ihrem Bestehen aufrechterhalten.

3.4.4 Mögliche Variablen zur Aufrechterhaltung einer Trennungsangst und Schulphobie

Zu den störungsaufrechterhaltenden Variablen stellt Schmidt (1987) heraus, dass es in der Macht der Eltern stehen kann, schulphobisches Verhalten aufrechtzuerhalten. Daneben sind Ärzteals eine weitere Personengruppe durchaus ebenso in der Lage die Schulphobie zu verfestigen, indem sie Atteste ausstellen, die die Kinder vom Schulbesuch befreien, ohne die spezifischen Gründe für ihr Fernbleiben zu kennen (Schmidt, 1987). Häufig wird laut Baumeister die Beobachtung gemacht, dass manche Ärzte womöglich zu oberflächlich an die Problematik heran gehen. Denn häufig bescheinigen sie den Kindern eine *„schwache Konstitution"* und bescheinigen, dass sie *„für den Schulbesuch zu schwach seien"*(Baumeister 2001, S. 24). Aus dieser ärztlichen Herangehensweise kann ein langes Fehlen resultieren, das schnell zu einer Chronifizierung des Problems führt (Baumeister, 2001; Latzko & Fegert, 1991).

Ein weiterer Aspekt zur Aufrechterhaltung der Störung,ist dass sich die Kinder weder von ihren Eltern noch von anderen Bezugspersonen durch logische Argumente an der Teilnahme am Schulbesuch überzeugen lassen (Baumeister, 2001). Die Hartnäckigkeit, mit der das schulvermeidende Kind sein Vermeidungsverhalten vertritt, kann so manche Eltern rat- und machtlos werden lassen. Ist dies erst einmal geschehen, erscheint den Eltern die Lage ihres Kindes irgendwann auch für ihr eigenes Handeln ausweglos.

3.5 Prognose

Die Prognose der Schulphobie ist im Wesentlichen von drei Kriterien abhängig (1) vom Alter der Patienten bei Störungsbeginn, (2) vom Schweregrad der Schulphobie und (3) von der Kooperationsbereitschaft der Eltern. Was das Alter betrifft, so ist die Prognose umso günstiger, je jünger die Kinder sind und je früher sie in Behandlung kommen. Die Behandlungserfolge sind nach Remschmidt (2008) relativ niedrig, denn sie liegen bei den trennungsängstlichen und schulphobischen Kindern je nach Intensität zwischen 30 und 60 %.

Lotzgeselle (1990) hat in seiner Studie Angaben zu prognostisch günstigen Verläufen gemacht. Folgende Merkmale waren dabei ausschlaggebend: *„Alter bis 12 Jahre; allgemeine Lern- und Leistungsmöglichkeiten überdurchschnittlich oder zumindest im oberen Durchschnittsbereich; unmittelbare Wiedereingliederungsbemühungen der Eltern; kontaktsuchende Strategien der Schüler"* (Lotzgeselle 1990, S. 20).

Im Vergleich zu Remschmidt (2008) bezieht sich Schmidt (1987) in seiner Studie nicht explizit auf den Behandlungserfolg. Schmidt vergleicht in seiner Studie das Alter der Kinder mit dem Erfolg eines Schulbesuches und stellt in Bezug auf das Alter der erkrankten Kinder heraus, dass man bei jüngeren Schulphobikern zu 90% und bei älteren Schulphobikern zu 50% damit rechnen kann, dass diese die Schule wieder besuchen (Schmidt, 1987).

Blagg und Yule (1994) stellen in ihrer Studie fest, dass jüngere Kinder (≤10 Jahre) eine bessere Prognose bekommen als ältere Kinder. Die Erfolgswahrscheinlichkeit liegt bei jüngeren Kindern bei über 95%. Diese Daten basieren auf Klinikstudien.

Begibt sich ein Patient, der von einer Schulphobie betroffen ist, rechtzeitig in eine Therapie, so bestehen günstige Aussichten, dass der Betroffene auf eine relativ einfache Therapie anspricht (Friedmann 1950, Kennedy 1965 in Bowlby 1976, S. 311). Personen, bei denen die Störung seit längerem vorliegt, weisen eine deutlich schlechtere Prognose hinsichtlich eines Heilungserfolges auf, weil bei ihnen eine erhöhte Wahrscheinlichkeit besteht, dass sie „auch unter allen anderen e-motionalen Schwierigkeiten leiden" (Bowlby 1976, S. 312).An dieser Stelle führt Tabelle 8 die prognostisch günstigen Faktoren für den Verlauf einer Schulphobie auf.

Tabelle 8: Prognostisch günstige Faktoren für den Verlauf einer Schulphobie (Lehmkuhl et al. 2003, S. 375).

Autoren	Jahr	Prognostisch günstige Faktoren
Rodriguez	1959	Alter bei Symptombeginn (< 11 Jahre)
Waldfogel	1959	frühzeitige Diagnostik und Therapie
Hersov	1960-61	frühzeitige Therapie
Berg	1969	akuter Symptombeginn
Berg	1976	Klinik (Therapieerfolg bei Entlassung), kein Zusammenhang zu Therapiedauer, höhere Intelligenz ist ungünstig
Berg	1978	jüngeres Alter, höhere soziale Schicht, Therapiedauer bei Mädchen
Kammerer und Mattejat	1981	jüngeres Alter (bei stationärer Aufnahme), Dauer des Schulversäumnisses
Berg	1985	höherer IQ, jüngeres Alter (< 14 Jahre)
Flakierska	1988	jüngeres Alter
Lotzgeselle	1990	Beginn der Schulphobie vor Vollendung des 13. Lebensjahres, überdurchschnittliche Lern- und Leistungsmöglichkeiten, Aufrechterhaltung der Kontakte zu Gleichaltrigen während der Schulvermeidung
Last & Strauss	1990	geringere Fehlzeiten, bessere Ergebnisse in der kognitiven Verhaltenstherapie
Blagg und Yule	1994	jüngeres Alter (10 Jahre und <)
Southam-Gerow et al.	2001	jüngeres Alter, geringere internale Komorbidität, keine mütterliche Depression
Layne et al.	2003	geringe Fehlzeiten, geringere Ausprägung von Trennungsangst und Vermeidungsverhalten

Neben den Angaben in der Tabelle 8 steht in der einschlägigen Fachliteratur, dass die Prognose eines erfolgreichen Heilungsprozesses bei Kindern, die im Grundschulalter unter der Störung leiden und bei denen die Schulphobie einen akuten Beginn verzeichnet, wesentlich günstiger ausfällt als bei älteren Kindern mit einer chronifizierten Form (Baumeister, 2001).

Individuelle Prognosen sind sicherlich sinnvoll, weil ein Therapeut auf dieser Grundlage angemessene Maßnahmen zur Intervention treffen kann. Symptome, die vor der stationären Aufnahme des Kindes von langer Dauer sind, können zu einer ungünstigen Prognose führen. Es vergeht vom Zeitpunkt des Symptombeginns bis zur Aufnahme in eine Klinik oder zu einem ambulanten Therapeuten in der Regel ein langer Zeitraum. Nach einer Stichprobe von Overmeyer et al. (1994) vergehen im Durchschnitt 1,4 Jahre (Overmeyer et al., 1994). Kammerer und Mattejat(1981) kommen auf einen Zeitraum von 9 Monaten (Kammerer und Mattejat 1981 in Baumeister 2001, S. 23).

Zusammenfassend lässt sich festhalten, dass das Alter, das Ausmaß an Fehltagen in der Schule, die Intelligenz des Betroffenen und eine akute oder chronische Verlaufsform und/oder ob das Kind bereits längere Zeit unter Symptomen leidet etc., bedeutende Kriterien sind, die für die Erstellung einer Prognose und für den Zeitpunkt des Therapiebeginns von entscheidender Bedeutung sein können.

Neben den genannten relevanten Faktoren, die zur Prognoseerstellung beitragen, sollte der Faktor *Grad der Störungsausprägung* nicht außer Acht gelassen werden, da dieser den Störungsverlauf in entscheidendem Maße mit beeinflussen kann. Die Notwendigkeit von Intervention resultiert unter Anderem aus dem Grad der Störungsausprägung. Diesbezüglich wird der Faktor nachfolgend separat behandelt.Hierbei wird unterschieden zwischen einer schweren und einer leichten Ausprägung einer Schulphobie.

3.6 Grad der Störungsausprägung

Beim Grad der Störungsausprägung ist zu berücksichtigen, dass es schwere und leichte Fälle einer Schulphobie gibt (Remschmidt, 2008). Der Grad der Ausprägung ist neben der Prognoseerstellung mitunter entscheidend für das Einsetzen und das Greifen von Interventionsmöglichkeiten. Dementsprechend soll die Art der Behandlung auch vom Störungsgrad abhängig gemacht werden. An dieser Stelle ist es unbedingt erforderlich von Fall zu Fall zu unterscheiden, ob eine leichte oder schwerwiegende Form von Schulphobie vorliegt.

Hat ein Kind über längere Zeit massive Trennungsängste und bekommt keine professionelle Hilfe besteht ein erhöhtes Risiko an weiteren Angststörungen (z. B. Agoraphobie oder Panikstörung) zu erkranken. Unbehandelte Trennungsängste können bis ins Erwachsenenalter hinein fortbestehen und ein Leben voller Abhängigkeiten und Anspannungen bedeuten. Ein normales Leben wird somit unmöglich (Csóti, 2004). Studienergebnisse konnten belegen, dass eine Trennungsangst ein Risikofaktor für die Entwicklung weiterer psychischer Störungen darstellt (Csóti, 2004). Diesbezüglich besteht ein Zusammenhang zwischen einer Trennungsangststörung in der Kindheit und einer Panikstörung im Erwachsenenalter (In-Albon & Schneider, 2006). Beobachtungen von Klein (1980) bestätigen ebenfalls diese Annahme, dass auffallend viele Patienten mit Panikstörung über Trennungsängste in der Kindheit berichteten. Allerdings konnte eine Studie von Brückl et al. (2007) diese Annahme nicht bestätigen. Ihre Ergebnisse wiesen auf keinen Zusammenhang zwischen einer Trennungsangst und einer Panikstörung mit Agoraphobie hin. Eine Panikstörung mit Agoraphobie ist ihren Ergebnissen nach zu urteilen weder eine spezifische Folge von Trennungsangst noch eine Beschleunigungsvariable von Trennungsangst. Vielmehr tragen Trennungsängste in der Kindheit zu einem erhöhten Risiko von verschiedenen Angststörungen bei und weniger zu Panikstörung mit Agoraphobie allein (Brückl et al., 2007).

Kurzzeitige Konsequenzen umfassen eine geringe bis schwache schulische Leistung, Familienprobleme, Probleme mit Gleichaltrigen bis hin zur sozialen Isolation (Fremont, 2003).

Langzeitfolgen sind ein Schulabbruch, Schwierigkeiten einen Ausbildungsplatz oder eine Anstellung zu finden sowie ein erhöhtes Risiko für psychiatrische Erkrankungen (Fremont, 2003).

Eine unbehandelte Trennungsangststörung kann sich bis zu einer Schulphobie im Jugendalter steigern und im Erwachsenenalter eine Agoraphobie oder Panikstörung zur Folge haben. Dies kann die Lebensqualität erheblich einschränken (Bowlby, 1999). Meiner Ansicht nach sind in Fällen von massiven und persistenten Trennungsängsten Interventionsmaßnahmen unerlässlich. Eine unbehandelte Trennungsangst führt wahrscheinlicher zu einer Schulphobie. In Kapitel 3.7 werden nun ausschließlich Interventionsprogramme vorgestellt die für eine unbehandelte Trennungsangst, d.h. für eine Schulphobie relevant sind. Aufgrund der in Kapitel 3.4.4 genannten Variablen zur Aufrechterhaltung der Störung, die im individuellen Kontext und im sozialen Umfeld begründet liegen, sollte in der Therapie auf störungsauslösende und -aufrechterhaltende Variablen bei jedem Patienten der individuelle Kontext und das unmittelbare soziale Umfeld mitberücksichtigt und in die Erklärung mit einbezogen werden.

3.7 Interventionsmaßnahmen

Um eine adäquate Interventionsmaßnahme einzuleiten, bedarf es einer Unterscheidung zwischen einer schweren und einer leichten Form von Schulphobie. Beide Störungsbilder unterscheiden sich hinsichtlich der Chronifizität und der Folgeerscheinungen.

3.7.1 Intervention bei leichter Schulphobie

Leichte Fälle von Schulphobie sind Ausdruck einer akuten Krise. Demnach besteht die Möglichkeit, nach einem Beratungsgespräch mit den Eltern einen Schulbesuch des schulphobischen Kindes zu erreichen. Erst wird den Eltern versichert, dass ihr Kind körperlich gesund ist. Anschließend werden ihnen Tipps gegeben, wie sie ihr Kind zum Schulbesuch hinführen können. Es ist davon auszugehen, dass ein solches Vorgehen bei schwerwiegenden Schulphobien zwangsläufig zu Misserfolgen führt. An Stelle von Beratungsgesprächen kann bei massiven Trennungsängsten ein Besuch in einer Tagesklinik hilfreich sein.

3.7.2 Intervention bei schwerer Schulphobie

Bereits zu Beginn der Behandlung einer schweren Schulphobie sollte versucht werden, das Kind möglichst schnell wieder in die Schule einzugliedern, weil davon ausgegangen werden kann, dass das Kind bereits eine große Anzahl an Fehltagen hat und schon einen Großteil des Unterrichtsstoffs bis zum Zeitpunkt der Behandlung versäumt hat. Um im weiteren Verlauf die Wiedereingliederung zu ermöglichen, ist mit den Eltern und dem Kind gemeinsam herauszuarbeiten, dass die somatischen Beschwerden nicht organisch zu begründen sind, d.h., dass das Kind hinsichtlich seiner körperlichen Konstitution durchaus in der Lage ist, die Schule zu besuchen. Während der Behandlung kann der Therapeut ressourcenorientiert vorgehen, indem er die Stärken des Kindes heraus stellt und ihmund den Eltern deutlich macht, dass es zum Schulbesuch durchaus in der Lage ist. Schließlich hat die Betroffene den Gang zur Schule häufig geschafft. Der Therapeut sollte die Eltern dabei unterstützen, eine klare und feste Entscheidung für den Schulbesuch des Kindes zu treffen, indem sie den Schulbesuch in deutlicher Weise fordern und die Forderung konsequent durchsetzen. Des Weiteren ist eine enge Absprache mit anderen involvierten Stellen wie der Schule, der Pädiaterin, dem Jugendamt etc. erforderlich, um störungsaufrechterhaltende Bedingungen wie das erneute Ausstellen eines Attestes zu vermeiden. Alle Personengruppen, die mit der Diagnose Schulphobie konfrontiert werden, sollten mit in das Behandlungsprogramm einbezogen werden. Damit können verschiedene Hilfesysteme eine einheitliche und klare Stellung dem Kind gegenüber einnehmen und diese Position dem Kind gegenüber vertreten. Dadurch wird dem Kind oder dem Jugendlichen die Möglichkeit genommen die Schule weiterhin zu vermeiden (Tyrrell, 2005).

Ist die Schulphobie so massiv, dass das Kind aufhört die Schule zu besuchen, leidet die Schulbildung und die sozio-emotionale Entwicklung darunter. Für die schweren Formen von Schulphobien ist ein spezielles Behandlungsprogramm ratsam. Das Programm orientiert sich nicht an einer bestimmten therapeutischen Schulrichtung, sondern ist vielmehr problemorientiert. In diesem Interventionsprogramm werden die Kenntnisse aus verschiedenen therapeutischen Richtungen zum Verständnis der diagnostizierten schweren Schulphobie zusammengetragen und nach Einzelfall und Behandlungsphase in unterschiedlicher Gewichtung berücksichtigt. Die stationäre Behandlung erfolgt in fünf Schritten und dauert durchschnittlich drei bis vier Monate. Die im Kasten 6 dargestellten Schritte sind für die Behandlungsart von schweren Schulphobien erforderlich (Remschmidt, 2008).

Kasten 6: 5-Phasen-Behandlungsmodell einer schweren Schulphobie (Remschmidt, 2008).

Vorbereitung der Familie, „Behandlungsvertrag", Aufnahme des Kindes
Innerhalb des ersten Behandlungsschrittes wird versucht, die Familie ausführlich auf die Behandlung vorzubereiten und zwischen Eltern und Therapeut eine gute Behandlungskooperation aufzubauen. Der Schulphobiker wird für die Aufnahme in die Klinik für wenige Wochen von seinen Eltern getrennt. Die massiven Trennungsängste werden gerade in dieser veranlassten Trennung schon angegangen.

Therapeutische Bearbeitung der Hintergrundproblematik
Die längste Phase des Behandlungskonzeptes mit einer durchschnittlichen Dauer von 1,5 bis 2 Monaten konzentriert sich auf die Bearbeitung der familiären Hintergrundproblematik. Hierzu sind sowohl intensive psychotherapeutische Gespräche mit den Eltern als auch die therapeutische Arbeit mit dem schulphobischen Kind sinnvoll. Bei der therapeutischen Arbeit mit dem Kind soll sowohl eine Verminderung der Abhängigkeit von den Eltern und damit eine Erhöhung der Selbstständigkeit sowie die Verminderung einer allgemein sozialen Angst und darüber hinaus eine Verbesserung der Durchsetzungsfähigkeit gegenüber Gleichaltrigen erreicht werden. Das Behandlungsprogramm umfasst sowohl psychotherapeutische Gespräche als auch verhaltenstherapeutische Programme.

Wiedereingliederung in die Schule
Wenn die stationäre Behandlungsphase abgeschlossen ist, kann zur Wiedereingliederung in die Heimatschule oder in eine andere Regelschule übergeleitet werden. Die Kinder werden bei der Wahl der Schule miteinbezogen. Die Wiedereingliederung in die Schule mit einer durchschnittlichen Dauer von 3 bis 4 Wochen ist sorgfältig vorzubereiten und hat schrittweise zu erfolgen. Anfänglich wird das Kind bei seiner Behandlung durch das Klinikpersonal bzw. durch

seinen Therapeuten sehr stark unterstützt und kontrolliert, bis es allmählich selbst die Kontrolle über den Gang zur Schule und über weitere schulische Aufgabengebiete übernimmt. In welcher Form der Therapeut stark unterstützend und kontrollierend agiert, bleibt an dieser Stelle weitestgehend unklar.

Wie eine solche Unterstützung auch erfolgen kann, wird in Untersuchung 3 der vorliegenden Arbeit ausführlich dargestellt.

Rückgliederung ins häusliche Milieu

Hat sich der Schulbesuch stabilisiert, werden die Behandlungsfortschritte auf das häusliche Milieu übertragen. Die Rückgliederung in die Familie dauert durchschnittlich 3 bis 4 Wochen und erfolgt ebenso vorsichtig und schrittweise wie die Rückführung in die Schule. Die Funktionen, die Therapeuten übernommen haben, werden zunehmend den Eltern übergeben. Dabei werden den Eltern Tipps im Umgang mit ihrem Kind gegeben. Bei älteren Kindern können gemeinsame Sitzungen zusammen mit den Eltern durchgeführt werden.

Ambulante Nachbetreuung

Die ambulante Nachbetreuung kann je nach Indikation und familiärer Motivation sehr unterschiedlich sein. Eine ambulante Nachbetreuung kann entweder über eine langfristige psychagogische Therapie, die auf das Kind zugeschnitten ist, erfolgen oder über eine gemeinsame Familientherapie. Auch Einzeltherapien, die entsprechend für die Eltern konzipiert worden sind, können an dieser Stelle Anwendung finden.

Innerhalb des 5-Phasen-Behandlungsmodells wird zwischen Interventionsinhalten und Interventionszielen differenziert (Remschmidt 2008, S. 244). Tabelle 9 gibt die Unterschiede zwischen Interventionsinhalten und -zielen wieder.

Tabelle 9: 5-Phasen-Behandlungsmodell einer schweren Schulphobie (Remschmidt 2008, S. 244).

Vorgehensweise	Interventionsinhalte	Interventionsziele
(1) Vorbereitung der Familie, „Behandlungsvertrag", Aufnahme des Kindes	• Vertrauensaufbau zwischen dem Patienten, der Familie und dem Therapeuten • Aufbau einer fruchtbaren Behandlungskooperation zwischen Eltern und Therapeut, um dem Kind oder Jugendlichen die stationäre Aufnahme in die Klinik zu erleichtern	• Ausführliche Vorbereitung der gesamten Familie auf die stationäre Aufnahme des Kindes
(2) Therapeutische Bearbeitung der Hintergrundproblematik (Durchschnittliche Dauer: 1,5 bis 2 Monate	• Bearbeitung der familiären Hintergrundproblematik o Intensive psychotherapeutische Gespräche mit den Eltern o Besondere Behandlungsmaßnahmen mit dem Patienten	• Aufarbeitung der familiären Hintergrundproblematik • Reduzierung der Abhängigkeit von den Eltern mit dem Ziel die Selbstständigkeit des Schülers zu erhöhen • Stärkung des Selbstkonzeptes des Kindes • Stärkung der Durchsetzungsfähigkeit gegenüber Gleich-altrigen
(3) Wiedereingliederung in die Schule (Durchschnittliche Dauer: 3 bis 4 Wochen)	• Sorgfältige Vorbereitung des Schulbesuchs erfolgt zunächst schrittweise, für einige Stunden und unter Mithilfe des Therapeuten bzw. anderer Bezugspersonen auf der Station	• Schulbesuch während der stationären Aufnahme • Voraussetzung für das Gelingen von Schritt vier
(4) Rückgliederung ins häusliche Milieu (Durchschnittliche Dauer: 3 bis 4 Wochen)	• Nach der Stabilisierung des Schulbesuches werden die Behandlungsfortschritte auf das häusliche Milieu übertragen o Eltern bekommen wieder mehr Funktionen zugeschrieben o Eltern erhalten Tipps im Umgang mit ihrem Kind	• Wiedereingliederung des Kindes nach der stationären Therapie ins Elternhaus • Vermeidung eines erneuten Rückfalles

Vorgehensweise	Interventionsinhalte	Interventionsziele
(5) Ambulante Nachbetreuung	• Je nach Familienkonstellation und Erfolg der Maßnahmen unterschiedlich eng und unterschiedlich lang evtl. langfristige psychagogische Therapie für das Kind oder eine gemeinsame Familientherapie • Einzeltherapien für Eltern • Lehnen die Eltern diese Angebote ab, bietet ihnen die psychiatrische Klinik einen „lockeren" ambulanten Kontakt an	• Kontrolle und Halten des Schulbesuches in der Regelschule, der jetzt wieder regelmäßig stattfinden sollte

Das Therapieprogramm ist speziell für die Behandlung einer schweren Schulphobie entwickelt worden. Das Behandlungsprogramm beinhaltet eine problemorientierte Behandlung. Ausgangspunkt ist, dass die Bedingungen, die zur Entstehung und Aufrechterhaltung einer Schulphobie beitragen während der gesamten Behandlungsdauer immer wieder mit berücksichtigt und fokussiert werden, um die spezifische Problematik bearbeiten und aus dem Weg räumen zu können. Daneben ist herauszustellen, dass diese Therapieform sehr zeitintensiv ist und sehr effizient sein kann. Die mit einer Schulphobie einhergehende Trennungsproblematik wird über die stationäre Aufnahme des Kindes in die Klinik bereits angegangen. Neben einer Trennungsangst bestehen oftmals weitere psychische Störungen, unter denen das Kind leidet (vgl. Remschmidt, 2008).

3.7.3 Bedeutsame Merkmale für das Behandlungsergebnis

Specht (2004) führt Merkmale auf, die sich für das Behandlungsergebnis bei schulvermeidendem Verhalten als bedeutsam herausgestellt haben: (1) Beginn, Unterbrechung und Ausprägung des schulvermeidenden Verhaltens, (2) Zeitpunkt, Ausprägung und Wiederholung einer depressiven Störung, (3) Verfestigung durch unangemessene Reaktionen und Maßnahmen, (4) Ausprägung, zeitliche Umstände und Beeinflussbarkeit familiärer Bedingungen sowie (5) die Zusammenarbeit von Familie, therapeutischen Diensten und Schule (Specht 2004, S. 35).

Im Anschluss wird die Ätiologie als ein separater Themenkomplex behandelt, der unter dem aktuellen Forschungsstand erst einmal theoretisch dargestellt wird. Ein Zusammenspiel von möglichen Ursachengrößen wird in Kapitel 4 theoretisch veranschaulicht und soll im praktischen Teil der Arbeit empirisch untersucht werden. Welche Faktoren sollten nun für eine Ursachenklärung einbezogen werden?

4. URSACHENFORSCHUNG

Ausgangspunkt der Arbeit ist, dass die Ursachenklärung von Trennungsangst und Schulphobie nur über die Einbeziehung mehrerer paralleler Forschungsansätze gelingen kann. Der Forschungsliteratur zur Folge lassen sich vier parallele Erklärungsansätze herausstellen die zur Ursachenklärung herangezogen werden können. In jedem der vier Erklärungsansätze werden unterschiedliche psychologische Motive fokussiert. Dabei beziehen sich drei Einflussgrößen auf die Hauptbindungsperson. In den meisten Fällen ist dies die Mutter des schulphobischen bzw. trennungsängstlichen Kindes oder Jugendlichen. Die letzte Ursachengröße bezieht sich auf das schulphobische bzw. trennungsängstliche Kind selbst.

4.1 Bindungsstil von Müttern schulphobischer und trennungsängstlicher Kinder

Der Bindungsstil der Mütter zu ihrer eigenen Mutter soll als eine Wirkgröße betrachtet werden, die als eine mögliche Ursache für die Trennungsangst bzw. die Schulphobie des Kindes in Betracht gezogen werden kann. Das Kind ist sich der emotionalen Verfügbarkeit seiner Mutter nicht sicher. Die Bindungstheorie kann als ein möglicher theoretischer Erklärungsansatz dienen.

Auf der individuellen Ebene wird davon ausgegangen, dass die Bindungsrepräsentation der Mutter die Mutter-Kind-Bindung beeinflusst. Als Bindungsrepräsentation bezeichnet man die sozial-emotionale Einstellung, die die Mutter in Bezug auf ihre Bindung zur eigenen Mutter einnimmt.

Die Ausgangsfrage beinhaltet, dass die Mutter einen unsicheren Bindungsstil zu ihrer eigenen Mutter hatte bzw. hat. Diesen unsicheren Bindungsstil mit überfürsorglichen Merkmalen überträgt sie unbewusst auf ihr eigenes Kind.

Ein pathogenetischer Erklärungsgrund zur Entstehungsweise einer Schulphobie kann in Beziehungsstörungen vor allem zwischen Mutter und Kind liegen. Mütter verhalten sich gegenüber ihrem Kind einengend-überfürsorglich, teils nachgiebig-verwöhnend. Dieser Bindungsstil kann dazu führen, dass die Mutter-Kind-Bindung sich von einer normalen Beziehung hin zu einer symbiotischen Bindung, die bereits krankhafte Züge angenommen hat, entwickelt. Mütter werden in der Literatur häufig als überbehütend klassifiziert (Schmidt, 1987). Mit dieser eingenommenen mütterlichen Erziehungshaltung werden Trennungsängste beim Kind vorbereitet und nicht selten die Nähe des Kindes dazu genutzt eigene Trennungsängste zu kontrollieren. Dadurch verstärkt ihr Verhalten unbewusst das abhängige und vermeidende Verhalten ihres Kindes (Klicpera, 1983). Nicht selten beruht die Trennungsangst auf beiden Seiten (Martinius & Orthofer, 1993).

In der nächsten Stufe wird die erlebte Trennungsangst des betroffenen Kindes, die von der Mutter mit verursacht worden ist, auf die Schule übertragen. Durch das Fernbleiben von der Schule erreicht das Kind zumindest kurzfristig eine Angstreduzierung. Langfristig nimmt diese Angst jedoch durch den ansteigenden Druck von außen, der durch das lange Fernbleiben entsteht, zu (Martinius & Orthofer, 1993). Die Kinder geraten anhand der vielen Fehltage in einen Leistungsrückstand und/oder bauen durch ihr schulisches Fernbleiben soziale Beziehungen ab.

Weiterhin sind als Ergebnis dieses mütterlichen Erziehungsstils fehlende Sicherheit und mangelndes Selbstvertrauen bei den schulphobischen Kindern charakteristisch (Johnson et al., 1941; Waldfogel et al., 1957; Roberts, 1975; Last et al., 1987).

Neben dem aktuellen Bindungsstil der Mutter zu ihrer Mutter stellt die psychische Gesundheit der Mutter eine gleichwertige Ursachengröße dar. Möglicherweise korrelieren beide Variablen miteinander.

4.2 Psychische Gesundheit von Müttern schulphobischer und trennungsängstlicher Kinder

Zur psychischen Gesundheit der Mütter von trennungsängstlichen Kindern besteht die Ausgangsannahme darin, dass die Mütter möglicherweise ihre eigenen Trennungsängste zum Ausdruck bringen. Anhand spezifischer Verhaltensweisen (überfürsorgliche Haltung, Klammern etc.) verstärken sie das abhängige und vermeidende Verhalten ihres Kindes. Die Trennungsängste der Mutter können zu einer symbiotischen Mutter-Kind-Bindung führen. Dies kann zur Folge haben dass das Kind ein übermäßig ausgeprägtes Bindungsverhaltenssystem entwickelt hat. Indem das Bindungsverhaltenssystem übermäßig stark ist, bleibt das Explorationsverhalten des Kindes auf der Strecke. Das Kind hat kaum Möglichkeiten, Erfahrungen außerhalb seiner vertrauten Umgebung des Elternhauses zu machen.

Mütter trennungsängstlicher und schulphobischer Kinder leiden häufig selbst unter Ängsten und Phobien. In einer Studie untersuchte Last et al. (1987) die Mütter von Kindern mit Angststörungen. 83% der Mütter von Kindern mit Trennungsangst oder Überempfindlichkeit hatten in ihrem Leben bereits ein Mal die Kriterien für eine Angststörung erfüllt. 57% der untersuchten Mütter waren zum Zeitpunkt der Untersuchung von einer Angststörung betroffen (Last et al., 1987). Diese Befunde deuten darauf hin, dass Angststörungen der Eltern relativ spezifisch an ihre Kinder weiter gegeben werden. Auch Martin et al. (1999) fanden in ihrer Studie heraus, dass die Eltern von Kindern mit Schulvermeidung mit einer Angststörung eine erhöhte Prävalenzrate einer Panikstörung mit oder ohne Agoraphobie haben. Das Kind lernt das vermeidende Verhalten, tradiert dieses und überträgt es erst auf den Kindergarten und später auf die Schule. Die Lerntheorie kann diesbezüglich zur Erklärung des trennungsängstlichen und/oder schulphobischen Verhaltens hinzu gezogen werden (vgl. auch Walsh et al., 2009).

4.3   Die Familie trennungsängstlicher und schulphobischer Kinder

Die dritte Einflussgröße nimmt Bezug auf den aktuellen Forschungsstand zum Thema Familiendynamik bei trennungsängstlichen und schulphobischen Kindern. Ein Hauptunterscheidungspunkt zu den anderen zwei Ursachengrößen liegt darin, dass der Vater/Ehemann erstmals mit in die Betrachtungen zur Ätiologie einbezogen wird.

Döpfner (2000) argumentiert in Hinblick auf die Familiendynamik von trennungsängstlichen Kindern, dass sich in diesen Familien eine Interaktionsdynamik entwickelt, die dazu führt, dass das Kind in zunehmenden Maße die Interaktionen in der Familie kontrolliert. Dieses Kontrollverhalten bringt eine Ambivalenz mit sich, die darin besteht, dass das Kind einerseits sehr mächtig ist und andererseits sich unzufrieden fühlt und gereizt ist. Als Ursache für diese Ambivalenz nennt Döpfner den intrapsychischen Konflikt zwischen dem Streben nach Autonomie und der hohen Abhängigkeit von der Hauptbezugsperson.

Baumeister (2001) zufolge erweisen sich die ehelichen Beziehungen der Eltern von Schulphobikern in der Regel als schwierig. Diese auftretenden Probleme können zu einer engeren Mutter-Kind-Beziehung führen. Die mütterliche Beziehung zu ihrem Kind stellt einen Ersatz für die aus ihrer Sicht ungenügende und unzufrieden stellende Partnerschaft dar. Das Kind wird automatisch von der Mutter in eine Rolle gedrängt, die einen Ehemann-Ersatz darstellt und für die Vaterfigur rivalisierend erscheint.

Die überbehütende Mutter reagiert auf die Trennungsängste ihres Kindes, gerade deshalb, weil sie mit somatischen Beschwerden einhergehen, oft mit Verständnis und Zuwendung. Diese Haltungen haben zur Folge dass das Kind mehr und mehr entlastet wird. Entlastung in Hinblick darauf, dass das Kind sich oft den schulischen Anforderungen immer weniger stellen muss (Döpfner, 2000).

Weiterhin können diese Familienmuster zur Folge haben, dass die Elternbeziehung konfliktreicher und die Mutter-Kind-Bindung immer verstrickter wird. Hierzu haben King und Bernstein (2001) Untersuchungen an Kindern mit Schulvermeidung und komorbider Trennungsangst durchgeführt. Ihre Ergebnisse zeigen, dass in Familien betroffener Kinder häufiger problematische Familienkonstellationen vorliegen (King & Bernstein, 2001). Anhand von Fragebogenuntersuchungen und Verhaltensbeobachtungen zeigte sich, dass Kinder mit Angststörungen ihre Familie als weniger akzeptierend und Autonomie gewährend (Messer & Beidel, 1994; Siqueland et al., 1996), sowie weniger kontaktfreudig und unterstützend, konfliktreicher und verstrickter (Stark et al., 1990) erlebten, als dies Kinder ohne Angststörungen erlebten.

Der Schwierigkeitsgrad der ehelichen Probleme kann durchaus variieren. Eine Form, die in Bowlbys klinischer Erfahrung häufig beschrieben wurde, ist die einer Frau, die zur eigenen Mutter eine wechselseitig ambivalente Beziehung hat die sie auf das Kind überträgt. Das Bindungsmuster ist so eine mitverantwortliche Ursache für die Schulphobie des Kindes. Häufig suchen sich diese Frauen unbewusst einen Partner, der sich innerhalb des familiären Geschehens passiv verhält und seinen

Aufgaben als Ehemann und Vater nicht nachkommt, sich diesen Aufgaben gar entzieht. Stattdessen kommt er seiner Funktion des Familienernährers verstärkt zu. Ist dies der Fall, kann die Mutter das passive Erziehungsverhalten ihres Ehemannes durch ihr überfürsorgliches Verhalten gegenüber dem Kind kompensieren. Die Mutter fühlt sich in ihrer Rolle meist wohl (Bowlby 1999).

Zusammenfassung

Zusammenfassend ist zur ehelichen Beziehung der Eltern festzuhalten, vorausgesetzt diese verläuft problematisch, dass das Kind als Ansprechpartner und Bezugsperson für die Mutter herhalten muss, insbesondere dann, wenn der Vater innerhalb des familiären Geschehens eine passive Rolle einnimmt. Dies kann dazu führen, dass diese Mütter ihr Kind als viel wichtiger ansehen und es auch viel lieber in ihrer Nähe haben als ihren eigenen Ehemann.

Abbildung 2 dient zur graphischen Veranschaulichung der Beziehungen und wichtigen Einflussgrößen im System Familie.

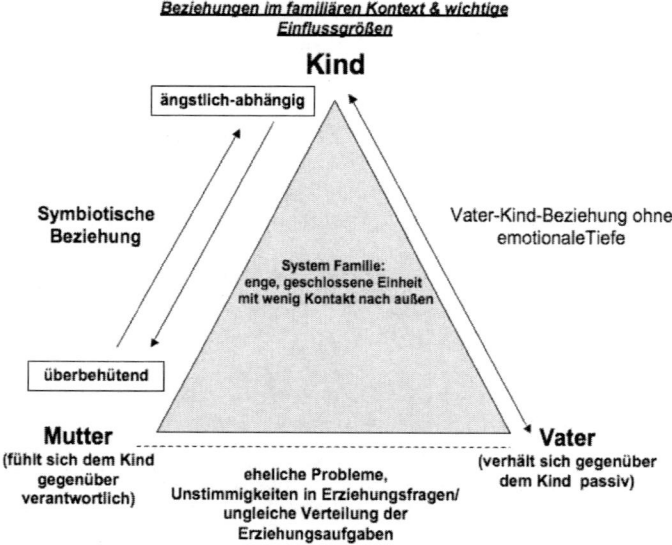

Abbildung 2: Beziehungen und Einflussgrößen in der Vater-Mutter-Kind Triade trennungsängstlicher und schulphobischer Kinder.

Verschiedene Einflussgrößen im Erleben und Verhalten der Mütter sowie der Familiendynamik wurden thematisiert. Welche Rolle spielen nun dispositionelle Merkmale für die Entstehung einer Trennungsangst und Schulphobie?

4.4   Individuelle Disposition von schulphobischen und trennungsängstlichen Kindern
Die individuelle Disposition bezieht sich ausschließlich auf die psychologischen Merkmale trennungsängstlicher und schulphobischer Kinder und Jugendlicher. Bei Schulphobikern und trennungsängstlichen Kindern handelt sich um ängstliche und sozial gehemmte Personen. Schulphobische Kinder haben häufig das Vertrauen in sich selbst verloren und fühlen sich unsicher und verängstigt (Csóti, 2004). Beim Kind sind Ängste stets auf die Entwicklung bezogen auf altersadäquate Entwicklungsaufgaben die vom Kind bewältigt werden müssen. Eine mögliche Entwicklungsaufgabe ist zum Beispiel die Fähigkeit Bindungen einzugehen und diese zu erhalten. Gleichzeitig soll das

Kind lernen, Autonomie zu entwickeln und sie zu verwirklichen. Beide Aufgaben sind miteinander auf eine polare Weise verknüpft. Ist einer der beiden Pole zu stark ausgeprägt, besteht die Möglichkeit, dass sich zum Beispiel bei einer zu engen Bindung die Autonomie nicht hinreichend entwickeln kann. Wird hingegen Autonomie vom Kind gefordert kann dies eine Angst vor dem drohenden Verlust einer Beziehung auslösen. Der Kindergarten und später die Schule fordern Autonomie von den Kindern. Wenn die Bindung zu eng wird, so dass für eine Autonomieentwicklung nicht genügend Raum ist, hat dies eine einseitige Entwicklung zur Folge mit einem zu stark ausgeprägten Bindungsverhaltenssystem und einem zu schwachen Explorationsverhalten. Eine Annahme ist, dass wesentliche Merkmale die individuelle Disposition eines schulphobischen Kindes beeinflussen. Ich stelle eine Untersuchung von Martinius und Orthofer (1993) dar, die veranschaulicht, dass schulphobische Kinder sich von anderen psychisch kranken Kindern in ihrer individuellen Disposition unterscheiden. Die Unterschiede zwischen den Gruppen werden in Kapitel 4.4.1 heraus gestellt.

4.4.1 Wesentliche Merkmale schulphobischer Kinder

In Tabelle 10 sind wesentliche Merkmale schulphobischer Kinder aufgeführt, die sich konkret auf die Variablen: Trennungsangst, Kontaktstörungen, Einzelkind, sowie Schlafen im elterlichen Ehebett bis zum Schulalter beziehen. Die Ergebnisse in der Tabelle beziehen sich auf eine Untersuchung von Martinius und Orthofer (1993). In Hinblick auf die Interpretationsergebnisse ist zu berücksichtigen, dass die Stichprobe der schulphobischen Patienten aus überwiegend männlichen Probanden besteht (27 Jungen zu 14 Mädchen). Dabei ist zu beachten, dass die Zusammensetzung der Stichprobe (2:1) entsprechende Auswirkungen auf die Befunde der Studie haben kann. Dies trifft auch auf die Kontrollgruppe zu, deren Zusammensetzung bezüglich der Geschlechterverteilung (2:1) und des Alters der Patienten (8-12 Jährige) mit denen der schulphobischen Gruppe identisch ist.

Tabelle 10 stellt wesentliche Merkmale schulphobischer Kinder im Vergleich zu Kindern mit einer anderen psychischen Krankheit vor.

Tabelle 10: Wesentliche Merkmale schulphobischer Kinder im Vergleich mit anderen psychisch kranken Kindern (Irrtumswahrscheinlichkeit < 0,05 t-Test) (nach Martinius & Orthofer 1993, S.77).

Wesentliche Merkmale	Schulphobiker (Experimentalgruppe)		Kontrollgruppe	
Kind	Jungen	Mädchen	Jungen	Mädchen
Trennungsangst	85%	50%	11%	0
Kontaktstörungen	93%	57%	67%	21%
Einzelkind	89%	50%	37%	36%
Schlafen im elterlichen Bett bis Schulalter	59%	50%	0	0

Im Vergleich zur herangezogenen Kontrollgruppe lässt sich auch in Martinius' und Orthofers Stichprobe überzufällig häufig Trennungsangst bei schulphobischen Kindern feststellen. Im weiteren Verlauf zur Erklärung der Tabelle 10 wird die Bezeichnung ‚Schulphobiker' mit der Bezeichnung Experimentalgruppe versehen. Im Vergleich zwischen den Geschlechtern leiden sowohl schulphobische Jungen als auch die Jungen aus der Kontrollgruppe in Martinius' & Orthofers Untersuchung häufiger unter einer Trennungsangst als Mädchen. Allgemein tritt die Trennungsangst in der Experimentalgruppe entschieden häufiger auf im Vergleich zur Kontrollgruppe. Das Gleiche trifft auf den Bereich der Kontaktstörungen zu. Auch davon sind Jungen häufiger betroffen als Mädchen. Diese Beobachtung lässt sich auf Experimental- und Kontrollgruppe anwenden. Die Einzelkind-Situation ist ein ebenso wesentliches Merkmal bei der Untersuchung schulphobischer Patienten. Bezüglich dieses Kriteriums lässt sich in der Experimentalgruppe ein wesentlicher Unterschied zwischen den Geschlechtern ausmachen (89% der Jungen zu 50% der Mädchen), während bei der Kontrollgruppe ein minimaler Unterschied zwischen den Geschlechtern besteht (37% der Jungen zu 36% der Mädchen). Das in der Tabelle zuletzt genannte Merkmal „*Schlafen im elterli-*

chen Bett bis Schulalter" ist ganz besonders auffällig in Hinblick auf die beiden untersuchten Gruppen. Denn dieses Kriterium trifft laut Untersuchung ausschließlich auf schulphobische Patienten zu. Die geschlechtsspezifischen Unterschiede sind hier minimal. So schlafen 59% der 8 bis 12-jährigen männlichen Schulphobiker noch bei ihren Eltern im Bett während dies 50% der weiblichen Schulphobiker im Alter zwischen 8 und 12 Jahren tun. Das Merkmal *„Schlafen im elterlichen Ehebett"* weist direkt auf die Trennungsangstproblematik des Kindes hin. Dies deutet darauf hin, dass eine Trennungsangst auch bei der Mutter vorliegen könnte. Demnach besteht die Trennungsangstproblematik auch abends und nachts fort. In Anlehnung an Martinius Ergebnisse lässt sich festhalten, dass mit einer Schulphobie Trennungsängste verbunden sind. Auffällig sind auch hier die Kontaktstörungen dieser Kinder. Dieser Aspekt wird auch noch einmal im Kapitel 7 über die soziale Wahrnehmung in der Schule interessant.

4.4.2 Persönlichkeitsmerkmale schulphobischer Kinder

Schulphobische Kinder gelten meist als ängstliche, kontaktgehemmte Kinder (Remschmidt, 2008). Die persönlichkeitsrelevanten Merkmale umfassen auch die intellektuellen und leistungsbezogenen Fähigkeiten schulphobischer Kinder. Schulphobiker sind meist in ihren kognitiven Fähigkeiten nicht eingeschränkt. So besuchen jüngere Kinder die Grundschule, die Älteren gehen in der Regel zum Gymnasium. Lehmkuhl und Mitarbeiter messen in ihrer Studie, in der es unter Anderem um differentialdiagnostische Abgrenzungen zwischen Schulangst und Schulphobie geht, bei den schulphobischen Kindern einen IQ-Wert von 103 im Gegensatz zu den schulängstlichen Patienten, die einen IQ-Wert von 91 aufzeigen (Lehmkuhl et al., 1990). Der Mittelwert der erhobenen Intelligenzquotienten wird in verschiedenen Veröffentlichungen erwähnt. In einer Untersuchung mit Schulphobikern von Overmeyer (1995) liegt der berechnete Mittelwert bei 104,7 (Overmeyer, 1995), während Coolidge (1963) einen Wert von 113 berechnete. Bei Warren (1965) befanden sich zwei Drittel der schulphobischen Patienten im Durchschnittsbereich von 85 bis 115. Ein Viertel seiner untersuchten Patienten wiesen Werte von 115 bis 130 auf (Coolidge 1963 und Warren 1965 in Baumeister 2001, S. 21).

Overmeyer et al. (1994) stellten in einer Untersuchung fest, dass schulphobische Jungen und Mädchen von durchschnittlicher Intelligenz sind und vor allem höhere Schulen besuchen (Overmeyer et al., 1994).

Dies unterstreicht die Feststellung, dass das Hauptproblem schulphobischer Kinder nicht an einer Leistungsüberforderung in der Schule liegt, das bedeutet, dass diese Kinder keine Versagensängste vor Lehrerinnen oder Mitschülern haben. Schulleistungsprobleme ergeben sich, wenn überhaupt, erst sekundär aus den langen Schulversäumnissen (Baumeister, 2001).

Sofern feststellbar, weisen die meisten schulphobischen Kinder zum Erkrankungszeitpunkt ein durchschnittliches bis überdurchschnittliches Intelligenzniveau auf (Rodriguez et al. 1959, Adams et al. 1966, Hennig et al., 1973, Berg et al. 1975 in Baumeister 2001, S. 21; Kammerer und Mattejat, 1981). Tabelle 11 fasst noch einmal die IQ-Werte, die bei Schulphobikern gemessen wurden, zusammen.

Tabelle 11: Übersicht über die gemessenen IQ-Werte bei Schulphobikern.

Autor	Jahr	IQ- Werte
Coolidge	1963	113
Warren	1965	85-115
Lehmkuhl	1990	103
Overmeyer	1995	104,7

Zu den schulischen Leistungen ist festzustellen, dass in einer Untersuchung von Lotzgeselle (1990) die Untersuchungsgruppe der schulphobischen Kinder mehr überdurchschnittliche als unterdurchschnittliche Leistungen aufweisen (Lotzgeselle, 1990).

Bei der Interpretation der Untersuchungsergebnisse fällt auf, dass manche Autoren Untersuchungen über Leistungen durchführen, die sich auf die Schule beziehen, während wiederum andere in ihren Studien den Intelligenzquotienten bei Schulphobikern untersuchen und daran ihre Ergebnisse festmachen. Unter diesem Untersuchungsaspekt sollten die Angaben über schulische Leistungen und die zur Intelligenz klarer voneinander abgetrennt werden so dass die Aussagen über das untersuchte Merkmal spezifiziert werden können. Interessant wäre es, Untersuchungen an betroffenen Kindern durchzuführen, bei denen man beide Items untersucht und diese miteinander in Beziehung setzt. Die Leistung und/oder die Intelligenz zu untersuchen, ist meiner Meinung nach deshalb von Bedeutung, weil so festgestellt werden könnte, ob die eigentlichen Gründe, die schließlich zur Schulvermeidung führen nicht im System Schule liegen. Die Ergebnisse deuten darauf hin, dass die Kinder mit den an sie gestellten schulischen Aufgaben und Anforderungen gut zu recht kommen. Leistungsrelevante Merkmale können in Bezug auf die Entstehung einer Schulphobie somit ausgeschlossen werden.

Zu kritisieren ist, dass die Ermittlung von schulischen Leistungen vielmehr subjektiveren Einflüssen unterliegen kann als die Erfassung von Intelligenz durch standardisierte Verfahren. Dementsprechend ist grundsätzlich davon auszugehen, dass ruhige und angepasste Kinder in ihrer Leistungsfähigkeit besser eingeschätzt werden als es ihrem tatsächlichen Leistungsstand entspricht. An dieser Stelle ist es wünschenswert, dass objektivere Kriterien gefunden werden, die unabhängig von der subjektiven Einstellung des Lehrers Auskunft über die tatsächlichen schulischen Leistungen des Kindes geben (Schlung, 1987).

4.4.3   Wesentliche Merkmale trennungsängstlicher Kinder

Auch bei Kindern mit Trennungsangst lässt sich überzufällig häufig beobachten, dass diese bevorzugt im elterlichen Ehebett übernachten. Daneben weigern sich die Betroffenen ohne die Mutter tagsüber zu Hause zu bleiben. Ebenso weigern sich diese strikt mit einem Babysitter zu Hause zu bleiben. Auch die Übernachtung bei Freunden bereitet ihnen große Schwierigkeiten, so dass es häufig gar nicht zu einer Übernachtung kommt. Mit dem Gang zum Kindergarten und später zur Schule haben sie ebenso Schwierigkeiten (Schneider & In-Albon, 2004). Trotzdem vermeiden nicht alle Kinder, die unter einer Trennungsangst leiden, den Gang zur Schule (siehe hierzu Kapitel 2.2). Strauss et al. (1987) haben eine Studie durchgeführt zur psychosozialen Beeinträchtigung von Kindern mit Angststörungen. Im Rahmen dieser Studie untersuchten sie ängstlich-schüchterne Kinder. In Anlehnung an die Aussagen von Gleichaltrigen, Lehrern und durch Selbstberichte von Kindern weisen ängstlich-schüchterne Kinder Beeinträchtigungen in ihren sozialen Beziehungen zu Gleichaltrigen, Beeinträchtigungen im Selbstwertgefühl im Vergleich zu nichtängstlichen Kindern auf (Strauss et al., 1987).

4.4.4   Persönlichkeitsmerkmale trennungsängstlicher Kinder

Trennungsängstliche Kinder gelten als sozial zurück gezogen und schüchtern, unsicher und ruhig Ihr Explorationsverhalten ist eher mäßig ausgeprägt (Strauss et al., 1987).

Aus der Sichtung der internationalen Forschungsliteratur ergeben sich Ideen für neue Fragestellungen. Wie die Fragestellungen entwickelt wurden, wird in Kapitel 5 aufgezeigt.

5. ENTWICKLUNG DER EMPIRISCHEN FRAGESTELLUNGEN

Im vorangegangenen Theorieteil wurde aufgezeigt, dass ein unsicherer Bindungsstil der Mutter zu ihrer eigenen Mutter, ihre psychische Gesundheit, die Familiendynamik sowie die persönliche Disposition des Kindes Einfluss auf die Entstehung und Entwicklung einer Trennungsangst und Schulphobie beim Kind nehmen. Der Vater fand im Theorieteil zur Ursachenklärung kaum Beachtung weil die Gründe für die Entstehung einer Trennungsangst nur zu einem kleinen Teil beim Vater liegen. Unter Berücksichtigung internationaler Studien wurde aufgezeigt, dass die Relevanz der Vaterrolle für die Entstehung einer Trennungsangst sekundär ist. Aus diesem Grund wird der Vater lediglich in Fragestellung 3 von Untersuchung 1 fokussiert, in der die Familiendynamik untersucht werden soll. Es werden insgesamt drei Untersuchungen durchgeführt, weil unterschiedliche Systeme an einer Trennungsangst und Schulphobie beteiligt sind. Meine Annahme ist, dass die Systeme sich wechselseitig beeinflussen. Diese wechselseitige Beeinflussung kann entweder eine Trennungsangst weiter aufrechterhalten oder im günstigen Fall beheben. Die in Kapitel 4 dargestellten theoretischen Inhalte bilden die Grundlage für die Fragestellungen in Untersuchung 1. Es gab bisher nur Studien, die spezifische Bereiche gesondert empirisch untersuchten. Allerdings wurden die eingangs genannten 4 wichtigen Einflussgrößen bisher nicht in Kombination zueinander gesehen. Mein Ausgangspunkt ist, dass multimodale Ursachengrößen an der Entstehung und Aufrechterhaltung einer Trennungsangst und Schulphobie beteiligt sind. Nun soll geklärt werden, wie die 4 Einflussgrößen in Kombination auf die Entstehung einer Schulphobie einwirken, indem explorativ untersucht wird, ob in meiner Stichprobe (n=6) die Kombination aus 4 Einflussgrößen auftritt. Schauen wir uns die 4 Fragestellungen für die Untersuchung 1 an:

- Haben die Kinder unsicher gebundener Mütter eine ausgeprägte Trennungsangst?

- Haben die Kinder von psychisch beeinträchtigten Müttern eine ausgeprägte Trennungsangst?

- Spielt die Familiendynamik: Passiver Vater und überfürsorgliche Mutter eine Rolle für dieTrennungsangst beim Kind?

- Weisen trennungsängstliche Kinder auch eine allgemeine Ängstlichkeit auf?

In Untersuchung 2 wird untersucht wie Lehrer und Schüler trennungsängstliche bzw. schulphobische Schüler wahrnehmen. Ich widme mich Untersuchung 2 aus folgenden Gründen: Zum einen existieren zur Perzeption von Lehrern zur Trennungsangst und Schulphobie Forschungslücken. Zum anderen wird diese Störung insbesondere in der Schule sichtbar. Aufgrund der massiven Trennungsängste wird der Gang zur Schule für solche Schüler unmöglich. Die Schule ist der Ort, der von solchen Schülern gemieden wird. Daraus resultiert, dass sie ihre Schulpflicht verletzen. Es ist bekannt, dass andere Orte (Freunde, Sport, Vereine etc.) in der Regel ohne Probleme von schulphobischen Kindern aufgesucht werden können. Ein weiterer Grund sind Folgeerscheinungen, die aus einer Trennungsangst resultieren können.Dies sind soziale Isolation, familiäre Probleme, hoher Leidensdruck, Lernrückstände und massive schulische Fehlzeiten. Ein anderer Grund für die Notwendigkeit einer solchen Untersuchung liegt in der Selbstkonzeptfindung. Schließlich tragen zur individuellen Selbstkonzeptfindung die Interaktionen zwischen Lehrern und Schülern bei. Eine Hypothese ist, dass Schulphobiker ein verzerrtes Selbstbild haben. Aufgrund der Mutter-Kind-Beziehung entwickeln sie eine unrealistische Einstellung zu sich selbst. In der Schule wird das Kind mit der Realität und mit Grenzen konfrontiert. Das Kind verweigert konsequent die Schule, um zu Hause zu bleiben, wo seine Mutter sein grandioses Selbstbild bekräftigt.

In Untersuchung 3 werden gezielte Maßnahmen der Intervention speziell für Schüler mit einer Schulvermeidung untersucht. In manchen Fällen ist bei einer massiven Schulvermeidung ein Schulbesuch ohne Unterstützung von außen nicht möglich. In solchen Fällen gelingt es den Eltern und der Schule nicht, die Kinder beim Schulbesuch zu unterstützen (siehe auch Weber & Welling,

2010). Für die Schulphobie als eine Form der Schulvermeidung ist bekannt, dass sie im Vergleich zur Schulangst und zum Schuleschwänzen mit sehr langen schulischen Fehlzeiten einhergeht. Aufgrund der langen schulischen Fehlzeiten ist eine Interventionsmaßnahme in manchen Fällen für solche Schüler unumgänglich. Die Ergebnisse der Untersuchung 2 lassen vermuten, dass spezielle Interventionen für diese Gruppe sinnvoll sein könnten. Eine Intervention sollte beide Bereiche, Familie und Schule mit einbeziehen, da diese die problematischsten Bereiche für trennungsängstliche und schulphobische Schüler sind.

Die Dissertation wird mit Untersuchung 3 abgeschlossen, indem ich exploriere: Welche Interventionsmaßnahmen sind für Kinder und Jugendliche mit einer Schulvermeidung sinnvoll? Könnten Schulbegleitungen, durchgeführt von Externen, unterstützend für einen erfolgreichen Wiedereinstieg in die Regelschule sein? Diese Fragestellungen sollen mit Hilfe eines Unterstützungsprogrammes, das als Pilotprojekt im Rahmen des Projektes „*Qualitätssicherung in Schulen für Kranke*" untersucht werden (siehe auch Weber et al., 2008). Mit diesem Pilotprojekt werden Konzepte getestet, die psychisch kranken Schülerinnen nach ihrem Klinikaufenthalt den Wiedereinstieg in die Regelschule erleichtern sollen. Mit Hilfe eines explorativen Forschungsdesigns sollen die Fragestellungen in allen drei Untersuchungen untersucht werden.

Im Rahmen des Empirieteils werden also drei Untersuchungen dargestellt die verschiedene Perspektiven auf das Störungsbild einer Trennungsangst bzw. Schulphobie darstellen. Betrachtet man die Perspektiven in ihrer Summe, werden die Erscheinungsformen in Hinblick auf das komplexe Sozialgefüge von trennungsängstlichen und schulphobischen Schülerinnen deutlich. Schließlich sind Schulphobie und Trennungsängste im häuslichen, schulischen und im therapeutischen Setting ersichtlich.

EMPIRIETEIL

Die Untersuchungen werden unter den Überschriften: (1) Untersuchung 1: Ursachenforschung zur Trennungsangst und Schulphobie, (2) Untersuchung 2: Soziale Wahrnehmung trennungsängstlicher und schulphobischer Kinder in der Schule und (3) Untersuchung 3: Maßnahmen der Intervention, aufgeführt.

6. UNTERSUCHUNG 1: URSACHENFORSCHUNG ZUR TRENNUNGSANGST UND SCHULPHOBIE

In Untersuchung 1 sollen die aufgetretenen Fragestellungen in Bezug auf die vier Aspekte: (1) Bindungsrepräsentation der Mütter, (2) psychische Gesundheit der Mütter, (3) Familiedynamik und (4) die individuelle Disposition des trennungsängstlichen oder schulphobischen Kindes untersucht werden.

6.1 Entwicklung der Fragestellungen für Untersuchung 1

In diesem Kapitel werden die angenommenen Zusammenhänge zwischen den einzelnen Konzepten für Untersuchung 1 spezifiziert. Aus den bis zu dieser Stelle aufgeführten Zusammenhängen ergeben sich folgende Fragestellungen:

Mütter, deren Bindungsrepräsentation zur eigenen Mutter als unsicher zu bezeichnen ist verhalten sich ebenfalls unsicher (ängstlich, überbehütend oder verstrickt) gegenüber ihrem Kind. Dieses Bindungsverhalten kann eine Trennungsangst bzw. Schulphobie beim Kind begünstigen. Diese theoretischen Ausführungen bilden die Grundlage zur ersten Fragestellung:

Fragestellung 1: Haben die Kinder unsicher gebundener Mütter eine ausgeprägte Trennungsangst?

Mütter von trennungsängstlichen und schulphobischen Kindern leiden selbst unter psychischen Beeinträchtigungen (Ängsten, Depressionen und Phobien) und übertragen diese auf ihr Kind. Daraus resultiert Fragestellung 2:

Fragestellung 2: Haben die Kinder von psychisch beeinträchtigten Müttern eine ausgeprägte Trennungsangst?

Väter von trennungsängstlichen und schulphobischen Kindern nehmen eine passive Rolle innerhalb der Familiendynamik ein, während die Mutter sich ihrem Kind gegenüber überfürsorglich verhält. Die Partnerbeziehung ist konfliktreich. Daraus ergibt sich die dritte Fragestellung:

Fragestellung 3: Spielt die Familiendynamik: Passiver Vater und überfürsorgliche Mutter eine Rolle für die Trennungsangst beim Kind?

Trennungsängstliche und schulphobische Kinder sind aufgrund ihrer genetischen Disposition ängstliche und sozial gehemmte Personen. Diese Theorie stellt die Grundlage für die vierte Fragestellung:

Fragestellung 4: Weisen trennungsängstliche Kinder auch eine allgemeine Ängstlichkeit auf?

6.2 Einführung an einem ausgesuchten Fallbeispiel

Die Inhalte des Empirieteils sind so gesetzt, dass sie an den aktuellen internationalen Forschungsstand anknüpfen. Der Untersuchungsansatz soll unterschiedlichen Variablen rund um die Ursachenklärung einbeziehen. Es werden parallele Erklärungsansätze bestehend aus vier Ursachengrößen zur Klärung der Ursachen heran gezogen. Um in das Thema einzuführen, soll zu Beginn mit einem Fallbeispiel aus der Praxis begonnen werden. Dann wird zur Pilotstudie übergeleitet. Im Anschluss daran wird die Fragebogenerhebung der Untersuchung 1 präsentiert. Das nun folgende Fallbeispiel gliedert sich in Fallbeschreibung, Interview, Fallanalyse und Diskussion.

6.2.1   Fallbeschreibung von Sophie Simonis
Rahmenbedingungen

Sophie S. ist mir durch Herrn Mahler, den Vater meiner Kollegin, vermittelt worden. Ich lerne die junge Frau zwei Jahre später in meiner Interviewstudie kennen. Die folgenden Angaben beruhen auf den Inhalten eines Arztbriefes vom 31.03.2006, der mir von Sophies behandelnder Psychologin im Mai 2008 zugesendet wurde, um relevante Daten in meine Dissertation aufnehmen zu können. Sophie S. gab zur Verarbeitung der Daten und ihrer Veröffentlichung ihr Einverständnis.
Die Fallbeschreibung ist chronologisch aufgebaut. Zum Zeitpunkt der Erstellung des vorliegenden Arztbriefes ist Sophie S. 19 Jahre alt. Die im Arztbrief enthaltenen Informationen basieren auf einer zweitägigen psychologischen Eingangsdiagnostik in einer Klinik für Psychotherapie. Die junge Frau ist in der Klinik vorstellig geworden, da sie zum Umgang mit ihren Problemen mehr Unterstützung benötigt. Sie erhofft sich mit Hilfe der stationären Aufnahme an ihrem Selbstwertgefühl zu arbeiten, um mit ihren Ängsten umgehen zu lernen, um so die Schulsituation meistern zu können.
Im März 2006, als dieser Arztbrief entstand, besucht die Schülerin eine Gesamtschule. Zu diesem Zeitpunkt verläuft der Schulbesuch sporadisch, da es der jungen Frau oft nicht gelingt, die Schule regelmäßig zu besuchen. Zum Zeitpunkt der Erstellung des Arztbriefes verweigerte die Schülerin seit drei Wochen die Schule und hilft anstelle des Schulbesuchs ihrer freiberuflich tätigen Mutter im Steuerbüro aus. Sophies Mutter hat sich als Steuerberaterin selbstständig gemacht.

Zur Person

Sophie S. besucht aktuell die 11. Klasse einer Gesamtschule. Die Schülerin berichtet ihrer behandelnden Ärztin, dass sie unter Angstzuständen leidet, die in der Schule auftreten. Sie habe Angst vor Mitschülern und Lehrern und habe das Gefühl, diesen nicht vertrauen zu können. Sie gibt an, nicht mehr in die Schule gehen zu wollen und dass sie davon ausgeht, dass ihre Eltern sie in der Schule abgemeldet haben. Statt zur Schule zu gehen hilft sie ihrer Mutter im Steuerbüro aus. Sophies Mutter ist selbstständig als Steuerfachfrau tätig, hat ein eigenes Büro mit einigen Angestellten. Trotz der Schulproblematik wolle Sophie lernen, eine Leistungssituation in einer Gruppe bewältigen zu können. Im Rahmen einer Berufsausbildung müsse sie ja ebenfalls an Unterrichtsstunden in der Berufsschule teilnehmen. Damit ihr dies gelinge, müsse sie lernen eine schulische Situation zu meistern.
Zu ihrem Selbstbild sagt die Schülerin, dass sie sich selbst nur schwer akzeptieren kann. Sie habe schon immer ein niedriges Selbstwertgefühl gehabt. Im Alltag sei sie häufig niedergeschlagen und weine schnell. Die Gründe für die Stimmungsbeeinträchtigung führt sie auf ihr geringes Selbstwertgefühl und auf ihre Vermeidung der Schulsituation zurück.
Ihr Leidensdruck, der aus der erlebten Angst resultiert, ist anhand ihrer Äußerungen und an ihrem Verhalten stark zu erkennen.
Die Probandin berichtet weiter, eine leichte Tourette-Störung zu haben. Im Rahmen dieser Störung treten motorische (Augenzwinkern) und vokale Tics (Aufstoßen) in ihrem Verhalten auf. Diesbezüglich sagt sie, dass sie sich mit dieser Störung mittlerweile arrangiert habe und kaum mehr darunter leide.

Zur schulischen Situation

Sophie S. berichtet, die Angstproblematik sei erstmals in der 8. Klasse aufgetreten. Zu diesem Zeitpunkt ist sie trotz anders lautender Ankündigung ihrer Klassenlehrerin nicht versetzt worden. Die Nichtversetzung in die 9. Klasse kam für sie sehr überraschend. In der neuen Klasse kam sie in eine Außenseiterposition und wurde von ihren Mitschülern gemobbt. Diese haben sie beschimpft und verprügelt. Aufgrund dieser Erfahrungen habe sie Angst vor ihren Klassenkameraden entwickelt. Die junge Frau berichtet weiterhin, dass sie in ihrer Schulzeit negative Erfahrungen beim Vertragen von Referaten gemacht habe. Dabei sei sie oft von Mitschülern ausgelacht oder ignoriert worden. Die erlebte Angst in Vortragssituationen gehe mit starken körperlichen Reaktionen wie Zittern, Schwitzen und Schwindelgefühlen einher. Sie habe dann die Befürchtung, sie würde stottern oder etwas Falsches sagen und sich dadurch vor der Gruppe blamabel verhalten. In dieser Situation befürchte sie, dass die Mitschüler ihr gar nicht zuhören oder über sie lachen könnten und sie als Folge daraus ablehnen könnten.

Zusätzlich berichtet die Schülerin, dass der Schulbus, mit dem sie nach Hause gefahren ist, vor vier Jahren entführt worden sei. Die anderen Schülerinnen und sie seien kurz darauf zwar frei gelassen worden. Dennoch habe sie dieses Erlebnis schwer erschüttert. Dabei habe sie die Erfahrung gemacht, dass andere Menschen gefährlich sein können. Zum Zeitpunkt des entführten Schulbusses war die Patientin im fünften Schuljahr.

Auch das Vertrauen zu den Lehrern habe die Schülerin verloren, da diese in Mobbingsituationen nicht eingegriffen hätten und da sie aufgrund des „Verrats" ihrer ehemaligen Klassenlehrerin bezüglich ihrer Nichtversetzung nun den Aussagen ihrer Lehrer nicht mehr trauen könne. Aufgrund dieser Ereignisse ist Sophie S. nicht mehr zur Schule gegangen und wegen Schulangst für vier Wochen in einer Tagesklinik behandelt worden. Dies führte zu keiner Verbesserung, weswegen sie sich kurze Zeit später auf den Wunsch ihrer Eltern in einer kinder- und jugendpsychiatrischen Abteilung behandeln ließ.

Nachdem Sophie nach einer dreimonatigen stationären Behandlung in der Klinik entlassen wurde, ist sie nicht mehr an ihre Heimatschule zurückgekehrt. Stattdessen wechselte Sophie zu einer privaten Gesamtschule. Diesbezüglich berichtet die Schülerin, dass ihr die Schule nach anfänglichen Schwierigkeiten wieder Spaß bereitet habe. Die Klassen seien dort kleiner gewesen und mit den Klassenkameraden sei sie gut ausgekommen.

2003 machte sie auf dieser Schule ihre Mittlere Reife und wechselt nach dem Realschulabschluss in ein Berufskolleg, um dort, auf Wunsch ihrer Eltern, das Abitur zu machen. Dort habe Sophie erneut Schwierigkeiten gehabt, weswegen sie erneut die Schule wechselte. Auch in der neuen Schule sei die Angst wieder aufgetreten, weswegen sie 2004 erneut für einen Monat in der Universitätsklinik behandelt worden sei. Nach der einmonatigen Behandlung kehrt die Schülerin in ihre alte Klasse zurück. Ende 2005 wechselt sie erneut die Schule, da sie sich mit dem Lernstoff überfordert fühlt.

Anfang 2006 ist Sophie für einen Monat in die neue Schule gegangen. Im Februar 2006 hat sie einen Autounfall gehabt und ist im Anschluss an den Unfall erneut nicht mehr zur Schule gegangen. Die junge Frau berichtet über die Schulsituation insgesamt, dass es wenige Tage gebe, an denen sie den gesamten Schultag in der Schule bleiben könne. Die meiste Zeit müsse sie jedoch zu Hause bleiben. Es komme auch vor, dass sie zwar zur Schule fahre dann vor dem Unterricht wieder nach Hause gehe. Manchmal gelinge es ihr auch, die ersten drei bis vier Unterrichtsstunden in der Klasse zu bleiben, bis sie es nicht mehr in der Klasse aushalte, weil sie eine starke Angst und Traurigkeit überkomme. Zur Schule allgemein sagt sie, sie fühle sich dort nicht erwünscht.

Zur Familiensituation

Sophies Mutter ist 1951 geboren und von Beruf Steuerberaterin. Ihre Mutter beschreibt Sophie als hilfsbereit, gleichzeitig als sprunghaft in ihren Ansichten.

Sophies Vater ist 1948 geboren und von Beruf Jurist. Der Vater wird als ebenfalls hilfsbereit beschrieben und zuweilen als aggressiv. Aus beruflichen Gründen ist der Vater seit 2003 unter der Woche in einer anderen Stadt beruflich tätig und aufgrund der Entfernung lediglich am Wochenende zu Hause. Die berufliche Situation ihres Vaters bedauert sie einerseits, da er ihr als Teil der Familie fehle. Andererseits habe sich ihr Verhältnis seit der räumlichen Distanz verbessert.

Die 19-jährige Schülerin wächst zusammen mit ihrer jüngeren Schwester (-2) bei ihren leiblichen Eltern auf. Das Verhältnis zur Schwester wird als eher schlecht beschrieben da sie auf diese eifersüchtig sei. Das Verhältnis zu ihren Eltern sei dadurch getrübt, dass sie sich schon immer gegenüber ihrer jüngeren Schwester benachteiligt gefühlt habe. Dieses Gefühl beruht auf dem Eindruck, ihre jüngere Schwester würde von den Eltern bevorzugt behandelt werden. 2003 war in der Familie ein häufiges Streitthema, der Wunsch ihrer Eltern, dass Sophie das Abitur macht. Sie selbst strebe hingegen eine Ausbildung als Arzthelferin oder Reiseverkehrskauffrau an.

Zu ihrer Kindheit

Ihre Kindheit beschreibt die junge Frau zusammenfassend als glücklich. Jedoch habe sie auch Alpträume gehabt, sei schlafgewandelt und habe gestottert. Diesbezüglich berichtet sie, dass sie erst mit vier Jahren sprechen gelernt habe. Als Kind sei sie sehr schüchtern gewesen, das habe sich in der Pubertät geändert. Über ihre Kindheit berichtet sie weiterhin, dass sie wenig soziale Kontakte gehabt habe, da sie durch zahlreiche Hobbies und Freizeitaktivitäten einen sehr straffen Tagesplan gehabt habe. Dadurch habe sie nur wenige Möglichkeiten gehabt, ihre sozialen Kompetenzen im Umgang mit Gleichaltrigen zu trainieren.

Zu Sophies Wohnsituation

Sophie S. lebt derzeit mit ihrem Freund zusammen. Die Wohnung gehört ihrem Freund. Ihr 34-jähriger Freund arbeitet als Fachkraft in der Lagerlogistik. In der elterlichen Wohnung ist sie nur zum Mittagessen. Seit dieser räumlichen Trennung sei das Verhältnis zu ihren Eltern etwas entspannter.

Zur Diagnose

Bei Sophie wurde eine Soziale Phobie und eine Tourette-Störung diagnostiziert.

Zur somatischen Anamnese

Die Probandin berichtet von häufigen Rücken- und Kopfschmerzen, erstere würden durch ihre gerade Wirbelsäule verursacht werden.

Zum therapeutischen Behandlungsverlauf

Seit 2001 ist die Schülerin wegen ihrer Angstproblematik regelmäßig in ambulanter psychotherapeutischer Behandlung. Eine Tourette-Störung ist erstmals 2001 bei ihrem Aufenthalt in der Universitätsklinik diagnostiziert worden. Die Tics entwickelten sich im 8. Schuljahr. Nachdem Sophie 2003 nicht mehr zur Schule ging sei sie wegen Schulangst vier Wochen in einer Tagesklinik behandelt worden. Diese Behandlung habe jedoch zu keiner Besserung geführt, weswegen sie kurze Zeit später für drei Monate in einer kinder- und jugendpsychiatrischen Abteilung in einer Universitätsklinik behandelt wurde. 2004 war Sophie erneut für einen Monat in der Universitätsklinik in Behandlung. (Als ich Sophie in einer Interviewsituation im März 2008 kennenlernte befand sie sich noch immer in psychotherapeutischer Behandlung mit dem Schwerpunkt Verhaltenstherapie. Die Psychotherapie umfasst Gespräche in Kombination mit der regelmäßigen Einnahme von Medikamenten.)
Das nachfolgende Interview soll zur Ergänzung an den vorherigen Arztbrief dienen. Mit Hilfe des Interviews können zusätzliche Informationen, die zum besseren Verständnis von Sophies Störungsproblematik und zum Störungsverlauf beitragen gewonnen werden.

6.2.2 Interview mit Sophie Simonis

Interviewort: ein Seminarraum in der Universität Essen
Datum des Interviews: Mittwoch, der 05. März 2008
Interviewdauer: von 13:00 bis 15:30 Uhr

Alle im folgenden gemachten Angaben beruhen auf Aussagen von Sophie, die sie im Rahmen des Interviews geäußert hat. 14 Tage nach dem Interview am 19. März 2008 kommt Sophie ein zweites Mal zu mir ins Büro. Sie liest die gedruckte Fassung des Interviews, bestätigt die Korrektheit der schriftlichen Ausformulierung und erklärt sich zu deren Veröffentlichung einverstanden.

Rahmenbedingungen

Die Schülerin Sophie wird mir über den Vater einer Kollegin, Herrn Mahler, der Sophies Berufsschullehrer ist, vermittelt. Zum Zeitpunkt des Interviews ist Sophie 21 Jahre alt und besucht eine kaufmännische Berufsschule. Sophie verweigert zu dieser Zeit die Schule, so dass sie dort seit einigen Monaten fehlt. Sophie musste aufgrund ihrer Schulproblematik ihr Fachabitur abbrechen. Sie konnte im 2. Halbjahr der Jahrgangsstufe 12 die Schule nicht mehr besuchen. Demnach hat sie den Abschluss der Mittleren Reife. Danach machte sie ein Jahr Pause. Seit 2006 besucht sie die Kaufmännische Berufsschule und macht dort die Ausbildung zur Steuerfachangestellten. Die praktische Ausbildung absolviert sie im Büro ihrer Mutter. In einem Jahr ist sie mit der Ausbildung fertig.
Im sozialen Kontakt erlebte ich die Schülerin als offen und kommunikativ, während des Interviews zeigte sie sich an meinen wissenschaftlichen Fragestellungen interessiert. Gegen Ende des Interviews erwähnt sie ganz beiläufig, dass ihre Freundin die ganze Zeit während unseres Interviews im Auto säße und auf sie warten würde. Sie habe sich nicht alleine mit dem Auto zur Universität getraut. Die Umgebung sei ihr fremd.

Zu Sophies Lebens- und Wohnsituation

Sophie S. klärt mich direkt zu Beginn unseres Gespräches über ihre gegenwärtige Lebens- und Wohnsituation auf. Diesbezüglich erzählt sie, dass sie ihren Hauptwohnsitz bei ihren Eltern habe. Daneben verbringe sie viel Zeit mit ihrem Freund, mit dem sie seit vier Jahren zusammen sei. Seit drei Jahren wohne sie sporadisch bei ihm. In der Beziehung gebe es seit einem Jahr Streit. Ihr Freund sei 34 Jahre alt 13 Jahre älter als sie und arbeite in der Lagerlogistik. Während der Woche pendele sie zwischen der Wohnung ihres Freundes und der Wohnung ihrer Mutter. Aus Rücksichtsnahme auf ihre Mutter (*„Damit meine Mutter nicht so alleine ist"*) oder wenn sie abends nach der Arbeit zu müde sei, den Weg zu ihrem Freund auf sich zu nehmen, übernachte sie bei ihrer Mutter. Die Gegend, in der Sophies Eltern wohnen, sei ein wenig gefährlich. Es gebe dort etliche Einbrüche und andere Delikte, erklärt Sophie.

Zur Familiensituation

Sophie habe eine 20-jährige Schwester, die fürs Studium letztes Jahr in eine andere Stadt gezogen sei. Die Schwester habe letztes Jahr Abitur gemacht und studiere seit dem Sommersemester. Seit Studienbeginn sehe sie ihre Schwester kaum. Sie verstehe sich allerdings jetzt besser mit ihr, seit dem sie ihre Schwester nicht mehr so oft sehe. Die Schwester habe seit 1,5 Jahren einen Partner, mit dem sich Sophie auch gut verstehe. Allerdings sehe sie auch den Freund ihrer Schwester kaum.
Da Sophies Mutter selbstständig sei, verbringe sie die meiste Zeit in ihrem Büro. Abends sei sie dann immer zu Hause. Sie sei mehr ein „Vater-Kind" und fühle sich nicht so sehr mit ihrer Mutter verbunden. Auf meine Anfrage hin erzählt sie, dass ihre Mutter an ihr klammere und dass sie früher immer bei ihrer Mutter übernachtet habe, vom Kleinkindalter bis zu ihrem 13. Lebensjahr. (Sophie muss lange überlegen bevor sie ihr Übernachtungsverhalten zeitlich einordnen kann). Sie habe nicht

alleine in ihrem Bett einschlafen können. Als einen Auslöser vermute sie eine Katze vor ihrem Schlafzimmerfenster, vor der sie sich als Kleinkind ganz stark erschreckte. Sie dachte damals, vor ihrem Schlafzimmerfenster säße eine Fledermaus. Von da an habe sie Angst und konnte nie wieder alleine in ihrem Zimmer schlafen. Als Kind habe sie einen engeren Bezug zu ihrer Mutter gehabt. Ihre Mutter hatte damals ihr Büro im Haus. Danach sei der Bezug zur Mutter nicht mehr so eng gewesen. Von Geburt an wurde Sophie von einem Kindermädchen betreut, das bis 1998, bis Sophie elf Jahre alt war, bei der Familie arbeitete. Sophie übernachtete nie bei anderen Kindern, bis auf ihre allerbeste Freundin. Dort habe sie selten übernachtet.

Ihr Vater sei während der Woche immer in verschiedenen Städten unterwegs. Hauptsächlich ist er beruflich in Ostdeutschland tätig. Aufgrund seiner auswärtigen beruflichen Tätigkeit sehe sie ihren Vater selten. Wenn ihr Vater am Wochenende nach Hause komme sei sie oft mit Freunden unterwegs. Zwei Mal im Jahr fahre sie mit ihren Eltern gemeinsam in den Urlaub. Das sei Tradition, erklärt sie. Im Winter fahre die Familie in den Skiurlaub und über Ostern fahren alle zum Segeln. Die Eltern besitzen ein Segelschiff. Somit haben ihre Eltern sie von Geburt an mit aufs Schiff genommen. Seit neun Jahren segele sie selber.

Zur schulischen Situation

Zur Schule könne die 21-jährige Schülerin nicht gehen, denn dort leide sie an Panikattacken und werde ohnmächtig. Auch am gestrigen Tag und letzte Woche Freitag konnte sie nicht zur Schule gehen. An beiden Tagen habe sie es nicht aus dem Haus geschafft. Sophie könne auch keine Klausuren mit schreiben. Sie fange an zu schreiben und nach ein paar Minuten fangen ihre Hände an zu zittern. Ihre Eltern machten ihr Stress. Sie verlangen „Noten" von ihr. Mittlerweile wisse sie im voraus, dass, wenn sie morgens vor der Schule mit ihrer Mutter streite, sie später in der Schule Panikattacken bekomme. Treten diese Panikattacken in der Schule auf, helfe es ihr, wenn sie das Schulgebäude verlasse, entweder mit einer Freundin zusammen oder alleine. Oft telefoniere sie dann mit einer Person, die sie beruhigen könne. Sie fügt hinzu, dass ihre Klassenkameraden oft mit ihren Panikanfällen überfordert seien und nicht so recht wüssten, was sie tun sollen. Sie sagt die Störung trete immer im Winter auf im Sommer treten die Symptome kaum auf.

Abwesenheit von der Schule

Seit den Weihnachtsferien 2007 bis Anfang März 2008 sei Sophie ein bis zwei Wochen (ungefähr drei Mal) in der Schule gewesen. (Sophie habe wöchentlich jeden Dienstag und Freitag Berufsschule). Danach sei sie nicht mehr gegangen. Dann sei sie sechs Tage wieder gegangen, sowohl dienstags als auch freitags, bis auf letzte Woche Freitag und den gestrigen Dienstag, da habe sie sich erneut nicht aus dem Haus getraut.

Zu ihrer beruflichen Tätigkeit

Die Schülerin erzählt, dass ihr die Arbeit im Steuerbüro ihrer Mutter anfänglich sehr viel Spaß bereitet habe. Mittlerweile sei sie skeptisch, ob das der richtige Beruf für sie sei. Momentan sei es „ätzend", es klappe nicht so richtig mit der Schule. Ihre Mutter wollte unbedingt, dass sie Steuerberaterin werde, das wolle sie aber nicht mehr. Wenn sie sich schlecht fühle, flüchte sie an einen See in der Nähe ihres Wohnortes. Dorthin gehe sie, wenn sie mit der Schule und/oder mit ihrer Mutter Stress habe. Ein Problem sei für sie, dass ihre Mutter Privates mit Geschäftlichem verbinde. Ab und an verlange ihre Mutter, dass sie ihre Mutter in ihrer Abwesenheit im Büro vertreten solle. Dabei solle sie die Mitarbeiter ihrer Mutter kontrollieren. Dann übertrage ihre Mutter ihr die Aufgabe, dass Sophie darauf achten solle, dass die Kollegen nach der Mittagspause wieder pünktlich mit ihrer Arbeit fortfahren. Daneben solle sie länger im Büro bleiben um den Kollegen ein Vorbild zu sein. Das habe für ihre Arbeitszeit zur Konsequenz dass sie morgens früher mit der Arbeit beginnen und abends als letzte das Büro verlassen solle. In der Firma habe sie die gleichen Probleme wie in der Schule, nur dass sie in der Firma von den dort arbeitenden Personen besser beruhigt werden könne.

Verlauf der Störung

Sophie habe 2001 die Klasse gewechselt, indem sie die Jahrgangsstufe 8 in einem Gymnasium wiederholte. Ein Jahr später wechselte sie zu einer privaten Gesamtschule. Seit 2001 entwickelte sich bei ihr eine Schulangst. Im Jahr 2002/03 sei es ihr wieder besser gegangen. Ende 2003 verschlimmerte sich die Symptomatik. 2004 ging es ihr emotional wieder besser. Ein Jahr später sei die Schulangstproblematik nicht mehr aufgetreten. 2006/07 verschlimmerte sich die Angst. Die Störung sei *„langsam noch ein mal gekommen"*. Nach dem gemeinsamen Skiurlaub mit ihrer Familie vergangenen Jahres verschlimmerte sich die Störung, so dass sie nach den Weihnachtsferien(ab dem 06. Januar 2008), den Gang zur Schule für sie unmöglich gemacht habe.

Als ich die junge Frau nach einem möglichen Auslöser für die Störung frage, sagt sie, dass sie sich an eine Situation erinnere, in der ihre damalige Lehrerin die vorläufigen Zeugnisnoten von jedem einzelnen Schüler laut vor der Klasse vorlas. An dem Tag las die Lehrerin in zwei Fächern die Note drei vor. Einige Wochen später bekam Sophie ihr Zeugnis und hatte in den beiden Fächern statt der beiden Dreien zwei Fünfen und wurde somit nicht versetzt. (Im Arztbrief wurde der Vorfall bereits angeschnitten). Die Lehrerin begegnete Sophie danach im Gang der Schule und habe zu ihr gesagt: *„Irgendwann wirst Du Dich freuen, dass ich Dich sitzen gelassen habe."* Diese Aussage sei für Sophie bis heute unverständlich. Ende 2000, Anfang 2001 musste Sophie somit wegen Nichtversetzung die Klasse wechseln. Dort wurde sie von ihren Mitschülern gemobbt, sowohl verbal als auch körperlich. Das Mobbing habe zwei Wochen angedauert. Trotz des Mobbings ihrer Mitschülerinnen ging sie weiter zur Schule bis zu dem Zeitpunkt, an dem sie morgens in der Schule Fieber bekam. Die Lehrer stellten eine erhöhte Temperatur bei ihr fest. Sobald sich Sophie zu Hause oder bei ihrem behandelten Arzt befand, war ihr Fieber vollständig weg. Von Mitte März bis Anfang Juni 2001 sei Sophie in der Kinder- und Jugendpsychiatrie gewesen. Dort wurde sie stationär versorgt. Ihre Eltern wollten, dass sie sich dort behandeln lasse. Sie wollte es am Anfang nicht. Damals stellten die Ärzte und Therapeuten eine Schulphobie (im Arztbrief wurde eine Schulangst diagnostiziert) und ein Tourette-Syndrom fest. Sophie zuckte mit den Augen und hielt sich immer die Hand vor den Mund, um sich zu vergewissern, dass sie noch atme. Seit Juni 2001 bis 2005 war Sophie bei Frau Dr. X. einer Fachärztin für Kinder- und Jugendpsychiatrie in Behandlung. Frau Dr. X. habe sie an eine Hexe erinnert. Sie sei ihr nicht sehr sympathisch gewesen. Sophie habe ihr auch einmal etwas anvertraut. Diese Informationen habe die Ärztin inhaltlich nicht korrekt an ihre Eltern weiter gegeben. Sie habe seitdem kein Vertrauen mehr in die Ärztin gehabt. Seit zwei Jahren sei sie bei einer anderen Ärztin, die ihr sympathischer sei. Sophie gehe alle zwei Wochen zur Psychotherapie. Nach Sophies Aussagen lautete die Diagnose Tourette-Syndrom, Schulphobie und ADHS. Letzteres weil sie innerliche Unruhe verspüre.

Zu den Ursachen

Die Probandin wisse nicht wirklich, woher die Symptome kommen. Sie könne nachts kaum schlafen, weil sie darüber nachdenke, was sie anders machen könne, damit die Panikattacken nicht oder nur in abgeschwächter Form auftreten.

Zur medikamentösen Behandlung

Sophie ist seit 2001 in psychotherapeutischer und medizinischer Behandlung. Sie nehme täglich das Neuroleptika Tiapridex ein. Morgens nehme sie eine ganze und abends eine halbe Tablette ein. Tiapridex nehme sie seit 2001. Von 2001 bis 2004 habe sie das Medikament Fevarin eingenommen, das zur Behandlung depressiver Erkrankungen und bei Zwangsstörungen eingesetzt wird. Daneben nehme sie seit 2004 das Antidepressivum Cipramil in der gleichen Dosierung ein. Cipramil wird unter Anderem zur Behandlung von Angststörungen und Depressionen eingesetzt.

Sophies soziales Umfeld

Das soziale Umfeld, das im Folgenden fokussiert wird, umfasst die Beziehungen in ihrer Familie, im Freundeskreis, in Partnerschaft und Schule sowie der Umgang dieser sozialen Systeme mit Sophies Erkrankung.

Wie gehen Familie und Freunde mit der Störung um?

Auf die Frage, wie die Familie und ihr Freundeskreis mit ihrer Störung umgehe, antwortet sie, dass ihre Familie sehr gut mit der Störung umgehen könne und dass auch ihre Freunde gut damit umgehen würden. Manche Freunde sagten zu Beginn ihrer Erkrankung, dass es so Etwas nicht gebe. Daraufhin habe Sophie im Internet nach Informationen über die Störung (Panikattacken) recherchiert und ihnen die gesammelten Informationen ausgedruckt. Danach haben sich die Freunde bei ihr entschuldigt und hinzugefügt, dass es so eine Krankheit ja doch gebe. Am wenigsten aber könne sie selbst mit der Krankheit umgehen. Das mache sie traurig. Durch die Krankheit sei sie sehr eingeschränkt. (Während sie das sagt, fängt Sophie an zu weinen.)

Wie gehen ihre Mitschülerinnen mit der Störung um?

Die Meisten ihrer Mitschüler wüssten nichts über ihre Erkrankung. Zwei bis drei Personen wüssten darüber Bescheid. Von den drei Personen seien zwei bereits vorher in ihrer Klasse gewesen. Sie wisse allerdings nicht, ob ihr Berufsschullehrer Herr Mahler mit den Schülern bezüglich ihrer Störung gesprochen habe. Die Mitschülerinnen wüssten aber, dass sie im Unterricht entschuldigt fehle.

Wie gehen ihre Lehrerinnen mit der Störung um?

Den Umgang der Lehrer mit ihrer Schulproblematik empfinde sie als kritisch. Es stünde in absehbarer Zeit eine Klassenfahrt über ein Wochenende nach Norddeutschland an und in Hinblick darauf würden die Lehrer ein Problem darin sehen, wenn Sophie mitfahren würde. Sophie sagt, die Lehrer würden aus Unsicherheit so reagieren, weil sie nicht wüssten, was sie in einer Notsituation tun sollten. Sophie berichtet, dass Herr Mahler darin kein Problem sehen würde. Er sagt, man müsse insbesondere diese Menschen eingliedern, um sie ein Stück weit aus der Krankheit heraus zu nehmen. Sophie macht die Erfahrung, dass viele ihrer Lehrerinnen ihre Schüler in normal und anormal, in gesund und krank einteilen würden und Kranke dürften demnach nicht mit auf Klassenfahrt fahren. Dementsprechend werde sie von den Lehrern behandelt. Herr Mahler sei der einzige Lehrer, der für ihre Erkrankung Verständnis habe.

Übereinstimmende Merkmale aus dem Arztbrief von Sophie S., dem Interview und der Fachliteratur

Betrachtet man die Informationen aus Arztbrief und Interview, so lassen sich Parallelen zu den Angaben in der Fachliteratur ziehen, die im theoretischen Teil der Arbeit dargestellt wurden. Es gab Parallelen in Hinblick auf persönliche Disposition, Trennungsangst, Psychosomatik, Merkmale der Mutter und die Rolle des Vaters. Diese Parallelen werden in Tabelle 12 entsprechenden Kategorien zugeordnet. So berichtet Sophie beispielsweise über psychosomatische Beschwerden wie erhöhte Temperatur, Ohmacht und Schwindel. Diese Beschwerden gelten als typisch für Trennungsangst und Schulphobie. Tabelle 12 fasst die übereinstimmenden Merkmale zusammen.

Tabelle 12: Übereinstimmungen zwischen den Angaben aus der internationalen Fachliteratur und den Informationen aus Interview und Arztbrief zum Fallbeispiel Sophie S.

Kategorie	Angaben aus Fachliteratur	Fallbeispiel Sophie
Persönliche Disposition	• Kind ist ängstlich, schüchtern und sozial zurückgezogen	• Sophie beschreibt sich selbst als ängstlich und schüchtern. Sie ist sozial nicht in ihrer Klasse integriert, aufgrund ihrer Erkrankung, ihrer Schüchternheit und ihres massiven Fernbleibens aus der Schule.
Trennungsangst	• Kind kann sich nicht von der Mutter lösen und umgekehrt	• Schlafen im elterlichen Bett bis ins Jugendalter • Seltene bis keine Übernachtung bei Freunden im Kindergarten- und Schulalter • Starke Bindung an die Mutter, in späteren Jahren aus Schuldgefühlen ihrer Mutter gegenüber • Wohnt im Alter von 21 Jahren wieder zu Hause bei der Mutter • Sophie verbringt sehr viel Zeit (beruflich und privat) mit ihrer Mutter, dies deutet darauf hin, dass sie sich aus ihr unbekannten Gründen nur schwer von ihrer Mutter lösen kann
Psychosomatik	• Psychosomatische Beschwerden wie Übelkeit, Bauchschmerzen, Kopfschmerzen	• Psychosomatische Beschwerden wie erhöhte Temperatur, Ohnmacht, Schwindel und Panikanfälle
Merkmale der Mutter	• Überbehütendes Erziehungsverhalten • Symbiotische Bindungsbeziehung zwischen Mutter und Kind	• Sophies Mutter verbringt sehr viel Zeit mit ihrer Tochter, sowohl auf der Arbeitsstelle als auch privat
Rolle des Vaters	• Passivität in Hinblick auf Erziehungsfragen	• Passivität im Familiengeschehen • Vater übernimmt die Funktion als Geldverdiener neben Sophies Mutter • Räumliche und zeitliche Distanz von der Familie • Sophie übernimmt die Rolle des Vaters, in Bezug auf sozio-emotionale Bedürfnisse der Mutter

Alle weiteren Kriterien, wie sie im Arztbrief und im Interview aufgeführt werden und sich auf die Angst vor der Klasse etwas vorzutragen, Angst vor Klassenarbeiten, Angst vor Mitschülern, Angst davor, von Mitschülern geschlagen zu werden, beziehen, sind Kriterien einer Schulangst und bleiben aus diesen Gründen in Tabelle 12 unberücksichtigt.

Nachdem die Informationen über Sophie aus Arztbrief und Interview lediglich deskriptiv festgehalten wurden, wird nun übergeleitet zur Fallanalyse in der die vorliegenden Informationen interpretiert werden. Um die Angaben aus Arztbrief und Interview zu spezifizieren, werden an manchen Stellen Antworten aus den Fragebögen, die Sophies Mutter und Sophie ausfüllten, hinzu gezogen.

6.2.3 Fallanalyse zu Sophie S.
Zur Permanenz der Störung

Bei näherer Betrachtung des Falles fällt die Permanenz der Störung und der damit verbundenen psychotherapeutischen Behandlung auf. Sophie verweigert über einen Zeitraum von sieben Jahren die Schule. Ihre Verweigerungshaltung ist schul- und schulformunabhängig. Aufgrund ihrer Schulproblematik spiegelt sich die Permanenz auch in ihrer Behandlungsdauer wider. Die Schülerin ist seit 2001 in psychotherapeutischer Behandlung.

Die Behandlungsart ist sehr wechselhaft. Demnach wechselt die Art ihrer Behandlung mehrere Male zwischen einer ambulanten und einer stationären Versorgung. Der häufige Wechsel zwischen den Behandlungsarten lässt auf ein Scheitern der vorausgehenden Behandlung schließen, so dass daraus ein immer wiederkehrender Wechsel unterschiedlicher Behandlungsformen resultiert.

Zur schulischen Situation

Vermutlich resultieren die Defizite im schulischen Bereich und das Gefühl des Sich-nicht-angenommen-Fühlens aus den langen Fehlzeiten während sich Sophie der stationären Behandlungen in der Klinik unterzog und aus diesem Grund die Schule für mehrere Monate nicht besuchen konnte. Möglicherweise ist auch der ständige Schulwechsel nicht sonderlich förderlich für das persönliche Lern- und Leistungsverhalten der Schülerin. Aufgrund der ständigen Schulwechsel muss sich die Schülerin immer wieder neu auf Lehrer und Mitschüler einstellen. Sophie hat aufgrund der kurzen Dauer keine Möglichkeit Vertrauen zu ihrem sozialen Umfeld aufzubauen.

Zur Familiendynamik

Sophies Eltern leben seit fünf Jahren in einer Fernbeziehung. Aufgrund der Abwesenheit des Vaters während der Woche übernimmt Sophie die Verantwortung für ihre Mutter. In den beiden Jahren, die zwischen dem Arztbrief und dem Zeitpunkt des Interviews liegen, hat sich Sophies Lebenssituation wieder zurück nach Hause zu ihrer Mutter verlagert. Möglicherweise ist Sophies Motiv für die Verlagerung ihrer Wohnsituation, dass sie Schuldgefühle gegenüber ihrer Mutter hat. Demnach beinhaltet der Arztbrief von 2006, dass Sophie zusammen mit ihrem Freund lebt, während sie 2008 wieder mehr Zeit zu Hause mit ihrer Mutter verbringt. Hinzu kommt, dass Sophie beruflich auch im Büro ihrer Mutter beschäftigt ist. Demnach verbringt sie sehr viel Zeit mit ihrer Mutter. Andererseits enthält der Fragebogen die Angabe, dass Sophie ihrer Mutter nicht mitteilen kann, wie es ihr wirklich geht. Auch haben beide unterschiedliche Ansichten darüber, was richtig und was falsch ist. Daneben erwarte ihre Mutter zu viel von ihr. Ihre Mutter verstehe oft nicht, was sie meine. Die Aussage „Meine Mutter und ich fühlen uns eng miteinander verbunden" bewertet sie mit der Antwort „stimmt eher nicht". Weiterhin stelle ihre Mutter viel höhere Ansprüche an sie, als sie selbst einhalten könne. Auch gehe ihre Mutter eher nicht auf ihre Gefühle und Bedürfnisse ein.
Während Sophie im Interview die Angabe macht, bis zum 13. Lebensjahr im elterlichen Ehebett übernachtet zu haben, gibt die Mutter im Fragebogen an, dass Sophie bis zum Alter von achtzehn Jahren regelmäßig im elterlichen Ehebett schlief. Auf die Frage, wie es der Mutter damit ging, wenn Sophie bei ihr übernachtete, gibt die Mutter eine neutrale Bewertung an. Sie habe auch versucht das Übernachtungsverhalten ihrer Tochter einzuschränken, allerdings ohne Erfolg. Die Mutter vermutet, dass Sophie aus Angst alleine zu schlafen und aus Gründen von Aufmerksamkeit bei ihr im Bett übernachtete.
Die Mutter-Kind-Bindung, die räumlich und zeitlich sehr intensiv ist, wird von häufigen Auseinandersetzungen in Form von morgendlichen Streits begleitet. Diese Auseinandersetzungen führen dazu, dass Sophie am Schulbesuch gehindert wird vorausgesetzt, der Streit mit der Mutter findet am gleichen Morgen statt. Hierzu schreibt Dellisch (1985), dass die Erfahrungen des Kindes mit den Eltern auf die Lehrpersonen übertragen werden. Das bedeutet, dass das Kind unbewusst die Tendenz hat, sich dem Lehrer gegenüber so zu verhalten, als wäre dieser ein Elternteil. Diese Theorie lässt sich auch auf die Mitschüler anwenden.
Die Ergebnisse aus Arztbrief, Interview und Fragebogen spiegeln Sophies ambivalentes Verhältnis zu ihrer Mutter wider. Einerseits gelingt es ihr kaum, sich von dieser zu lösen. Andererseits ist ihr Verhältnis zur Mutter von Widersprüchen wenig Wärme und Verständnis geprägt. Siqueland et al. (1996) fanden mit Hilfe von Beobachtungsstudien und Selbstberichten heraus, dass Kinder mit einer Trennungsangststörung als weniger Autonomie akzeptierend und weniger Autonomie gewährend beschrieben werden können. Solche Kinder können nur schwer gefördert werden in Hinblick auf Unabhängigkeit (Messer & Beidel, 1994). Trennungsängstliche Kinder sind wenig gesellig, wenig unterstützend, dagegen konfliktreicher und verstrickter im Vergleich zur Kontrollgruppe (Stark et al., 1990).

Zu den sozialen Beziehungen

Sophies soziale Probleme werden in ihren Beziehungen zu ihren Mitmenschen deutlich. Von ihren Lehrern fühlt sich die Schülerin „verraten". Dieser Verrat resultiert aus ihrer Erfahrung, nicht versetzt zu werden. Die Nichtversetzung kam für sie plötzlich und entgegen ihrer Erwartungen. Außerdem greifen ihre Lehrer nicht in Situationen ein, in denen sie von ihren Mitschülern gemobbt wird. Die Schülerin fühlt sich in Situationen, in denen sie Hilfe benötigt, von ihren Lehrerinnen verlassen. Daneben fühlt sie sich von ihnen unverstanden, was ihre Schulproblematik anbelangt. Als die Klassenfahrt ansteht, wird sie von ihren Lehrern ausgegrenzt, weil das Lehrpersonal sie aufgrund ihrer Problematik (Panikattacken, Schwindel, Ohnmacht) und aus Angst falsch zu reagieren, nicht an der Fahrt teilhaben lassen möchte.

Ihre Schulangst umfasst unter Anderem die Angst vor einigen Mitschülern. Daneben hat sie große Angst vor Referaten und vor ähnlichen Situationen, in denen sie sich präsentieren und blamabel verhalten könnte. Im Fragebogen berichtet sie dass sie mit ihren Mitschülern außerhalb der Schule nichts zu tun habe und nichts zu tun haben möchte. Hierzu schreiben Strauss et al. (1987), dass Kinder mit hoher Ängstlichkeit Auffälligkeiten in den Beziehungen zu Gleichaltrigen aufweisen. Kinder mit Angststörungen werden von ihren Mitschülern häufig als schüchterner und sozial zurückgezogener beschrieben, als Kinder mit einer geringen Ausprägung allgemeiner Ängstlichkeit. Zur allgemeinen Beliebtheit unter Mitschülern heißt es dass Schüler mit Angststörungen in ihrer Schulklasse weniger beliebt sind (Strauss et al., 1987).

Mit ihrem Freund, der 13 Jahre älter ist als sie, hat sie seit einem Jahr Streit. Die Partnerschaft scheint sich, ähnlich wie ihre anderen sozialen Beziehungen, problematisch zu gestalten. Vermutlich liegen ihre sozialen Probleme in der starken Abhängigkeit vom Elternhaus begründet. Die 21-jährige Sophie hat große Schwierigkeiten, sich von ihrer Mutter zu lösen, trotz der ambivalenten Gefühle der Mutter gegenüber.

Zu ihrer Schwester hat die Probandin ein schwieriges und emotional distanziertes Verhältnis. Sie ist neidisch auf diese, weil sie denkt, dass ihre Schwester von ihren Eltern bevorzugt behandelt werde. Während Sophie die Schule meidet und ihr Berufsschulabschluss aufgrund ihrer langen Fehlzeiten gefährdet ist, studiert ihre Schwester. Ihre Schwester, die hinzu jünger ist als sie, tritt beruflich in die Fußstapfen ihres Vaters. Daneben deutet die Bereitschaft eines Auszugs der Schwester von zu Hause und die Offenheit in eine unbekannte Stadt zu ziehen, um dort ein Studium zu beginnen, auf ein gewisses Maß an Selbstständigkeit und Erwachsensein hin. In einer Studie an Kindern mit Angststörungen (1/4 der untersuchten Kinder erfüllten die Kriterien einer emotionalen Störung mit Trennungsangst) von Fox et al. (2002) zeigte sich im Selbstbericht der betroffenen Kinder und anhand von Verhaltensbeobachtungen, dass die Interaktionen dieser Kinder mit ihren Geschwistern durch mehr Konflikte, stärkere gegenseitige Kontrolle und geringere emotionale Wärme charakterisiert ist im Vergleich zu Kindern ohne psychische Störungen. Die Ergebnisse über die beobachteten Geschwisterinteraktionen zeigen, dass nicht nur die Geschwister ängstlicher Kinder mehr Kontrolle über das ängstliche Kind ausüben, sondern, dass das ängstliche Kind auch mehr Kontrolle auf seine Geschwister ausübt, im Vergleich zu nichtklinischen Geschwistern (Fox et al., 2002). Diese Ergebnisse sind konsistent mit vorausgegangenen Studien über das familiäre Umfeld ängstlicher Kinder und lassen den Rückschluss zu, dass Geschwisterbeziehungen von ängstlichen Kindern charakterisiert sind durch ähnliche Interaktionsstile in der Eltern-Kind-Interaktion, in der Eltern häufig nur begrenzt Kontrolle über Ereignisse in der Umwelt haben. In der Untersuchung von Chorpita et al. (1998) zeigen die Ergebnisse, dass das familiäre Umfeld charakterisiert ist durch eine bedingte Gelegenheit nach persönlicher Kontrolle, die verbunden ist mit Angst und negativen Effekten (Chorpita et al., 1998; siehe hierzu auch: Messer & Beidel, 1994; Siqueland et al., 1996). Die Sichtung der Literatur an dieser Stelle ergab, dass Geschwister von trennungsängstlichen Kindern eine vernachlässigte Gruppe in der klinischen Psychologie sind, die mehr Beachtung verdient.

Zur medikamentösen Behandlung

Sophie S. ist seit 2001 in medizinischer und therapeutischer Behandlung. Seit 2001 nimmt die Patientin regelmäßig Medikamente ein. Die Permanenz im medikamentösen Behandlungsverlauf ist kritisch zu betrachten. Herpertz-Dahlmann und Schneider (2004) stellen fest, dass für einen Großteil an Psychopharmaka, die an Kinder und Jugendliche verabreicht werden, nur wenige empirische Studien vorliegen. Hierdurch entstehen unzureichende Erfahrungen mit Nebenwirkungen und Risiken. Dies ist ein Grund, warum in Deutschland nur wenige geeignete Medikamente für die Behandlung von Angsterkrankungen im Kindesalter und Jugendalter zugelassen sind. Demnach dürfen bestimmte Medikamentengruppen lediglich im Rahmen eines individuellen Heilungsversuchs verordnet werden. Auffällig ist in Bezug auf Sophies medikamentöse Behandlung, dass diese jetzt seit sieben Jahren andauert. Trotz der Medikamenteneinnahme ist die Schülerin in ihrem Verhalten so eingeschränkt, dass sie sich weiterhin nicht in der Lage fühlt, die Schule zu besuchen. Herpertz-Dahlmann und Schneider (2004) schreiben zur medikamentösen Behandlung einer Sozialen Phobie, die zu einer deutlichen Störung der Alltagsfunktionen eines Kindes führt, sei ein Behandlungsversuch mit einem Selektiven Serotoninwiederaufnahmehemmer (SSRI) angezeigt (Herpertz-Dahlmann & Schneider, 2004). Eine Steigerung der serotoninergen Neurotransmission führt zu einer Reduktion der Angstsymptomatik (Kent et al., 1998). Mit Beginn einer Besserung kann die verhaltenstherapeutische Behandlung intensiviert werden (Herpertz-Dahlmann & Schneider, 2004). Herpertz-Dahlmann und Schneider betonen, dass im Vergleich zu der Behandlung einer Sozialen Phobie eine Schulphobie erst einmal verhaltenstherapeutisch angegangen werden sollte. Falls die Klienten darauf nicht ansprechen sollten,sei eine zusätzliche Medikation mit SSRI empfehlenswert (Herpertz-Dahlmann & Schneider, 2004). In Sophies Fall würde man vermuten, dass in einem Zeitraum von sieben Jahren eine Verbesserung eingesetzt haben müsste, so dass mit einer intensiveren verhaltenstherapeutischen Behandlungsmethode fortgefahren werden könnte. Eine Intensivierung einer verhaltenstherapeutischen Behandlungsmethode ist nach Aussage von Sophie nicht erfolgt, denn die junge Frau trifft sich alle 14 Tage zu psychotherapeutischen Gesprächen mit ihrer Therapeutin. Sie nimmt weiterhin die Medikamente *Tiapridex* und *Cipramil* ein. Tiapridex ein nervendämpfender Wirkstoff (Neuroleptika), der bei nervenbedingten Störungen der Bewegungsabläufe eingesetzt wird. Beispielsweise bei unwillkürlichen Muskelbewegungen wie z. B. Tics. Cipramil ist ein Antidepressivum, das ein Selektiver Serotonin Wiederaufnahmehemmer (SSRI) ist. Cipramil wird unter Anderem zur Behandlung von Depressionen und Angststörungen eingesetzt.

Bezug zu den Fragestellungen

Im Fallbeispiel von Sophie S. in den Kapiteln 6.2.1 und 6.2.2 lassen sich gewisse Parallelen zu meinen Fragestellungen finden. Tabelle 13 stellt die wesentlichen Punkte heraus. Und die müssen an dieser Stelle auch sehr prägnant zusammengefasst werden.

Tabelle 13: Parallelen zwischen den Angaben aus dem Fallbeispiel und den Inhalten aus der internationalen Forschungsliteratur in Bezug auf die 4 Fragestellungen von Untersuchung 1.

Fragestellungen	Inhalte aus Forschungsliteratur	Angaben aus Fallbeispiel
Fragestellung zur Bindungsrepräsentation (Ursache 1)	• Beziehungen zwischen Mutter und Kind sind geschlossen, manchmal bis zum Punkt der Erstickung (Bowlby, 1999). • Mütter verhalten sich überbehütend gegenüber ihrem Kind (Martinius & Orthofer, 1993).	• Bindung von Sophies Mutter zu ihrer Mutter ist ambivalent • Mutter-Kind-Bindung ist verstrickt (aktuelle Wohnsituation der Tochter wurde wieder mehr nach Hause verlagert) • „Klammern" von Seiten der Mutter
Fragestellung zur emotionalen Befindlichkeit (Ursache 2)	• Ängstliche Mütter, welche die Ablösung ihres Kindes nicht gestatten (Remschmidt, 2008).	• Möglicherweise hat die Mutter selbst Trennungsängste entwickelt (ihre Tochter schläft bis zum 13. Lebensjahr bei ihr im Bett; Tochter arbeitet im selben Büro)

Fragestellungen	Inhalte aus Forschungsliteratur	Angaben aus Fallbeispiel
Fragestellung zur Familiendynamik (Ursache 3)	• Vater spielt oftmals eine randständige Rolle, er ist eher passiv und wenig mit Erziehungsfragen beschäftigt (Remschmidt, 2008).	• Vater ist aus Berufsgründen räumlich und zeitlich von seiner Familie getrennt • Aufgrund der räumlichen Entfernung enthält sich der Vater in Bezug auf die Störungsproblematik und die Unterrichtsausfälle • Vater ist am Wochenende zu Hause, Tochter übernimmt möglicherweise den Partnerersatz für die Mutter in sozialen und emotionalen Belangen unter der Woche
Fragestellung zur individuellen Disposition des Kindes (Ursache 4)	• Wohlerzogene, aber ängstliche und gehemmte Kinder (Bowlby, 2006). • Ängstliche, kontaktgehemmte Kinder (Remschmidt, 2008).	• Ängstliche, schüchterne und selbstunsichere junge Frau

In Kapitel 6.2.4 werden die Ergebnisse aus Interview, Arztbrief, dem Fragebogen von Sophie und ihrer Mutter abschließend diskutiert. Am Ende des Diskussionsteils werden die vorliegenden Ergebnisse in Bezug auf die vier Fragestellungen diskutiert.

6.2.4 Diskussion

Einerseits berichtet Sophie von klassischen Symptomen einer Schulangst: Angst vor Mitschülern, Angst vor Lehrern und Angst vor Mobbing in der Schule. Die Schülerin erzählt von Mobbingerfahrungen in Klasse neun. Damals war sie 15 Jahre alt. Als 21-jährige Schülerin sagt sie, dass sie in der Schule von Panik- und Ohnmachtsanfällen begleitet werden würde. Ihre Probleme haben sich im Laufe der Zeit verlagert. Damals waren es verstärkt soziale Probleme, die der Schülerin Schwierigkeiten bereiteten.

Zu ihren sozialen Kompetenzen im Umgang mit Gleichaltrigen sagt sie, dass sie in ihrer Kindheit nur wenige Möglichkeiten gehabt habe soziale Kompetenzen zu trainieren. Sie habe erst im Alter von vier Jahren sprechen gelernt. Danach habe sie zahlreiche Hobbies und Freizeitaktivitäten gehabt, denen sie nachging. Die Schulangst wurde begleitet von psychosomatischen Beschwerden, wie Fieber, das morgens in der Schule auftrat. Sobald sie zu Hause, beim Arzt oder bei ihrem behandelnden Therapeuten war klangen die Symptome vollständig ab.

Andererseits scheint es kein Problem für sie darzustellen, täglich zur Arbeit zu gehen. Sie sagt zwar, dass sie in der Firma die gleichen Probleme (Schwindel, Ohnmacht und Panikanfälle) wie in der Schule habe, nur dass sie dort von ihren Arbeitskollegen besser beruhigt werden kann. Vermutlich stellt die Arbeitsstelle ein vertrautes und sicheres Milieu für Sophie dar, im Vergleich zur Berufsschule, die ihr aufgrund der langen Fehlzeiten immer unbekannter und „gefährlicher" zu werden scheint. Nach einem gemeinsamen Familienurlaub verschlimmerte sich die Störung, so dass die Symptome nach den Weihnachtsferien (2007) für sie den Gang zur Schule (ab dem 06. Januar 2008), unmöglich machten. Familie und Schule scheinen für Sophie etwas Konträres zu sein, etwas, das nicht so ohne weiteres miteinander zu vereinbaren ist.

Was Sophies Familiensituation betrifft, fühlt sie sich gegenüber ihrer Schwester benachteiligt, denn diese würde von den Eltern bevorzugt behandelt werden. Die Eltern stellen klare Anforderungen an Sophie. Diesbezüglich sagt sie, dass ihre Eltern Noten von ihr verlangen. Sophies jüngere Schwester, die ein Studium aufgenommen hat, erfüllt möglicherweise die Anforderungen und Wünsche ihrer Eltern. Dies belohnen die Eltern mit Aufmerksamkeit und Zuwendung. Trotz der Kritik an ihren Eltern wohnt die Schülerin wieder bei ihrer Mutter, obwohl sie seit vier Jahren mit ihrem Freund zusammen ist. Sophie berichtet im Interview, an manchen Tagen beim Freund zu übernachten, aus Rücksichtnahme auf ihre Mutter übernachte sie die meiste Zeit der Woche bei ihr. Gleichzeitig sagt sie, ein „Vater-Kind" zu sein, mit ihrer Mutter fühle sie sich nicht so sehr verbunden. Vielmehr klammere ihre Mutter an ihr. Sie habe vom Kleinkindalter bis zum 13. Lebensjahr (ihre Mutter gibt im Fragebogen bis zum 18. Lebensjahr an) bei ihrer Mutter im Bett übernachtet, weil sie nicht alleine einschlafen konnte. Als Kind fühlte sie sich enger mit ihrer Mutter verbunden. Sophie übernachtete auch nie bei anderen Kindern, bei ihrer allerbesten Freundin übernachtete sie selten. Diese Merkmale sind typische Symptome einer Trennungsangst.

Die vorliegenden Informationen zeigen, dass Sophies Schulvermeidung in einem Zusammenspiel aus vielen Faktoren begründet ist: Sophie ist aufgrund ihrer persönlichen Disposition ängstlich und schüchtern (Fragestellung 4). Daneben hat sie einen Mangel an sozialen Kompetenzen. Weiterhin spricht für eine Trennungsangst, dass es Sophie schwer fällt, sich von ihrer Mutter zu lösen, genauso wie es der Mutter schwer fällt, sich von Sophie zu lösen. Mutter und Tochter können sich aufgrund ihrer räumlichen und zeitlichen Nähe sehr gut gegenseitig kontrollieren und sich ihrer Bindung vergewissern. Dies lässt die Vermutung zu, dass Frau Simonis ebenso unter Trennungsängsten leidet (Fragestellung 2). Mutter und Kind weisen gleichzeitig eine symbiotische Bindungsbeziehung auf. Möglicherweise resultiert die Symbiose zwischen Mutter und Kind aus der Bindungsrepräsentation der Mutter zu ihrer Mutter. Das symbiotische Verhältnis ist durch emotionale Nähe, gegenseitige Abhängigkeit und Kontrolle gekennzeichnet (Fragestellung 1).

Der Vater nimmt aufgrund seiner zeitlichen und räumlichen Distanz zur Familie nur passiv am Familiengeschehen teil. Vermutlich zieht sich Herr Simonis in Hinblick auf Erziehungsfragen tendenziell eher zurück, was aufgrund seiner räumlichen Distanz, die beruflich begründet ist, schon unvermeidbar ist. Es besteht die Möglichkeit, dass beide Ehepartner emotional bereits voneinander distanziert sind. Daneben fühlt sich die Mutter von ihrer Tochter, die immer präsent ist, wenn sie ihre Tochter braucht, besser verstanden in Bezug auf ihr psychisches Wohlbefinden. Frau Simonis bekommt von ihrer Tochter die Zuwendung, die sie von ihrem abwesenden Mann nicht bekommen kann, weil Herr Simonis nur an Wochenenden zu Hause sein kann. Dabei übernimmt Sophie möglicherweise die Rolle des Vaters, indem sie von ihrem Freund weg gezogen ist und aktuell wieder bei ihrer Mutter wohnt (Fragestellung 3).

6.3 Pilotstudie zur Untersuchung 1

In Kapitel 6.3 wird eine Pilotstudie beschrieben, die zur Testung eines Fragebogens zur Bindungsrepräsentation von Müttern trennungsängstlicher und schulphobischer Kinder vorgenommen wurde. Ziel der Pilotstudie war es, einen Fragebogen zu entwickeln, um den Bindungsstil der Mutter zu ihrer Mutter zu erfragen (Fragestellung 1).

6.3.1 Fragebogenkonstruktion

Grau entwickelte Ende der 90er Jahre einen Fragebogen mit Skalen zur Erfassung von Bindungsrepräsentationen in Paarbeziehungen. Darin erstellte sie zwei intern konsistente, voneinander unabhängige Skalen aus jeweils zehn Items. Die Skalen orientieren sich an der vorliegenden Beziehungsqualität innerhalb der Partnerbeziehung. Die beiden Skalen umfassen die Dimensionen Angst und Vermeidung. Grau bietet den Versuchsteilnehmern eine 7-stufige Antwortskala an, von 1 (stimmt überhaupt nicht) über die Ziffer 4 (weder noch), bis zur 7 (stimmt voll und ganz). Zwei der insgesamt 20 Items stammen aus der Sicher-Skala. Diese sind positiv formuliert und müssen für die Auswertung umgepolt werden (Grau, 1999).

Tabelle 14 beinhaltet Beispielitems aus Graus Fragebogen und soll die inhaltlichen Aspekte, die Grau mit ihrem Fragebogen abdeckt, vergegenwärtigen.

Tabelle 14: Skalen mit dazugehörigen Beispielitems aus dem Fragebogen zur Erfassung von Bindungsrepräsentationen in Paarbeziehungen (Grau, 1999).

Skalen	Beispielitems für die Skalen Angst und Vermeidung
Vermeidung	1. Ich finde es schön, mich an meinen Partner zu binden. 2. Ich möchte meinem Partner gefühlsmäßig so nahe wie möglich sein.
Angst	1. Mein Partner zögert oft, mir so nahe zu kommen, wie ich es gerne hätte. 2. Ich mache mir oft Sorgen, dass mein Partner mich nicht genug mag.

In Form einer Interviewstudie werden die Mütter über drei verschiedene inhaltliche Einflussgrößen befragt. Hierbei handelt es sich um die Bindungsrepräsentation sowie um die psychische Gesundheit. Die dritte Einflussgröße deckt die Partnerbeziehung und die Familiendynamik ab. Der vorliegende Fragebogen erfasst die erste Ursache der Bindungsrepräsentation, insbesondere soll mit Hilfe des Fragebogens der Zusammenhang aufgedeckt werden zwischen dem Angst- und Vermeidungsverhalten in der Kindheit, der Zufriedenheit mit der Mutter in der Kindheit und der gegenwärtigen Kontakthäufigkeit zur Mutter. Somit beschäftigt sich ein wichtiger Aspekt meiner Arbeit mit der Fragestellung: Welche Bindungsrepräsentation Mütter von trennungsängstlichen und/oder schulphobischen Kindern von ihrer Mutter haben, wie sich diese auf die Zufriedenheit der Mutter-Kind-Beziehung auswirkt und welche Auswirkungen diese auf die Kontakthäufigkeit zu der eigenen Mutter hat. Demnach wurde der Fragebogen von Grau so umformuliert, bis dieser adäquat zu meiner Fragestellung passte (siehe Anlage 4). Diesbezüglich sollten die befragten Mütter angeben, wie sehr durch folgende Aussagen, die sich alle auf ihre eigene Mutter-Kind-Bindung beziehen, ihr eigenes Erleben mit ihrer Mutter in ihrer Kindheit wieder gegeben wird. Die 7-stufige Antwortskala wurde von Grau übernommen und diente einer genaueren Abschätzung innerhalb der vorliegenden Antwortalternativen. Die Reihenfolge der beiden Skalen wurde bis auf eine Ausnahme beibehalten, ebenso wie die Abfolge einzelner Items. Denn zwischen dem zweiten und dem dritten Item wurde ein weiteres Item (*„Ich war als Kind sehr zufrieden mit meiner Mutter."*) hinzugefügt. Dieser Bindungsfragebogen wurde für die Pilotphase getestet, bevor er ab Oktober 2007 im klinischen Kontext eingesetzt werden soll.

Zum Aufbau des selbst konstruierten Fragebogens lässt sich festhalten dass er aus zwei Teilen besteht. Der erste Teil umfasst 21 Aussagen, die sich alle auf die Bindung zwischen der Mutter und dem Kind vor dem 12. Lebensjahr beziehen. Neben den zehn Fragen, die die Vermeidungsskala umfassen und den weiteren zehn Items, die die Angstskala beinhalten, wurde die Skala im ersten Teil des selbst konstruierten Fragebogens um ein weiteres Item ergänzt. Dieses Item bezieht sich auf die Zufriedenheit mit der Mutter und dient der Kontrolle der modifizierten Angst- und Vermeidungsitems. Alle 21 Fragen sind retrospektiv gestellt, während sich die nächsten drei Fragestellungen im zweiten Teil des selbst konstruierten Fragebogens auf das letzte Jahr beziehen. Mit Hilfe der letzten drei Items wurde erfragt, ob die Mutter zusammen mit der befragten Person im Haus lebt, wie oft diese ihre Mutter sieht und ob die Mutter noch lebt oder bereits verstorben ist. Während die erste und die dritte Frage mit „ja" oder „nein" zu beantworten sind, gibt es bei der zweiten Frage 9 Antwortmöglichkeiten. Auch diese Fragen dienen der Kontrolle der modifizierten Items aus der Grau-Skala. Tabelle 15 beinhaltet Beispielitems aus einem selbst konstruierten Fragebogen.

Tabelle 15: Beispielitems aus dem selbst konstruierten Fragebogen.

Erster Teil des selbst konstruierten Fragebogens bezogen auf die Bindung zur Mutter vor dem 12. Lebensjahr (Beispielitems)	Zweiter Teil des selbst konstruierten Fragebogens bezogen auf das letzte Jahr (Beispielitems)
1. Ich mochte meiner Mutter als Kind gefühlsmäßig so nahe wie möglich sein (Vermeidung)	1. Lebt Ihre Mutter bei Ihnen im Haus?
2. Ich war als Kind sehr zufrieden mit meiner Mutter (Zufriedenheit als das Zusatzitem).	2. Wie oft sehen Sie Ihre Mutter heutzutage?
3. Meine Mutter zögerte oft, mir so nahe zu kommen, wie ich es gerne in meiner Kindheit gehabt hätte (Angst).	3. Lebt Ihre Mutter noch?

6.3.2 Stichprobe

Die Teilnehmerinnen der Pilotstudie waren Mütter aus unterschiedlichen Settings. Die Probandinnen kamen aus Nordrhein-Westfalen und dem Saarland. Das Alter der Kinder von diesen befragten Müttern war unterschiedlich. Die Fragebögen wurden über Verwandte, Bekannte und von mir verteilt. Nachdem die Fragebögen ausgefüllt worden waren, schickten die Mütter diesen in dem beiliegenden frankierten Briefumschlag an mich zurück. An der Erhebung nahmen insgesamt 40 Probandinnen teil. Die Erhebungsphase betrug etwa drei Wochen. Die Datenerhebung erfolgte von Ende August bis Mitte September 2007.

65

6.3.3 Ergebnisse

Deskriptive Kennwerte des Fragebogens

Die Mittelwerte liegen sowohl für die Vermeidungsskala (SD = 1,44) als auch für die Angstskala bei 3,13 (SD = 1,69). Für die Zufriedenheitsskala liegt der Mittelwert bei 5,07 (SD = 2,03) (siehe Tabelle 16).

Tabelle 16: Statistische Kennwerte innerhalb der Deskriptiven Statistik: Minimum, Maximum, Mittelwert, Standardabweichung bezogen auf die 3 Variablen: Vermeidung, Angst und Zufriedenheit.

Skalen	N	Min.	Max.	M	SD
Vermeidung	40	1	5,6	3,13	1,44
Angst	40	1	7	3,13	1,69
Zufriedenheit (Ich war als Kind sehr zufrieden mit meiner Mutter.)	40	1	7	5,07	2,03

Legende:

N = Stichprobenumfang
Min. = Minimum
Max. = Maximum
M = Mittelwert
SD = Standardabweichung

Hinsichtlich des Mittelwertes in Graus Studie, beträgt dieser für die Angstskala 2,97 und für die Vermeidungsskala 2,99. In meiner Erhebung liegt der Mittelwert auf der Vermeidungsskala bei 3,13, ebenso wie bei der Angstskala. Die Mittelwerte aus Graus Untersuchung sind mit meinen ermittelten Werten recht ähnlich.

Vergleicht man die Standardabweichungen miteinander, stellt man fest, dass diese fast identisch sind. Die Standardabweichung in Graus Untersuchung liegt auf der Angstskala bei 1,65 und auf der Vermeidungsskala bei 1,44, während die Standardabweichung in meiner Befragung für die Angstskala bei 1,69 und für die Vermeidungsskala bei 1,44 liegt (siehe Tabelle 17).

Tabelle 17: Vergleich von zwei Skalenkennwerten aus unterschiedlichen Untersuchungen.

Skalen	Untersuchung Grau 1999		Pilotstudie 2007	
	Angst	Vermeidung	Angst	Vermeidung
M	2,97	2,99	3,13	3,13
SD	1,65	1,44	1,69	1,44

Im Gegensatz zum ersten Teil des Fragebogens, der von allen 40 Befragten beantwortet wurde, beantworteten die erste Frage („Lebt Ihre Mutter bei Ihnen im Haus?") nur 37 der befragten Mütter. Auf die Frage: „Wie oft sehen Sie Ihre Mutter heutzutage?" gaben lediglich 31 von 40 Befragten eine Auskunft, während 38 Personen zu der Frage: „Lebt Ihre Mutter noch?" Stellung bezogen. Tabelle 18 veranschaulicht die Häufigkeitsangaben dieser drei Items.

Tabelle 18: Häufigkeitsangaben zu gültigen und fehlenden Angaben dreier Items.

	Items	Lebt Ihre Mutter bei Ihnen im Haus?	Wie oft sehen Sie Ihre Mutter heutzutage?	Lebt Ihre Mutter noch?
N	Gültig	37	31	38
	Fehlend	3	9	2

Auf die Frage „Lebt Ihre Mutter bei Ihnen im Haus?" antworten 7,5% der befragten Mütter mit ja, während 85% der Mütter diese Frage mit einem klaren Nein beantworten. Allerdings wird diese Frage lediglich von 37 der insgesamt 40 befragten Personen beantwortet (siehe Tabelle 19).

Tabelle 19: Häufigkeitsverteilung „Lebt Ihre Mutter bei Ihnen im Haus?"

		f	%	Gültige %
Gültig	ja	3	7,5	8,1
	nein	34	85	91,9
	Gesamt	37	92,5	100
Fehlend		3	7,5	
Gesamt		40	100	

Die zweite Frage „Wie oft sehen Sie Ihre Mutter heutzutage?" beantworten lediglich 31 der 40 Befragten. 77,5% der Probandinnen beantworteten diese Frage, während 22,5% hierzu keine Angaben machten. Insgesamt gab es bei dieser Frage 8 Antwortmöglichkeiten. 2,5% von 31 Müttern gaben an, dass sie Ihre Mutter ein Mal am Tag sehen. Mehr als ein Mal pro Tag sehen 7,5% der Befragten ihre Mutter. 10% sehen ihre Mutter ein Mal pro Woche, während 25% ihre Mutter mehr als ein Mal pro Woche sehen. 7,5% der Mütter sehen ihre Mutter ein Mal pro Monat, während 10% ihre Mutter öfter als ein Mal pro Monat besuchen. 12,5% der Mütter gaben an, ihre Mutter mehr als ein Mal im Jahr zu sehen. Hingegen hatten 2,5% der befragten Mütter innerhalb des letzten Jahres keinen Kontakt mehr zu ihrer Muter (siehe Tabelle 20).

Tabelle 20: Häufigkeitstabelle zur Frage: „Wie oft sehen Sie Ihre Mutter heutzutage?"

Antwortmodi	f	%	gültige %
ein Mal pro Tag	1	2,5	3,2
mehr als ein Mal pro Tag	3	7,5	12,9
ein Mal pro Woche	4	10	25,8
mehr als ein Mal pro Woche	10	25	58,1
ein Mal pro Monat	3	7,5	67,7
mehr als ein Mal pro Monat	4	10	80,6
ein Mal im Jahr	0	0	0
mehr als ein Mal im Jahr	5	12,5	96,8
es besteht kein Kontakt mehr	1	2,5	100
Fehlend	9	22,5	
Gesamt	40	100	

Die letzte Frage, die sich darauf bezieht, ob die Mutter noch lebt oder bereits verstorben ist, beantworteten 38 von 40 Müttern. Die eigene Mutter lebte bei 77,5% ($f = 31$) der befragten Personen, während die Mutter bei 17,5% ($f = 7$) der Befragten bereits verstorben ist (siehe Tabelle 18).

Reliabilitätsanalyse

Die Daten wurden einer Reliabilitätsanalyse unterzogen. Der Reliabilitätskoeffizient für alle 40 Fälle und für die ersten 10 Items beträgt $\alpha = .78$ für die Vermeidungsskala.
Der Reliabilitätskoeffizient der Angstskala beträgt $\alpha = .93$. Somit erweisen sich die einzelnen Items der Vermeidungs- und Angstskala als brauchbar. Beide Reliabilitätswerte weisen darauf hin, dass der Grad der internen Konsistenz zufriedenstellend bis gut ist.

Bivariate Analysen: Korrelative Berechnungen

Wie aus der nachfolgenden Tabelle 21 ersichtlich ist, liegt bei drei von vier Skalen eine Normalverteilung vor.

Tabelle 21: Berechnung der Signifikanz zur Überprüfung ob eine Normalverteilung vorliegt.

	Vermei-dung	Angst	Kontakt-häufigkeit	Zufrieden-heit
Asymptotische Signifikanz (2-seitig)	.754	.569	.103	.013

Wie ein Blick in die Tabelle zeigt, sind alle drei Werte größer als 0,05 und somit nicht signifikant. Alle drei Signifikanzangaben bedeuten, dass kein signifikanter Unterschied zu einer Normalverteilung vorliegt, das bedeutet, dass es sich hierbei um eine Normalverteilung handelt. Anders verhält es sich für die Zufriedenheitsskala. Hier beträgt die Signifikanz .013. Dieser Wert liegt unter dem Signifikanzwert von 0,05 und ist somit signifikant. Die Angaben über die Werte auf der Zufriedenheitsskala sprechen nicht für eine Normalverteilung. Aus dieser Berechnung geht hervor, dass drei von vier Variablen nach Pearson korreliert werden, während eine Variable nach Spearman korreliert werden sollte.

Die Zusammenhänge sollen mit Hilfe des Korrelationskoeffizienten r aufgezeigt werden. Im folgenden Verlauf wird jede der vier Skalen inklusive ihrer Korrelationszusammenhänge beschrieben.

Die Werte auf der Vermeidungsskala korrelieren sehr signifikant mit den Werten des Angstfaktors (siehe Tabelle 21). Die Werte der Zufriedenheitsvariablen korrelieren negativ mit den Werten der Vermeidung. Die Werte der Kontakthäufigkeit korrelieren nicht signifikant mit dem Wert der Vermeidungsskala.

Hieraus lässt sich die Aussage treffen, dass je vermeidender sich eine Person in ihrer Kindheit gegenüber ihrer Mutter verhalten hat, desto ängstlicher ist die Beziehung zur eigenen Mutter. Je vermeidender eine Person gegenüber ihrer Mutter in ihrer Kindheit eingestellt war, desto unzufriedener schätzt sie die Beziehung zu ihrer Mutter in ihrer Kindheit ein.

Wie korrelieren die Werte um die Angstskala? (Korrelation nach Pearson)Die Werte der Angstskala korrelieren sehr signifikant mit den Werten auf der Vermeidungsskala und sehr signifikant negativ mit den Werten der Zufriedenheitsskala. Im Gegensatz zur Vermeidung und der Kontakthäufigkeit korrelieren die Werte der Vermeidungsskala signifikant mit denen der Häufigkeitsskala.

Je ängstlicher sich also eine Person in ihrer Kindheit gegenüber ihrer Mutter verhalten hat, desto vermeidender ist diese Person gegenüber der Mutter eingestellt. Je vermeidender die Einstellung zur Mutter in der Kindheit desto weniger zufrieden wird die Beziehung zur Mutter eingestuft. Je ängstlicher eine Person in ihrer Kindheit an ihre Mutter gebunden war, umso häufiger sieht sie ihre Mutter heutzutage.

Die Werte der Häufigkeitsskala korrelieren nicht signifikant mit den Werten der Vermeidungsskala. Jedoch korrelieren die Werte der Häufigkeitsskala signifikant mit den Werten der Angstskala. Zwischen der Häufigkeits- und der Zufriedenheitsvariable lassen sich keine signifikant negativen Unterschiede fest machen.

Lediglich der Wert Angst korreliert signifikant mit der Häufigkeitsvariable, das bedeutet, je ängstlicher das Kind in seiner Kindheit an seine Mutter gebunden ist, desto öfter wird es in späteren Jahren als erwachsene Person seine Mutter besuchen.[3]

Im Gegensatz zu den Variablen Angst, Vermeidung und Häufigkeit, deren Korrelationen nach Pearson berechnet wurden, wurde die Zufriedenheitsvariable nach Spearman berechnet, da die Signifikanzwerte dieser Variable keine Normalverteilung ergaben. Aus diesem Grund muss analytisch ein anderer Weg gewählt werden.

Die Werte der Zufriedenheitsskala korrelieren sehr signifikant negativ mit der Vermeidungsskala und sehr signifikant negativ mit der Angstskala im Unterschied zu den Werten der Häufigkeitsvariablen. Denn die Werte der Zufriedenheitsskala korrelieren nicht signifikant negativ mit der Kontakthäufigkeit.

Je zufriedener ein Kind in seiner Kindheit mit seiner Mutter war, desto weniger vermeidend und umso weniger ängstlich war es innerhalb der Beziehung zu seiner Mutter eingestellt (siehe Tabelle 22 und 23).

Tabelle 22: Korrelationsmatrix zur Vermeidung, Angst und Kontakthäufigkeit.

Skalen		Vermeidung	Angst	Kontakt-häufigkeit
Vermeidung	r	1	.42	.30
	N	40	40	31

---

[3] Diese Angabe kann beispielsweise relevant für die zeitliche Stabilität von Bindungsbeziehungen sein.

Skalen		Vermeidung	Angst	Kontakt-häufigkeit
Angst	r	42**	1	.43*
	N	40	40	31
Kontakthäufig-keit	r	.30	.43*	1
	N	31	31	31

* = p< .05
** = p< .01

Tabelle 23: Korrelationsmatrix zur Zufriedenheit.

Skalen		Vermeidung	Angst	Kontakt-häufigkeit
Zufriedenheit	r	-.46**	-.52**	-.28
	N	40	40	31

6.3.4 Schlussfolgerungen

Aufgrund der aufgezeigten Reliabilitäten und der Vielzahl an sinnvollen signifikanten Zusammenhängen zwischen den ausgewählten Variablen wird dieser Fragebogen für meine Untersuchung übernommen. Mit Hilfe der Pilotstudie konnte festgestellt werden, dass der Fragebogen das misst, was er zu messen vorgibt (Validität) und dass die Items im Fragebogen intern konsistent sind (Reliabilität). Die interne Konsistenz im Fragebogen weist daraufhin dass die verschiedenen Items, die eine Skala bilden, im Wesentlichen das Gleiche messen.

6.4 Untersuchung zur Ursachenforschung

In Kapitel 6.4.1 wird die Stichprobe beschrieben, bevor zur Vorgehensweise und zum Material für die Mütter und die Kinder übergeleitet wird. Der Fragebogen für die Mütter und deren Kinder befindet sich im Anhang der Arbeit. In Kapitel 6.4.4 werden die Ergebnisse präsentiert. Dabei werden die einzelnen Fälle in chronologischer Reihenfolge dargestellt. Jeder Fall umfasst die jeweilige Mutter mit ihrem Kind. Die Ergebnisse werden erst fallspezifisch und dann fallübergreifend diskutiert. Im direkten Anschluss folgt die Prüfung der Fragestellung zu den Ergebnissen. Abschließend zur Untersuchung 1 werden die Ergebnisse diskutiert.

6.4.1 Die Stichprobe

Die Interview- und Fragebogenteilnehmerinnen waren Mütter trennungsängstlicher und/oder schulphobischer Patientinnen. Bedingung für die Teilnahme an der Erhebung war, dass die Kinder oder Jugendlichen zum Zeitpunkt der Erhebung in psychotherapeutischer Behandlung waren und bei ihnen die Diagnose einer emotionalen Störung mit Trennungsangst vorlag. Die Rekrutierung der Studienteilnehmer erfolgte entweder über Handzettel, die in Psychotherapiepraxen oder Kliniken auslagen oder über direktes Ansprechen des behandelnden Kinder- und Jugendpsychiaters oder Psychotherapeuten. Die Kinder- und Jugendpsychiater oder Therapeuten wurden von mir telefonisch und bei mündlichem Einverständnis, dann schriftlich kontaktiert.

Der Fragebogen lag den Kinder- und Jugendpsychiatern und Psychologen in Papierform vor, so dass sie den Fragebogen direkt an interessierte Mütter und ihre Kinder weiterleiten konnten, mit der Bitte den Fragebogen auszufüllen und an mich zurückzusenden.

Die Interviews mit den Müttern (n=2) dauerten ca. 1,5 Stunden, das mit den Kindern (n=2) etwa 30 Minuten. Das Ausfüllen der Fragebögen beanspruchte für die Mütter ca. 40 Minuten Zeit. Die Kinder ab zwölf Jahre benötigten zum Ausfüllen ca. 20-30 Minuten. Die jüngeren Teilnehmerinnen wurden von ihren Müttern befragt. Die zeitliche Dauer betrug hier zwischen 10 und 15 Minuten. Die Mütter notierten die Antworten ihrer Kinder auf den Fragebogen und sendeten beide Fragebögen an mich zurück.

Entlohnt wurde die Teilnahme mit einem kleinen Geschenk, das beim Fertigstellen der Arbeit an die teilgenommenen Kinder und Jugendlichen versendet wird.

An der Fragebogenuntersuchung nahmen sieben Mütter und ein Vater mit ihren Kindern teil. Der Vater wurde aus den Analysen ausgeschlossen, da für meine Fragestellungen ausschließlich die Mütter relevant sind. Daneben wurde der selbst erstellte Fragebogen, der die Bindung der Mutter zu ihrer Mutter thematisiert, ausschließlich an Müttern getestet, so dass es nicht zulässig war, einen Mann mit in die Analyse aufzunehmen. Eine weitere Mutter wurde ebenfalls nicht in die Analyse miteinbezogen, da der Fragebogen von ihrem Kind fehlte und somit eine Auswertung paarweise nicht möglich war. Somit beträgt die Anzahl der Versuchspersonen Mütter (n=6) und Kinder (n=6). Kinder und deren Mütter wurden jeweils getrennt voneinander befragt. Die Fragebögen für die Mütter und deren Kinder werden paarweise betrachtet (fallspezifische Betrachtungsweise Mutter und Kind). Die Stichprobe der Kinder setzte sich aus drei Jungen und drei Mädchen zusammen. Das Alter der Mütter lag im Durchschnitt bei 45 Jahren. Die jüngste Mutter war zum Zeitpunkt der Erhebung 40 Jahre. Die Älteste war 56 Jahre alt. Der Altersmedian lag bei den Müttern bei 43,5 Jahren. Die befragten Kinder und Jugendlichen waren im Durchschnitt elf Jahre. Das jüngste Kind war zum Erhebungszeitpunkt fünf Jahre während die älteste Jugendliche 19 Jahre alt war. Der Altersmedian lag bei den Kindern bei zehn Jahren.

Schwierigkeiten bei der Stichprobenerhebung

Die Stichprobenzahl weist darauf hin, dass es sich schwierig gestaltete, eine größere Stichprobe für die Fragebogenerhebung zu gewinnen. Obwohl 200 Fragebögen, nachdem ich telefonisch oder persönlich mit Ärzten und Psychologen gesprochen habe, an Kliniken und niedergelassene Therapeutinnen in NRW und Rheinland-Pfalz versendet worden sind und die Anonymität der Versuchspersonen gewährleistet war, weil sie die Möglichkeit bekamen, sich mit mir telefonisch in Kontakt zu setzen, kamen nur 15 Bögen zurück, davon 8 Fragebögen, die für die Mütter konzipiert waren und 7, die für die Kinder erstellt waren. Davon konnten drei Fragebögen nicht in die Bewertung mit einbezogen werden, weil der Fragebogen von einem Vater ausgefüllt wurde und einer ohne den Bogen des Kindes an mich versendet wurde. Um mit den Müttern in Kontakt zu treten, wurden Handzettel, die für das Thema von einer Designerin entworfen worden sind und passend vom Layout und vom Text auf die Mütter zugeschnitten waren, entworfen (siehe Anlagen 1, 2 und 3). Auf den Handzetteln stand eine entsprechende Kontaktnummer. Die geringe Resonanz war sehr verwunderlich, da eine extra Sipgate-Nummer für die Rekrutierung der Studienteilnehmerinnen eingerichtet wurde. Wurde diese Nummer gewählt schaltete sich ein Anrufbeantworter ein, der von mir besprochen wurde. Die Mütter wurden bei Kontaktaufnahme gebeten, ihre Telefonnummer zu hinterlassen, so dass ich sie schnellst möglich kontaktieren kann. Interessierte Mütter hatten somit die Möglichkeit ihre Kontaktdaten auf Tonband zu sprechen. Die Schwierigkeit lag möglicherweise darin, dass ich nicht auf die Probanden zugehen konnte, die behandelnden Ärzte und Therapeuten lehnten diese Vorgehensweise ab. Stattdessen mussten die Mütter auf mich zukommen. Möglicherweise stellte das Tonband für die Zielpersonen ein unpersönliches Medium mit mir in Kontakt zu treten, dar. Leider erlaubten es mir die Therapeuten nicht, die Mütter persönlich im Warteraum der Arztpraxis anzusprechen.

6.4.2 Vorgehensweise und Material: Mütter
Räumliche Situation

Es wurden insgesamt vier Interviews durchgeführt, davon zwei Interviews mit Müttern trennungsängstlicher und schulphobischer Kinder. Die erste Mutter, die mich kontaktierte, wurde bei sich zu Hause von mir interviewt. Ihr wurde mitgeteilt, dass ich eine Dissertation zum Thema Schulphobie und Trennungsangst schreibe und dass ich diesbezüglich Informationen benötige. Die Mutter wurde erst interviewt, bevor sie den Fragebogen nebenan in der Küche ausfüllte, während ich ihren Sohn interviewte. Für das Interview verwendete ich die Fragen aus dem Fragebogen, der für die Kinder konzipiert wurde.

Die zweite Mutter kam zusammen mit zweien ihrer drei Kindern in die Universität. Dort wurde die Mutter in einem gesonderten Raum von mir befragt. Zusätzlich füllte sie nach dem Interview den Fragebogen aus. Parallel wurde ihr Sohn von meiner Kollegin in einem anderen Raum interviewt. Die Fragen im Fragebogen dienten als Interviewleitfaden. Die anderen vier Fragebögen wurden ohne Interviews ausgefüllt und per Post an mich zurück gesendet.

Interview

Als Erfassungsmethoden dienen sowohl Fragebögen als auch teilstrukturierte Interviews mit quantitativen Erhebungselementen, die zur Erfassung der Fragestellungen eingesetzt werden. Im Interview berichten die Mütter über ihr Kind. Ich signalisierte ihnen, dass ich Zeit habe und ließ die Mütter frei erzählen.

Die Verwendung von qualitativem Material in Form von Fragebögen schien mir reichhaltiger zu sein. Es schien mir mehr Details zu enthalten als reindeskriptive Messwerte. Betrachtet man die Interviews mit den beiden Müttern, wird deutlich, dass beide viele Details erzählen und dass die Schwerpunkte bei beiden Personen anders liegen. Weiterhin lässt sich im Interview sowohl auf Seiten der interviewten Personen als auch des Interviewers besser auf Rückfragen eingehen. Die quantitativen Erhebungselemente dienen zur Verbesserung der Reliabilität und Validität.

Fragebogen

Der Komplettfragebogen umfasst einen selbst konzipierten Fragebogen, der zusammen mit standardisierten Fragebögen eingesetzt wurde. Der selbst entwickelte Fragebogen, der in dem Komplettfragebogen enthalten ist, wurde vor der Untersuchung im Rahmen einer Pilotstudie an 40 Müttern aus einem nicht klinischen Bereich getestet. Die Fragebögen, die für die Mütter und ihre Kinder konzipiert wurden, werden aus Gründen der Übersicht getrennt voneinander vorgestellt. Es wird die Vorgehensweise und das Material für die Mütter vorgestellt, anschließend wird mit der Vorgehensweise und dem Material für die Kinder fortgefahren. Geplant war, dass die Probandinnen, in diesem Fall die teilnehmenden Mütter, die Fragebögen ausfüllen. Die Fragebögen sollen als methodische Vorgehensweise zur Erfassung bindungstheoretischer und familiendynamischer Fragestellungen eingesetzt werden.

Im Anschluss folgt der Interviewleitfaden für die Mütter von trennungsängstlichen und schulphobischen Kindern.

Um zu gewährleisten, dass alle Fragebogenteilnehmerinnen standardisiert über den Inhalt der Studie aufgeklärt wurden und um eine Einleitung zu geben, erfolgte folgende Information, die für alle Probandinnen einheitlich war und die in Kasten 7 ersichtlich ist.

Kasten 7: Einleitende Instruktion.

Liebe Mütter!
Zunächst möchte ich mich kurz vorstellen: Mein Name ist Pia Weber. Ich schreibe eine Doktorarbeit im Fachbereich Bildungswissenschaften zum Thema Trennungsangst und Schulphobie. Für diese Arbeit benötige ich viele Teilnehmerinnen. Diesbezüglich würde ich mich sehr über Ihre Mitarbeit freuen. Alle Fragebögen, die Sie ausfüllen, werden anonym behandelt und nicht mit Ihrem Namen in Verbindung gebracht. Alle teilnehmenden Personen haben die Möglichkeit an einer Verlosung teilzunehmen. Die Ergebnisse meiner Studie kann ich Ihnen bei Interesse selbstverständlich zukommen lassen.
Zur Teilnahme an der Verlosung benötige ich Ihren Namen und Ihre Adresse. Nach der Verlosung werden Ihre Angaben vollständig vernichtet. Falls Sie damit einverstanden sind, können Sie mir mitteilen bei welchem Facharzt Ihr Kind zur Zeit in Behandlung ist, so dass mir die exakte Diagnose für meine wissenschaftliche Arbeit zur Verfügung steht.
Ich möchte mich für Ihre Mitarbeit herzlich bei Ihnen bedanken.

Das „Einleitungsdeckblatt" enthält neben dem Erfragen der Privatanschrift der Familie und der Anschrift des behandelnden Facharztes und/oder Psychotherapeuten eine kurze Instruktion zur Bearbeitung der Fragebögen, die in Kasten 8 aufgeführt wird. Es wurde den Teilnehmerinnen versichert, dass die Kontaktdaten unmittelbar nach Fertigstellung der Arbeit, vernichtet werden.

Kasten 8: Instruktion vor der Anfangsfrage.

Im Folgenden stelle ich Ihnen einige Fragen zu Ihrem Kind und seiner Lebenssituation sowie zu Ihrer Partnerschaft. Ich bitte Sie möglichst keine Fragen auszulassen.
Alle Fragebögen sind auf der Vor- und auf der Rückseite beschriftet, bitte füllen Sie auch die Rückseiten der Fragebögen aus.

Im Anschluss daran folgen die soziodemographischen Angaben über das Kind.

Erfassung soziodemographischer Angaben beim Kind

Bevor die Fragen einsetzen, die sich auf die drei zu untersuchenden Einflussgrößen beziehen, soll vorerst die Demografie und Sozialstatistik von Eltern und Kind erfragt werden. Das Mannheimer Elterninterview (Esser et al., 1989) erweist sich hierfür als ein geeignetes Mittel zur Erfassung demografischer Daten. Soziodemographische Informationen umfassen das Alter des Kindes, das Geschlecht des Kindes, mit welchen Personen das Kind zusammen lebt, die Dauer der Beziehung der Mütter zu ihrem Partner sowie die Diagnose des Kindes. Diese Angaben sind zum Teil aus dem Mannheimer Elterninterview (MEI) entnommen. Das MEI ist in drei geschlossene Teile gegliedert, die voneinander unabhängig sind und deshalb auch einzeln durchgeführt werden können. Die drei Teile umfassen die (1) Demographie und Sozialstatistik von Eltern und Kind, (2) Kinder- und jugendpsychiatrische Symptomatik, (3) Sozio-familiäre Bedingungen und wichtige Lebensereignisse. Die folgenden Fragen fallen unter Teil eins des MEI. Beim MEI handelt es sich um einen Interviewleitfaden, dessen Fragen in der vorliegenden Untersuchung als Fragebogenitems verwendet wurden. Mein Fragebogen erfasst die kindliche Lebenssituation, die Partnerschaft der Mutter und die Diagnose des Kindes. Kasten 9 gibt einige Beispielitems aus dem MEI (Esser et al., 1989) wieder.

Kasten 9: Beispielitems zur Erfassung der kindlichen Lebenssituation, der Partnerschaft der Mutter und der Diagnose des Kindes.

1. Wann ist das Kind geboren?
----

2. War dieses Kind ein Wunschkind?
☐ Nein   ☐ Ja

3. Welche Personen wohnen mit diesem Kind zusammen? Wie alt sind die Personen?
Personen?   Alter?

Jetzt kommen einige Fragen, die sich auf ihre Partnerschaft beziehen.
Sind Sie mit Ihrem aktuellen Partner verheiratet?   ☐ Ja   ☐ Nein
Wie würden Sie sagen ist die Beziehung zwischen Ihrem Kind und seinem Vater auf einer Skala von 1 bis 6? Stellen Sie sich die Zahlen als Schulnoten vor. Bitte kreuzen Sie die entsprechende Zahl an.

1   2   3   4   5   6

Wissen Sie die genaue Diagnose von Ihrem Kind?
☐ Nein   ☐ Ja
Wenn Ja, wie lautet die **genaue Diagnose Ihres Kindes**:
Falls Sie die Diagnose nicht wissen bzw. falls die Diagnose nur ungenau benannt werden kann, wäre es schön, wenn Sie die Einverständniserklärung auf der nächsten Seite ausfüllen würden, so dass der behandelnde Arzt bzw. Psychologe mir die exakte Diagnose nennen darf. Alle Angaben werden anonym behandelt und nicht mit Ihrem Namen in Verbindung gebracht. Die Angaben dienen lediglich zur Vollständigkeit, so dass ein wissenschaftliches Arbeiten meinerseits gewährleistet werden kann.

Der Komplettfragebogen enthielt eine Einverständniserklärung, die gewährleisten sollte, dass der behandelnde Arzt mir die Diagnose des Kindes mitteilen darf, um eine korrekte Stichprobe zu gewährleisten und später repräsentative Aussagen bezüglich des Störungsbildes treffen zu können (Einverständniserklärung siehe Anlage 6).
Nachdem die soziodemographischen Informationen erfasst waren, wurde zum nächsten Punkt übergeleitet.

Erfassung besonderer Ereignisse im Leben des Kindes

Die besonderen Lebensereignisse des Kindes wurden ebenso mit Hilfe des Mannheimer Elterninterviews (MEI) von Esser et al. (1989) ermittelt. Obwohl es sich hierbei um einen Interviewleitfaden handelt, wurden die Fragen zur Erstellung des Fragebogens für die Mütter verwendet. Das MEI spricht statt von besonderen Lebensereignissen von belastenden Lebensereignissen. Im vorliegenden Fragebogen wurde das Adjektiv *besonders* eingesetzt, weil es im Gegensatz zum Adjektiv *belastend* wertneutral ist. Diese Fragen dienen zur Erfassung psychiatrischer Auffälligkeiten bei Kindern und Jugendlichen. Alle Fragen beziehen sich auf die vergangenen fünf Jahre.
Die besonderen Lebensereignisse dienen zur Ermittlung der kinder- und jugendpsychiatrischen Symptomatik. Besondere Lebensereignisse umfassen Krankenhausaufenthalte, Heim- und Internatsaufenthalte, Schulwechsel, die Trennung von den Eltern und engen Freunden sowie die Trennung von anderen Familienmitgliedern. Darüber hinaus wird gefragt, ob neue Familienmitglieder in die Familie hinzugekommen sind. Kasten 10 gibt einige Beispielitems über die besonderen Ereignisse im Leben des Kindes wieder:

Kasten 10: Beispielitems zu den besonderen Ereignissen im Leben des Kindes.

> *Besondere Ereignisse im Leben Ihres Kindes*
> 1. Krankenhausaufenthalte:
> War Ihr Kind in den letzten 5 Jahren im Krankenhaus?
> ☐ Nein   ☐ Ja → Wie oft? _____
>
> 2. Schulwechsel:
> Hat Ihr Kind in den letzten 5 Jahren die Schule gewechselt (alle Schulwechsel außer dem Regelwechsel von der Primar- zur Sekundarstufe)
> ☐ Nein   ☐ Ja → Wie oft? _____
>
> 3. Trennung von Familienmitgliedern und engen Freunden:
> Hat sich Ihr Kind in den letzten 5 Jahren von einem Elternteil trennen müssen?
> ☐   Nein   ☐   Ja   →   Wie   oft   und   von   welchen   Personen?_____

Ein weiterer Schwerpunkt im Fragebogen liegt in der Erfassung der nächtlichen Trennungsangst weil mit Hilfe der Fragen überprüft werden soll, ob die Trennungsängste auch nachts beim Kind vorliegen.

Erfassung der nächtlichen Trennungsangst beim Kind

Die Formulierung *nächtliche Trennungsangst* wird im Fragebogen durch die Formulierung *Alltagsverhalten des Kindes* ersetzt. Das Alltagsverhalten wird mit acht Fragen erfasst. Hierbei handelt es sich um ja/nein Antworten. Falls es sich um eine Ja-Antwort handelt, bekommen die Mütter die Möglichkeit weitere Abstufungen in ihrem Antwortverhalten vorzunehmen in Bezug auf die Häufigkeit des Übernachtens bei den Eltern oder Geschwister im Bett. Die folgenden Fragen sind dem MEI entnommen: (1) Schläft Ihr Kind manchmal bei Ihnen oder einem der Geschwister im Bett? (2) Wie häufig kommt dies vor? (3) Wie finden Sie es, wenn Ihr Kind zu Ihnen ins Bett kommt wie sehen das die Geschwister? (4) Haben Sie oder die Geschwister versucht, das Verhalten ihres Kindes einzuschränken? Werden diese Fragen häufig mit ja beantwortet, kann auf eine nächtliche

Trennungsangst geschlossen werden. Die Angaben zu den Häufigkeiten der Übernachtungen des Kindes außerhalb seines Bettes soll die Intensität der Trennungsangst konkretisieren.

Kasten 11 gibt einen Einblick zu einigen Beispielitems zur Ermittlung der nächtlichen Trennungsangst beim Kind.

Kasten 11: Beispielitems zum Alltagsverhalten des Kindes bezogen auf die nächtliche Trennungsangst beim Kind.

Fragen zum Alltagsverhalten Ihres Kindes

1. Schläft Ihr Kind manchmal bei Ihnen im Bett?
☐ Nein ☐ Ja
Falls Ja,
wie häufig kommt es vor, dass Ihr Kind bei Ihnen im Bett schläft (im letzten halben Jahr)?
☐ jede Nacht
☐ ein Mal pro Woche
☐ mehrmals in der Woche
☐ ein Mal im Monat
☐ ein Mal im Jahr
☐ mehrmals im Jahr
☐ nie

2. Denken Sie es gibt Ereignisse, nach denen Ihr Kind lieber nicht in seinem eigenen Bett schlafen möchte?
Bitte Zutreffendes ankreuzen:
☐ Ärger in der Schule
☐ Angst vor einer bevorstehenden Prüfung
☐ Streit mit den Geschwistern
☐ Probleme in der Familie
☐ nach einem gruseligen Film
☐ Tod eines Angehörigen
☐ anstehender Auszug bzw. vollendeter Auszug eines Geschwisters
☐ anstehender Auszug bzw. vollendeter Auszug eines Elternteils
☐ andere belastende Lebensereignisse
☐ aus Angst den Eltern könnte etwas Schlimmes zustoßen, wenn das Kind nicht zu Hause ist
☐ aus Angst es könnte seiner Mutter etwas Schlimmes zustoßen, wenn das Kind nicht zu Hause ist
☐ sonstiges _____

3. Wie finden Sie es, wenn das Kind zu Ihnen ins Bett kommt? Bitte zutreffende Zahl ankreuzen.

unangenehm		neutral		sehr angenehm
0	1	2	3	4

4. Haben Sie schon versucht, das Verhalten von Ihrem Kind einzuschränken?
☐ Nein ☐ Ja, versucht aber ohne Erfolg ☐ Ja, mit Erfolg
Wenn ja, wie:

Die bisherigen Fragen fokussierten das trennungsängstliche oder schulphobische Kind. Der nachfolgende Teil bezieht sich im Allgemeinen auf die Eltern und im Speziellen auf die Mütter.

Erfassung soziodemographischer Angaben der Eltern

Nachdem die äußeren Lebensbedingungen des Kindes in Hinblick auf äußere Lebensumstände, kritische Lebensereignisse und der nächtlichen Trennungsangst eruiert wurden, beziehen sich die nachfolgenden Fragen auf die berufliche Situation der Mutter und die ihres Partners. Die Fragen sind dem Mannheimer Elterninterview (Esser et al., 1989) entnommen und dienen der Erfassung der Sozialstatistik beider Elternteile. Ermittelt werden Schulabschluss, abgeschlossene Berufsausbildung, in welchem Beruf die Eltern arbeiten und ob sie zur Zeit der Befragung berufstätig sind. Liegt eine Berufstätigkeit der Mutter und/oder des Vaters momentan vor, wird nach ihrer wöchentlichen Arbeitszeit gefragt (siehe Kasten 12).

Kasten 12: Beispielitems zur beruflichen Situation der Mutter und ihres Partners (Esser et al., 1989).

Nachfolgend finden Sie einige Fragen zu Ihrer beruflichen Situation und zu der Ihres Partners.

1. Welchen Beruf haben Sie erlernt?

----

2. In welchem Beruf arbeiten Sie zur Zeit?

☐ Nein, ich arbeite zur Zeit nicht.
Wenn Ja,
wie viele Stunden arbeiten Sie in der Woche?
☐ unter 5 Stunden ☐ halbtags ☐ ganztags ☐ regelmäßig > 40 Stunden

Hier nun einige Fragen zu **Ihrem Partner**:
3. Welchen Schulabschluss hat Ihr Partner? (Höchster Schulabschluss)
☐ Hauptschulabschluss ☐ Mittlere Reife ☐ Abitur ☐ keinen Abschluss

4. Hat er eine abgeschlossene Berufsausbildung?

☐ Nein   ☐ Ja

5. Welchen Beruf hat er erlernt?

----

6. In welchem Beruf arbeitet er zur Zeit?

☐ Nein, er arbeitet zur Zeit nicht.
Wenn Ja,
wie viele Stunden arbeitet er in der Woche?
☐ unter 5 Stunden ☐ halbtags ☐ ganztags ☐ regelmäßig > 40 Stunden

Erst wenn alle soziodemographischen Fragen sowie alle allgemeinen die Lebensumwelt des Kindes betreffenden Angaben geklärt sind, wird übergeleitet zu den eigentlichen Fragen, mit deren Hilfe die Fragestellungen überprüft werden sollen. Hinter den jeweiligen Überschriften steht, auf welche Fragestellung sich der jeweilige Fragebogen bezieht.

Erfassung des Bindungsverhaltens der Mutter zu ihrer Mutter (Fragestellung 1)

Dieser Fragebogen wurde in Anlehnung an Graus Partnerschaftsfragebogen erstellt. Während Grau die Aussagen auf die Bindungen in der Partnerschaft bezieht, werden die Aussagen im vorliegenden Fragebogen auf die Mutter-Kind-Bindung angewendet. Zum Zeitpunkt der Erhebung ist das „Kind" selbst bereits Mutter eines Kindes oder mehrerer Kinder. Der Fragebogen umfasst 21 Items. Alle Aussagen beziehen sich auf das Erleben mit der eigenen Mutter in der Kindheit bis zum 12. Lebensjahr. Für das Antwortverhalten steht den Müttern eine 7-stufige Ratingskala zur Verfügung von *stimmt überhaupt nicht* (1) bis *stimmt voll und ganz* (7). Tabelle 24 gibt einige Beispielitems im Fragebogen zur Mutter-Kind-Bindung wieder:

Tabelle 24: Beispielitems im Fragebogen zur Mutter-Kind-Bindung.

Beispielitems	stimmt überhaupt nicht ① weder noch ④ stimmt voll und ganz ⑦
1. Ich fand es als Kind schön, mich an meine Mutter zu binden.	①②③④⑤⑥⑦
2. Ich fühlte mich als Kind durch eine intensive Beziehung zu ihr schnell eingeengt.	①②③④⑤⑥⑦
3. Meine Mutter zögerte oft, mir so nahe zu kommen, wie ich es gerne in meiner Kindheit gehabt hätte.	①②③④⑤⑥⑦
4. Ich war besorgt, für meine Mutter nicht genügend wichtig zu sein.	①②③④⑤⑥⑦
5. Es frustrierte mich als Kind manchmal, dass meine Mutter mir nicht die Liebe gab, die ich brauchte.	①②③④⑤⑥⑦

Der Fragebogen zur Erfassung der Mutter-Kind-Bindung besteht aus 2 Skalen: (1) aus einer Angst- (Items 12-21) und einer (2) Vermeidungsskala (Items 1-11). Item drei ist ein Zusatzitem (siehe Kapitel 6.3 zur Pilotphase). Tabelle 25 gibt die Skalen mit entsprechenden Beispielitems wieder.

Tabelle 25: Skalen mit entsprechenden Beispielitems zur Erfassung der Mutter-Kind-Bindung (Grau, 1999).

Skala Zufriedenheit	Skala Vermeidung	Skala Angst
1. Ich war als Kind sehr zufrieden mit meiner Mutter. (Zusatzitem)	1. Ich fand es als Kind schön, mich an meine Mutter zu binden.	1. Meine Mutter zögerte oft, mir so nahe zu kommen, wie ich es gerne in meiner Kindheit gehabt hätte.
	2. Ich mochte meiner Mutter als Kind gefühlsmäßig so nahe wie möglich sein.	2. Ich machte mir als Kind oft Sorgen, dass meine Mutter mich nicht genug mag.

Mit Hilfe der beiden Dimensionen Angst und Vermeidung können nach Grau vier Bindungstypen unterschieden werden. Der (1) *sicher* gebundene Bindungstyp zeichnet sich darin aus, dass er sowohl auf der Angst- als auch auf der Vermeidungsskala niedrige Werte erzielt. Der (2) *ängstlich-ambivalente* Bindungstyp soll hohe Werte auf der Angstskala und niedrige Werte auf der Vermeidungsskala ankreuzen. Der *ängstlich-vermeidende* Typ zeichnet sich durch hohe Werte auf der Angst- und der Vermeidungsskala aus. Im Gegensatz dazu weist der *gleichgültig-vermeidende* Bindungstyp auf der Angstskala niedrige Werte und auf der Vermeidungsskala hohe Werte auf (Grau, 1999).

Betrachtet man die beiden Skalen kombiniert mit den vier Bindungstypen, ergibt sich eine entsprechende Zuordnung der Bindungsstile zu den Dimensionen (siehe Tabelle 26).

Tabelle 26: Zuordnung der Bindungsstile zu den Dimensionen.

Bindungsstile	Angst-Skala	Vermeidungsskala
sicher	niedriger Wert	niedriger Wert
ängstlich-ambivalent	hoher Wert	niedriger Wert
ängstlich-vermeidend	hoher Wert	hoher Wert
gleichgültig-vermeidend	niedriger Wert	hoher Wert

Nachdem die Mütter die 21 Aussagen bewertet haben, werden im Anschluss daran fünf weitere Fragen zur Beziehung der Mutter zu ihrer Mutter gestellt, die sich im Gegensatz zum vorherigen Fragebogen in diesem Fragebogen auf das letzte Jahr beziehen. Mit diesen Fragen soll die aktuelle Bindungsrepräsentation der Mutter zur eigenen Mutter näher erfasst werden. Kasten 13 gibt eine Auswahl an selbst konstruierten Fragen zum gegenwärtigen Bindungsverhalten der Mutter zu ihrer Mutter wieder:

Die folgenden Fragen beziehen sich auf **das letzte Jahr**.

3. Wie oft sehen Sie Ihre Mutter heutzutage (bezogen auf das letzte Jahr)?

☐ ein Mal am Tag
☐ mehr als ein Mal am Tag
☐ ein Mal in der Woche
☐ mehr als ein Mal in der Woche
☐ ein Mal im Monat
☐ mehr als ein Mal im Monat
☐ ein Mal im Jahr
☐ mehr als ein Mal im Jahr
☐ es besteht kein Kontakt mehr

4. Wie würden Sie Ihre gegenwärtige Beziehung zu Ihrer Mutter beschreiben?

Bitte denken Sie daran hinter jedes Adjektiv ein Kreuz zu machen.

	stimmt überhaupt nicht: ① weder noch: ④ stimmt voll und ganz: ⑦
1. angenehm	①②③④⑤⑥⑦
2. unterstützend	①②③④⑤⑥⑦
3. liebevoll	①②③④⑤⑥⑦
4. ängstlich	①②③④⑤⑥⑦
5. vermeidend	①②③④⑤⑥⑦
6. unsicher	①②③④⑤⑥⑦
7. überbehütet	①②③④⑤⑥⑦
8. ambivalent	①②③④⑤⑥⑦
9. sicher	①②③④⑤⑥⑦
10. vertrauenswürdig	①②③④⑤⑥⑦
11. distanziert	①②③④⑤⑥⑦
12. beständig	①②③④⑤⑥⑦
13. ablehnend	①②③④⑤⑥⑦

Nun wird von der Bindungsrepräsentation der Mutter zu ihrer Mutter übergeleitet zum elterlichen Erziehungsverhalten.

Erfassung des erinnerten elterlichen Erziehungsverhaltens (Fragestellung 1)

Das erinnerte Erziehungsverhalten der Mutter und des Vaters werden über den Fragebogen zum erinnerten elterlichen Erziehungsverhalten (FEE) von Schumacher und Mitarbeitern (2000) ermittelt. Dieser Fragebogen liefert retrospektiv erhobene Daten über das perzipierte elterliche Erziehungsverhalten. Eine diagnostische Aussage des Fragebogens betrifft die subjektiven Repräsentationen des elterlichen Erziehungsverhaltens.

Dieser Fragebogen umfasst insgesamt drei Skalen: (1) Ablehnung und Strafe, (2) Emotionale Wärme und (3) Kontrolle und Überbehütung. Ausschließlich Skala zwei und drei werden in meinem Fragebogen verwendet (siehe Tabelle 27). Jede Skala umfasst acht Items, so dass der Fragebogen insgesamt 16 Items umfasst. Das dazugehörige Antwortmodell ist vierstufig. Dem Testmanual ist zu entnehmen, dass dieser Fragebogen durchaus auf einen Elternteil angewendet werden kann.

Tabelle 27: Skalen mit Beispielitems zum erinnerten elterlichen Erziehungsverhalten.

Skalen	Inhalte	Beispielitems
Skala 2: Emotionale Wärme	• Items 2, 7, 9, 12, 14, 15, 17 und 24 dieser Skala beschreiben elterliche Verhaltensweisen, die vom Erzogenen als liebevoll, unterstützend, lobend sowie tröstend wahrgenommen wurden, ohne zu starke Einmischung zu implizieren.	(2) *„Spürten Sie, dass Ihre Eltern Sie gernhatten?"* (9) *„Konnten Sie von Ihren Eltern Unterstützung erwarten, wenn Sie vor einer schweren Aufgabe standen?"* (24) *„Konnten Ihre Eltern mit Ihnen schmusen?"*

Skalen	Inhalte	Beispielitems
Skala 3: Kontrolle und Überbehütung	• Items 4, 5, 10, 11, 13, 19, 21, 23 dieser Skala erfassen elterliche Verhaltensmerkmale, die vom Erzogenen als stark kontrollierend und hinzu als übertrieben überfürsorglich, einmischend und einengend erlebt wurden.	(10) „Lehnten Ihre Eltern die Freunde und Kameraden ab, mit denen Sie sich gerne trafen?" (19) „Wünschten Sie sich manchmal, dass Ihre Eltern sich weniger darum kümmerten, was Sie taten?" (23) „Finden Sie, dass Ihre Eltern übertrieben ängstlich darüber waren, dass Ihnen etwas zustoßen könnte?"

Der nachfolgende Fragebogen beinhaltet die Beziehungen der Familienmitglieder (ausgenommen der Geschwister) untereinander. Mit Hilfe dieses Fragebogens soll Fragestellung 3 überprüft werden.

Erfassung der Beziehung der Mutter zum Kind und zum Partner (Fragestellung 3)

Um familiendynamische Fragestellungen methodisch zu erfassen, werden gezielt familiendiagnostische Instrumente eingesetzt. Die Familienbögen von Cierpka und Frevert (1994) sind ein familiendiagnostisches Instrument. Aus der subjektiven Sicht der Familienmitglieder werden drei verschiedene Fragebogenmodule erfasst: dem (1) Allgemeinen Familienbogen, dem (2) Zweierbeziehungsbogen und dem (3) Selbstbeurteilungsbogen. Die drei Module umfassen die Familie als Ganzes, einzelne Zweierbeziehungen und die eigene Stellung in der Familie. Mit Hilfe der Familienbögen bekommt jedes einzelne Familienmitglied die Möglichkeit, aus seiner subjektiven Sicht heraus, anhand vorgegebener Items, seine Familie zu beschreiben. Die Einschätzungen in den Familienbögen machen Aussagen zu perzipierten Familienproblemen. Diese dienen der Erfassung von Stärken und Problemen innerhalb der Familie. Die Familienbögen wurden für Erwachsene und für Kinder ab 12 Jahren entwickelt (Cierpka & Frevert, 1994).

Um die Familiendynamik näher zu betrachten wird in der vorliegenden Erhebung ausschließlich der Zweierbeziehungsbogen (FB-Z) eingesetzt. Dieser untersucht die Beziehung zwischen den Dyaden: (1) Mutter-Kind und (2) Mutter-Partner. Der Zweierbeziehungsbogen (FB-Z) hat vier Skalierungsebenen, von „stimmt genau" (4) bis hin zu „stimmt überhaupt nicht"(1). Der FB-Z wird auch bei den Kindern eingesetzt, vorausgesetzt diese sind mindestens 12 Jahre alt (siehe Kapitel 6.4.3).

Der FB-Z umfasst 28 Items für die sieben Skalen: (1) Aufgabenerfüllung, (2) Rollenverhalten, (3) Kommunikation, (4) Emotionalität, (5) Affektive Beziehungsaufnahme, (6) Kontrolle, (7) Werte und Normen. Die befragten Mütter sollen diesen Bogen zwei Mal ausfüllen. Ein Mal beziehen sich die Items auf ihr Kind. Beim zweiten Durchgang beziehen sich die Items auf ihren Partner. Um das Vorgehen transparent zu machen, wird an dieser Stelle eine Aussage aus beiden Bögen vorgestellt: „Ich kann meinem Sohn mitteilen, wie es mir wirklich geht" (ein Item aus Bogen 1). „Ich kann meinem Partner mitteilen, wie es mir wirklich geht." (ein Item aus Bogen 2).

Im Folgenden werden die sieben Skalen aus dem FB-Z (Cierpka & Frevert, 1994) mit ihrer Bedeutung und dazugehörigen Beispielitems zur Erfassung der Familiendynamik in Tabelle 28 veranschaulicht.

Tabelle 28: Skalen mit Beispielitems zur Erfassung der Familiendynamik (Cierpka & Frevert, 1994).

Skalen	Inhalte	Beispielitems
Skala 1: **Aufgabenerfüllung**	• Die Items 1, 8, 15, und 22 umfassen biologische, soziale und psychologische Entwicklungsaufgaben	(1) „Mein Kind/mein Partner kann nur schwer meinen Lösungsvorschlag zu einem Problem akzeptieren."
Skala 2: **Rollenverhalten**	• Die Items 2, 9, 16, und 23 sind definiert durch sich wiederholende Verhaltensmuster	(16) „Mein Kind/mein Partner und ich haben die gleichen Ansichten darüber, wer was in unserer Familie tun sollte."

Skalen	Inhalte	Beispielitems
Skala 3: **Kommunikation**	• Die Items 3, 10, 17, und 24 umfassen einen gegenseitigen Informationsaustausch. Um gegenseitiges Verständnis zu erreichen, müssen die Botschaften klar, direkt und in ihrem Inhalt ausreichend formuliert sein	(24) *„Selbst wenn mein Kind/mein Partner nicht so denkt wie ich, hört es/er sich wenigstens meinen Standpunkt an.“*
Skala 4: **Emotionalität**	• Die Items 4, 11, 18 und 25 beziehen sich auf das Ausmaß und die Qualität des Interesses der einzelnen Familienmitglieder	(25) *„Mein Kind/mein Partner lässt mich wissen, wie es/er zu mir steht.“*
Skala 5: **Affektive Beziehungsaufnahme**	• Die Items 5, 12, 19, und 26 beziehen sich auf die dialektische Beziehung zwischen der Sicherheit der Gesamtfamilie einerseits und der Autonomie jedes einzelnen Familienmitgliedes andererseits	(12) *Mein Kind/mein Partner und ich fühlen uns eng miteinander verbunden.“*
Skala 6: **Kontrolle**	• Die Items 6, 13, 20 und 27 beziehen sich auf die Rollenmuster, das entweder aufrecht erhalten oder im Falle veränderter Lebensbedingungen angepasst werden	(20) *„Wenn ich einen Fehler mache, gibt mir mein Kind/mein Partner die Gelegenheit, zu erklären, warum.“*
Skala 7: **Werte und Normen**	• Die Items 7, 14, 21 und 28 beziehen sich auf vorherige Dimensionen und werden durch Werte und Normen beeinflusst. Werte und Normen sind familiär und gesellschaftlich determiniert	(14) *„Mein Kind/mein Partner und ich haben ähnliche Ansichten über unsere gemeinsame Zukunft.“*

Neben den sieben Skalen gibt es weitere Skalen, die für die Partnerschaftsqualität von Bedeutung sind. Da der FBZ keinerlei Aussagen zum Streitverhalten, zur Zärtlichkeit und zum Kommunikationsverhalten etc. trifft, wird ein weiterer Fragebogen zur Erfassung der Familiendynamik ergänzend hinzu gezogen. Unter Zuhilfenahme eines weiteren Fragebogens soll eine Prüfung von Fragestellung 3 ermöglicht werden.

Erfassung der Partnerschaftsqualität (Fragestellung 3)

Bei dem Fragebogen zur Partnerschaftsdiagnostik (FPD) von Hahlweg (1996) handelt es sich um ein Selbstbeurteilungsverfahren zur Einschätzung der Ehe- und Beziehungsqualität. Der Einsatzbereich des Fragebogens umfasst die Paartherapie, die Diagnostik und den Forschungsbereich. Dieser Fragebogen enthält 31 Items zu drei Skalen (1) Streitverhalten (2) Zärtlichkeit und (3) Gemeinsamkeit/Kommunikation (siehe Tabelle 29).

Tabelle 29: Skalen im FPD mit Beispielitems (Hahlweg, 1996).

Skalen	Inhalte	Beispielitems
Streitverhalten	• Items 1, 6, 8, 17, 18, 21, 22, 24, 26, 30 zeigen Verhaltensweisen, die vom Partner während eines Konfliktes gezeigt werden.	(1) *„Er wirft mir Fehler vor, die ich in der Vergangenheit gemacht habe.“*
Zärtlichkeit	• Items 2, 3, 4, 5, 9, 13, 14, 23, 27, 28 implizieren den direkten Körperkontakt zum Partner.	(5) *„Vor dem Einschlafen schmiegen wir uns im Bett aneinander.“*
Gemeinsamkeit/ Kommunikation	• Items 7, 10, 11, 12, 15, 16, 19, 20, 25, 29 umfassen Aspekte, die in einer Partnerschaft gemeinsam durchgeführt werden.	(15) *„Er bespricht Dinge aus seinem Berufsleben mit mir.“*

Die Items im FPD (Hahlweg, 1996) sind als Feststellungen formuliert und sollen bezüglich ihrer Auftretenshäufigkeit auf einer vierstufigen Ratingskala von *nie/sehr selten* bis *sehr oft* von den Probandinnen eingeschätzt werden.

Die weiteren Fragen dienen zur Überprüfung von Fragestellung 2. Fragestellung 2 umfasst die psychische Gesundheit der Mütter von trennungsängstlichen oder schulphobischen Kindern (Hahlweg, 1996).

Erfassung der psychischen Gesundheit der Mutter (Fragestellung 2)

Die psychische Gesundheit wird mit Hilfe des Brief-Symptom-Inventory (BSI) erfasst (Franke, 2000). Das Brief-Symptom-Inventory ist ein psychodiagnostisches Verfahren zur Selbstbeurteilung und Erfassung der subjektiv empfundenen Beeinträchtigung psychosomatischer Belastung der Mutter. Dieses Verfahren kann bei allen Personen eingesetzt werden, bei denen der Verdacht besteht, sie könnten an einer erhöhten psychischen Belastung leiden (siehe Kapitel 4.2 zur psychischen Gesundheit von Müttern trennungsängstlicher und schulphobischer Kinder).

Der Einsatz des BSI ist sowohl in klinisch-praktischer als auch in forschungsbezogener Anwendung besonders sinnvoll, wenn in kurzer Zeit ein hohes Ausmaß an Informationen über eine psychosomatische Belastung gesammelt werden soll. Der vorliegende Fragebogen umfasst drei von insgesamt neun Skalen. Die folgenden drei Skalen werden erhoben: (1) Depressivität (im BSI Skala 4), (2) Ängstlichkeit (im BSI Skala 5), (3) Phobische Angst (im BSI Skala 7). Mein Fragebogen umfasst 17 von insgesamt 53 Items. Die Skala Depressivität umfasst wie die Skala Ängstlichkeit sechs Items, während die Skala zur phobischen Angst fünf Items umfasst. Die individuelle psychische Belastung kann von der Probandin auf einer fünfstufigen Likert-Skala zwischen *„überhaupt nicht"* (0) und *„sehr stark"* (4) angegeben werden. Alle siebzehn Aussagen im BSI beziehen sich auf die vergangenen sieben Tage bis heute.

In Tabelle 30 werden die Skalen und ihre Inhalte im BSI mit den entsprechenden Symptomen benannt.

Tabelle 30: Skalen mit den dazugehörenden Symptomen (Franke, 2000).

Skalen	Inhalte	Symptome
Skala 4: Depressivität	• Sechs Items (9, 16, 17, 18, 35, 50) umfassen Traurigkeit bis hin zur schweren klinisch manifesten Depression.	(9) Gedanken, sich das Leben zu nehmen (16) Einsamkeitsgefühle (18) Das Gefühl, sich für nichts zu interessieren
Skala 5: Ängstlichkeit	• Sechs Items (1, 12, 19, 38, 45, 49) beschreiben körperlich spürbare Nervosität bis hin zu tiefer Angst	(1) Nervosität oder inneres Zittern (19) Furchtsamkeit (49) So starke Ruhelosigkeit, dass Sie nicht stillsitzen können
Skala 7: Phobische Angst	• Fünf Items (8, 28, 31, 43, 47) thematisieren ein leichtes Gefühl von Bedrohung bis hin zur massiven phobischen Angst	(31) Die Notwendigkeit bestimmte Dinge, Orte oder Tätigkeiten zu meiden, weil Sie durch diese erschreckt werden (43) Abneigung gegen Menschenmengen z.B. beim Einkaufen oder im Kino (47) Nervosität, wenn Sie allein gelassen werden

Neben dem BSI (Franke, 2000) wird die psychische Gesundheit der Mutter zur Überprüfung von Fragestellung 2 mit ergänzenden Fragen aus dem MEI (Esser et al., 1989) erfasst. Diese fünf Fragen stellen eine Ergänzung zum BSI dar. Welche Fragen zusätzlich zum BSI gestellt wurden werden in Kasten 14 dargestellt.

Kasten 14: Beispielfragen zur Erfassung der psychischen Gesundheit der Mutter entnommen aus dem MEI.

1.1 Waren Sie im letzten Jahr beim Arzt gewesen?
☐ Nein   ☐ Ja, wie oft? _____

1.2 Waren/Sind Sie in psychiatrischer Behandlung?
☐ Ja   ☐ Nein

Falls Ja:
☐ Ambulant   ☐ Stationär   Welches Jahr? _____

2.1 Leiden Sie unter körperlichen (psychosomatischen) Beschwerden wie: Kopfschmerzen, Bauchschmerzen, Asthma, Schlafstörungen, Herz-/Kreislaufbeschwerden, Essstörungen?
☐ Nein   ☐ Ja, etwas   ☐ Ja, sehr
Art der körperlichen (psychosomatischen) Beschwerde: _____

Falls ja,
führen diese Beschwerden und/oder Auffälligkeiten zu Einschränkungen im Leistungsvermögen (Arbeitsplatz) oder im sozial-emotionalen Bereich (soziale Kontakte, Partnerschaft)?
☐ Leistungsvermögen   ☐ Sozial-emotionaler Bereich

3.1 Nehmen Sie regelmäßig Medikamente ein?
☐ Nein   ☐ Ja
Falls Ja:
nehmen Sie regelmäßig Psychopharmaka und/oder Schmerzmittel ein?
☐ Tranquilizer   ☐ Antidepressiva   ☐ Neuroleptika   ☐ Schmerzmittel

Tabelle 31 stellt die weiteren eingesetzten Fragebögen in Bezug zu meinen Fragestellungen dar.

Tabelle 31: Übersicht der eingesetzten Fragebögen zu den Fragestellungen.

Eingesetzte Fragebögen	Fragestellungen
Überarbeitete Version von Graus Partnerschaftsfragebogen (Grau, 1999)	*Fragestellung 1:* Bindungsrepräsentation der Mutter
Fragebogen zum erinnerten elterlichen Erziehungsverhalten (FEE) (Schumacher et al., 2000)	*Fragestellung 1:* Bindungsrepräsentation der Mutter

Eingesetzte Fragebögen	Fragestellungen
Familienbögen-Zweierbeziehungsbogen (FB-Z) (Cierpka & Frevert, 1994)	*Fragestellung 3:* Familiendynamik Mutter-Kind
Familienbögen-Zweierbeziehungsbogen (FB-Z) (Cierpka & Frevert, 1994)	*Fragestellung 3:* Familiendynamik Mutter-Partner
Fragebogen zur Partnerschaftsdiagnostik (FPD) (Hahlweg, 1996)	*Fragestellung 3:* Familiendynamik Partnerschaft
Brief-Symptom-Inventory (BSI) (Franke, 2000)	*Fragestellung 2:* Psychische Gesundheit der Mutter

Entlassung der Mütter

Allen Studienteilnehmerinnen, unabhängig davon, ob sie am Interview- und an der Fragebogener-hebung oder ausschließlich an der Fragebogenerhebung teilnahmen wurde eingangs gesagt, dass ich eine Dissertation zum Thema Trennungsangst und Schulphobie schreibe. Keine der teilnehmenden Mütter wurde am Ende der Befragung über meine Fragestellungen aufgeklärt. Ich habe mich bei den Müttern, die sich zum Interview bereit erklärt haben persönlich bedankt und sie darüber infor-miert, dass ich ihnen bei Fertigstellung der Arbeit meine Ergebnisse zukommen lassen kann. Diese Möglichkeit wurde auch den Müttern, die nur den Fragebogen ausfüllten, gegeben. Darüber hinaus teilte ich allen Probandinnen entweder schriftlich oder mündlich mit, dass ihre Kinder bei Fertig-stellung der Arbeit ein kleines Präsent als Dankeschön nach Hause zugeschickt bekommen und dass im Anschluss daran ihre persönlichen Daten (Privatanschrift), vollständig von mir vernichtet wer-den.

6.4.3   Vorgehensweise und Material: Kinder
Räumliche Situation

Es wurden insgesamt zwei Schüler interviewt. Der erste Schüler wurde von mir bei sich zu Hause befragt. Der zweite Schüler kam zusammen mit seiner Mutter zur Universität und wurde dort von meiner Kollegin befragt während ich die Mutter interviewte. Den beiden Schülern wurde mitgeteilt, dass ich an der Universität arbeite und mich für Trennungsangst und Schulphobie interessiere. Da-nach fragte ich bzw. meine Kollegin sie, ob ich bzw. meine Kollegin ihnen ein paar Fragen stellen könnten. Wir teilten ihnen mit, dass das Interview etwa 30 Minuten dauert. Es wurde ihnen vor dem Interview gesagt, dass sie als Dankeschön ein kleines Präsent bekommen, nachdem die Arbeit fertig gestellt wurde. Zum Zeitpunkt des zweiten Interviews hatten wir Kinderzeitschriften im Büro so dass wir dem zweiten Schüler und seiner Schwester, die während des Interviews im Raum mit an-wesend war, eine Kinderzeitschrift schenken konnten.

Interview

Die offenen Fragen aus dem Fragebogen wurden den beiden Jungen vorgelesen. Die Interviewerin notierte die Antworten auf dem Fragebogenformular. Es nehmen solche Kinder an der Erhebung teil, die eine Diagnose einer emotionalen Störung mit Trennungsangst haben. Je nach Alter unterscheidet sich der Komplettfragebogen, der als Grundlage für das Interview diente. Der Umfang des Komplettfragebogens hängt vom Alter der Kinder ab. Hierbei wird unterschieden, ob die Kinder 6 bis 11 Jahre alt oder 12 Jahre und älter sind. Neben dem Alter wird auch nach Erscheinungsform unterschieden. Vermeiden Kinder die Schule füllen diese den Fragebogen aus, der für Schulphobikerinnen konzipiert wurde. Liegen ausschließlich Trennungsängste vor, füllen die Kinder den Fragebogen aus, der zur näheren Bestimmung der Trennungsangst dient. Liegt eine Trennungsangst und eine Schulphobie vor, füllen die Probanden beide Fragebögen aus. Sowohl im Interview als auch im Fragebogen werden die Erscheinungsformen und das entsprechende Alter des erkrankten Kindes berücksichtigt.

Fragebogen

Um zu gewährleisten, dass alle Kinder und Jugendlichen standarisiert über den Inhalt der Studie aufgeklärt wurden, und um eine Einleitung zu geben, erfolgte folgende einleitende Information, die für alle Kinder einheitlich war und die in Kasten 15 ersichtlich ist:

Kasten 15: Einleitende Instruktion des Fragebogens für die trennungsängstlichen und schulphobischen Kinder.

Ich stelle Dir nun ein paar Fragen zu Deiner Schule und zu Deinem Freizeitverhalten. Schreibe einfach auf, was Dir zu den Fragen einfällt. Wenn Du magst, kannst Du alle Zeilen nutzen. Bei der Beantwortung der Fragen gibt es kein richtig oder falsch. Bitte vergiss nicht die Rückseite der Blätter auszufüllen!

Bevor mit den Hauptfragen begonnen wird, werden zuvor soziodemographische Informationen der Kinder abgefragt, wie der Vorname, das Alter, das Geschlecht, Hobbys, Schulform, Klassenstufe. Die nachfolgenden Fragen müssen für die jeweilige Störungsproblematik separat betrachtet werden. Der Schulphobiefragebogen fokussiert die Schule, während der Trennungsangstfragebogen das Trennungsverhalten des Kindes erfragt. Der Fragebogen, der für die schulphobischen Klienten konzipiert wurde, umfasst neun offene Fragen, während der für die trennungsängstlichen Kinder acht Fragen umfasst (siehe Tabelle 32).

In Tabelle 32 sind die offenen Fragen getrennt für die trennungsängstlichen und schulphobischen Kinder aufgeführt:

Tabelle 32: Items im Fragebogen für Schulphobiker und für trennungsängstliche Kinder.

Fragebogenitems für Schulphobiker	Fragebogenitems für trennungsängstliche Kinder
1. Was magst Du an der Schule?	1. Was magst Du an der Schule?
2. Was magst Du nicht an der Schule?	2. Was magst Du nicht an der Schule?
3. Was machst Du nach der Schule?	3. Was machst Du nach der Schule?
4. Warum gehst Du nicht mehr zur Schule?	4. Übernachtest du manchmal bei Freunden oder Verwandten? 4.1 Falls Du nicht gerne bei Freunden oder Verwandten übernachtest, warum übernachtest Du nicht gerne bei ihnen?
5. Was vermisst Du an der Schule? 5.1 Wie lange gehst Du schon nicht mehr zur Schule?	5. Könntest Du Dir vorstellen, ohne Deine Eltern, aber mit anderen Kindern Ferien zu machen?
6. Was kann getan werden, damit es Dir wieder besser geht?	6. Übernachtest Du manchmal bei deinen Eltern oder Geschwistern im Bett? ☐ Eltern ☐ Geschwistern 6.1 Warum übernachtest du so gerne, bei Deinen Eltern oder Geschwistern im Bett? 6.2 Was ist schöner als in Deinem Bett?

Fragebogenitems für Schulphobiker	Fragebogenitems für trennungsängstliche Kinder
7. Was könnte Dir helfen, die Schule wieder zu besuchen?	7. Möchtest Du auch alleine in Deinem Bett schlafen können? 7.1 Falls Du gerne in Deinem eigenen Bett schlafen würdest, was könnte Dir helfen, in Deinem eigenen Bett zu schlafen?
8. Wer oder was hindert Dich am Schulbesuch?	8. Warum schläfst Du nicht alleine in Deinem Bett?
9. Warum bleibst Du lieber zu Hause?	

Versuchsteilnehmer, die zwölf Jahre und älter sind, wurden gebeten das Subjektive Familienbild (SFB) (Mattejat & Scholz, 1994), einen psychometrischen Test zur Familien- und Beziehungsdiagnostik auszufüllen. Der Test wurde für Erwachsene, Jugendliche und Kinder ab zwölf Jahren konzipiert. Der Test untersucht das subjektive Familienerleben der Familienmitglieder, d.h. es geht hierbei nicht um eine objektive Beziehungsdarstellung, sondern vielmehr um das subjektive Familienerleben. Demnach wird die Beziehung zwischen dem Kind und seinen Eltern untersucht. In dem Testbogen werden jeweils sechs gerichtete Beziehungen beschrieben. Jede Beziehung wird mit Hilfe von sechs Adjektivpaaren charakterisiert.

Als theoretische Grundlage dient das Entwicklungs-Kohäsions-Modell der Familienbeziehungen, das auf system- und entwicklungstheoretischen Überlegungen basiert. Das SFB erfüllt alle relevanten Gütekriterien. Zur Objektivität wird gesagt dass die Durchführung und Auswertung unabhängig vom Versuchsleiter sind. Zur Reliabilität liegen Daten zur inneren Konsistenz, Paralleltestreliabilität und zur Retestreliabilität vor. Diese Daten sprechen für eine gute bis hinreichende Zuverlässigkeit. Hinsichtlich der Validität ist das Verfahren umfassend überprüft, seine Konstruktvalidität gut belegt. Die Korrelationen zu Außenkriterien (SFB- Angaben zu andern Familienmitgliedern, andere Fragebogendaten, Interaktionsbeobachtungen, klinische Einschätzungen) sind je nach Kriterien sehr unterschiedlich, häufig nur gering. Die gefundenen Zusammenhänge sind systematisch und entsprechen den theoretischen Erwartungen. Zur klinischen Relevanz ist fest zu halten, dass mit Hilfe des Verfahrens klinische Gruppen von nicht-klinischen Gruppen getrennt werden können. Daneben erlaubt das Verfahren Differenzierungen zwischen verschiedenen diagnostischen Gruppen und es kann prognostische Aussagen treffen. Seine klinische Relevanz ist hoch. Bezüglich der Normen liegen für die Jugendlichen Prozentrangnormen vor. Die Testwerte können anhand der Tabellen in Prozentrang-Bereiche transformiert werden.

In der Auswertung des Subjektiven Familienbildes werden zwei grundlegende Aspekte, die subjektive emotionale Verbundenheit (Valenz) und die subjektive individuelle Autonomie (Potenz), unterschieden. Eine hohe subjektive emotionale Verbundenheit macht sich darin bemerkbar, dass die Familienmitglieder in ihrer eigenen Wahrnehmung Interesse füreinander zeigen, warmherzig und verständnisvoll miteinander umgehen. Ein geringes Maß an subjektiver emotionaler Verbundenheit wird angezeigt, wenn die Familienmitglieder untereinander ein kühles Verhältnis haben, sich wenig füreinander interessieren und sich wechselseitig als intolerant erleben. Dagegen erleben Familienmitglieder in ihren Beziehungen einen hohen Grad an individueller Autonomie, wenn sie sich im Umgang miteinander als selbstständig, sicher und entscheidungsfähig beschreiben. Bei diesem Verfahren werden Perspektivenvergleiche vorgenommen: die Perspektiven werden aus der Sicht des Kindes und aus der Sicht seiner Mutter dargestellt. Tabelle 33 gibt die Dimensionen mit den zugehörigen Adjektivpaaren wieder.

Tabelle 33: Dimensionen mit zugehörigen Adjektivpaaren im Subjektiven Familienbild (SFB) (Mattejat & Scholz, 1994).

Item Nr.	Adjektivpaare	Dimensionen
1	selbstständig vs. unselbstständig	Potenz (erlebte Autonomie)
2	uninteressiert vs. interessiert	Valenz (erlebte Verbundenheit)
3	warmherzig vs. kühl	Valenz (erlebte Verbundenheit)
4	unentschlossen vs. entschieden	Potenz (erlebte Autonomie)
5	verständnisvoll vs. intolerant	Valenz (erlebte Verbundenheit)
6	sicher vs. ängstlich	Potenz (erlebte Autonomie)

Das zweite eingesetzte Messverfahren beim Kind ist der Kinder-Angst-Test (KAT) (Thurner & Tewes, 2000). Der KAT ist ein eindimensionaler Fragebogenzur Bestimmung der Ängstlichkeit. Der Test ist ab einem Alter von neun Jahren einsetzbar und besteht aus drei Fragebögen, mit deren Hilfe zwei völlig verschiedene Aspekte der Angst erfasst werden. Mit Hilfe des Tests soll die persönliche Disposition des Kindes näher erfasst werden. Ein Fragebogen umfasst die Ängstlichkeit (Ängstlichkeitsfragebogen), die beiden anderen Fragebögen umfassen den akuten Angstzustand (Angstzustandsfragebogen). Ich setze den Ängstlichkeitsfragebogen für meine Untersuchung ein, weil für die vorliegende Fragestellung ausschließlich die Bestimmung des allgemeinen Ängstlichkeitsgrades eines Kindes von Interesse ist. Relevant ist, ob eine allgemeine Ängstlichkeit beim Kind vorliegt und wenn ja, wie stark die Ängstlichkeit ausgeprägt ist (hohe Ausprägung vs. niedrige Ausprägung). Sämtliche Fragen im Test sind als Aussagen formuliert. Die Aussagen sind durch Umkreisen der Antwortalternativen mit Ja oder Nein zu beantworten. Der Ängstlichkeitsfragebogen umfasst insgesamt zwanzig Items. Die beiden ersten Aussagen dienen lediglich der Einstimmung und werden nicht in der Auswertung berücksichtigt. Die Funktion des Ängstlichkeitsfragebogens besteht darin, den Ängstlichkeitsgrad eines Kindes einzuschätzen. Unter einem Ängstlichkeitsgrad verstehen die Testkonstrukteure *„einen längerfristig relativ konstant bleibenden und individuell verschiedenen Anfälligkeitsgrad, in zahlreichen Situationen mit einem durch Angst charakterisierten Erleben und Verhalten und mit Besorgtheit zu reagieren."* (Thurner & Tewes 2000, S. 5). Tabelle 34 gibt einige Beispielitems aus dem KAT wieder:

Tabelle 34: Beispielitems aus dem KAT (Thurner &Tewes, 2000).

Items	Antworten	
1. Manche Kinder haben weniger Angst vor Tieren als ich.	Ja	Nein
2. Ich leide oft unter Kopfschmerzen.	Nein	Ja
3. Zuhause werde ich fast täglich ermahnt, vorsichtig zu sein.	Ja	Nein
4. Ich fühle mich oft schlecht.	Ja	Nein
5. Ich erlebe oft Angst.	Nein	Ja

Der dritte und letzte Test der eingesetzt wird, ist dem Zweierbeziehungsbogen aus den Familienbögen (FB-Z) (Cierpka & Frevert, 1994) entnommen (siehe Tabelle 35). Der Zweierbeziehungsbogen untersucht die Beziehungen zwischen dem Kind und seiner Mutter. Dieser Test enthält 28 Items für die sieben Skalen und kann ab einem Alter von zwölf Jahren eingesetzt werden (siehe Tabelle 35).

Tabelle 35: Skalen mit Beispielitems aus dem FB-Z (Cierpka & Frevert, 1994).

Skalen	Inhalte	Beispielitems
Skala 1: Aufgabenerfüllung	• Die Items 1, 8, 15, und 22 umfassen biologische, soziale und psychologische Entwicklungsaufgaben	(1) *„Meine Mutter kann nur schwer meinen Lösungsvorschlag zu einem Problem akzeptieren."*
Skala 2: Rollenverhalten	• Die Items 2, 9, 16, und 23 sind definiert durch sich wiederholende Verhaltensmuster	(16) *„Meine Mutter und ich haben die gleichen Ansichten darüber, wer was in unserer Familie tun sollte."*
Skala 3: Kommunikation	• Die Items 3, 10, 17, und 24 umfassen einen gegenseitigen Informationsaustausch, um gegenseitiges Verständnis zu erreichen, müssen die Botschaften klar, direkt und in ihrem Inhalt ausreichend formuliert sein	(24) *„Selbst wenn meine Mutter nicht so denkt wie ich, hört sie sich wenigstens meinen Standpunkt an."*
Skala 4: Emotionalität	• Die Items 4, 11, 18 und 25 beziehen sich auf das Ausmaß und die Qualität des Interesses der einzelnen Familienmitglieder	(25) *„Meine Mutter lässt mich wissen, wie sie zu mir steht."*

Skalen	Inhalte	Beispielitems
Skala 5: **Affektive Beziehungsaufnahme**	• Die Items 5, 12, 19, und 26 beziehen sich auf die dialektische Beziehung zwischen der Sicherheit der Gesamtfamilie einerseits und der Autonomie jedes einzelnen Familienmitgliedes andererseits	(12) *„Meine Mutter und ich fühlen uns eng miteinander verbunden. "*
Skala 6: **Kontrolle**	• Die Items 6, 13, 20 und 27 beziehen sich auf die Rollenmuster, das entweder aufrecht erhalten oder im Falle veränderter Lebensbedingungen angepasst werden	(20) *„Wenn ich einen Fehler mache, gibt mir meine Mutter die Gelegenheit, zu erklären, warum. "*
Skala 7: **Werte und Normen**	• Die Items 7, 14, 21 und 28 beziehen sich auf vorherige Dimensionen und werden durch Werte und Normen beeinflusst. Werte und Normen sind familiär und gesellschaftlich determiniert	(14) *„Meine Mutter und ich haben ähnliche Ansichten über unsere gemeinsame Zukunft. "*

Entlassung der Kinder

Keines der teilnehmenden Kinder wurde über meine Fragestellungen aufgeklärt. Ich habe mich bei den Kindern für ihre Teilnahme bedankt und ihnen gesagt, dass sie nach Fertigstellung der Arbeit ein kleines Präsent nach Hause geschickt bekommen.

6.4.4 Ergebnisse

In diesem Kapitel werden alle sechs Fälle getrennt voneinander differenziert in Interview- und Fragebogenergebnisse präsentiert. Fall 1 besteht jeweils aus einer Mutter und ihrem Kind. Erst werden die Ergebnisse der Mutter vorgestellt, im Anschluss daran, die des zugehörigen Kindes (ebenso aufgeteilt). Nachdem Fall 1 (Mutter und Kind) abgeschlossen ist, folgt Fall 2 in gleicher Reihenfolge mit gleicher Aufteilung.

Zwei Familien stellten sich für ein Interview zur Verfügung. In Interviewsettings können oftmals mehr Informationen gewonnen werden als im Fragebogen. Weil qualitatives Material oftmals mehr Details enthält als rein deskriptive Messwerte, werden die Interviews den Fragebogenergebnissen vorangestellt. Aus Gründen der Übersicht werden jedoch an dieser Stelle schon die für die Mütter ermittelten Werte für die 4 Fragestellungen der Untersuchung 1 aufgeführt (siehe Tabelle 36) und in Kapitel 6.4.6 diskutiert.

Tabelle 36: Übersicht über die mit den eingesetzten Fragebögen ermittelten Mittelwerte in Bezug auf alle Mütter der 6 Fälle.

Eingesetzte Fragebögen	Fragestellungen	Skalen	Fälle Mütter (M)					
			F1	**F2**	**F3**	**F4**	**F5**	**F6**
Überarbeitete Version vom Partnerschaftsfragebogen (Grau)	*Fragestellung 1:* Bindungsrepräsentation der Mutter	Skala 1: V	2,2	1	1,9	2,7	1,6	1,3
		Skala 2: A	1,7	1	1,5	1	1	1
		Skala 3: Z	7	7	7	7	6	7
Fragebogen zum erinnerten elterlichen Erziehungsverhalten (FEE)	*Fragestellung 1:* Bindungsrepräsentation der Mutter	Skala 4: EW	2,4	3,5 (V) 3,5 (M)	2,1 (V) 3 (M)	1,1 (V) 1,4 (M)	3,3 (V) 3,3 (M)	3,8 (V) 3,8 (M)
		Skala 5: K und Ü	1	1,9 (V) 2,1 (M)	1,8 (V) 2 (M)	3,3 (V) 3,3 (M)	1,8 (V) 1,8 (M)	1,4 (V) 1,4 (M)

Eingesetzte Fragebögen	Fragestellungen	Skalen	Fälle Mütter (M)					
			F1	F2	F3	F4	F5	F6
Familienbögen-Zweierbeziehungs-bogen (FB-Z)	Fragestellung 3: Familiendynamik Mutter-Kind	Skala 6: AE	1,75	2	1	2,25	1,75	1,75
		Skala 7: RV	1,75	2,5	2	2,5	1,25	2
		Skala 8: KOM	2,5	2,25	2,5	2,25	1,75	2,5
		Skala 9: E	2,3	1,75	2,5	2,75	2	3
		Skala 10: AB	1,75	3	2,75	2,25	2,5	3
		Skala 11: K	2,25	1,75	2,75	2,5	2	3
		Skala 12: WN	2,3	2,3	2	1,5	1,75	2,5
Familienbögen-Zweierbeziehungs-bogen (FB-Z)	Fragestellung 3: Familiendynamik Mutter-Partner	Skala 13: AE	0,75	0	2	2	1,75	2,5
		Skala 14: RV	0,75	0,5	2,25	2,5	2	3
		Skala 15: KOM	2	1,5	2	2,5	2,5	3
		Skala 16: E	1,5	0,75	2,25	2,5	2,5	3
		Skala 17: AB	2,5	2,25	2,75	2,5	2,5	3
		Skala 18: K	2,5	0.75	2,5	2,75	3	3
		Skala 19: WN	1,5	2	2,5	2,5	1,75	3
Fragebogen zur Partnerschaftsdiagnostik (FPD)	Fragestellung 3: Familiendynamik	Skala 13: S	1,7	2,3	0,8	0,5	0,9	0,1
		Skala 14: Z	0,8	1,2	1,8	1,9	3	2,7
		Skala 15: G/K	1,4	1,6	1,5	2	2,3	3
Brief-Symptom-Inventory (BSI)	Fragestellung 2: Psychische Gesundheit der Mutter	Skala 16: D	0,16	0,5	0	1,3	0,3	0
		Skala 17: Ä	1,6	1,16	0	1,6	0,3	0
		Skala 18: PA	0,4	0	0	0,6	0	0

Legende:

V = Vermeidung
A = Angst
E = Emotionale Wärme
K = Kontrolle und Überbehütung
FEE = Fragebogen zum erinnerten elterlichen Erziehungsverhalten
FB = Familienbögen
AE = Aufgabenerfüllung
RV = Rollenverhalten
KOM = Kommunikation
E = Emotionalität
AB = Affektive Beziehungen

K = Kontrolle
WN = Werte und Normen
PFB = Partnerschaftsfragebogen
S = Streitverhalten
Z = Zärtlichkeit
G = Gemeinsamkeit
BSI = Brief Symptom Inventory
D = Depressivität
Ä = Ängstlichkeit
PA = Phobische Angst

Fall 1

Interviewergebnisse zu Fall 1: Mutter
Interview mit Familie Gruber
Datum: Mittwoch, der 05.12.2007
Ort: zu Hause bei Familie Gruber
Interviewdauer plus Ausfüllen des Fragebogens: von 16:30 – 19:00 Uhr

Rahmenbedingungen

Frau Gruber wohnt zusammen mit ihrem Ehemann und ihren beiden Adoptivsöhnen Florian und Karl in einem Einfamilienhaus in einem Vorort einer mittelgroßen Stadt. Zum Zeitpunkt des Interviews ist der älteste der beiden Söhne Florian in psychiatrischer Behandlung bei einem Facharzt für Kinder- und Jugendpsychiatrie. Der behandelnde Facharzt hat Familie Gruber an mich weiter vermittelt. Florian ist zum Zeitpunkt des Interviews zwölf Jahre alt und besucht die 7. Klasse eines Aufbaugymnasiums. Der Schüler hat eine diagnostizierte emotionale Störung mit Trennungsangst. Seine Schulphobie fällt in der Diagnostik unter eine emotionale Störung mit Trennungsangst. Während er die Schulphobie überwunden hat, indem er wieder regelmäßig die Schule besucht, sind die Trennungsängste noch vorhanden. Die folgenden Angaben basieren auf Aussagen von Frau Gruber.

Zur Familiensituation

Florian Gruber ist ebenso wie sein Bruder Karl ein Adoptivkind. Herr und Frau Gruber haben Florian, als er 11 Monate alt war, adoptiert. Erst war Florian bei seiner leiblichen Mutter, dann in einer Pflegefamilie und als dritte Station hat ihn Familie Gruber schließlich aufgenommen.

Zur Beziehung der beiden Brüder untereinander

Die Mutter erklärt, dass der 9-jährige Karl der „Krückstock" von Florian sei.

Zur Trennungsangstproblematik

Florian habe schon immer Trennungsängste gehabt, sagt die Mutter. Mit drei Jahren kam Florian in den Kindergarten, als er fünf Jahre alt war, besuchte er einen Hort. Zur Einschulung ging er in einen anderen Hort. Seine damalige Grundschullehrerin sei psychisch krank oder Alkoholikerin gewesen, erklärt Frau Gruber. Die Schülerinnen haben kaum etwas bei ihr gelernt. Den ersten Schulwechsel hatte Florian in der Grundschule im dritten Schuljahr, wegen der Probleme mit seiner Lehrerin. Er besuchte dann eine andere Grundschule. Mit dem Schulwechsel wurde eine Trennung von seiner Mutter schwieriger.

Zu kritischen Lebensereignissen

Die Eltern vermuten, dass Florians Trennungsängste in den beiden Beziehungsabbrüchen zur leiblichen Mutter und zur Pflegemutter, sowie durch die Vernachlässigung in den ersten elf Lebensmonaten durch seine leibliche Mutter begründet liegen. Der Junge habe schon sehr früh Trennungen erleben müssen.

Zur schulischen Situation

Florian besuchte nach der Grundschule die Gesamtschule. Er ging dort in die fünfte und sechste Klasse und wechselte nach der sechsten Klasse zu Beginn des 7. Schuljahres in ein Aufbaugymnasium. Seit diesem Schuljahr verweigert er die neue Schule. Auf meine Frage, warum der Schulwechsel von der Gesamtschule zum Gymnasium erfolgte antwortete Frau Gruber, dass es innerhalb von zwei Jahren ständig Lehrerwechsel in der Gesamtschule gegeben habe. Durch den Wechsel fiel der Unterricht häufig aus. Das Aufbaugymnasium beginne mit der siebten Klasse und da habe es sich für sie angeboten, dass der Junge von der sechsten Klasse Gesamtschule in die siebte Klasse Gymnasium wechsele. Auch im schulischen Kontext wird der Junge mit Trennungen von seinen Lehrern, von Mitschülerinnen sowie der gesamten vertrauten schulischen Umgebung konfrontiert, in dem er das erste Mal mit 9 Jahren und das zweite Mal mit 11/12 Jahren die Schule wechselt. Möglicherweise entwickelte sich mit dem Schulwechsel eine Schulphobie aus den ohnehin bereits bestehenden Trennungsängsten. Dies nahm Frau Gruber zum Anlass einen Facharzt für Florian aufzusuchen.

Zum Zeitpunkt der Schulphobie bekam Florian ein Attest vom Facharzt ausgestellt, dass er später in die Schule kommen und später aus dem Unterricht gehen durfte. Die Schule verweigerte jedoch einen verkürzten Stundenplan. Einen schulpsychologischen Dienst einzuschalten, sei von Seiten der Schule abgelehnt worden.

Mit Manifestation der Störung nahmen Florians schulische Fehltage immer weiter zu. Die Familie wurde vom Schulleiter und vom Klassenlehrer wegen Florians Fehlzeiten unter Druck gesetzt. Die Mutter erfuhr massive Unwissenheit von Seiten der Lehrer in Bezug auf Florians Probleme. Manche Lehrer unterstellten dem Schüler ein vorsätzliches Fernbleiben vom Unterricht. Einige Lehrer gingen davon aus, dass der Schüler keine Lust auf Schule habe.

Auch lehnte es die Schule ab, mit dem behandelnden Arzt zu sprechen. Stattdessen wollten sie einen Termin hören, ab dem das Kind „wieder funktioniere", d.h. ab wann Florian wieder regelmäßig die Schule besuche.

Seine Chemie- und Lateinlehrer haben ihn im Unterricht auf die vielen Fehltage angesprochen. Florian sei in der dritten Schulwoche in seiner neuen Schule von einem Schüler verprügelt worden. Klassenarbeiten seien für den Jungen immer eine Motivation gewesen, in die Schule zu gehen. Auch sei er immer, wenn eine Klassenarbeit anstand zur Schule gegangen. Dies gestalte sich seit dem Erlebnis, als er verprügelt wurde, schwierig.

Die Mutter berichtet im Zusammenhang mit dem Fernbleiben vom Unterricht von praktischen Problemen. So stellte es sich als schwierig heraus, regelmäßig an Hausaufgaben zu kommen. Besonders zu Beginn des Fernbleibens vom Unterricht bestand keinerlei Möglichkeit die Hausaufgaben zu erfragen. Es dauerte drei bis vier Wochen bis es eine Telefonliste mit den Telefonnummern aller Mitschülern gab. In Mathe gab es Arbeitsblätter, die der Schüler zu Hause bearbeiten konnte, doch das blieb die Ausnahme.

Zum Freizeitverhalten

Florian ist in einem Sportverein und fährt zu allen Wettkämpfen. Auch fährt er selbstständig mit der S-Bahn zum Leichtathletik-Training. Neben den sportlichen Aktivitäten besucht Florian die Musikschule und geht in den Konfirmandenunterricht.

Zum Vermeidungsverhalten

Frau Gruber berichtet, Florian könne sich nur schlecht auf neue Situationen einstellen. Er habe geradezu Angst vor neuen Situationen. Die ersten beiden Wochen nach Schulbeginn war Florian ab und an im Unterricht, von da an besuchte er den Unterricht weiter unregelmäßig. Seit zwei Wochen geht er wieder regelmäßig zur Schule. Hier ein Überblick zu Florians schulischem Vermeidungsverhalten:

- Schulbeginn: 06. August 2007, in den ersten beiden Wochen kaum zur Schule gegangen
- Mitte August bis 19. November 2007, eine Steigerung der besuchten Unterrichtsstunden
- Seit dem 20. November 2007 wieder regelmäßiger Schulbesuch

Gründe zur Besserung des Vermeidungsverhaltens

Der Unterricht und die einzelnen Fachlehrerinnen wurden ihm mit der Zeit immer bekannter. Er ist meist zur vierten Stunde zur Schule gegangen. Alle Fächer, die in der vierten Schulstunde lagen, zu denen sei er immer erschienen. Mit der Zeit wurde ihm die Schule immer vertrauter, so dass es ihm seit dem 20. November 2007 gelang, die Schule wieder regelmäßig zu besuchen.

Zum Störungsverlauf

Florian erzählte in der ersten Schulwoche nach dem Schulwechsel seiner Mutter etwas über den Sinn des Lebens. Morgens war er wie aufgequollen, berichtet Frau Gruber. Der Junge habe im Schlaf öfter geredet. In solchen Nächten konnte sie ihn bis in ihr Schlafzimmer sprechen hören. Morgens war der Schüler erschöpft und es ging ihm schlecht. Er fühlte sich nicht in der Lage die Schule zu besuchen.

Zur Psychosomatik

Florian klagte am Morgen über Kopfschmerzen, Bauchschmerzen und Übelkeit. Er verletzte sich häufig beim Hürdenlauf und beim Trampolinspringen. (Dass Florian zu Unfällen neigt, konnte ich während des Interviews mit ihm beobachten. Denn während er einen Fragebogen ausfüllte, hielt er das Papier versehentlich über eine brennende Kerze, die vor ihm auf dem Wohnzimmertisch stand. Das Papier fing Feuer.)

Psychiatrischer Behandlungsverlauf

Die erste Therapie erfolgte in der dritten Klasse bei einem Kinder- und Jugendpsychiater und dauerte ein Jahr. Das zweite Mal war er in der siebten Klasse von August bis November 2007 in psychiatrischer Behandlung beim gleichen Facharzt für Kinder- und Jugendpsychiatrie wie bereits vier Jahre zuvor. Momentan finden Elterngespräche mit dem behandelnden Arzt statt. Damals in der dritten Klasse habe der Junge immer geschrieen, wenn seine Pflegemutter den Raum verließ. Auf die Frage, wie eine Trennung vom Vater ablaufe berichtet die Mutter, dass eine Trennung vom Pflegevater nicht ganz so extrem verlaufe wie eine Trennung von ihr.

Gesprächsende

Am Ende des Interviews fragte ich die Mutter was sie am Interview vermisst habe. Sie entgegnete, dass sie den Punkt vermisst habe, wie sich eine Schulphobie äußert. Ich hatte den Eindruck, dass Frau Gruber sich wunderte, dass ich mich auch für sie als Mutter interessierte.

Fall 1

Fragebogenergebnisse zu Fall 1: Mutter

Frau Gruber ist die Adoptivmutter von Florian, geboren am 27.01.1995. Es wohnen mit Florian zusammen sein 9-jähriger Bruder Karl und seine beiden Adoptiveltern. Florians Bruder Karl ist direkt nach der Geburt zu Familie Gruber gekommen, Florian wurde von der Familie mit elf Monaten aufgenommen. Beide haben noch eine leibliche Schwester, mit der die Jungen nie zusammengelebt haben, weil sie schon früh adoptiert wurden. Herr und Frau Gruber sind seit 1988 verheiratet. Frau Gruber gibt als Diagnose ihres Sohnes Florian eine Schulphobie und eine Trennungsangst an. Zu den besonderen Ereignissen im Leben des Kindes gibt Frau Gruber einen stationären Krankenhausaufenthalt an, bei dem Florian an der Hand und am Blinddarm operiert wurde. Insgesamt gab es zwei Schulwechsel, einen in der Grundschule, in der dritten Klasse und einen zweiten nach der sechsten Klasse in die siebte. Beim zweiten Wechsel fand auch ein Schulformwechsel statt, von der Gesamtschule in ein Aufbaugymnasium. Zum Alltagsverhalten gibt Frau Gruber an, dass Florian nicht bei ihr und ihrem Mann im Bett übernachtet. Florian schlafe auch nicht bei seinem jüngeren Bruder. Früher haben die Kinder, wenn sie krank waren, auf einer Matratze im elterlichen Schlafzimmer übernachtet. Frau Gruber hatte in ihrem Schlafzimmer eine „Matratze für Kranke" eingerichtet, erst eine Matratze und später legte sie eine zweite Matratze hinzu. Frau Gruber ist 48 Jahre alt und ist Lehrerin von Beruf. Zur Zeit ist sie beurlaubt (das 4. Jahr) und möchte nächstes Schuljahr wieder als Lehrerin arbeiten. Herr Gruber ist 51 Jahre und ist ebenfalls Lehrer von Beruf. Herr Gruber ist Vollzeit als Lehrer berufstätig.

Im Fragebogen zur Beziehung zur eigenen Mutter (veränderte Version von Graus Fragebogen (1999)) erzielt Frau Gruber auf der Vermeidungsskala einen Durchschnittswert von 2,2 und auf der Angstskala einen Durchschnittswert von 1,7. Aufgrund der niedrigen Werte auf der Angst- und Vermeidungsskala lässt sich der Bindungsstil der Mutter zu ihrer Mutter in ihrer Kindheit bis zum 12. Lebensjahr als sicher beurteilen. Das Zusatzitem *„Ich war als Kind sehr zufrieden mit meiner Mutter"* weist ebenfalls auf einen sicheren Bindungsstil hin. Frau Gruber bewertet diese Aussage mit einem Wert von 7 (stimmt voll und ganz).

Die folgenden Fragen bezogen sich auf das letzte Jahr. Frau Grubers Mutter lebt noch, aber nicht bei ihr im Haus. Frau Gruber sieht ihre Mutter mehr als ein Mal im Jahr. Sie würde ihre Mutter gerne öfter sehen, weil sie findet, dass ein häufiges Treffen mit der Mutter den Kontakt erleichtern würde. Ihre gegenwärtige Beziehung zu ihrer Mutter beschreibt Frau Gruber mit den Adjektiven: angenehm, liebevoll, sicher, vertrauenswürdig und beständig.

Der Fragebogen zum erinnerten elterlichen Erziehungsverhalten (FEE) (Schumacher et al., 2000) erfasst Erinnerungen an das elterliche Erziehungsverhalten des Vaters und der Mutter. Frau Gruber bezieht den FEE ausschließlich auf ihre Mutter, weil ihr Vater verstorben ist, als sie drei Jahre alt war. Frau Gruber erlebt ihre Mutter nicht als kontrollierend und auch nicht als überstark fürsorglich, einmischend und einengend. Maximal kann für die Skala emotionale Wärme ein Rohwert von 32 erzielt werden. Für die t-Werte kann ein Minimalwert von 24 bei den Müttern, von 31 bei den Vätern und ein Maximalwert von 80 für das erinnerte Erziehungsverhalten beider Elternteile ermittelt werden.

> *„Personen mit hohen Werten auf dieser Skala erlebten während ihrer Kindheit und Jugend seitens ihrer Eltern ein hohes Maß an Zuwendung, Wärme und Unterstützung, wobei die Eltern dieses Verhalten auch in Anwesenheit anderer Menschen zeigten. Sie fühlten sich durch ihre Eltern getröstet, wenn ihnen etwas nicht gelungen war oder sie traurig waren. Auf der anderen Seite lobten ihre Eltern sie auch häufiger. Die Eltern werden als Menschen geschildert, die keine größeren Probleme damit hatten, ihre Zuneigung und Liebe auch durch Worte und Gesten zum Ausdruck zu bringen und mit ihrem Kind zu schmusen"* (Schumacher et al. 2000, S. 76).

Frau Gruber hat einen t-Wert von 47. Die Items dieser Skala beschreiben elterliche Verhaltensweisen, die vom Erzogenen als liebevoll, unterstützend, lobend sowie tröstend wahrgenommen wurden, ohne zu starke Einmischung zu implizieren. Frau Gruber bewegt sich demnach im Durchschnittsbereich.

Für die Skala Kontrolle und Überbehütung weist Frau Gruber einen t-Wert von 30 auf. Mit der Skala Kontrolle und Überbehütung werden elterliche Verhaltensmerkmale erfasst, die vom Erzogenen als stark kontrollierend sowie als übertrieben fürsorglich, einmischend und einengend erlebt wurden. Die Items dieser Skala spiegeln darüber hinaus eine ausgeprägte Leistungsorientierung und hohe Erwartungen der Eltern gegenüber dem Kind wider (Schumacher et al. 2000).

> *„Personen mit hohen Werten auf dieser Skala haben ihre Eltern als stark kontrollierend und als übertrieben besorgt erlebt. Sie fühlten sich durch die übertriebene Ängstlichkeit und die häufige Einmischung ihrer Eltern in ihrer Autonomieorientierung und ihren eigenen Entscheidungsmöglichkeiten eher eingeschränkt. Zudem fühlten sie sich durch die Leistungsorientierung ihrer Eltern unter Druck gesetzt. Weiterhin wird darüber berichtet, dass die Eltern häufiger versuchten, Schuldgefühle zu induzieren"* (Schumacher et al. 2000, S. 76).

Entsprechend des niedrigen t-Wertes von 30 treffen diese Angaben nicht auf die Mutter von Frau Gruber zu. Frau Gruber erlebt ihre Mutter weder als stark kontrollierend noch als übertrieben fürsorglich. Die Werte aus dem FEE werden in Tabelle 37 dargestellt.

Tabelle 37: Ergebnisse aus dem FEE bezogen auf die Mutter.

Skalen	Anzahl der Items	Rohwerte	M	t-Werte
Emotionale Wärme	8	19	2,4	47
Kontrolle und Überbehütung	8	8	1	30

Zur Erfassung der Familiendynamik wurden die Familienbögen (Cierpka & Frevert, 1994) eingesetzt. Die Profile der Familienbögen machen Aussagen über deren Funktionalität. Mit Hilfe dieses Tests werden die Einschätzungen von Frau Gruber hinsichtlich ihrer dyadischen Beziehung zu ihrem Kind und ihrem Partner dargestellt. Die Stärken und Schwächen verschiedener Dimensionen des Prozessmodells werden dargestellt. Der Rohwert für jede Skala ergibt sich aus der Summe der Itemscores. Da die Standardskalen jeweils vier Items enthalten, liegt der Bereich der Rohwerte hier zwischen 0 und 12. Je höher die Werte, desto größer sind die Schwächen. T-Werte zwischen 40 und 60 sind unauffällig. T-Werte über 60 zeigen relativ zur Referenzstichprobe kritische Bereiche an. Der höchste t-Wert wurde in Fall 1 für die Skala Kommunikation ermittelt. Der hohe t-Wert weist auf einen mangelnden Informationsaustausch zwischen Mutter und Kind hin. Die t-Werte für die Skalen Emotionalität, Affektive Beziehungsaufnahme und Kontrolle liegen ebenfalls im kritischen Bereich. In Bezug auf die Emotionalität zeichnet sich die Mutter-Sohn-Interaktion durch einen unzulänglichen Ausdruck von Gefühlen und/oder einer unangemessenen Gefühlsintensität aus. Der hohe Wert für die Beziehungsaufnahme deutet darauf hin, dass die Beziehung zwischen Mutter und Kind narzisstisch oder in einem extremen Maß symbiotisch sein kann. Die Familienmitglieder zeigen Unsicherheit und einen Mangel an Autonomie. Hohe Kontrollwerte implizieren, dass die Formen der Beeinflussung es der Familie nicht gestatten, die Anforderungen des täglichen Familienlebens zu meistern. Die Werte aus dem FB-Z (Cierpka & Frevert, 1994) werden in Tabelle 38 aufgeführt.

Tabelle 38: Ergebnisse aus dem FB-Zweierbeziehungsbogen bezogen auf die Mutter-Kind-Beziehung.

Skalen	Anzahl der Items	Rohwerte	M	t-Werte
Aufgabenerfüllung	4	7	1,8	58
Rollenverhalten	4	7	1,8	59
Kommunikation	4	10	2,5	90
Emotionalität	4	7	2,3	77
Affektive Beziehungsaufnahme	4	7	1,8	76
Kontrolle	4	9	2,3	86
Werte und Normen	4	7	2,3	58
Summenwerte für die 7 Skalen	28	54	7,7	77

In Bezug auf den Partner liegen hohe Werte für die Dimensionen Kommunikation, Emotionalität, Affektive Beziehungsaufnahme und Kontrolle sowie Werte und Normen vor. Hohe Kommunikationswerte weisen auf einen mangelnden Informationsaustausch unter den Familienmitgliedern hin. Die Interaktion unter den Partnern zeichnet sich durch einen unzulänglichen Ausdruck von Gefühlen und/oder einer unangemessenen Gefühlsintensität aus. Hohe Werte für die Dimension Affektive Beziehungsaufnahme bedeuten ein Fehlen von Empathie zwischen den Partnern oder das Zeigen von Interesse ohne jegliches Gefühl. Die Partnerbeziehung kann narzisstisch oder in einem extremen Maß symbiotisch sein. Hohe Kontrollwerte weisen auf eine Form der Beeinflussung hin, die es der Familie nicht gestattet, die Anforderungen des täglichen Familienlebens zu meistern. Das Kontrollverhalten ist gekennzeichnet durch offene oder verdeckte Machtkämpfe. Hohe Werte für die Skala Werte und Normen implizieren mangelnde Übereinstimmung und Kohärenz in familiären Wert- und Normvorstellungen. Fünf Skalen weisen Werte von über 60 auf, dies impliziert, dass die Familiendysfunktionalität umso gravierender ist. Es handelt sich hierbei um generalisierte Probleme. Tabelle 39 stellt die Werte aus dem FB-Z (Cierpka & Frevert, 1994) bezogen auf die Beziehung von Frau Gruber zu ihrem Partner dar.

Tabelle 39: Ergebnisse aus dem FB-Zweierbeziehungsbogen bezogen auf die Mutter-Partner-Beziehung.

Skalen	Anzahl der Items	Rohwerte	M	t-Werte
Aufgabenerfüllung	4	3	0,8	47
Rollenverhalten	4	3	0,8	48
Kommunikation	4	8	2	78
Emotionalität	4	6	1,5	66
Affektive Beziehungsaufnahme	4	10	2,5	98
Kontrolle	4	10	2,5	88
Werte und Normen	4	6	1,5	64
Summenwerte für die 7 Skalen	28	46	6,6	74

Im Fragebogen zur Partnerschaftsdiagnostik (FPD) (Hahlweg, 1996) sollte die Probandin im Selbstbeurteilungsverfahren ihre Ehe- und Beziehungsqualität einschätzen. Es wurde ein Skalensummenwert von 39 von insgesamt 90 berechnet. Zur Ermittlung der Skalensummenwerte werden die Antworten der Items pro Skala aufsummiert (Minimum: 0; Maximum: 30). Es kann ein Gesamtwert gebildet werden, der sich nach der Formel GW=(30-Skala 1) + Skala 2 + Skala 3 errechnet (Minimum:0; Maximum: 90).
Die Items von Skala 1 *Streitverhalten* beschreiben Verhaltensweisen, die vom Partner während eines Konfliktes oder Streites gezeigt werden und mit denen keine Konfliktlösung angestrebt wird. Hierzu zählen Verhaltensweisen wie sticheln, die Partnerin anschreien, beschimpfen, Fehler aus der Vergangenheit vorwerfen, die Aussagen des Partners ins Gegenteil kehren etc. Zum anderen handelt es sich um Verhaltensweisen, die zwar nicht unbedingt während eines Konfliktes geäußert werden, jedoch für den Partner aversiv sind. Hier einige Beispiele: sich abfällig über die Meinung der Partnerin äußern, dem anderen die Schuld geben, wenn etwas schief geht; schnell ungeduldig werden, wenn sie etwas erklären soll etc. (Hahlweg, 1996).
Skala 2 *Zärtlichkeit* umfasst: Verhaltensweisen, die den direkten Körperkontakt zum Partner zum Gegenstand hat, z. B. streicheln, kitzeln, in den Arm nehmen, aneinander schmiegen und positiv auf sexuelle Annäherung reagieren. Diese Verhaltensweisen beschreiben den physischen Ausdruck von Zärtlichkeit. Daneben stehen verbale Äußerungen, in denen der Partner seine positiven Gefühle umschreibt, beispielsweise Komplimente machen, das Sprechen über sexuelle Wünsche etc. (Hahlweg, 1996).
Skala 3 *Gemeinsamkeit/Kommunikation* umfasst Items, die Aktivitäten beschreiben, die von beiden Partnern ausgeführt werden, beispielsweise gemeinsam über die Ausgabe des Einkommens entscheiden, das Wochenende gemeinsam planen, Zukunftspläne schmieden und wichtige Entscheidungen gemeinsam treffen (Hahlweg, 1996).
Die Rohwerte werden für die Ergebnisdarstellung in t-Werte transformiert. Der relativ hohe Wert von 76 für die Skala Streitverhalten weist darauf hin, dass Herr Gruber während eines Streites eher negative Verhaltensweisen zeigt. Die geringen Werte für die Skala Zärtlichkeit weisen auf wenig direkten Körperkontakt zwischen den Partnern hin bzw. dass der Partner seiner Partnerin wenig Komplimente macht. Die eher geringen Werte für die Skala Gemeinsamkeit/Kommunikation, die für Frau Gruber ermittelt wurden, weisen darauf hin, dass beide Partner relativ wenige Aktivitäten gemeinsam ausführen.
Am Ende des FPD-Fragebogens (Hahlweg, 1996) steht die Frage: *Wie glücklich würden Sie Ihre Partnerschaft im Augenblick einschätzen?* Es gibt hierzu eine 6-stufige Antwortskala von 0 (sehr unglücklich) bis 5 (sehr glücklich). Frau Gruber kreuzt einen Wert von 2 an. Die 2 steht im FPD Fragebogen für eher unglücklich. Dieser Wert stimmt mit den vorherigen Bewertungen in Bezug auf die geringen Werte für die Skalen Zärtlichkeit und Gemeinsamkeit/Kommunikation überein und auch das Streitverhalten ist mit einem Wert von 17 relativ hoch.

Die Ergebnisse zu den drei Skalen Streitverhalten Zärtlichkeit und Gemeinsamkeit/Kommunikation sind in Tabelle 40 zusammengefasst.

Tabelle 40: Mittelwertergebnisse zu den drei Skalen im FPD.

Skalen	Inhalte	Anzahl der I-tems	Rohwerte	M	t-Werte
Streitverhalten	• Verhaltensweisen, die vom Partner während eines Konfliktes gezeigt werden.	10	17	1,7	76
Zärtlichkeit	• Impliziert den direkten Körperkontakt zum Partner	10	8	0,8	26
Gemeinsamkeit/ Kommunikation	• Aspekte, die in einer Partnerschaft gemeinsam durchgeführt werden.	10	14	1,4	37
Summenwert für die 3 Skalen		30	39	1,3	25

Die psychische Gesundheit wurde mit Hilfe des Brief-Symptom-Inventory (BSI) (Franke, 2000) erfasst. Das Brief-Symptom-Inventory ist ein psychodiagnostisches Verfahren zur Selbstbeurteilung und Erfassung der subjektiv empfundenen Beeinträchtigung psychosomatischer Belastung der Mutter.

Der vorliegende Fragebogen umfasst drei von insgesamt neun Skalen. Die folgenden drei Skalen wurden erhoben: (1) Depressivität (im BSI Skala 4), (2) Ängstlichkeit (im BSI Skala 5), (3) Phobische Angst (im BSI Skala 7). Die Skala Depressivität umfasst wie die Skala Ängstlichkeit sechs Items, während die Skala zur Phobischen Angst fünf Skalen umfasst. Alle siebzehn Aussagen beziehen sich auf die vergangenen sieben Tage bis heute.

Die Belastungstendenz gibt die Häufigkeit an, wie viele Items pro Skala angekreuzt wurden. Es musste mindestens der Wert 1 (ein wenig) angekreuzt werden, damit eine Belastungstendenz vorliegt.

In Bezug auf die Ängstlichkeit gibt Frau Gruber an, ziemlich in den letzen Tagen unter Nervosität und innerem Zittern gelitten zu haben und sie hatte ziemlich das Gefühl, gespannt oder aufgeregt zu sein. Für die Skala Depressivität sagt sie, dass sie in den letzten Tagen ein wenig das Gefühl habe, sich für nichts zu interessieren. Weiterhin habe sie eine ziemliche Abneigung gegen Menschenmengen, z.B. beim Einkaufen oder im Kino (Skala Phobische Angst).

Für die Einschätzung der Schwere einer psychischen Belastung sind die t-Werte entscheidend. T-Werte zwischen 40 und 60 gelten im BSI (Franke, 2000) als klinisch unauffällig. Frau Gruber gilt als psychisch unauffällig, es liegt bei ihr keine psychische Belastung vor.

Die erhobenen Mittelwerte werden in der Tabelle als Skalenwerte bezeichnet. In Tabelle 41 werden die Ergebnisse aus dem BSI aufgeführt.

Tabelle 41: Ergebnisse zu den drei Skalen mit den dazugehörenden Symptomen im BSI (Franke, 2000).

Skalen	Inhalte	Anzahl der Items	Summenwert	Skalenwert	t-Werte	Belastungstendenz
Depressivität	• Sechs Items umfassen Traurigkeit bis hin zur schweren klinisch manifesten Depression	6	1	0,16	50	1
Ängstlichkeit	• Sechs Items beschreiben körperlich spürbare Nervosität bis hin zu tiefer Angst	6	4	0,6	48	2
Phobische Angst	• Fünf Fragen thematisieren ein leichtes Gefühl von Bedrohung bis hin zur massiven phobischen	5	2	0,4	61	1

	Angst						

Zum allgemeinen psychischen Wohlbefinden (alle Items wurden dem Mannheimer Elterninterview von Esser et al., 1989 entnommen), gibt Frau Gruber an, dass sie im letzten Jahr gelegentlich beim Arzt war. Sie leide etwas unter Schlafstörungen. Diese Beschwerden führen bei ihr zu Einschränkungen im sozial-emotionalen Bereich.

Nachdem die Ergebnisse aus Interview und Fragebogen von der Mutter aus Fall 1 dargestellt wurden, folgen die Ergebnisse für das Kind aus Fall 1. Begonnen wird auch hier mit dem Interview, bevor zu den Fragebogenergebnissen übergeleitet wird.

Fall 1

Interviewergebnisse zu Fall 1: Kind

Rahmenbedingungen

Das Interview mit dem 12-jährigen Schüler Florian Gruber fand bei Familie Gruber zu Hause statt. Florian wurde von mir im Wohnzimmer interviewt, während seine Mutter den Fragebogen nebenan in der Küche ausfüllte. Sein Adoptivvater und sein Adoptivbruder waren während des Interviews nicht im Raum. Florian hat eine diagnostizierte Emotionale Störung mit Trennungsangst, die sich zu einer Schulphobie entwickelt hat. Florian verweigerte aufgrund seiner Trennungsangst die Schule. Aus diesem Grund gehe ich mit ihm die Fragen, die für eine Trennungsangststörung konzipiert wurden sowie die Fragen, die für eine Schulphobie relevant sind, durch. Im Folgenden werden die Antworten aus beiden Fragekatalogen zusammengefasst. Alle Angaben beruhen auf Florians Antworten auf die gestellten Fragen.

Zur Familiensituation

Florian lebt mit seinen Adoptiveltern und seinem Adoptivbruder Karl zusammen.

Florians Tagesablauf

Florian fährt morgens mit der S-Bahn zur Schule, falls er nicht von seinen Eltern mit dem Auto in die Schule gefahren wird. Nach der Schule macht er seine Hausaufgaben, geht montags und freitags zum Leichtathletiktraining. An anderen Tagen spielt er mit seiner Mutter. Mit Freunden trifft er sich nicht.

Zum Übernachtungsverhalten

Die Frage, ob Florian manchmal bei Freunden oder Verwandten übernachte, beantwortet er mit einem nein. Als er weiter darüber nachdenkt, sagt er, dass er bisher ein Mal bei seiner Großmutter übernachtet habe und ein weiteres Mal auf einer Leichtathletik Osterfahrt. Ich fragte ihn, warum er nicht gerne bei Freunden oder Verwandten übernachtet. Er antwortet, bei Anderen ist es nicht so wie zu Hause. Dort kann er kein fernsehen. Ich fragte ihn, ob er sich denn vorstellen könnte, ohne seine Eltern, aber mit anderen Kindern Ferien zu machen. Er erwidert, eigentlich könne er sich das nicht vorstellen. Mit anderen Ferien zu machen sei langweilig, weil er das machen müsse, was andere ihm sagen. Zu Hause könne er dagegen das machen, was er möchte.

Zur schulischen Situation

Florian besucht derzeit die 7. Klasse eines Aufbaugymnasiums. Er mag an der Schule, dass er wenige Hausaufgaben aufbekommt, dass in seiner Schule nette Lehrer unterrichten und dass der Unterricht dort gut sei. Er mag an seiner Schule nicht, dass er dort keinen Fußball spielen kann und dass man in den Pausen draußen auf dem Schulhof bleiben muss. Ich fragte ihn, warum er nicht mehr zur Schule gegangen sei. Florian antwortet, weil er dort von einem Schüler verhauen wurde.

Er habe schlechte Erfahrungen in der Grundschule gemacht und mit der weiterführenden Schule. Die Schüler haben ihn für alles verantwortlich gemacht. Die Lehrer waren doof. Jetzt sei aber wieder alles in Ordnung. Er besuche jetzt die Schule wieder regelmäßig. Ich fragte ihn, was er an der Schule vermisst habe. Er sagt, er habe nichts vermisst überhaupt nichts an der Schule. Ich fragte ihn, wie lange er nicht mehr zur Schule ging. Eine bis 1,5 Wochen, 5 bis 6 Wochen sei er jetzt wieder am Stück gegangen. Ich frage ihn, was getan werden konnte, damit es ihm wieder besser ging. Das habe sich so ergeben, er habe im Laufe der Zeit seine Lehrerinnen besser kennen gelernt. Das habe ihm geholfen. Ich fragte ihn weiter, wer oder was ihn am Schulbesuch gehindert hat. Es sei eine „Mauer" da gewesen, da sei er einfach nicht mehr zur Schule gegangen. Ich fragte ihn, warum er lieber zu Hause geblieben ist. Er antwortet, dass er zu Hause den gesamten Vormittag für die Schule üben würde. Er würde am Vormittag Aufgaben für die Schule machen.

Zum Freizeitverhalten

Florian fahre in seiner Freizeit gerne Wasserski. Im Sommer trainiere er zwei Mal pro Woche Wasserski im Verein. Darüber hinaus sei er in einem Leichtathletikverein. Dort trainiere er das ganze Jahr über zwei Mal pro Woche. Manchmal gehe er klettern. Das Klettern bereite ihm auch sehr viel Spaß.
Aufgrund seines Alters (12 Jahre) konnte Florian das subjektive Familienbild (Mattejat & Scholz, 1994), den Kinder-Angst-Test (Thurner & Tewes, 2000) und den Zweierbeziehungsbogen (Cierpka & Frevert, 1994) selbstständig ausfüllen.

Fall 1

Fragebogenergebnisse zu Fall 1: Kind

Das subjektive Familienbild erfasst die subjektive emotionale Verbundenheit (subjektives Valenzbild) und die individuelle Autonomie (subjektives Potenzbild). Die subjektive emotionale Verbundenheit wird dadurch gezeigt, dass die Familienmitglieder in ihrer Wahrnehmung Interesse füreinander zeigen, warmherzig und verständnisvoll miteinander umgehen. Ein geringes Maß an Verbundenheit bedeutet, dass sie ein kühles Verhältnis haben, sich wenig füreinander interessieren und sich wechselseitig als intolerant erleben (Mattejat & Scholz, 1994).
Je höher die Valenzwerte bzw. Potenzwerte liegen, umso positiver bzw. unproblematischer werden die beschriebenen Familienbeziehungen erlebt. Je niedriger die Werte liegen, umso problematischer bzw. auffälliger sind sie zu werten (Mattejat & Scholz, 1994). Der höchste Durchschnittswert, der beim SFB erzielt werden kann, ist der Wert 3. Jeder Durchschnittswert liegt hier zwischen 2 und 3, d.h. die emotionale Bezogenheit wird als eher positiv aus der Perspektive des Kindes wahrgenommen. Der Wert, den Florian im Umgang mit seiner Mutter angibt, ist um einen Durchschnittswert geringer als in der psychiatrischen Klinikstichprobe. Deutliche Unterschiede gibt es auch bei den Werten zwischen dem Vater und der Mutter, der Mutter und dem Vater und zwischen Mutter und Kind. Die Werte weisen darauf hin, dass die Familienmitglieder untereinander ein eher kühles Verhältnis haben, sich wenig füreinander interessieren und sich wechselseitig als eher intolerant, im Vergleich zur repräsentierten psychiatrischen Stichprobe, erleben.
Tabelle 42 gibt die Durchschnittswerte im Vergleich zur repräsentativen psychiatrischen Stichprobe wieder. Verglichen werden die Durchschnittswerte aus der klinischen Stichprobe mit meiner Stichprobe.

Tabelle 42: Subjektives Valenzbild - Stichprobenvergleich.

Angaben von/über:	K → V	K → M	V → K	V → M	M → K	M → V
Psychiatrische Stichprobe (n=212) (Durchschnittswerte)	2,4	3,6	2,9	4,4	5	4,7
Eigene Stichprobe (n =1)	2,6	2,6	3	2,6	3	3

Legende:

| K = Kind |
| M = Mutter |
| V= Vater |

Für die individuelle Autonomie liegen alle Werte unter denen der psychiatrischen Stichprobe. Allerdings erlebt sich der Jugendliche im Vergleich zur psychiatrischen Stichprobe in fast aller Bereichen als weniger emotional verbunden und als weniger individuell autonom. Das Kind erlebt seine familiären Beziehungen als unselbstständiger, ängstlicher und unentschlossener als die jugendlichen psychiatrischen Patienten. In Tabelle 43 werden beide Stichproben gegenüber gestellt.

Tabelle 43: Subjektives Potenzbild - Stichprobenvergleich.

Angaben von/über:	K → V	K → M	V → K	V → M	M → K	M → V
Psychiatrische Stich-probe (n=212) (Durchschnittswerte)	2,1	3,2	4,7	3,7	3,1	3,5
Eigene Stichprobe (n=1) (Durch-schnittswerte)	2	2	3	3	3	3

Legende:

| K = Kind |
| M = Mutter |
| V= Vater |

Der nächste Test, der eingesetzt wurde, ist der Kinder-Angst-Test (Thurner & Tewes, 2000). Beim Kinder-Angst-Test gibt der Schüler an, dass er unter Kopfschmerzen leide und dass er o= der Eindruck habe, dass Anderen seine Art nicht gefällt. Die restlichen 16 Aussagen zur Bestimmung einer allgemeinen Ängstlichkeit bewertet er mit Nein. Florian erzielt einen Centilwert von 4 Punkten. Erst ein Testergebnis von 5 Punkten entspricht einer mittleren Ängstlichkeit. Aus den Bewertungsergebnissen geht hervor, dass bei diesem Kind keine allgemeine Ängstlichkeit vorliegt.

Die nachfolgenden Ergebnisse beziehen sich auf die Zweierbeziehungsbögen (FB-Z) (Cierpka & Frevert, 1994). Mit Hilfe dieses Tests wird die Einschätzung von Florian hinsichtlich seiner dyadischen Beziehung zu seiner Mutter dargestellt. Die Stärken und Schwächen verschiedener Dimensionen werden dargestellt. T-Werte zwischen 40 und 60 sind unauffällig. T-Werte über 60 zeigen, relativ zur Referenzstichprobe, kritische Bereiche an. Alle t-Werte liegen hier über einem Wert von 60 und stellen kritische Bereiche dar. Der höchste t-Wert wurde für die Skala Kontrolle ermittelt, gefolgt von den Bereichen Affektive Beziehungsaufnahme, Emotionalität und Kommunikation.

Hohe Kontrollwerte implizieren, dass die Formen der Beeinflussung es der Familie nicht gestatten, die Anforderungen des täglichen Lebens zu meistern.

Hohe Werte in Hinblick auf die affektive Beziehungsaufnahme implizieren, dass die Beziehung zu seiner Mutter narzisstisch oder in einem extremen Maß symbiotisch sein kann.

Hohe Werte für die Skala Emotionalität bedeuten, dass die Mutter-Sohn-Interaktion sich durch einen unzulänglichen Ausdruck von Gefühlen und/oder einer unangemessenen Gefühlsintensität auszeichnet.

Der hohe t-Wert für die Skala Kommunikation weist auf einen mangelnden Informationsaustausch zwischen dem Kind und seiner Mutter hin.

Je mehr Familienmitglieder erhöhte Werte auf einer bestimmten Skala haben, umso wahrscheinlicher ist, dass die Familie in diesem Bereich ein Problem hat, bzw. hohen Entwicklungsanforderungen ausgesetzt ist (Cierpka & Frevert, 1994).

Die Auswertungen im Zweierbeziehungsbogen ergaben folgende Ergebnisse (siehe Tabelle 44).

Tabelle 44: Ergebnisse aus dem Zweierbeziehungsbogen.

Skalen	Anzahl der Items	Rohwerte	M	t-Werte
Aufgabenerfüllung	4	7	1,8	64
Rollenverhalten	4	10	2,5	65
Kommunikation	4	10	2,5	81
Emotionalität	4	12	3	89
Affektive Beziehungsauf-nahme	4	12	3	90
Kontrolle	4	9	2,3	91
Werte und Normen	4	7	1,8	65
Summenwerte für die 7 Ska-len	28	67	2,4	83

Nachdem die Ergebnisse von Fall 1 paarweise präsentiert wurden, wird nun übergeleitet zu Fall 2.

Fall 2

Interviewergebnisse zu Fall 2: Mutter

Interview mit Frau Wagner
Datum: Mittwoch, den 23.01.2008
Ort: ein Seminarraum in der Universität Essen
Dauer: etwa 1,5 Std.(Interview plus Fragebogen)

Rahmenbedingungen

Frau Wagner ist Mutter von drei Kindern. Sie lebt mit diesen und ihrem Ehemann zusammen. Zum Zeitpunkt des Interviews ist sie mit ihrem Sohn Jan in psychotherapeutischer Behandlung. Ihr Sohn hat die Diagnose einer emotionalen Störung mit Trennungsangst. Die behandelnde Fachärztin und Psychotherapeutin hat Frau Wagner an mich vermittelt, in dem sie ihr nahe gelegt hat mit ihrem Sohn am Interview teilzunehmen. Zum Interview bringt Frau Wagner ihren Sohn Jan und ihre Tochter Victoria mit. Während ich mit Frau Wagner das Interview führe, geht meine Kollegin mit Jan den Fragenbogen in einem separaten Raum durch. Victoria, die bei ihrem Bruder und meiner Kollegin im Raum ist malt in der Zwischenzeit.

Zu Frau Wagner

Zu Beginn des Interviews beschreibt sie sich selbst als allein erziehende Mutter mit drei Kindern. Weiterhin sagt sie, sie sei Mutter und Vater in einem. Falls Probleme auftreten, so bespricht sie diese mit ihrer Mutter, selten bzw. nie mit ihrem Ehemann. Frau Wagner war bereits ein Mal verheiratet. zwei Jahre dauerte die Ehe mit ihrem Ex-Mann. Dieser war drogenabhängig und spielsüchtig. Vor einiger Zeit verbrannte er in seiner Wohnung. Sie erzählt, dass sie viel Wert darauf lege, viel Zeit mit ihren drei Kindern zu verbringen.

Beziehung zwischen Frau Wagner und ihrer Mutter

Zu ihrer Mutter habe sie ein enges Verhältnis. Beide frühstücken jeden Tag miteinander. Tochter und Mutter sehen sich mehrmals am Tag. Früher wurde sie von ihrer Mutter sehr behütet, heute würde sie es als überbehütet beschreiben. Ihre Eltern seien beide ängstlich gewesen. Aus diesem Grund wurden ihr häufig Dinge verboten, aus Angst ihr könnte etwas zustoßen.

Zum Ehemann

Über ihren Ehemann sagt sie, dass er sie dahinstelle, als könne sie nichts und er wisse alles. Er würde schnell anfangen zu schreien und er werde schnell sauer. Alles müsse „nach seiner Nase gehen". Sie beschreibt ihn als einen „Ich-Menschen". An manchen Sachen sei er einfach nicht interessiert. Ihr Mann möchte öfter mit ihr schlafen, sie möchte das nicht und „brauche" das nicht. Die Kinder seien ihr am wichtigsten, erst kommen die Kinder und dann kommt ihr Ehemann.

Beziehung zwischen den Eltern und Herrn Wagner

Seine Eltern haben ihm keine Liebe gegeben, stattdessen haben sie ihn materiell erkauft. Zur Mutter von Herrn Wagner haben alle drei Kinder keinen Kontakt.

Beziehung zwischen Herrn Wagner und seinen Kindern

Ihr Mann könne seine Gefühle seinen Kindern gegenüber nur schwer zeigen. Tobias, der älteste Sohn, möchte von seinem Vater nicht (gerne) in den Arm genommen werden, weil er früher beobachtet hat, wie sein Vater seine Mutter schlug.

Zur Familiensituation

Ihr ältester Sohn Tobias sei 3,5 Monate zu früh zur Welt gekommen. Mit zehn Monaten habe er eine schwere Lungenentzündung gehabt. Das Kind sei fast an der Lungenentzündung gestorben. Aus Angst um das Kind habe sie ihn nachts mit ins Bett genommen. Der Älteste sei auch ihr Sorgenkind. Davor hatte sie eine Fehlgeburt erlitten. Frau Wagner berichtet, sie habe Angst, dass ihren Kindern etwas passiere. In der Schule wurde ihr ältester Sohn von seinen Mitschülern vor ein Auto gestoßen und dann angefahren. Sie haben ihn ebenfalls mit einem Stock geschlagen.
Beide Söhne haben mitbekommen, dass sie von ihrem Ehemann mehrmals geschlagen wurde. Allerdings sei dies längere Zeit nicht mehr vorgekommen.

Zu Jan

Jan besucht die Grundschule. Am 06. Dezember 2007 ist Jan in der Schule während der Pause krankenhausreif geschlagen worden. An dieser Schlägerei waren vier bis fünf Kinder beteiligt. Durch diese Schläge wurde Jans Milz geprellt. Nach den Weihnachtsferien ist er dann von zwei Schülern gewürgt worden. Davon hat er Prellungen davon getragen. Die Mutter hat das Jugendamt eingeschaltet. Der Schulpsychologe sei ebenfalls eingeschaltet. Jan muss wegen der Prellungen immer noch zum Ultraschall ins Krankenhaus. Frau Wagner beschreibt ihren Sohn als ein liebevolles Kind, das aber auch bockig sein kann.

Zum nächtlichen Trennungsverhalten

Alle drei Kinder schlafen im elterlichen Ehebett, wobei die beiden Jungs sich abwechseln. Die 4-jährige Victoria schläft jede Nacht bei ihnen. Frau Wagner sagt, die meiste Zeit übernachten zwei Kinder bei ihnen im Bett, manchmal sogar drei. Dann wissen die Kinder und sie, dass alles in Ordnung sei. Sie und ihr Mann wünschen sich, dass ihre Kinder zu ihnen ins Bett kommen. Die Kinder können kommen und gehen, so wie sie es für richtig halten, erklärt Frau Wagner.

Kritisches Lebensereignis

Als ein kritisches Lebensereignis nennt Frau Wagner den Tod ihres Vaters und Jans Großvater. Der Großvater starb zu Hause an Lungenkrebs und Jan hat ihn noch gedrückt als sein Großvater schon tot war. Jan hing sehr an seinem Opa, er hat ihn mehrmals die Woche gesehen. Er war verlässlich und streng. Die Kinder haben sehr viel mit ihm unternommen. Er habe oft auf die Kinder aufgepasst. Dieser Mann war Jan und Frau Wagner sehr wichtig. Auch für Jans Bruder Tobias sei ihr Vater eine wichtige Bezugsperson gewesen, er habe das Ereignis bis heute noch nicht richtig verarbeitet.

Zur schulischen Situation

Seit den Vorfällen hat der Junge Angst zur Schule zu gehen. Frau Wagner wollte Jan in die Schule begleiten und mit in den Unterricht gehen, das wurde von Seiten der Schule abgelehnt. Morgen findet ein Gespräch in der Schule statt, an dem auch das Elternpaar des Jungen teilnimmt, der an der Prügelei beteiligt war. Vor diesem Vorfall sei Jan zwar oft krank gewesen, er sei aber gerne zur Schule gegangen.

Psychotherapeutischer Behandlungsverlauf

Jan ist in psychotherapeutischer Behandlung. Er hat von der behandelnden Ärztin und Psychotherapeutin Psychopharmaka (Truxal) verschrieben bekommen. Zwei Mal seien sie bisher dort gewesen. Die Ärztin schreibt ihn durchgehend krank. Der Schüler ist bis zum 07. Februar 2008 krankgeschrieben. Die behandelnde Ärztin hat Frau Wagner empfohlen, mit Jan zum Heilpädagogen zu gehen, der Termin steht noch an. Der Schulpsychologe zweifelt die Kompetenz von Jans behandelnder Ärztin an.

Fall 2

Fragebogenergebnisse zu Fall 2: Mutter

Frau Wagner ist die leibliche Mutter von Jan. Jan wurde 1999 geboren. Jan war ein Wunschkind. Er wohnt zusammen mit seiner Mutter, seinem Vater, seiner Schwester Viktoria (4 Jahre) und seinem Bruder Leon (11 Jahre). Frau Wagner ist seit 1996 verheiratet mit dem Vater ihrer Kinder. Allerdings muss sie bei der Frage nachdenken und auf ihrem Trauring das Jahr der Heirat nachsehen. Frau Wagner bewertet die Beziehung zwischen Jan und seinem Vater mit einer 3. Die Frage hierzu lautet: Wie würden Sie sagen ist die Beziehung zwischen Ihrem Kind und seinem Vater auf einer Skala von 1 bis 6. Stellen Sie sich die Zahlen als Schulnoten vor. Zu der Zahl drei macht Frau Wagner die Ergänzung, dass sie für alle drei Kinder die Hauptperson ist. Jans wurde von seiner Kinder- und Jugendpsychiaterin eine Emotionale Störung mit Trennungsangst diagnostiziert. Frau Wagner macht zur Diagnose keine Angaben. Zu den besonderen Ereignissen im Leben ihres Sohnes Jan macht Frau Wagner die Angabe, dass Jan vor etwa zwei Jahren wegen einer Zahn-OP drei Tage im Krankenhaus verbringen musste. Im November 2007 lag Jan über eine Woche im Krankenhaus, weil er am Blinddarm operiert wurde. Einen Monat später, im Dezember 2007, lag er wegen einer Milzprellung einen Tag im Krankenhaus. Es gab im Leben von Jan keine Heim- oder Internatsaufenthalte, die Schule wurde auch nicht gewechselt. Im September 2006 musste Jan sich von seinem Großvater, der eine wichtige Bezugsperson für ihn darstellte, trennen, weil dieser starb. Frau Wagner gibt im Fragebogen an, dass Jan merkte, dass sie unter dem Tod ihres Vaters litt. Darüber hinaus gab es keinerlei Trennungen. Vor vier Jahren hat Jan ein Geschwisterchen bekommen.
Die folgenden Fragen beziehen sich auf Jans Alltagsverhalten. Jan schläft fast jede Nacht bei seiner Mutter im Bett. Die meiste Zeit schlafen zwei Kinder bei ihr und ihrem Mann im Bett, manchmal sogar alle drei Kinder. Die 4-jährige Viktoria schläft jede Nacht bei ihnen im Ehebett. Dann wissen die Kinder, dass alles in Ordnung sei. Bei seinen Geschwistern schläft Jan nie. Frau Wagner vermutet folgende Ereignisse, die in Frage kommen könnten, warum Jan nicht in seinem eigenen Bett schlafen möchte: Ärger in der Schule, Angst vor einer bevorstehenden Prüfung, Streit mit den Geschwistern, Probleme in der Familie, Tod eines Angehörigen, aus Angst der Mutter könnte etwas Schlimmes zustoßen, wenn das Kind nicht zu Hause ist. Frau Wagner macht auf dem Bogen die Anmerkung, dass sie zwei Mal zu spät in die Schule kam, um Jan von der Schule abzuholen. Jan musste fünf bis zehn Minuten auf sie warten, was für ihn sehr problematisch gewesen sei. Daher sei es wichtig, dass sie immer pünktlich sei. Frau Wagner empfinde es als sehr angenehm, wenn Jan zu ihr ins Bett komme. Frau Wagner sei der Meinung, das die Geschwister es als eher angenehm erleben, wenn Jan zu ihnen ins Bett komme. Frau Wagner habe bisher nicht versucht, dass Übernachtungsverhalten von Jan einzuschränken. Sie macht die Angabe, dass wenn sie als Eltern sagen wür-

den, dass ihre Kinder im eigenen Bett schlafen sollen, ihre Kinder dies auch tun würden. Die Kinder teilen sich ein Schlafzimmer, in dem sie übernachten könnten. Frau Wagner vermute folgende Gründe, warum Jan nicht in seinem eigenen Bett schlafe: um den Zusammenhalt der Familienmitglieder aufrechtzuerhalten, weil er seinen Eltern so nahe wie möglich sein will (hinter diese Aussage notiert Frau Wagner, dass sie sich als Eltern wünschen ihrem Kind so nahe wie möglich zu sein, die Kinder können kommen und gehen wie sie es für richtig halten). Frau Wagner vermute weiterhin hinter dem nächtlichen Verhalten Aufmerksamkeit und weil er glaube seinen Eltern könnte in der Nacht etwas Schlimmes zustoßen. Abends kämme Jan ihr die Haare und flechte ihr Zöpfe.

Frau Wagner ist zum Zeitpunkt der Befragung 41 Jahre alt. Sie hat einen Hauptschulabschluss und eine abgeschlossene Berufsausbildung. Sie hat Krankenschwesternhelferin gelernt. Frau Wagner ist nicht berufstätig. Vor der Geburt ihres ersten Sohnes hatte sie eine Fehlgeburt. Ihr Mann ist vier Jahre jünger als sie, hat ebenfalls einen Hauptschulabschluss und eine abgeschlossene Berufsausbildung. Herr Wagner hat den Beruf eines Gas- und Wasserinstallateurs gelernt. Er arbeitet seit über 15 Jahren als Baggerfahrer und arbeitet ganztags.

Im Fragebogen zur Beziehung zur eigenen Mutter erzielt Frau Wagner auf der Vermeidungsskala einen Durchschnittswert von 1, ebenso auf der Angstskala. Der Durchschnittswert 1 ist der niedrigste Wert, der erreicht werden kann. Aufgrund der sehr niedrigen Werte auf beiden Skalen lässt sich der Bindungsstil von Frau Wagner zu ihrer Mutter in ihrer Kindheit bis zum 12. Lebensjahr als sicher beurteilen. Das Zusatzitem wird mit dem Wert 7 bewertet und weist auf einen sicheren Bindungsstil hin.

Frau Wagners Mutter lebt noch, allerdings wohnt sie nicht bei Familie Wagner im Haus. Frau Wagner sieht ihre Mutter mehr als ein Mal am Tag. Frau Wagner beschreibt ihre gegenwärige Beziehung zu ihrer Mutter mit den Adjektiven: angenehm, unterstützend, liebevoll, überbehütet (seit ihr Vater tot ist, vor dem Tod ihres Vaters war die Beziehung zur Mutter sehr behütet), sicher, vertrauenswürdig und beständig.

Der Fragebogen zum erinnerten elterlichen Erziehungsverhalten (FEE) (Schumacher et al., 2000) erfasst Erinnerungen an das elterliche Erziehungsverhalten des Vaters und der Mutter. Maximal kann für die Skala emotionale Wärme ein t-Wert von 80 erzielt werden. Frau Wagner hat einen t-Wert von 69 für beide Elternteile. Die Items dieser Skala beschreiben elterliche Verhaltensweisen, die vom Erzogenen als liebevoll, unterstützend, lobend sowie tröstend wahrgenommen wurden, ohne zu starke Einmischung zu implizieren. Ein t-Wert von 69 ist als hoch zu bezeichnen, so dass diese Angaben auf das Erziehungsverhalten ihrer Eltern zutreffen.

Für die Skala Kontrolle und Überbehütung hat Frau Wagner einen t-Wert von 53 für den Vater und einen Wert von 57 für ihre Mutter. T-Werte von 53 und 57 für die Skala Kontrolle und Überbehütung stellen Werte im Durchschnittsbereich dar, was bedeutet, dass Frau Wagner ihre Eltern in Ihrer Kindheit und Jugend weder als stark kontrollierend noch als übertrieben besorgt erlebt hat. Die Werte aus dem FEE werden in Tabelle 45 dargestellt.

Tabelle 45: Ergebnisse aus dem FEE.

Skalen	Anzahl der Items	Rohwerte	M	t-Werte
Emotionale Wärme	8	V: 28 M: 28	V: 3,5 M: 3,5	V: 69 M: 69
Kontrolle und Überbehütung	8	V: 15 M: 17	V: 1,9 M: 2,1	V: 53 M: 57

Zur Erfassung der Familiendynamik wurden die Familienbögen eingesetzt. Mit Hilfe dieses Tests werden die Einschätzungen von Frau Wagner hinsichtlich ihrer dyadischen Beziehung zu ihrem Kind und ihrem Partner dargestellt. T-Werte über 60, die kritische Bereiche anzeigen, in der Beziehung zwischen Mutter und Kind wurden für die Dimensionen: Rollenverhalten, Kommunikation, Emotionalität, Affektive Beziehungsaufnahme und Kontrolle ermittelt. Der höchste Wert wurde für die Affektive Beziehungsaufnahme ermittelt, d.h. es fehlt an Empathie unter den Familienmitgliedern oder das Zeigen von Interesse ohne jegliches Gefühl. Die Mutter-Kind-Beziehung kann narzisstisch oder in einem extremen Maß symbiotisch sein.

Der kritische Wert von 70 für das Rollenverhalten impliziert, dass die Rollen ungenügend in den Familienverband eingefügt sind. Es besteht eine mangelnde Übereinstimmung zwischen Mutter und Sohn in Bezug auf die Rollenerwartungen. Es herrscht ein mangelnder Informationsaustausch zwischen Mutter und Sohn (Skala Kommunikation). Die Mutter-Kind-Interaktion zeichnet sich durch einen unzulänglichen Ausdruck von Gefühlen und/oder einer unangemessenen Gefühlsintensität aus. Aufgrund der hohen Kontrollwerte gestatten es die Formen der Beeinflussung nicht, die Anforderungen des täglichen Familienlebens zu meistern. Das Kontrollverhalten ist gekennzeichnet durch offene oder verdeckte Machtkämpfe. Frau Wagner erzielt in fünf Skalen Werte über 60, was bedeutet, dass die Familiendysfunktionalität umso gravierender ist. Es handelt sich hierbei um generalisierte Probleme in der Familie. Tabelle 46 stellt die Werte aus dem FB-Z (Cierpka & Frevert, 1994) dar.

Tabelle 46: Ergebnisse aus dem FB-Zweierbeziehungsbogen bezogen auf die Mutter-Kind-Beziehung.

Skalen	Anzahl der Items	Rohwerte	M	t-Werte
Aufgabenerfüllung	4	8	2	62
Rollenverhalten	4	10	2,5	70
Kommunikation	4	9	2,3	85
Emotionalität	4	7	1,8	77
Affektive Beziehungsaufnahme	4	12	3	100
Kontrolle	4	7	1,8	75
Werte und Normen	4	7	2,3	58
Summenwerte für die 7 Skalen	28	60	8,6	83

Drei Werte stellen kritische Bereiche in der Partnerbeziehung dar. Der höchste Wert liegt bei 92 für die Dimension Affektive Beziehungsaufnahme. Es fehlt in der Partnerbeziehung an Empathie, das Zeigen von Interesse ist ohne jegliches Gefühl. Die Beziehung zum Partner kann narzisstisch sein oder in einem extremen Maße symbiotisch. Die hohen Kommunikationswerte deuten auf einen mangelnden Informationsaustausch zwischen Herrn und Frau Wagner hin. Daneben besteht eine mangelnde Übereinstimmung und Kohärenz in familiären Wert- und Normvorstellungen. Auffällig ist hierbei, dass der t-Wert für die Skala Affektive Beziehungsaufnahme deutlich über den restlichen Werten liegt, somit scheint dieser Bereich besonders kritisch zu sein. Die Werte aus dem FB-Z sind in Tabelle 47 aufgeführt.

Tabelle 47: Ergebnisse aus dem FB-Zweierbeziehungsbogen bezogen auf die Mutter-Partner-Beziehung.

Skalen	Anzahl der Items	Rohwerte	M	t-Werte
Aufgabenerfüllung	4	0	0	35
Rollenverhalten	4	2	0,5	43
Kommunikation	4	6	1,5	68
Emotionalität	4	3	0,8	51
Affektive Beziehungsaufnahme	4	9	2,3	92
Kontrolle	4	3	0,8	54
Werte und Normen	4	8	2	73
Summenwerte für die 7 Skalen	28	31	4,4	60

Hinsichtlich des Fragebogens zur Partnerschaftsdiagnostik (FPD) (Hahlweg, 1996) wurde ein Skalensummenwert von 51 von insgesamt 90 für Frau Wagner berechnet. Zur Ermittlung der Skalensummenwerte werden die Antworten der Items pro Skala aufsummiert (Minimum: 0; Maximum: 30).

Zur besseren Ergebnisdarstellung werden die Rohwerte in t-Werte transformiert. Der hohe t-Wert von 80 in Bezug auf das Streitverhalten weist auf negative Verhaltensweisen der Ehepartner während eines Streites hin. Hierzu zählen Verhaltensweisen, die vom Partner während eines Konfliktes oder Streites gezeigt werden und mit denen keine Konfliktlösung angestrebt wird. Demnach zeigt Herr Wagner Verhaltensweisen wie sticheln, die Partnerin anschreien, beschimpfen, Fehler aus der Vergangenheit vorwerfen, die Aussagen des Partners ins Gegenteil kehren etc. Zum anderen handelt es sich um Verhaltensweisen, die zwar nicht unbedingt während eines Konfliktes geäußert werden, jedoch für den Partner aversiv sind. Hier einige Beispiele: sich abfällig über die Meinung der Partnerin äußern, dem anderen die Schuld geben, wenn etwas schief geht, schnell ungeduldig werden, wenn sie etwas erklären soll etc. (Hahlweg, 1996).

Der geringe Wert für die Skala Zärtlichkeit (ein t-Wert von 34) weist auf wenig direkten Körperkontakt zwischen den Partnern hin, z. B. streicheln, kitzeln, in den Arm nehmen, aneinander schmiegen und positiv auf sexuelle Annäherung reagieren, bzw. wenig verbale Äußerungen des Partners gegenüber der Partnerin, um seine Gefühle zu beschreiben. Diese Verhaltensweisen beschreiben den physischen Ausdruck von Zärtlichkeit. Daneben stehen verbale Äußerungen, in denen der Partner seine positiven Gefühle umschreibt, beispielsweise Komplimente machen, das Sprechen über sexuelle Wünsche etc. (Hahlweg, 1996), die in Fall 2 auch gering ausgeprägt zu sein scheinen.

Der durchschnittliche t-Wert von 41 für die Skala Gemeinsamkeit/Kommunikation, der für Frau Wagner ermittelt wurde, weist auf einige gemeinsame Aktivitäten hin, wie beispielsweise gemeinsam über die Ausgabe des Einkommens entscheiden, das Wochenende gemeinsam planen, Zukunftspläne schmieden und wichtige Entscheidungen gemeinsam treffen.

Frau Wagner gibt im FPD-Fragebogen an mit ihrer Partnerschaft eher glücklich zu sein. Dieser Wert stimmt mit den vorherigen Bewertungen in Bezug auf den geringen Wert für die Skala Zärtlichkeit und der relativ hohe Wert für das Streitverhalten überein. Die Werte zu den drei Skalen Streitverhalten, Zärtlichkeit und Gemeinsamkeit/Kommunikation sind in Tabelle 48 zusammengefasst.

Tabelle 48: Mittelwertergebnisse zu den drei Skalen im FPD.

Skalen	Inhalte	Anzahl der Items	Rohwerte	M	t-Werte
Streitverhalten	• Verhaltensweisen, die vom Partner während eines Konfliktes gezeigt werden.	10	23	2,3	80
Zärtlichkeit	• Impliziert den direkten Körperkontakt zum Partner	10	12	1,2	34
Gemeinsamkeit/ Kommunikation	• Aspekte, die in einer Partnerschaft gemeinsam durchgeführt werden.	10	16	1,6	41
Summenwert für die 3 Skalen		30	51	1,7	37

Die psychische Gesundheit wurde mit Hilfe des Brief-Symptom-Inventory erfasst (Franke, 2000). Die folgenden drei Skalen wurden erhoben: (1) Depressivität, (2) Ängstlichkeit, (3) Phobische Angst. Alle siebzehn Aussagen in Tabelle 49 beziehen sich auf die vergangenen sieben Tage bis heute.

Es wurden im BSI 2 Nennungen für die Skala Ängstlichkeit mit einer Intensität von 3 (stark) angekreuzt. Frau Wagner gab für die Skala Ängstlichkeit an, dass sie stark unter Nervosität und innerem Zittern und dem Gefühl, gespannt oder aufgeregt zu sein, leide. Sie kreuzt weiterhin an, dass sie ein wenig unter einer starken Ruhelosigkeit (nicht still sitzen können) leide. In Bezug auf die Skala Depressivität macht sie die Angabe, in den letzten Tagen ein wenig unter Einsamkeitsgefühlen, Schwermut und dem Gefühl sich für nichts zu interessieren leide. Es wurden 2 Nennungen für die

Skala Ängstlichkeit mit einer Intensität von 3 angekreuzt. Für die Einschätzung der Schwere einer psychischen Belastung sind die t-Werte entscheidend. T-Werte zwischen 40 und 60 liegen im klinisch unauffälligen Bereich. Ein t-Wert von 70 liegt im 98. Centil und gilt als auffällig. Demnach liegt in Bezug auf Skala 2 eine schwere psychische Belastung vor. Die erzielten Mittelwerte werden als Skalenwerte bezeichnet. In Tabelle 49 werden die Werte aus dem BSI dargestellt.

Tabelle 49: Ergebnisse zu den drei Skalen mit den dazugehörenden Symptomen im BSI (Franke, 2000).

Skalen	Inhalte	Anzahl der Items	Summenwert	Skalenwert	t-Werte	Belastungstendenz
Depressivität	• Sechs Items umfassen Traurigkeit bis hin zur schweren klinisch manifesten Depression	6	3	0,5	58	3
Ängstlichkeit	• Sechs Items beschreiben körperlich spürbare Nervosität bis hin zu tiefer Angst	6	7	1,16	70	3
Phobische Angst	• Fünf Fragen thematisieren ein leichtes Gefühl von Bedrohung bis hin zur massiven phobischen Angst	5	0	0	45	0

Zum allgemeinen psychischen Wohlbefinden (alle Items wurden dem Mannheimer Elterninterview von Esser et al., 1989 entnommen), gibt Frau Wagner an, dass sie im letzten Jahr ein Mal wegen einer Erkältung beim Arzt war.

Nachdem die Ergebnisse aus Interview und Fragebogen von der Mutter aus Fall 2 dargestellt wurden, folgen die Ergebnisse für das Kind aus Fall 2. Begonnen wird auch hier mit dem Interview, bevor zu den Fragebogenergebnissen übergeleitet wird.

Fall 2

Interviewergebnisse zu Fall 2: Kind

Datum: Mittwoch, der 23.01.2008
Interviewort: ein Seminarraum der Universität Essen
Interviewdauer: 45 Minuten
Interviewerin: Meine Kollegin Frau Hoffmann

Rahmenbedingungen

Jan kam gemeinsam mit seiner Mutter und seiner 4-jährigen Schwester Victoria zum Interview. Er war leicht ängstlich, ging aber dann gemeinsam mit meiner Kollegin mit, während ich mit Frau Wagner in einen anderen Raum ging, der schräg gegenüber vom Raum meiner Kollegin lag. Victoria, die keinerlei Berührungsängste hatte, nahm direkt meine Kollegin an der Hand. Jan und Victoria saßen gemeinsam mit meiner Kollegin am Tisch. Victoria, die meiner Kollegin gegenüber saß, fing direkt zu malen an. Jan saß links neben Frau Hoffmann und seiner Schwester.
Zu Beginn des Interviews zeigte sich Jan etwas ängstlich, ruhig und eingeschüchtert, aber durchaus kooperativ. Seine Schwester Victoria erzählte stattdessen „drauf los" und stellte sich somit als Türöffner für das Interview heraus. Jans jüngere Schwester ist im Gegensatz zu ihrem Bruder sehr extrovertiert. Die Fragen, die an Jan gerichtet sind, beantwortet sie zum Teil vor ihm und für ihn.

Zur Familiensituation

Jan hat kaum etwas über seine Eltern berichtet. Er sagte, dass er gerne bei seiner Oma wäre, weil sie dort tolle Sachen machen würden, wie beispielsweise Pizza backen. Mit seinem älteren Bruder Tobias spiele er gerne und habe einen guten Kontakt zu ihm. Seine Schwester Victoria sei ihm hingegen zu unruhig und das obwohl er ruhig mit ihr umgehe. Außerdem ärgere sie ihn und kommandiere ihn herum. Er wäre lieber mehr alleine.

Jans Tagesablauf

Jan berichtet, dass er morgens vor der Schule immer müde sei. Das käme vom Saft, den er einnehmen müsse. Nach der Schule lege er sich mittags immer hin, weil er dann ausruhen müsse. Darauf könne er auch nicht verzichten. Nach dem Schlafen mache er seine Hausaufgaben. Im Anschluss daran gehe er mit seinem älteren Bruder spielen. Entweder fahren sie dann Rad oder spielen mit Karten. Danach würde er schlafen gehen, erst danach sei Bettruhe.

Jans Schlafsituation

Jan schlafe zusammen mit seiner Schwester Victoria und dem älteren Bruder Tobias in einem Zimmer. Jan und Tobias schlafen in einem Hochbett. Er schlafe im unteren Bett, was er selber aber nicht so toll fände. Als meine Kollegin ihn fragte, ob er lieber im Hochbett oben schlafen würde, verneint er. Er sagt weiterhin, dass er nicht so gerne in diesem Zimmer schlafen würde, weil Victoria ihn stören würde. Stattdessen sei er lieber alleine. Er zöge es vor im Wohnzimmer auf der Couch zu schlafen, da sei es so kuschelig und man könnte dort noch später etwas fernsehen.

Zu Jans Übernachtungsverhalten

Jan sagt, dass er ab und zu bei seinem besten Freund Marko übernachte, dies sei allerdings schon einige Zeit her. Bei näherem Nachfragen meiner Kollegin, wann dies war, kann Jan keine Antwort geben, weil er sich nicht erinnern kann, wann zuletzt er dort übernachtet hat. Jan fügt hinzu, dass er hin und wieder am Wochenende bei seiner Großmutter übernachte. Das mache ihm Spaß, dort dürfe er lange aufbleiben und sie würden Pizza backen. Zu der Frage ob er sich vorstellen könne, ohne seine Eltern, aber mit anderen Kindern Ferien zu machen, sagt Jan, dass er dies schön finden würde. Allerdings würde Markos Mutter im Krankenhaus arbeiten, deshalb könne er dort nicht übernachten. Bei anderen Kindern könne er sich nicht vorstellen zu übernachten.

Zur schulischen Situation

Jan mag an der Schule das Fach Mathe und er geht gerne schwimmen. Dagegen mag er nicht die Fächer Sport, Deutsch und Religion. Er fände es doof, morgens früh aufzustehen, dann sei er müde. Angst vor der Schule habe er keine. Falls er etwas an der Schule ändern könnte, so sei es das Lehrerverhalten und die Arbeiten. Er wurde von einem Schüler gehauen und hat seitdem Angst. Die Lehrerin habe zu dem Vorfall nichts gesagt. Wenn Jan zu den Lehrpersonen geht, handeln diese nicht und hören auch nicht zu. Manchmal schreie die Lehrerin Jan an. Weiterhin erzählt er, dass er in der Klasse Freunde habe. Der Schüler, der ihn gehauen habe und ein paar andere seien nicht seine Freunde. (Während Jan von dem Vorfall berichtet, wirkt er weder erbost noch aufgebracht.) Er habe Angst, dass die Kinder ihn erneut hauen könnten. Als meine Kollegin ihn daraufhin fragte, wie sehr er Angst davor habe erneut geschlagen zu werden, antwortet er „ein wenig, nicht so viel".

Nach der Schule

Jan beschreibt seinen Ablauf nach der Schule folgendermaßen: Nach der Schule ruht sich Jan aus. Er schaut dann meistens fern. Danach macht er seine Hausaufgaben. Dann schläft er. Nachdem er geschlafen hat, spielt er mit seinem Bruder Karten oder fährt mit ihm Rad. Dann geht er zu Bett.

Zum Freizeitverhalten

Er habe einen Freund Patrick, mit dem er gerne spiele. (Das er mit seinem Freund gespielt hat, ist schon eine Weile her, er erinnert sich nicht mehr wann das war.) Manchmal fahre er mit seinem Bruder Fahrrad. Ansonsten spiele er gerne Fußball, Computer oder mit seiner Playstation. Letzteres tue er lieber als sich mit Freunden zu verabreden.

Nach dem Interview und während die Geschwister auf ihre Mutter warten, malen sie mit meiner Kollegin im Interviewraum. Jan malt ruhig und konzentriert. Diesbezüglich sagt er, dass Victoria ihn manchmal in seiner Konzentration stören würde.

Fall 2

Fragebogenergebnisse zu Fall 2: Kind

Die Fragen aus dem Fragebogen wurden für das Interview verwendet. Meine Kollegin machte im Interview mit Jan den Kinder-Angst-Test (KAT) (Thurner & Tewes, 2000). Die Aussagen wurden Jan vorgelesen. Aufgrund der Tatsache, dass Jan zum Zeitpunkt der Befragung erst 8 Jahre alt ist und der KAT erst ab einem Alter von 9 Jahren eingesetzt werden darf, sind die folgenden Ergebnisse mit Vorsicht zu betrachten.

Der Schüler macht die Angabe, dass er oft unter Kopfschmerzen leidet. Er hat oft den Eindruck, dass anderen seine Art nicht gefällt. Er glaubt, dass den meisten anderen alles leichter falle als ihm. Zu Hause werde er fast täglich ermahnt vorsichtig zu sein. Er macht sich häufig Sorgen darüber, in der Schule ausgeschimpft oder bestraft zu werden. Er glaubt er mache sich mehr Sorgen um seine Schulleistungen als die meisten Mitschüler, die ungefähr die gleichen Noten haben wie er. Er fürchte oft krank zu werden oder dass ihm sonst was Schlimmes zustoßen könne. Er ist häufig nervös. Er ist leicht missgestimmt. Jan kreuzt im Fragebogen insgesamt neun Mal die Antwort Ja an. Dies entspricht einem Centilwert von 7. Werte über 8 entsprechen einer überdurchschnittlichen Ängstlichkeit im KAT. Der Test ergab, dass bei Jan eine mittlere Ängstlichkeit vorliegt.

Fall 3

Fragebogenergebnisse zu Fall 3: Mutter

Birte ist 2002 geboren. Frau Lorentz ist Birtes leibliche Mutter. Birte lebt mit ihrer 42 Jahre alten Mutter und ihrem 45 Jahre alten Vater zusammen. Frau Lorentz ist seit 1995 mit Birtes Vater verheiratet. Sie bewertet die Beziehung zwischen Birte und ihrem Vater mit einer 2. Zur Diagnose schreibt Frau Lorentz im Fragebogen: *„Der Kinderarzt hatte den Verdacht auf selektiven Mutismus, dieser hat sich nicht bestätigt. Sie ist ängstlich bei bestimmten Personen und vor neuen Situationen."* (Ich hatte e-mail Kontakt mit Birtes behandelnder Therapeutin (am 21.04.2008), die mir bestätigte, dass Birte unter einer emotionalen Störung mit Trennungsangst leidet).

Zu den besonderen Ereignissen im Leben ihrer Tochter schreibt Frau Lorentz, dass Birte zwei Mal im Krankenhaus war, allerdings nicht stationär. Es gab keine Heim- und Internatsaufenthalte. Vor zwei Jahren erfuhr Birte eine Trennung von ihrer Nachbarin, die sie seit ihrer Geburt kannte. Die Nachbarin war wie eine Großmutter zu ihr. Vor zwei Jahren ist die Nachbarin verstorben. Birte musste sich auch von ihrer Lieblingserzieherin trennen, die sie zwei Jahre lang betreut hat und danach in Mutterschaftsurlaub ging.

Die Fragen zum Alltagsverhalten ergaben, dass Birte ca. drei Mal pro Woche bei ihrer Mutter im Bett schläft. Hierzu schreibt Frau Lorentz: *„Sie schläft in ihrem eigenen Bett, bekommt jeden Abend eine Gute-Nacht-Geschichte vorgelesen und möchte dann schon mal, dass einer von uns so lange bei ihr bleibt, bis sie eingeschlafen ist. Sie sagt, sie hätte Angst vor der Dunkelheit."* (Vermutlich nehmen die Eltern sie in solchen Situationen mit zu sich ins Bett, weil es bequemer ist statt neben Birtes Bett zu verweilen. Möglicherweise schläft Birte schneller ein, wenn sie im Bett ihrer Eltern übernachten darf.) Frau Lorentz vermutet, dass Birte aus Angst vor einer bevorstehenden Prüfung oder einem Arztbesuch, wegen anderen belastenden Lebensereignissen und aus Angst es könnte ihrer Mutter etwas Schlimmes zustoßen, wenn Birte nicht zu Hause ist, nicht in ihrem eigenen Bett schläft. Frau Lorentz empfindet es als weder angenehm noch als unangenehm, wenn ihre Tochter zu ihr ins Bett kommt. Sie habe schon versucht, das Verhalten einzuschränken, allerdings ohne Erfolg. Sie habe ihr erklärt, dass auch Mama und Papa Angst haben. Angst sei kein schönes Gefühl. Sie habe ihr ein kleines Licht im Zimmer angelassen und die Schlafzimmertür einen Spalt offen gelassen, so dass sie ihre Eltern immer rufen könne. Sie sagte zu ihr, dass sie und ihr Mann auf Birte aufpassen und sie bestärkt, in dem sie ihr sagten, dass sie auch manchmal sehr mutig sei. Frau Lorentz vermutet, dass Birte aus Angst alleine zu sein und weil sie ihren Eltern so nahe wie möglich sein will, nicht in ihrem eigenen Bett übernachtet.

Frau Lorentz ist 42 Jahre alt, hat die mittlere Reife und eine abgeschlossenen Berufsausbildung als Krankenschwester. Sie arbeite zur Zeit auch halbtags in dem Beruf. Ihr Ehemann ist 45 Jahre alt, hat einen Hauptschulabschluss und ist von Beruf Metzger. Herr Lorentz arbeite regelmäßig über 40 Stunden pro Woche als Kraftfahrer in der Industriereinigung.

Im Fragebogen zur Beziehung zur eigenen Mutter erzielt Frau Lorentz auf der Vermeidungsskala einen Wert von 1,9 und auf der Angstskala einen Wert von 1,5. Aufgrund der niedrigen Werte auf beiden Skalen lässt sich der Bindungsstil zur eigenen Mutter in ihrer Kindheit bis zum 12. Lebensjahr als sicher bewerten. Das Zusatzitem („Ich war als Kind sehr zufrieden mit meiner Mutter") bestätigt dieses Ergebnis, hier gibt Frau Lorentz einen Wert von 7 an.

Die nachfolgenden Fragen beziehen sich auf das letzte Jahr. Frau Lorentz Mutter ist vor mehr als einem Jahr gestorben, so dass die weiteren Fragen unbeantwortet blieben.

Hinsichtlich des Fragebogens zum erinnerten elterlichen Erziehungsverhalten (Schumacher et al., 2000) erzielt Frau Lorentz für die Skala emotionale Wärme einen t-Wert von 47 (Vater) und einen Wert von 58 (Mutter). T-Werte von 47 und 58 liegen im Durchschnittsbereich. Von ihrer Mutter erlebte sie aufgrund der t-Werte mehr emotionale Zuwendung und Liebe als von ihrem Vater.

Für die Skala Kontrolle und Überbehütung hat Frau Lorentz einen t-Wert von 54 für ihre Mutter und einen Wert von 50 bezogen auf ihren Vater. Mit der Skala Kontrolle und Überbehütung werden elterliche Verhaltensmerkmale erfasst, die vom Erzogenen als stark kontrollierend sowie als übertrieben fürsorglich, einmischend und einengend erlebt wurden. Nach den Durchschnittswerten von 50 und 54 treffen diese Angaben nicht voll und ganz auf die Eltern von Frau Lorentz zu, das bedeutet, dass sie ihre Eltern weder als stark kontrollierend noch als übertrieben überfürsorglich in ihrer Kindheit und Jugend wahrnahm. Dabei erlebte sie ihre Mutter als etwas kontrollierter und überfürsorglicher als ihren Vater. Die Werte aus dem FEE (Schumacher et al., 2000) werden in Tabelle 50 veranschaulicht.

Tabelle 50: Ergebnisse aus dem FEE.

Skalen	Anzahl der Items	Rohwerte	M	t-Werte
Emotionale Wärme	8	V: 17 M: 24	V: 2,1 M: 3	V: 47 M: 58
Kontrolle und Überbehütung	8	V: 14 M: 16	V: 1,8 M: 2	V: 50 M: 54

Zur Erfassung der Familiendynamik wurden die Familienbögen eingesetzt. Mit Hilfe dieses Tests werden die Einschätzungen von Frau Lorentz hinsichtlich ihrer dyadischen Beziehung zu ihrem Kind und ihrem Partner dargestellt.

Die höchsten t-Werte in der Beziehung zwischen Frau Lorentz und ihrer Tochter wurden für die Dimensionen: Affektive Beziehungsaugnahme und Kontrolle gezählt. Hohe Werte für eine affektive Beziehungsaufnahme stehen für das Fehlen von Empathie unter den Familienmitgliedern oder das Zeigen von Interesse ohne jegliches Gefühl. Die Mutter-Kind-Beziehung kann narzisstisch oder in einem extremen Maß symbiotisch sein. Die Familienmitglieder zeigen Unsicherheit und einen Mangel an Autonomie.

Hohe Kontrollwerte stehen für Formen der Beeinflussung, die es der Familie nicht gestatten die Anforderungen des täglichen Familienlebens zu meistern. Das Kontrollverhalten ist gekennzeichnet durch offene oder verdeckte Machtkämpfe. Daneben liegen weitere drei Werte im kritischen Bereich: (1) Rollenverhalten: Die Rollen sind ungenügend in den Familienverband eingefügt. Es herrscht zwischen Mutter und Tochter eine mangelnde Übereinstimmung in Bezug auf die Rollenerwartungen. (2) Kommunikation: Zwischen Mutter und Tochter besteht ein mangelnder Informationsaustausch und (3) Emotionalität: Die Interaktion zwischen Birte und Frau Lorentz zeichnet sich durch einen unzulänglichen Ausdruck von Gefühlen und/oder einer unangemessenen Intensität aus. Fünf Werte liegen über 60 und stellen somit einen kritischen Bereich dar. Dies deutet auf eine gravierende Familiendysfunktionalität hin, hierbei sind die Probleme generalisiert. Tabelle 51 fasst die Ergebnisse zusammen.

Tabelle 51: Ergebnisse aus dem FB-Zweierbeziehungsbogen bezogen auf die Mutter-Kind-Beziehung.

Skalen	Anzahl der Items	Rohwerte	M	t-Werte
Aufgabenerfüllung	4	4	1	45
Rollenverhalten	4	8	2	62
Kommunikation	4	10	2,5	90
Emotionalität	4	10	2,5	94
Affektive Beziehungsaufnahme	4	11	2,8	98
Kontrolle	4	11	2,8	97
Werte und Normen	4	6	2	54
Summenwerte für die 7 Skalen	28	60	8,6	83

In Bezug auf den Partner liegen die höchsten t-Werte auf den Dimensionen Affektive Beziehungsaufnahme und Kontrolle. Aufgabenerfüllung, Rollenverhalten, Kommunikation, Emotionalität und Werte und Normen sind ebenfalls kritisch.

Hohe Werte für die Dimension Werte und Normen umfassen mangelnde Übereinstimmung und Kohärenz in familiären Wert- und Normvorstellungen. Hohe Kontrollwerte implizieren, dass die Formen der Beeinflussung es der Familie nicht gestatten, die Anforderungen des täglichen Familienlebens zu meistern. Das Kontrollverhalten zwischen Herr und Frau Lorentz ist gekennzeichnet durch offene oder verdeckte Machtkämpfe.

Der Wert von 66 in Bezug auf die Dimension Aufgabenerfüllung ist als kritisch zu bezeichnen, d.h., dass eine Unfähigkeit besteht, auf Veränderungen im familiären Lebenszyklus angemessen zu reagieren. Es bestehen Probleme in der Festlegung von Aufgaben, in der Erarbeitung von Lösungsmöglichkeiten oder in der Verwirklichung von Veränderungen. Ein t-Wert von 76 impliziert für das Rollenverhalten, dass die Rollen ungenügend in den Familienverband eingefügt sind und es besteht eine mangelnde Übereinstimmung in Bezug auf Rollenerwartungen. Die Kommunikation zwischen den Partnern ist durch einen mangelnden Informationsaustausch gekennzeichnet. Die Interaktion untereinander zeichnet sich durch einen unzulänglichen Ausdruck von Gefühlen und/oder einer unangemessenen Intensität aus (Emotionalität). Es besteht zwischen den Partnern eine mangelnde Übereinstimmung und Kohärenz in familiären Wert- und Normvorstellungen (Werte und Normen). Auffällig ist hier, dass die t-Werte für die sieben Skalen über dem Wert 60 liegen und kritische Bereiche darstellen. Es handelt sich hierbei um generalisierte Probleme. Tabelle 52 illustriert die Werte aus dem FB-Z (Cierpka & Frevert, 1994) bezogen auf die Beziehung der Partner.

Tabelle 52: Ergebnisse aus dem FB-Zweierbeziehungsbogen bezogen auf die Mutter-Partner-Beziehung.

Skalen	Anzahl der Items	Rohwerte	M	t-Werte
Aufgabenerfüllung	4	8	2	66
Rollenverhalten	4	9	2,3	76
Kommunikation	4	8	2	78
Emotionalität	4	9	2,3	82
Affektive Beziehungsaufnahme	4	11	2,8	100
Kontrolle	4	10	2,5	88
Werte und Normen	4	10	2,5	83
Summenwerte für die 7 Skalen	28	65	9,3	91

Hinsichtlich des Fragebogens zur Partnerschaftsdiagnostik (FPD) (Hahlweg, 1996) wurde ein Skalensummenwert von 41 von insgesamt 90 berechnet. Zur besseren Ergebnisdarstellung werden die Rohwerte in t-Werte transformiert. Der geringe t-Wert von 56 für die Skala Streitverhalten steht für positive Verhaltensweisen von Herrn Laurentius während eines Streites, mit denen eine Konfliktlösung angestrebt wird. Der relativ hohe t-Wert von 46 für die Skala Zärtlichkeit weist auf häufigen direkten Körperkontakt zwischen den Partnern hin, wie streicheln, kitzeln, in den Arm nehmen, aneinander schmiegen und positiv auf sexuelle Annäherung reagieren. Diese Verhaltensweisen beschreiben den physischen Ausdruck von Zärtlichkeit. Daneben stehen verbale Äußerungen, in denen der Partner seine positiven Gefühle umschreibt, beispielsweise Komplimente machen, das Sprechen über sexuelle Wünsche etc.

Der durchschnittliche t-Wert von 39 für die Skala Gemeinsamkeit/Kommunikation, die für Frau Lorentz ermittelt wurden, weist daraufhin, dass beide Partner manche Aktivitäten gemeinsam ausführen. Skala 3 *Gemeinsamkeit/Kommunikation* umfasst Items, die Aktivitäten beschreiben, die von beiden Partnern ausgeführt werden, beispielsweise gemeinsam über die Ausgabe des Einkommens entscheiden, das Wochenende gemeinsam planen, Zukunftspläne schmieden und wichtige Entscheidungen gemeinsam treffen.

Frau Lorentz schätzt ihre Partnerschaft augenblicklich als glücklich ein. Obwohl die Werte für die beiden Skalen nicht als hoch zu bezeichnen sind, bewertet Frau Lorentz ihre Partnerschaft zum jetzigen Zeitpunkt mit glücklich. Das Streitverhalten ist aufgrund des geringen t-Wertes in dieser Partnerschaft als gut zu bezeichnen.

Die Ergebnisse zu den drei Skalen Streitverhalten Zärtlichkeit und Gemeinsamkeit/Kommunikation sind in Tabelle 53 zusammengefasst.

Tabelle 53: Mittelwertergebnisse zu den drei Skalen im FPD (Hahlweg, 1996).

Skalen	Inhalte	An-zahl der I-tems	Roh-werte	M	t-Werte
Streitverhalten	• Verhaltensweisen, die vom Partner während eines Konfliktes gezeigt werden.	10	8	0,8	56
Zärtlichkeit	• Impliziert den direkten Körperkontakt zum Partner	10	18	1,8	46
Gemeinsamkeit/ Kommunikation	• Aspekte, die in einer Partnerschaft gemeinsam durchgeführt werden.	10	15	1,5	39
Summenwerte für die 3 Skalen		30	41	1,4	27

Frau Lorentz gibt im Brief-Symptom-Inventory (Franke, 2000) in der Selbstbeurteilung an, unter keiner psychosomatischen Belastung zu leiden. Alle Aussagen werden mit 0 bewertet. Der Wert 0 steht im BSI für stimmt überhaupt nicht. Bei Frau Lorentz liegt keine psychische Belastung vor. Tabelle 54 stellt die Ergebnisse im Überblick dar.

Tabelle 54: Ergebnisse zu den drei Skalen mit den dazugehörenden Symptomen im BSI (Franke, 2000)

Skalen	Inhalte	Anzahl der Items	Sum-menwert	Skalen-wert	t-Werte	Be-lastungs-tendenz
Depressivität	• Sechs Items umfassen Traurigkeit bis hin zur schweren klinisch manifesten Depression	6	0	0	41	keine
Ängstlichkeit	• Sechs Items beschreiben körperlich spürbare Nervosität bis hin zu tiefer Angst	6	0	0	38	keine

Skalen	Inhalte	Anzahl der Items	Sum-menwert	Skalen-wert	t-Werte	Be-lastungs-tendenz
Phobische Angst	• Fünf Fragen themati-sieren ein leichtes Ge-fühl von Bedrohung bis hin zur massiven pho-bischen Angst	5	0	0	45	keine

Zum allgemeinen psychischen Wohlbefinden gibt Frau Lorentz an, dass sie im letzten Jahr oft beim Arzt war. Sie habe im April 2007 einen Herzschrittmacher erhalten. Weiterhin leide sie etwas unter körperlichen (psychosomatischen) Beschwerden wie: Kopfschmerzen, Schlafstörungen sowie unter Herz-Kreislaufbeschwerden. Allerdings würden diese Beschwerden nicht zu Einschränkungen füh-ren.

Fall 3

Fragebogenergebnisse zu Fall 3: Kind

Frau Schubert gibt im Fragebogen an, den Fragebogen mit Leonie, ihrer 5-jährigen Toch-ter,gemeinsam ausgefüllt zu haben. Leonie kann aufgrund ihres Alters noch nicht lesen und schrei-ben. Die Ergebnisse sind aus Sicht des Mädchens dargestellt. Leonie gibt im Fragebogen als Hob-bys an: Sport, schwimmen, singen, malen und sich mit Freundinnen treffen und mit ihnen spielen. Leonie besucht erst ab August 2008 die 1. Klasse einer Grundschule. Leonie sagt, dass sie sich auf die Schule freue und gespannt ist, was sie dort erwarte. Deshalb kann Leonie die Frage, was sie nicht an Schule mag, nicht beantworten. Nach dem Kindergarten verabredet sich Leonie oft mit Freundinnen zum Spielen, meistens bei ihr zu Hause oder auf dem Spielplatz. Ein Mal pro Woche geht sie zum Kunstturnen, ein Mal pro Woche zum Schwimmen, ein Mal pro Woche zur Musik-schule und auf Leonies eigenen Wunsch zum Englischunterricht. Am Englischunterricht nehmen noch drei Freundinnen von ihr teil. Manchmal sei ihr der Englischunterricht zu viel, dann bleibe sie zum Spielen zu Hause. Die nächste Frage lautet, ob Leonie manchmal bei Freunden oder Verwand-ten übernachte. Sie sagt, dass sie bisher ein Mal bei ihrer Oma und ihrem Opa übernachtet habe. Als sie dort übernachtete wollte sie wieder ganz früh nach Hause. Ihre Oma sagte daraufhin zu ihr, dass sie es noch mal mit dem übernachten bei ihnen ausprobieren, wenn Leonie in die Schule kommt. Auf die Frage, warum sie nicht gerne bei Freunden oder Verwandten übernachte, sagt Leonie, Oma und Opa können nicht gut schlafen, wenn sie bei ihnen übernachte. Meine Freundinnen wollen lie-ber bei mir schlafen, weil deren Eltern es lieber haben wegen der Geschwisterkinder. Sie traue sich nicht ohne ihre Mama und ohne ihren Papa zu schlafen. Die Frage, ob sie es sich vorstellen könne ohne ihre Eltern mit anderen Kindern Ferien zu machen, dazu sagt sie, dass sie dafür noch zu jung sei. Einen ganzen Tag weg zu bleiben, sei kein Problem für sie. Leonie übernachtet manchmal bei ihren Eltern im Bett. Dazu sagt sie, dass ihr manchmal kalt sei. Manchmal träume sie auch schlecht, dann habe sie Angst, wenn es dunkel ist. Manchmal wolle sie auch nur kuscheln oder ihr fallen plötzlich „wichtige Dinge" ein, die sie noch erzählen müsse und sie schlafe dann mit ihrer Mama und ihrem Papa zusammen ein. Was ist bei deinen Eltern im Bett schöner als in deinem eigenen Bett? Bei ihren Eltern sei ihr nicht kalt, weil Mama und Papa sie immer zudecken würden und sie hat bei ihren Eltern keine Angst vor Dunkelheit. Sie schlafe allerdings auch in ihrem Bett. Die nächste Frage lautet, falls Du gerne in deinem eigenen Bett schlafen würdest, was könnte Dir hel-fen, in Deinem eigenen Bett zu schlafen? Ihre Eltern lassen ein kleines Licht in ihrem Schlafzimmer brennen. Die Kinderzimmertür wird nicht geschlossen. Ihr Kuscheltier schlafe mit ihr im Bett. A-bends werden keine gruseligen Gute-Nacht-Geschichten vorgelesen. (Frau Schubert schreibt im Fragebogen an dieser Stelle, dass sie oder ihr Mann zeitweise nachsehen, ob Leonie ruhig schlafe). Die letzte Frage, warum sie nicht gerne in ihrem eigenen Bett schlafe, beantwortet Leonie, dass sie

Angst habe, wenn es dunkel wird, sie habe Angst, dass jemand sie klauen könnte, da die Familie im Erdgeschoss wohnt. Außerdem habe sie im Dunkeln Angst vor Gespenstern.

Leonies Mutter füllt den Kinder-Angst-Test (KAT) (Thurner & Tewes, 2000) zwar mit Leonie aus, die Angaben aus dem KAT können aufgrund von Leonies Alter (5) nicht ausgewertet werden und sind für meine Untersuchung unbrauchbar.

Fall 4

Fragebogenergebnisse zu Fall 4: Mutter

Das Fragebogenblatt auf dem die Adresse und der Name des Kindes angegeben werden sollte, wurde abgetrennt, so dass es sich bei diesem Bogen um einen anonymen Fragebogen handelt und die Diagnose des Kindes nicht überprüft werden konnte. Die Daten zu Fall vier sind mit besonderer Vorsicht zu interpretieren.

Frau Fox ist die leibliche Mutter von der 10-jährigen Luise, die 1997 geboren wurde. Luise war ein Wunschkind. Luise lebt mit ihrer 40-jährigen Mutter und ihrem 41-jährigen Vater zusammen. In den letzten zwei Jahren wurde Luise von fünf verschiedenen Au-pairs betreut (von September 2005 bis November 2007). Derzeit hat die Familie keine Au-pairs. Die Au-pairs waren im Alter zwischen 20 und 25 Jahren. Luise hat keine Geschwister. Frau Fox ist seit 1998 mit dem Vater von Luise verheiratet. Frau Fox bewertet die Beziehung zwischen ihrem Mann und Luise mit einer 2. Sie gibt im Fragebogen an die exakte Diagnose ihrer Tochter nicht zu wissen. (Ich gehe davon aus, dass Luise in psychotherapeutischer Behandlung ist, und dass die zuständige Therapeutin Frau Fox meine Fragebögen ausgehändigt hat.)

Zu den besonderen Lebensereignissen ihrer Tochter schreibt sie, dass Luise ein Mal im Krankenhaus war. Es gab keine Heim- oder Internatsaufenthalte. Luise wechselte ein Mal die Schule. Luise habe sich in den letzten fünf Jahren von ihrem Vater wegen längerer Krankenhausaufenthalte trennen müssen sowie von den Au-Pairs, die sie betreuten. Der Kontakt zu den Großeltern beiderseits wurde abgebrochen. Die Mutter gibt von den fünf Au-Pairs zwei als enge Freunde von Luise an.

Luise schläft mehrmals im Jahr bei ihr im Bett, immer dann, wenn Luise krank ist und höheres Fieber hat. Frau Fox vermutet, dass es Ereignisse gibt, wie der Tod eines Angehörigen oder andere belastende Lebensereignisse, weswegen Luise lieber nicht in ihrem eigenen Bett schlafen möchte. Frau Fox erlebt es als eher angenehm (Wert von 3), wenn Luise zu ihr ins Bett kommt. Sie hat bisher noch nicht versucht das Verhalten von Luise einzuschränken.

Frau Fox ist 40 Jahre alt. Sie hat ein abgeschlossenes Studium und ist Diplomverwaltungswirtin für den Fachbereich Polizei. Zur Zeit arbeitet sie halbtags als Polizeibeamtin. Ihr Ehemann ist 41 Jahre alt, hat ebenfalls Abitur, ein abgeschlossenes Studium und ist Diplom Volkswirt. Herr Fox arbeitet zum Zeitpunkt der Befragung im Controlling. Er arbeitet regelmäßig über 40 Stunden pro Woche.

Im Fragebogen zur Erfassung der Beziehung zur eigenen Mutter erzielt Frau Fox auf der Vermeidungsskala einen Durchschnittswert von 2,7, der noch als niedrig zu bewerten ist. Sie stimmt den folgenden Aussagen voll und ganz zu (7): *„Ich hatte als Kind leicht das Gefühl, dass meine Mutter mich vereinnahmen wollte." „Meine allerintimsten Gefühle gingen meine Mutter nichts an.", Meiner Mutter erzählte ich durchaus nichts alles über mich."* Die letzte Aussage wurde mit dem Wert 6 angegeben. Auf der Angstskala erzielt sie einen Durchschnittswert von 1. Dem Zusatzitem *„Ich war als Kind sehr zufrieden mit meiner Mutter."* stimmt Frau Fox voll und ganz zu. Der Bindungsstil von Frau Fox zu ihrer Mutter ist als sicher zu bezeichnen, wohingegen der Durchschnittswert für die Vermeidungsskala leicht erhöht ist.

Es besteht gegenwärtig keinen Kontakt mehr zur Mutter. Die Frage, würden sie ihre Mutter gerne öfter sehen, wird mit einem Nein beantwortet. Auf die Frage, wenn nein, wie kam es dazu, dass Sie Ihre Mutter nicht gerne sehen möchten? Hierzu schreibt Frau Fox: *„Meine Mutter hat immer das Fenster geschlossen und die Musik angemacht, als mein Vater mich geschlagen hat. Vor Gericht hat meine Mutter gelogen: Sie hat behauptet, dass mein Vater mich (uns) nie schlägt."* Alle Adjektive, die die gegenwärtige Beziehung zur Mutter beschreiben kreuzt Frau Fox mit dem Wert 4 (weder noch) an.

Frau Fox erzielt im Fragebogen zum erinnerten elterlichen Erziehungsverhalten (Schumacher et al., 2000) t-Werte von 33 (Vater) und 30 (Mutter). Die Items dieser Skala beschreiben elterliche Verhaltensweisen, die vom Erzogenen als liebevoll, unterstützend, lobend sowie tröstend wahrgenommen wurden ohne zu starke Einmischung zu implizieren.

Frau Fox erzielt auf der Skala Emotionale Wärme sehr geringe Werte, die außerhalb des Durchschnittsbereiches liegen. Personen mit geringen Werten auf dieser Skala erlebten während ihrer Kindheit und Jugend seitens der Eltern ein geringes Maß an Zuwendung, Wärme und Unterstützung. Solche Personen fühlten sich durch ihre Eltern weniger getröstet, wenn ihnen etwas gelungen war oder sie traurig waren. Auf der anderen Seite lobten ihre Eltern sie selten. Die Eltern werden als Menschen beschrieben, die größeren Problemen damit hatten, ihre Zuneigung und Liebe auch durch Worte und Gesten zum Ausdruck zu bringen und mit ihrem Kind zu schmusen (Schumacher et al. 2000). Die t-Werte für beide Elternteile von Frau Lorentz sind für die Skala Emotionale Wärme als niedrig zu bewerten.

Für die Skala Kontrolle und Überbehütung hat Frau Fox einen t-Wert von 74 für Vater und Mutter. Mit der Skala Kontrolle und Überbehütung werden elterliche Verhaltensmerkmale erfasst, die vom Erzogenen als stark kontrollierend sowie als übertrieben fürsorglich, einmischend und einengend erlebt wurden. Die Items dieser Skala spiegeln darüber hinaus eine ausgeprägte Leistungsorientierung und hohe Erwartungen der Eltern gegenüber dem Kind wider (Schumacher et al. 2000). Nach den sehr hohen t-Werten von 74(maximal kann im FEE ein t-Wert von 80 erreicht werden) treffen diese Angaben auf die Eltern von Frau Fox zu. Die Werte aus dem FEE werden in Tabelle 55 veranschaulicht.

Tabelle 55: Ergebnisse aus dem FEE.

Skalen	Anzahl der Items	Rohwerte	M	t-Werte
Emotionale Wärme	8	V: 9	V: 1,1	V: 33
		M: 11	M: 1,4	M: 30
Kontrolle und Überbehütung	8	V: 26	V: 3,3	V: 74
		M: 26	M: 3,3	M: 74

Zur Erfassung der Familiendynamik wurden die Familienbögen eingesetzt. Die höchsten t-Werte in der Beziehung zwischen Mutter und Kind wurden für die Dimensionen: Kontrolle, Emotionalität und Affektive Beziehungsaufnahme sowie Kommunikation ermittelt.

Hohe Kontrollwerte stehen für die Formen der Beeinflussung, die es der Familie nicht gestatten die Anforderungen des täglichen Familienlebens zu meistern. Das Kontrollverhalten ist gekennzeichnet durch offene oder verdeckte Machtkämpfe zwischen Mutter und Tochter.

Hohe Werte für Emotionalität bedeuten, dass die Mutter-Kind-Interaktion sich durch einen unzulänglichen Ausdruck von Gefühlen und/oder einer unangemessenen Intensität auszeichnet.

Hohe Werte für eine affektive Beziehungsaufnahme stehen für das Fehlen von Empathie oder das Zeigen von Interesse ohne jegliches Gefühl. Die Mutter-Kind-Beziehung kann narzisstisch oder in einem extremen Maß symbiotisch sein.

Daneben sind noch vier weitere Werte erhöht: (1) Aufgabenerfüllung: Es herrscht eine Unfähigkeit, auf Veränderungen im familiären Lebenszyklus angemessen zu reagieren. (2) Rollenverhalten: Hohe Werte für die Dimension Rollenverhalten bedeuten, dass die Rollen ungenügend in den Familienverband eingefügt sind. Es herrscht mangelnde Übereinstimmung in Bezug auf Rollenerwartungen. (3) Kommunikation: Ein Wert von 90 impliziert, dass zwischen Frau Fox und ihrer Tochter ein mangelnder Informationsaustausch stattfindet. (4) Werte und Normen: Frau Fox und Luise stimmen nicht mit ihren Norm- und Wertvorstellungen überein. In allen Skalen liegen die t-Werte im kritischen Bereich was bedeutet, dass die Dysfunktionalität in der Familie umso gravierender ist. Die Probleme in der Familie sind generalisiert. In Tabelle 56 werden die Werte aus dem FB-Z (Cierpka & Frevert, 1994) dargestellt.

Tabelle 56: Ergebnisse aus dem FB-Zweierbeziehungsbogen bezogen auf die Mutter-Kind-Beziehung.

Skalen	Anzahl der Items	Rohwerte	M	t-Werte
Aufgabenerfüllung	4	8	2	62
Rollenverhalten	4	10	2,5	70
Kommunikation	4	10	2,5	90
Emotionalität	4	10	2,5	94
Affektive Beziehungsauf-nahme	4	10	2,5	93
Kontrolle	4	11	2,8	97
Werte und Normen	4	10	2,5	72
Summenwerte für die 7 Skalen	28	69	9,9	91

Die höchsten t-Werte wurden in Bezug auf den Partner von Frau Fox für folgende Dimensionen ermittelt: Affektive Beziehungsaufnahme und Kontrolle.
Der sehr hohe t-Wert von 98 für die Affektive Beziehungsaufnahme impliziert ein Fehlen von Empathie zwischen Herrn und Frau Fox oder das Zeigen von Interesse für den anderen ohne jegliches Gefühl. Die Beziehung kann narzisstisch oder in einem extremen Maß symbiotisch sein. Der ebenfalls stark erhöhte Kontrollwert impliziert, dass die Formen der Beeinflussung es der Familie nicht gestatten, die Anforderungen des täglichen Familienlebens zu meistern. Das Kontrollverhalten ist durch offene oder verdeckte Machtkämpfe zwischen den Partnern gekennzeichnet. Darüber hinaus sind die Werte für die restlichen fünf Dimensionen ebenfalls erhöht: (1) Aufgabenerfüllung: In der Familie herrscht eine Unfähigkeit, auf Veränderungen im familiären Lebenszyklus angemessen zu reagieren. (2) Rollenverhalten: Die Rollen von Frau und Herrn Fox sind nur ungenügend in den Familienverband eingefügt. Es besteht eine mangelnde Übereinstimmung in Bezug auf Rollenerwartungen. (3) Kommunikation: Hohe Kommunikationswerte stehen für einen mangelnden Informationsaustausch zwischen den Beziehungspartnern. (4) Emotionalität: Die Interaktion untereinander zeichnet sich durch einen unzulänglichen Ausdruck von Gefühlen und/oder einer unangemessenen Intensität aus. (5) Werte und Normen: Hohe Werte für die Dimension Werte und Normen umfassen mangelnde Übereinstimmung und Kohärenz in familiären Wert- und Normvorstellungen. Herr und Frau Fox haben diesbezüglich unterschiedliche Auffassungen. In Tabelle 57 werden die Werte, die Frau Fox im FB-Z (Cierpka & Frevert, 1994) erzielte, aufgeführt.

Tabelle 57: Ergebnisse aus dem FB-Zweierbeziehungsbogen bezogen auf die Mutter-Partner-Beziehung.

Skalen	Anzahl der I-tems	Rohwer-te	M	t-Werte
Aufgabenerfüllung	4	8	2	66
Rollenverhalten	4	10	2,5	81
Kommunikation	4	10	2,5	88
Emotionalität	4	10	2,5	87
Affektive Beziehungsauf-nahme	4	10	2,5	98
Kontrolle	4	11	2,8	93
Werte und Normen	4	10	2,5	83
Summenwerte für die 7 Skalen	28	69	9,9	94

Für den Fragebogen zur Partnerschaftsdiagnostik (FPD) (Hahlweg, 1996) wurde ein Skalensummenwert von 44 von insgesamt 90 berechnet. Zur Ergebnisdarstellung wurden die Rohwerte in t-Werte transformiert. Für die Skala 1 *Streitverhalten* erzielt Frau Fox einen t-Wert von 49. Der niedrige Wert deutet auf positive Verhaltensweisen hin, die vom Partner während eines Konfliktes oder Streites gezeigt werden und mit denen eine Konfliktlösung angestrebt wird. Der relativ hohe t-Wert von 48 für die Skala Zärtlichkeit weist auf häufigen direkten Körperkontakt zwischen den Partnern hin bzw. auf häufige verbale Äußerungen des Partners gegenüber der Partnerin, um seine Gefühle zu beschreiben.

Der relativ hohe t-Wert von 50 für die Skala Gemeinsamkeit/Kommunikation weist daraufhin, dass beide Partner relativ viele Aktivitäten gemeinsam ausführen.

Frau Fox beurteilt ihre Partnerschaft im Augenblick als eher glücklich. Die Werte zu den drei Skalen Streitverhalten, Zärtlichkeit und Gemeinsamkeit/Kommunikation werden in Tabelle 58 dargestellt.

Tabelle 58: Mittelwertergebnisse zu den drei Skalen im FPD.

Skalen	Inhalte	Anzahl der Items	Rohwerte	M	t-Werte
Streitverhalten	• Verhaltensweisen, die vom Partner während eines Konfliktes gezeigt werden.	10	5	0,5	49
Zärtlichkeit	• Impliziert den direkten Körperkontakt zum Partner	10	19	1,9	48
Gemeinsamkeit/ Kommunikation	• Aspekte, die in einer Partnerschaft gemeinsam durchgeführt werden.	10	20	2,0	50
Summenwert für die 3 Skalen		30	44	1,5	30

Die psychische Gesundheit wurde mit Hilfe des Brief-Symptom-Inventory erfasst (Franke, 2000). Frau Fox gibt hinsichtlich der Skala Ängstlichkeit an, in den letzten Tagen stark unter Nervosität und innerem Zittern zu leiden. Ebenso leide sie stark unter Furchtsamkeit. Sie habe ziemlich das Gefühl angespannt oder aufgeregt zu sein und sie empfinde eine ziemliche Ruhelosigkeit, sie könne nicht still sitzen. Hinsichtlich der Skala Depressivität macht sie die Angaben, dass sie ein wenig unter Einsamkeitsgefühlen leide, dass sie stark unter Schwermut leide, dass sie ein wenig das Gefühl habe, sich für nichts zu interessieren. Sie leide stark unter einem Gefühl der Hoffnungslosigkeit angesichts der Zukunft. Für die Skala Phobische Angst kreuzt sie an, stark nervös zu sein, wenn sie alleine gelassen wird.

Für die Einschätzung der Schwere einer psychischen Belastung sind die t-Werte entscheidend. Alle t-Werte liegen im klinisch auffälligen Bereich. Am stärksten ist ihre Angst ausgeprägt gefolgt von einer Depression. Die Probandin gilt als psychisch auffällig belastet, da alle t-Werte über einem Wert von 63 liegen. Die Werte aus dem BSI (Franke, 2000) sind in Tabelle 59 aufgeführt.

Tabelle 59: Ergebnisse zu den drei Skalen mit den dazugehörenden Symptomen im BSI.

Skalen	Inhalte	Anzahl der Items	Summenwert	Skalenwert	t-Werte	Belastungstendenz
Depressivität	• Sechs Items umfassen Traurigkeit bis hin zur schweren klinisch manifesten Depression	6	8	1,3	71	2
Ängstlichkeit	• Sechs Items beschreiben körperlich spürbare Nervosität bis hin zu tiefer Angst	6	10	1,6	78	4
Phobische Angst	• Fünf Fragen thematisieren ein leichtes Gefühl von Bedrohung bis hin zur massiven phobischen Angst	5	3	0,6	65	1

Zum allgemeinen psychischen Wohlbefinden gibt Frau Fox an, dass sie im letzten Jahr zehn Mal beim Arzt war. Frau Fox war 2007 in psychotherapeutischer Behandlung. Sie leide etwas unter

Kopfschmerzen. Diese Kopfschmerzen führen bei ihr zu Einschränkungen im Leistungsvermögen und im sozial-emotionalen Bereich. Frau Fox nimmt regelmäßig Antidepressiva ein.

Fall 4

Fragebogenergebnisse zu Fall 4: Kind

Die 10-jährige Luise Fox besucht die 4. Klasse einer Grundschule. Luise hat folgende Hobbys: malen, basteln, singen, ins Freibad gehen, CD hören. Luise schreibt zur Frage, was sie an Schule mag, dass sie alles an ihrer Schule ganz normal fände. Luise mag an ihrer Schule nicht, dass sie nicht organisiert ist. Nach der Schule isst Luise zu Mittag. Danach macht sie ihre Hausaufgaben. Wenn sie mit ihren Hausaufgaben fertig ist, verabredet sie sich oder sie geht zum Kinder- und Jugendtreff. Luise übernachtet manchmal bei Freunden. Die Schülerin kann es sich nicht so recht vorstellen ohne ihre Eltern mit anderen Kindern Ferien zu machen. Sie schreibt, dass dies bestimmt Spaß machen würde. Allerdings benötige sie zum Einschlafen immer Licht. Aber manche Kinder können mit Licht nicht einschlafen. Luise schreibt, dass sie meistens bei ihren Eltern übernachte nicht bei ihren Geschwistern, wenn sie krank ist.

Im Kinder-Angst-Test (Thurner & Tewes, 2000) gibt Luise insgesamt vier Ja-Antworten. 14 Aussagen beantwortet sie mit einem Nein. Sie leide oft unter Kopfschmerzen. Sie mache sich oft Sorgen, wenn sie abends im Bett liegt. Sie ist leicht missgestimmt und sie erlebt oft Angst. Ein Rohwert von 4 entspricht einem Centilwert von 5. Das entspricht einer mittleren Ängstlichkeit im KAT (Thurner & Tewes, 2000).

Fall 5

Fragebogenergebnisse zu Fall 5: Mutter

Frau Simonis ist die leibliche Mutter von Sophie. Sophie wurde 1986 geboren und war ein Wunschkind. Zum Zeitpunkt der Befragung lebt die 21-jährige Sophie bei ihrem Freund (35 Jahre alt). Zuvor lebte sie mit ihrer 56-jährigen Mutter, ihrem 59-jährigen Vater und ihrer 15 Jahre alten Schwester in einem Haus.

Frau Simonis ist mit Sophies Vater seit 1980 verheiratet. Sie nennt als Diagnose ihrer Tochter Tourette-Syndrom und Sozialangst. (Die Angaben im Fragebogen sowie der Arztbrief deuten auf eine Trennungsangstproblematik hin).

Zu den besonderen Ereignissen im Leben von Sophie gibt sie einen Krankenhausaufenthalt an. Sophie wechselte insgesamt fünf Mal die Schule. In den letzten fünf Jahren gab es eine Trennung von einem Freund bzw. einer wichtigen Bezugsperson. Frau Simonis gibt an, dass Sophie früher regelmäßig im Ehebett übernachtet habe, bis sie ca. 18 Jahre alt war. Frau Simonis erlebte es weder als angenehm noch als unangenehm, wenn Sophie zu ihr und ihrem Mann ins Bett kam. Sie habe versucht das Verhalten einzuschränken, allerdings ohne Erfolg. Frau Simonis vermutet, dass Sophie früher aus Angst alleine zu sein oder weil sie Aufmerksamkeit brauchte nicht in ihrem eigenen Bett schlief.

Frau Simonis hat das Abitur, ein abgeschlossenes Studium und ist von Beruf Steuerberaterin. Zur Zeit arbeitet sie auch ganztags in diesem Beruf. Ihr Ehemann ist 59 Jahre alt, hat ebenfalls Abitur, ein abgeschlossenes Studium und ist Rechtsanwalt und Justitiar. Herr Simonis arbeitet regelmäßig über 40 Stunden pro Woche.

Im Fragebogen zur Erfassung der Beziehung zur eigenen Mutter erzielt Frau Simonis auf der Vermeidungsskala einen Wert von 1,6 und auf der Angstskala einen Wert von 1. Aufgrund der niedrigen Werte auf beiden Skalen lässt sich der Bindungsstil zur Mutter in der Kindheit bis zum 12. Lebensjahr als sicher beurteilen. Das Zusatzitem bestätigt das Ergebnis. Frau Simonis bewertet das Zusatzitem mit 6.

Frau Simonis Mutter ist vor mehr als einem Jahr verstorben, so dass sie die weiteren Fragen zur Beziehung zur Mutter bezogen auf das letzte Jahr nicht bewerten konnte.

Der Fragebogen zum erinnerten elterlichen Erziehungsverhalten (FEE) (Schumacher et al., 2000) erfasst Erinnerungen an das elterliche Erziehungsverhalten des Vaters und der Mutter. Frau Simonis hat einen t-Wert von 69 (Mutter) und einen t-Wert von 65 (Vater). Die Items dieser Skala beschreiben elterliche Verhaltensweisen, die vom Erzogenen als liebevoll, unterstützend, lobend sowie tröstend wahrgenommen wurden, ohne zu starke Einmischung zu implizieren. Die erhöhten t-Werte für diese Skala deuten darauf hin, dass Frau Simonis während ihrer Kindheit und Jugend seitens der Eltern ein hohes Maß an Zuwendung, Wärme und Unterstützung erlebt hat, wobei die Eltern das Verhalten auch in Anwesenheit von anderen zeigten. Dabei erlebte sie ihre Mutter als etwas zugewandter, wärmer und unterstützender im Vergleich zu ihrem Vater. Solche Personen fühlten sich durch ihre Eltern getröstet, wenn ihnen etwas gelungen war oder sie traurig waren. Auf der anderen Seite lobten ihre Eltern sie auch häufiger. Die Eltern werden als Menschen beschrieben, die keine größeren Probleme damit hatten, ihre Zuneigung und Liebe auch durch Worte und Gesten zum Ausdruck zu bringen und mit ihrem Kind zu schmusen (Schumacher et al., 2000).

Für die Skala Kontrolle und Überbehütung hat Frau Simonis einen t-Wert von 52 (Vater) und 50 für die Mutter. Beide Werte liegen im durchschnittlichen Bereich, das bedeutet, dass die elterlichen Verhaltensmerkmale in ihrer Kindheit und Jugend weder als stark kontrollierend noch als übertrieben fürsorglich, einmischend und einengend erlebt wurden. Die Werte aus dem FEE werden in Tabelle 60 dargestellt.

Tabelle 60: Ergebnisse aus dem FEE.

Skalen	Anzahl der Items	Rohwerte	M	t-Werte
Emotionale Wärme	8	V: 26 M: 26	V: 3,3 M: 3,3	V: 69 M: 65
Kontrolle und Überbehütung	8	V: 14 M: 14	V: 1,8 M: 1,8	V: 52 M: 50

Zur Erfassung der Familiendynamik wurden die Familienbögen eingesetzt. Die höchsten t-Werte in der Beziehung zwischen Mutter und Kind wurden für die Dimension: Affektive Beziehungsaufnahme und Emotionalität ermittelt.

Hohe Werte für eine affektive Beziehungsaufnahme stehen für das Fehlen von Empathie unter den Familienmitgliedern oder das Zeigen von Interesse ohne jegliches Gefühl. Die Mutter-Kind-Beziehung kann narzisstisch oder in einem extremen Maß symbiotisch sein. Hohe Werte für die Skala Emotionalität bedeuten, dass die Mutter-Kind-Interaktion sich durch einen unzulänglichen Ausdruck von Gefühlen und/oder einer unangemessenen Intensität auszeichnet. Darüber hinaus besteht ein mangelnder Informationsaustausch zwischen Frau Simonis und ihrer Tochter Sophie (Kommunikation). Der Kontrollwert von 80 befindet sich ebenfalls im kritischen Bereich, was darauf hinweist, dass die Formen der mütterlichen Beeinflussung es dem Kind nicht gestattet, die Anforderungen des täglichen Familienlebens zu meistern. Das Kontrollverhalten zwischen Mutter und Tochter ist gekennzeichnet durch offene oder verdeckte Machtkämpfe. In Tabelle 61 werden die Werte, die Frau Simonis im FB-Z (Cierpka & Frevert, 1994) erzielte, tabellarisch veranschaulicht.

Tabelle 61: Ergebnisse aus dem FB-Zweierbeziehungsbogen bezogen auf die Mutter-Kind-Beziehung.

Skalen	Anzahl der Items	Rohwerte	M	t-Werte
Aufgabenerfüllung	4	7	1,8	58
Rollenverhalten	4	5	1,3	51
Kommunikation	4	7	1,8	74
Emotionalität	4	8	2	82
Affektive Beziehungsaufnahme	4	10	2,5	93
Kontrolle	4	8	2	80
Werte und Normen	4	7	1,8	58
Summenwerte für die 7 Skalen	28	52	7,4	76

In Bezug auf den Partner liegen für alle Dimensionen hohe t-Werte vor, die aufgrund ihrer Ausprägung alle im kritischen Bereich liegen und demnach auf eine gravierende Familiendysfunktionalität hinweisen. Besonders problematisch sind die Bereiche: Affektive Beziehungsaufnahme und das Kontrollverhalten in der Partnerbeziehung.

Es fehlt zwischen Frau Simonis und ihrem Partner vollständig an Empathie. Interesse aneinander wird ohne jegliches Gefühl gezeigt. Die Partnerbeziehung kann narzisstisch bis zu einem gewissen Grad symbiotisch sein (Affektive Beziehungsaufnahme).

Hohe Kontrollwerte stehen für die Formen der Beeinflussung, die es der Familie nicht gestatten die Anforderungen des täglichen Familienlebens zu meistern. Das Kontrollverhalten zwischen den Partnern ist gekennzeichnet durch offene oder verdeckte Machtkämpfe.

Ein t-Wert von 62 in Bezug auf die Skala Aufgabenerfüllung impliziert eine Unfähigkeit, auf Veränderungen im familiären Lebenszyklus angemessen zu reagieren. Daneben sind die Rollen ungenügend in den Familienverband eingefügt. Es besteht eine mangelnde Übereinstimmung in Bezug auf die Rollenerwartungen. Hohe Kommunikationswerte stehen für einen mangelnden Informationsaustausch unter den Familienmitgliedern. Hohe Werte für die Skala Emotionalität bedeuten: Die Interaktion zeichnet sich durch einen unzulänglichen Ausdruck von Gefühlen und/oder einer unangemessenen Intensität aus. Für die Skala Werte und Normen erzielt Frau Simonis einen t-Wert von 69. Dieser impliziert, dass sie und ihr Partner in familiären Wert- und Normvorstellungen nur mangelhaft konform gehen. In Tabelle 62 werden die Ergebnisse aus dem FB-Z (Cierpka & Frevert, 1994) illustriert.

Tabelle 62: Ergebnisse aus dem FB-Zweierbeziehungsbogen bezogen auf die Mutter-Partner-Beziehung.

Skalen	Anzahl der I-tems	Rohwer-te	M	t-Werte
Aufgabenerfüllung	4	7	1,8	62
Rollenverhalten	4	8	2	71
Kommunikation	4	10	2,5	88
Emotionalität	4	10	2,5	87
Affektive Beziehungsaufnahme	4	10	2,5	98
Kontrolle	4	12	3	98
Werte und Normen	4	7	1,8	69
Summenwerte für die 7 Skalen	28	64	9,1	90

Hinsichtlich des Fragebogens zur Partnerschaftsdiagnostik (FPD) (Hahlweg, 1996) wurde ein Skalensummenwert von 62 von insgesamt 90 berechnet. Zur Ergebnisdarstellung wurden die Rohwerte in t-Werte transformiert.

Für die Skala 1 *Streitverhalten* erzielt Frau Simonis einen t-Wert von 58. Der niedrige Wert deutet auf positive Verhaltensweisen hin, die vom Partner während eines Konfliktes oder Streites gezeigt werden und mit denen eine Konfliktlösung angestrebt wird.

Der sehr hohe t-Wert von 70 (der höchste Wert der erzielt werden kann) für die Skala Zärtlichkeit weist auf starken direkten Körperkontakt zwischen den Partnern hin bzw. dass Herr Simonis seiner Partnerin sehr oft seine Gefühle ihr gegenüber mitteilt.

Der hohe t-Wert von 56 für die Skala Gemeinsamkeit/Kommunikation, der für Frau Simonis ermittelt wurde, weist daraufhin, dass beide Partner viele Aktivitäten gemeinsam ausführen.

Frau Simonis schätzt ihre Partnerschaft im Augenblick glücklich ein. Aufgrund der positiven Bewertung in allen drei Bereichen bezieht sich diese Beurteilung vermutlich sowohl auf den Bereich Streitverhalten als auch auf die beiden Bereiche Zärtlichkeit und Gemeinsamkeit/Kommunikation.

Die Werte zu den drei Skalen Streitverhalten Zärtlichkeit und Gemeinsamkeit/Kommunikation sind in Tabelle 63 zusammengefasst.

Tabelle 63: Mittelwertergebnisse zu den drei Skalen im FPD.

Skalen	Inhalte	Anzahl der Items	Rohwerte	M	t-Werte
Streitver-halten	• Verhaltensweisen, die vom Partner während eines Konfliktes gezeigt werden.	10	9	0,9	58
Zärtlichkeit	• Impliziert den direkten Körperkontakt zum Partner	10	30	3,0	70
Gemein-samkeit/ Kommuni-kation	• Aspekte, die in einer Partnerschaft gemeinsam durchgeführt werden.	10	23	2,3	56
Summen-wert für die 3 Skalen		30	62	2,1	47

Frau Simonis gibt im Brief-Symptom-Inventory (Franke, 2000) an, in den letzten Tagen stark unter dem Gefühl angespannt oder aufgeregt zu sein gelitten zu haben (Skala Ängstlichkeit). Hinsichtlich der Depressivitätsskala macht sie die Angaben, dass sie ein wenig unter Einsamkeitsgefühlen und Schwermut leide. Für die Einschätzung der Schwere einer psychischen Belastung sind die t-Werte entscheidend. Bei t-Werten zwischen 40 und 60 kann nicht von einer klinischen Auffälligkeit gesprochen werden. Alle t-Werte liegen in diesem Falle im klinisch unauffälligen Bereich. Demnach liegt in Fall 4 keine psychische Belastung vor.

In der Tabelle werden die Mittelwerte als Skalenwerte bezeichnet. In Tabelle 64 werden die Werte aus dem BSI (Franke, 2000) aufgeführt.

Tabelle 64: Ergebnisse zu den drei Skalen mit den dazugehörenden Symptomen im BSI (Franke, 2000).

Skalen	Inhalte	Anzahl der Items	Sum-menwert	Ska-lenwert	t-Werte	Belastungs-tendenz
Depres-sivität	• Sechs Items umfassen Traurigkeit bis hin zur schweren klinisch manifesten Depression	6	2	0,3	55	2
Ängst-lichkeit	• Sechs Items beschreiben körperlich spürbare Nervosität bis hin zu tiefer Angst	6	2	0,3	52	1
Phobi-sche Angst	• Fünf Fragen thematisieren ein leichtes Gefühl von Bedrohung bis hin zur massiven phobischen Angst	5	0	0	45	0

Zum allgemeinen psychischen Wohlbefinden gibt Frau Simonis an, dass sie im letzten Jahr ein bis zwei Mal wegen eines Zeckenbisses beim Arzt war.

Fall 5

Fragebogenergebnisse zu Fall 5: Kind

Fall 5 ist die 21-jährige Sophie Simonis, über die im Einführungsteil von Untersuchung 1 bereits berichtet wurde. Da im Interview nicht die Fragen aus dem Fragebogen abgedeckt wurden (Sophie hat im Interview frei erzählt) werden an dieser Stelle die Antworten auf die offenen Fragen aus dem Fragebogen präsentiert. Hobbys der 21-jährigen Berufsschülerin sind: segeln, Ski fahren, reiten (momentan nicht ausführbar), Tennis spielen. Tennis habe sie aufgegeben, sie habe 15 Jahre lang Tennis gespielt. Sophie besucht eine kaufmännische Schule. Sie mag nichts an Schule. Die Schule sei baufällig, der Eingang wurde bereits erneuert. Sie habe mit ihren Mitschülern außerhalb der Schule nichts zu tun und wolle auch nichts mit ihnen zu tun haben. Sie sagt, sie möge schon nicht das Wort Schule. Nach der Schule macht die junge Frau Mittagspause und danach gehe sie in die Firma ihrer Mutter zum Arbeiten. Manchmal arbeite sie dort nur bis 14:00 Uhr. An manchen Tagen arbeite sie dort bis 17:00 oder bis 20:00 Uhr. Nach der Arbeit fährt sie zu ihrem Freund, außer wenn sie bis 20:00 Uhr arbeitet, dann fährt sie nicht mehr zu ihm. Sie übernachte nicht jeden Tag dort. Sie entscheide dies nach Lust und Laune. Sophie sagt, dass sie aus Krankheitsgründen gerne zur Schule gehen möchte, es aber nicht schaffe zur Schule zu gehen. An Schule vermisse sie Freistunden, das fröhliche Beisammensein und Hitzefrei. Im Jahr 2001 habe ihr Vermeidungsverhalten angefangen. Sie hatte in dem Jahr einen Klassenwechsel, weil sie die Klasse 8 wiederholen musste. Zu der Zeit war Sophie in psychotherapeutischer Behandlung in einer Klinik. Danach wechselte sie die Schule und besuchte eine private Gesamtschule. Am Anfang des Schulwechsels verschlimmerten sich ihre Probleme. Weitere schulische Einbrüche gab es zwischen dem Jahr 2002 und 2003. Sophie sagt, dass sie den Auslöser für ihre Panikattacken nicht kenne. Es würde ihr schon helfen, wenn sie wüsste, wie sie in Akutsituationen mit ihren Panikattacken umzugehen habe. Es würde ihr helfen, die Schule zu besuchen, wenn sie den Auslöser für die Panikanfälle kenne. Es würde ihr auch helfen, wenn ihre Lehrer sich informieren würden, wie sie mit solch einer Situation umzugehen haben. Sie sei hilflos und ihre Lehrer auch. Dadurch sei sie noch mehr verunsichert. Am Schulbesuch hindere sie, wenn sie Stress vor der Schule habe oder wenn sie Streit am Morgen mit ihrer Mutter habe. Wenn sie körperlich geschwächt ist, beispielsweise in Form eines Schnupfens, sei sie anfälliger für Panikattacken. Das Schulgebäude selbst und die Lehrer hindern sie am Schulbesuch. Die abschließende Frage lautet: *„Warum bleibst Du lieber zu Hause?"* Sie bevorzuge zu Hause zu bleiben, weil sie zu Hause kein Fieber habe, in der Schule habe sie erhöhte Temperatur. Sie gibt auf dem Fragebogen die exakte Körpertemperatur an, 36,6 Grad Celsius zu Hause, in der Schule 38,3 Grad. Außerdem wisse sie zu Hause im Gegensatz zur Schule, dass dort jemand ist, der mit der Situation (Panikanfälle) umzugehen weiß. Das sind ihre Mutter oder Bekannte. Sie gehe die meiste Zeit ins Büro arbeiten, manchmal sei sie auch „komplett" alleine zu Hause.

Das subjektive Familienbild (Mattejat & Scholz, 1994) erfasst die subjektive emotionale Verbundenheit (subjektives Valenzbild) und die individuelle Autonomie (subjektives Potenzbild). Die subjektive Valenz weist für das Kind-Vater-Verhältnis, das Kind-Mutter-Verhältnis unterdurchschnittlich gerichtete Beziehungswerte auf. Ein Wert von 0,6 für das Verhältnis von Vater zu Kind ist als eher positiv valent zu bewerten. Das Verhältnis zwischen Vater und Mutter ist eher positiv valent. Das Verhältnis zwischen Mutter und Kind ist eher negativ valent und das Verhältnis zwischen Mutter und Vater ist sehr positiv valent aus der Perspektive des Kindes. Ein geringes Maß an Verbundenheit bedeutet, dass die Familienmitglieder ein eher kühles Verhältnis haben. Ein kühles Verhältnis können wir insbesondere zwischen Mutter und Kind und dem Vater und dem Kind feststellen. Alle Mittelwerte von Sophie liegen deutlich unter den Mittelwerten der psychiatrischen Stichprobe. Alle Mittelwerte sind in Tabelle 65 aufgeführt.

Tabelle 65: Subjektives Valenzbild– Stichprobenvergleich.

Angaben von/über:	K → V	K → M	V → K	V → M	M → K	M → V
M für Psychiatrische Stichprobe (n=212) (Durchschnittswerte)	2,4	3,6	2,9	4,4	5	4,7
M für Eigene Stichprobe (n =1)	0	-0,6	0,6	2,6	-1	2,3

Legende:

K = Kind
M = Mutter
V= Vater

Für die individuelle Autonomie liegen alle Werte zwischen -0,6 und 3. Auch hier liegen alle Werte unter denen der psychiatrischen Stichprobe (siehe Tabelle 66). Sophie erlebt die Beziehung zwischen sich und ihrem Vater und zwischen der Mutter und ihrem Vater als völlig unproblematisch.

Die Beziehung zwischen Sophie und ihrem Vater ist in Bezug auf die subjektive Potenz am problematischsten. Der Wert von 0,3 zwischen Sophie und ihrer Mutter sind als auffällig und negativ zu bewerten. Die niedrigen Werte weisen darauf hin, dass Sophie mit ihrem Vater und mit ihrer Mutter wenig emotional verbunden ist und sich als wenig bzw. kaum individuell autonom erlebt. Das bedeutet, dass Sophie ihre familiären Beziehungen im Vergleich zur psychiatrischen Stichprobe als unselbstständiger, ängstlicher und unentschlossener wahrnimmt. In Tabelle 66 werden die beiden Stichproben gegenüber gestellt.

Tabelle 66: Subjektives Potenzbild - Stichprobenvergleich.

Angaben von/über:	K → V	K → M	V → K	V → M	M → K	M → V
Psychiatrische Stichprobe (n=212) (Durchschnittswerte)	*2,1*	*3,2*	*4,7*	*3,7*	*3,1*	*3,5*
Eigene Stichprobe (n=1) (Durchschnittswerte)	*-0,6*	*0,3*	*3*	*2,6*	*1,6*	*3*
Legende:						
K = Kind						
M = Mutter						
V= Vater						

Im KAT (Thurner & Tewes, 2000) bewertet Sophie von 18 Aussagen insgesamt, 16 mit Ja. Ein Rohwert von 16 entspricht einem Centilwert von 10 Punkten. Das entspricht einer überdurchschnittlichen Ängstlichkeit, die als hoch zu bezeichnen ist. Sophie verneinte lediglich die Aussagen: Ich mache mir häufig Sorgen darüber, ob ich in der Schule ausgeschimpft oder bestraft werde. Fast jeden Tag habe ich wegen irgendetwas ein schlechtes Gewissen. Der allgemeine Ängstlichkeitsgrad ist bei dieser jungen Frau als sehr hoch zu bewerten.

Zur Erfassung der Familiendynamik wurden die Familienbögen (Cierpka & Frevert, 1994) eingesetzt. Die höchsten t-Werte in der Beziehung zwischen Mutter und Kind wurden für die Dimension: Affektive Beziehungsaufnahme und Kontrolle ermittelt. Hohe Werte für eine affektive Beziehungsaufnahme stehen für das Fehlen von Empathie unter den Familienmitgliedern oder das Zeigen von Interesse ohne jegliches Gefühl. Die Mutter-Kind-Beziehung kann narzisstisch oder in einem extremen Maß symbiotisch sein.

Der Kontrollwert von 66 befindet sich ebenfalls im kritischen Bereich, was darauf hinweist, dass die Formen der mütterlichen Beeinflussung es dem Kind nicht gestattet die Anforderungen des täglichen Familienlebens zu meistern. Das Kontrollverhalten zwischen Mutter und Tochter ist gekennzeichnet durch offene oder verdeckte Machtkämpfe. Darüber hinaus besteht ein mangelnder Informationsaustausch zwischen Frau Simonis und ihrer Tochter Sophie (Kommunikation).

In Tabelle 67 werden die Werte, die Frau Simonis im FB-Z (Cierpka & Frevert, 1994) erzielte, dargestellt.

Tabelle 67: Ergebnisse aus dem Zweierbeziehungsbogen.

Skalen	Anzahl der Items	Rohwerte	M	t-Werte
Aufgabenerfüllung	4	6	1,8	60
Rollenverhalten	4	3	1,3	40
Kommunikation	4	6	1,8	62
Emotionalität	4	4	2	52
Affektive Beziehungsaufnahme	4	7	2,5	67
Kontrolle	4	8	2	66
Werte und Normen	4	6	1,8	60
Summenwerte für die 7 Skalen	28	40	7,4	60

Fall 6

Fragebogenergebnisse zu Fall 6: Mutter

Frau Laurentius ist die leibliche Mutter von Tom, der 1997 geboren wurde und zum Zeitpunkt der Befragung 11 Jahre alt ist. Tom war ein Wunschkind. Tom wohnt mit seiner 45-jährigen Mutter, seinem 52-jährigen Vater und seiner 71-jährigen Großmutter in einem Haus. Die Großmutter wohne mit der Familie im selben Haus, habe aber einen eigenen Hausstand. Frau Laurentius ist seit 1993 mit dem Vater von Tom verheiratet. Die Beziehung zwischen Tom und seinem Vater bewertet sie zwischen 2 und 3. Als Diagnose gibt Frau Laurentius eine emotionale Störung mit Trennungsangst an. (Dies wurde von mir überprüft und bestätigt, in dem ich den behandelnden Therapeuten kontaktierte).

Es gab nur ein besonderes Ereignis in Toms Leben. Toms Onkel und sein Großvater sind kurz hintereinander gestorben.

Die Fragen zum Alltagsverhalten ergaben, dass Tom jede Nacht bei seiner Mutter im Bett übernachtet. Tom hat keine Geschwister. Frau Laurentius vermutet als Ereignis, dass Tom aus Angst ihr könnte etwas Schlimmes zustoßen, wenn er nicht zu Hause ist, bei ihr im Bett übernachtet. Frau Laurentius empfindet es weder als angenehm noch als unangenehm, wenn ihr Sohn bei ihr im Bett schläft. Trotz ihrer neutralen Position zum Übernachtungsverhalten ihres Sohnes habe sie versucht sein Verhalten einzuschränken, allerdings ohne Erfolg. Sie habe sich ins Gästebett, was im Zimmer des Jungen stand, hingelegt. Tom hat bis in die Nacht hinein nicht geschlafen, solange bis er wieder neben ihr in einem Bett lag. Dies habe sie mehrere Nächte versucht, ohne Erfolg. Sie vermutet, dass Tom aus Angst alleine zu sein, weil er seinen Eltern so nahe wie möglich sein will und weil er glaubt, seinen Eltern könnte in der Nacht etwas Schlimmes zustoßen, nicht in seinem eigenen Bett schläft.

Frau Laurentius hat die Mittlere Reife und eine abgeschlossene Berufsausbildung. Sie ist staatlich anerkannte Altenpflegerin. Zur Zeit ist sie nicht berufstätig. Ihr Ehemann hat ebenfalls die Mittlere Reife. Er hat eine abgeschlossene Berufsausbildung als Industriekaufmann. Zur Zeit arbeitet er ganztags als Sozialversicherungsfachangestellter.

Im Fragebogen zur Erfassung der Beziehung zur eigenen Mutter erzielt Frau Laurentius auf der Vermeidungsskala einen Durchschnittswert von 1,3 und auf der Angstskala einen Durchschnittswert von 1. Aufgrund der niedrigen Werte für beide Skalen lässt sich der Bindungsstil von Frau Laurentius zur ihrer Mutter in der Kindheit bis zum 12. Lebensjahr als sicher beurteilen. Das Zusatzitem *„Ich war als Kind sehr zufrieden mit meiner Mutter"* weist ebenfalls auf einen sicheren Bindungsstil hin. Frau Laurentius stimmt dieser Aussage voll und ganz zu.

Frau Laurentius Mutter lebt zur Zeit der Erhebung bei ihnen im Haus. Aufgrund der Wohnsituation sieht sie ihre Mutter mehr als ein Mal am Tag. Sie würde ihre Mutter auch nicht gerne öfter sehen. Frau Laurentius beschreibt die gegenwärtige Beziehung zu ihrer Mutter mit den Adjektiven: angenehm, unterstützend, liebevoll.

Im Fragebogen zum erinnerten elterlichen Erziehungsverhalten (FEE) (Schumacher et al., 2000) hat Frau Laurentius für die Skala emotionale Wärme einen t-Wert von 76 (Vater) und 74 (Mutter) erzielt. Bei einem Maximalwert von 80 sind diese als sehr hoch zu bezeichnen.

Für die Skala Kontrolle und Überbehütung erreicht Frau Laurentius t-Werte von 42 (Vater) und 41 (Mutter). Beide Werte liegen im Durchschnittsbereich, d.h. dass sie ihre Eltern in Kindheit und Jugend weder als stark kontrollierend noch als übertrieben fürsorglich, einmischend und einengend erlebte. Die Werte aus dem FEE (Schumacher et al., 2000) werden in Tabelle 68 veranschaulicht.

Tabelle 68: Ergebnisse aus dem FEE.

Skalen	Anzahl der Items	Rohwerte	M	t-Werte
Emotionale Wärme	8	V: 30 M: 30	V: 3,8 M: 3,8	V: 76 M: 74
Kontrolle und Überbehütung	8	V: 11 M: 11	V: 1,4 M: 1,4	V: 42 M: 41

Zur Erfassung der Familiendynamik wurden die Familienbögen (Cierpka & Frevert, 1994) eingesetzt. Die höchsten t-Werte in der Beziehung zwischen Mutter und Kind wurden für die Dimensionen: Kommunikation, Emotionalität, Affektive Beziehungsaugnahme und Kontrolle berechnet. Für
diese vier Dimensionen liegen alle Werte deutlich über einem t-Wert von 60, was auf eine gravierende Familiendysfunktionalität in der Mutter-Kind-Beziehung hinweist. Aufgrund der erhöhten t-
Werte in allen Bereichen sind die Probleme generalisiert.
Die Kommunikation zwischen Mutter und Sohn ist gestört, es herrscht kein Informationsaustausch
zwischen Frau Laurentius und ihrem Sohn Tom.
Die Höchstwerte für Emotionalität bedeuten, dass die Interaktion sich durch einen unzulänglichen
Ausdruck von Gefühlen und/oder einer unangemessenen Intensität auszeichnet.
Die Höchstwerte für eine affektive Beziehungsaufnahme stehen für das Fehlen von Empathie unter
den Familienmitgliedern oder das Zeigen von Interesse ohne jegliches Gefühl. Die Mutter-Kind-
Beziehung kann narzisstisch oder in einem extremen Maß symbiotisch sein.
Die ebenso hohen Kontrollwerte stehen für die Formen der Beeinflussung, die es der Familie nicht
gestatten die Anforderungen des täglichen Familienlebens zu meistern. Das Kontrollverhalten ist
gekennzeichnet durch offene oder verdeckte Machtkämpfe zwischen Frau Laurentius und Tom.
Daneben sind die Bereiche Aufgabenerfüllung, Rollenverhalten sowie Werte und Normen als ebenso kritisch zu beurteilen. Die erhöhten Werte für die Aufgabenerfüllung implizieren eine Unfähigkeit auf Veränderungen im familiären Lebenszyklus angemessen zu reagieren. Daneben sind die
Rollen ungenügend in den Familienverband eingefügt. Es herrscht zwischen Frau Laurentius und
Tom eine mangelnde Übereinstimmung in Bezug auf Rollenerwartungen. Darüber hinaus stimmen
beide nicht in ihren familiären Wert- und Normvorstellungen überein. In Tabelle 69 werden die Ergebnisse aus dem FB-Z (Cierpka & Frevert, 1994) aufgeführt.

Tabelle 69: Ergebnisse aus dem FB-Zweierbeziehungsbogen bezogen auf die Mutter-Kind-Beziehung.

Skalen	Anzahl der Items	Rohwerte	M	t-Werte
Aufgabenerfüllung	4	7	1,8	58
Rollenverhalten	4	8	2	62
Kommunikation	4	10	2,5	90
Emotionalität	4	12	3	100
Affektive Beziehungsauf-nahme	4	12	3	100
Kontrolle	4	12	3	100
Werte und Normen	4	10	2,5	72
Summenwerte für die 7 Skalen	28	71	10,1	93

Die höchsten t-Werte in der Beziehung zwischen den Partnern wurden für die Dimensionen Kommunikation, Emotionalität, Affektive Beziehungsaugnahme und Kontrolle erhoben. Die t-Werte, die
für die vier Dimensionen erhoben wurden, liegen deutlich über einem t-Wert von 60, was auch in
der Partnerbeziehung auf eine gravierende Familiendysfunktionalität hinweist. Alle t-Werte für die
sieben Dimensionen liegen über einem Wert von 60, d.h. dass sowohl in der Mutter-Kind-
Beziehung als auch in der Partnerbeziehung die Probleme generalisiert sind.
Die Kommunikation zwischen den Partnern ist gestört, es herrscht kein Informationsaustausch zwischen Frau Laurentius und ihrem Partner.
Die hohen t-Werte für Emotionalität bedeuten, dass die Interaktion sich durch einen unzulänglichen
Ausdruck von Gefühlen und/oder einer unangemessenen Intensität auszeichnet.
Die hohen t-Werte für eine affektive Beziehungsaufnahme stehen für das Fehlen von Empathie oder
das Zeigen von Interesse ohne jegliches Gefühl. Die Partnerbeziehung kann narzisstisch oder in einem extremen Maß symbiotisch sein.
Die hohen Kontrollwerte stehen für die Formen der Beeinflussung, die es der Familie nicht gestatten, die Anforderungen des täglichen Familienlebens zu meistern. Das Kontrollverhalten ist ge-

kennzeichnet durch offene oder verdeckte Machtkämpfe zwischen Frau Laurentius und ihrem Partner.

Die erhöhten t-Werte für die Aufgabenerfüllung implizieren eine Unfähigkeit auf Veränderungen im familiären Lebenszyklus angemessen zu reagieren. Daneben sind die Rollen ungenügend in den Familienverband eingefügt. Es herrscht zwischen Frau und Herrn Laurentius eine mangelnde Übereinstimmung in Bezug auf Rollenerwartungen.

Die hohen Werte für die Skala Werte und Normen drücken divergierende Wert- und Normvorstellungen aus. In Tabelle 70 werden die Werte aus dem FB-Z (Cierpka & Frevert, 1994) dargestellt.

Tabelle 70: Ergebnisse aus dem FB-Zweierbeziehungsbogen bezogen auf die Mutter-Partner-Beziehung.

Skalen	Anzahl der Items	Rohwerte	M	t-Werte
Aufgabenerfüllung	4	10	2,5	74
Rollenverhalten	4	12	3	90
Kommunikation	4	12	3	99
Emotionalität	4	12	3	97
Affektive Beziehungsaufnahme	4	12	3	100
Kontrolle	4	12	3	98
Werte und Normen	4	12	3	92
Summenwerte für die 7 Skalen	28	82	11,7	100

Für den Fragebogen zur Partnerschaftsdiagnostik (FPD) (Hahlweg, 1996) wurde ein Skalensummenwert von 58 von insgesamt 90 berechnet. Für die Skala 1 *Streitverhalten* erzielt Frau Laurentius einen t-Wert von 40. Der sehr niedrige Wert deutet auf sehr positive Verhaltensweisen hin, die vom Partner während eines Konfliktes oder Streites gezeigt werden und mit denen eine Konfliktlösung angestrebt wird.

Der sehr hohe t-Wert von 64 für die Skala Zärtlichkeit weist auf starken direkten Körperkontakt zwischen den Partnern hin bzw. auf sehr viele verbale Äußerungen des Partners gegenüber der Partnerin, um ihr seine Gefühle zu beschreiben.

Der sehr hohe t-Wert von 70 (Höchstwert) für die Skala Gemeinsamkeit/Kommunikation, der für Frau Laurentius ermittelt wurde, weist daraufhin, dass beide Partner alle Aktivitäten gemeinsam ausführen, wie das Wochenende gemeinsam planen, wichtige Entscheidungen gemeinsam treffen etc.

Frau Laurentius schätzt ihre Partnerschaft augenblicklich als sehr glücklich ein. Diese Einschätzung deckt sich mit den restlichen Ergebnissen in Bezug auf die 3 Skalen.

Die Werte zu den drei Skalen im FPD (Hahlweg, 1996) sind in Tabelle 71 aufgeführt.

Tabelle 71: Mittelwertergebnisse zu den drei Skalen im FPD.

Skalen	Inhalte	Anzahl der Items	Roh-werte	M	t-Werte
Streitverhalten	• Verhaltensweisen, die vom Partner während eines Konfliktes gezeigt werden.	10	1	0,1	40
Zärtlichkeit	• Impliziert den direkten Körperkontakt zum Partner	10	27	2,7	64
Gemeinsamkeit/ Kommunikation	• Aspekte, die in einer Partnerschaft gemeinsam durchgeführt werden.	10	30	3	71
Summenwert für die 3 Skalen		30	58	2	43

Frau Laurentius gibt im Brief-Symptom-Inventory (Franke, 2000) an, unter keiner psychosomatischen Belastung zu leiden. Alle Aussagen über Probleme und Beschwerden, die man manchmal hat, werden mit 0 bewertet. Demnach liegt keine aktuelle psychische Belastung der Probandin vor. Die erzielten Mittelwerte werden in Tabelle 72 als Skalenwerte bezeichnet. Tabelle 72 stellt die Ergebnisse von Frau Lorentz im Überblick dar.

Tabelle 72: Ergebnisse zu den drei Skalen mit den dazugehörenden Symptomen im BSI (Franke, 2000).

Skalen	Inhalte	Anzahl der Items	Sum-menwert	Ska-lenwert	t-Werte	Be-lastungs-tendenz
Depres-sivität	• Sechs Items umfassen Traurigkeit bis hin zur schweren klinisch manifesten Depression	6	0	0	41	keine
Ängst-lichkeit	• Sechs Items beschreiben körperlich spürbare Nervosität bis hin zu tiefer Angst	6	0	0	38	keine
Phobi-sche Angst	• Fünf Fragen thematisieren ein leichtes Gefühl von Bedrohung bis hin zur massiven phobischen Angst	5	0	0	45	keine

Zum allgemeinen psychischen Wohlbefinden gibt Frau Simonis an, dass sie im letzten Jahr kein einziges Mal beim Arzt war. Sie nehme regelmäßig Medikamente gegen hohen Blutdruck ein.

Fall 6

Fragebogenergebnisse zu Fall 6: Kind

Der 11-jährige Tom Laurentius besucht die 5. Klasse einer Realschule. Seine Hobbys sind: Musik (Saxophon spielen), Computer spielen und mit Freunden treffen. Tom mag an Schule die Fächer Musik und Biologie, außerdem finde er die meisten Lehrer nett. Er mag an Schule nicht das Fach Mathe und seine Sportlehrerin. Nach der Schule isst Tom zu Mittag, danach macht er seine Hausaufgaben. Nach den Hausaufgaben trifft er sich meistens mit Freunden, dann fahren sie draußen Roller, spielen Fußball oder Basketball. Manchmal sitzt er auch mit seinen Freunden am Computer. Bei Freunden oder Verwandten übernachtet Tom nicht. Warum er nicht gerne bei Freunden oder Verwandten übernachtet, schreibt Tom, dass er Angst habe, seiner Mama könne in der Zeit etwas passieren. Der Junge kann sich auch nicht vorstellen ohne seine Eltern, aber mit anderen Kindern Ferien zu machen. Er übernachtet gerne bei seinen Eltern im Bett, weil er denkt das Haus könne abbrennen und er merke es nicht. Er findet das Kuscheln mit seiner Mama schöner als in seinem eigenen Bett zu schlafen. Tom möchte auch nicht alleine in seinem Bett schlafen. Seinen Kater mit ins Bett zu nehmen könnte ihm dabei helfen, in seinem eigenen Bett zu schlafen.

Im KAT (Thurner & Tewes, 2000) gibt Tom sieben Mal eine Ja-Antwort. Tom gibt an unter Kopfschmerzen zu leiden. Er mache sich fast immer irgendwelche Sorgen. Er glaubt, dass den meisten Anderen alles leichter falle als ihm. Er glaubt, dass er bei Klassenarbeiten oder Prüfungen aufgeregter ist als die meisten Mitschüler. Er ist leicht missgestimmt. Ihn kann leicht etwas beunruhigen. Er erlebt oft Angst. Ein Rohwert von 7 entspricht einem Centilwert von 6. Dies impliziert bei Tom eine mittlere Ängstlichkeit.

In Kapitel 6.4.5 werden die Fragestellungen in Hinblick auf bisherige Ergebnisse überprüft.

6.4.5 Prüfung der Fragestellungen

Im Folgenden werden die in Kapitel 5 aufgestellten Fragestellungen überprüft.

Überprüfung von Fragestellung 1: Haben die Kinder unsicher gebundener Mütter eine ausgeprägte Trennungsangst?

Ein Ausgangspunkt der Arbeit ist, dass trennungsängstliche Kinder unsicher gebundene Mütter haben. Diese Fragestellung wurde mit Hilfe einer überarbeiteten Version von Graus Partnerschaftsfragebogen (Grau, 1999) sowie zwei Skalen aus dem Fragebogen zum erinnerten elterlichen Erziehungsverhalten (Schumacher et al., 2000) überprüft. Die Auswertungen des überarbeiteten Partnerschaftsfragebogens ergaben, dass alle Mütter einen sicheren Bindungsstil zu ihrer Mutter haben. Der Bindungsstil, der ermittelt wurde, bezieht sich auf die Kindheit der befragten Mütter bis zum 12. Lebensjahr. Im Anschluss daran wurde die aktuelle Bindungszufriedenheit zur Mutter erfragt. Drei Mütter, deren Mütter zum Zeitpunkt der Befragung noch lebten, beschreiben ihre Beziehung zu ihrer Mutter mit den Adjektiven angenehm und liebevoll. Eine weitere Mutter hat die Beziehung zu ihrer Mutter abgebrochen. 2 Mütter konnten diese Frage nicht beantworten, da ihre Mütter zum Zeitpunkt der Befragung bereits verstorben sind.

Alle Mütter bis auf Fall 1 und 4 erzielen für die Skala Emotionale Wärme im Fragebogen zum erinnerten elterlichen Erziehungsverhalten (FEE) (Schumacher et al., 2000) t-Werte, die über dem Durchschnittsbereich liegen, d.h., dass sie während ihrer Kindheit und Jugend seitens ihrer Eltern ein erhöhtes Maß an Zuwendung, Wärme und Unterstützung erfahren haben, insbesondere von ihren Müttern. Allerdings erlebten sie ihre Mütter nicht als übertrieben fürsorglich, einmischend und einengend und mischten sich nicht zu stark ein, als dass die Autonomieentwicklung ihres Kindes hätte gefährdet werden können. Eine Mutter (Fall 4) erlebte sogar ein geringes Maß an Zuwendung, Wärme und Unterstützung von ihrer Mutter. Gleichzeitig erlebte sie ihre Mutter als übertrieben fürsorglich, einmischend und einengend. Eine weitere Mutter (Fall 1), deren Werte im Durchschnittsbereich lagen, erlebte ihre Mutter weder als überstark fürsorglich, einmischend und einengend noch als kontrollierend. Den Ergebnissen nach zu urteilen lässt sich die Trennungsangst ihrer Kinder nicht am Bindungsstil der Mütter zu ihren Müttern festmachen.

Überprüfung von Fragestellung 2: Haben die Kinder von psychisch beeinträchtigten Müttern eine ausgeprägte Trennungsangst?

Um die Fragestellung zu überprüfen wurde das Brief-Symptom-Inventory (BSI) eingesetzt (Franke, 2000). Das BSI misst im Selbstbeurteilungsverfahren die aktuelle subjektiv empfundene Beeinträchtigung psychosomatischer Belastung. Hierzu liegen divergierende Befunde in meiner Studie vor. In 4 Fällen liegen die t-Werte im klinisch unauffälligen Bereich, lediglich in einem Fall sind alle t-Werte klinisch auffällig in den Bereichen Ängstlichkeit, Depressivität und Phobische Angst, was auf eine starke Beeinträchtigung psychosomatischer Belastung in allen drei Bereichen dieser Mutter schließen lässt. Eine weitere Mutter fühlt sich stark durch ihre Ängstlichkeit beeinträchtigt. Aufgrund der unterschiedlichen Befunde lässt sich die Aussage treffen, dass lediglich 2 der untersuchten Kinder psychisch beeinträchtigte Mütter haben. Vier Mütter sind als klinisch unauffällig zu bezeichnen. Demzufolge lässt sich die Trennungsangst ihrer Kinder nicht zwangsläufig an einer psychischen Beeinträchtigung der Mutter festmachen. Dies impliziert, dass nicht alle Mütter trennungsängstlicher Kinder psychische beeinträchtigte Mütter haben müssen.

Überprüfung von Fragestellung 3: Spielt die Familiendynamik: Passiver Vater und überfürsorgliche Mutter eine Rolle für die Trennungsangst beim Kind?

Diese Fragestellung wurde mit Hilfe der Zweierbeziehungsbögen (Cierpka & Frevert, 1994) sowie des Partnerschaftsfragebogens (Hahlweg, 1996) überprüft. Die Zweierbeziehungsbögen werden für das Kind und den Partner getrennt von den Müttern ausgefüllt. Zwei der sechs Kinder waren zum Erhebungszeitpunkt 12 Jahre oder älter und füllten den Zweierbeziehungsbogen (FE-Z) ebenfalls aus. Der FB-Z misst die Beziehung des Kindes zu seiner Mutter (Cierpka & Frevert, 1994). In allen sechs Fällen bis auf Fall 2 (Partnerbeziehung) nehmen alle befragten Mütter sowohl in der Mutter-Kind-Beziehung als auch in der Partnerbeziehung die gleichen Bereiche als sehr problematisch wahr. Alle Mütter geben an, dass sie große Schwierigkeiten in den Bereichen Kommunikation, E-motionalität, Affektive Beziehungsaufnahme und Kontrolle in der Beziehung zum Kind und zum Partner haben. Hingegen werden die Bereiche Aufgabenerfüllung, Rollenverhalten und Werte und Normen von ihnen als wesentlich unproblematischer erlebt.

Die hohen Werte für die Affektive Beziehungsaufnahme lassen die Interpretation zu, dass es in den dyadischen Beziehungen zum Partner an Empathie mangelt bzw. fehlt. Dieser Mangel wird durch eine symbiotische Beziehung zum Kind kompensiert, in der sich Mutter und Kind eng miteinander verbunden fühlen. Die Werte aus den Zweierbeziehungsbögen bestätigen diese Annahme. Alle Mütter fühlen sich eng mit ihrem Kind verbunden. In allen Fällen außer in Fall 1 weisen die sehr hohen t-Werte die bei einem maximalen t-Wert von 100, zwischen 93 und 100 liegen auf eine symbiotische Mutter-Kind-Bindung hin. Die stärkste Mutter-Kind-Bindung ist in den Fällen 2, 3 und 6 zu verzeichnen.

Die hohen Kontrollwerte für beide Beziehungen können bedeuten, dass die Mütter ihren Partner zu beeinflussen versuchen, was ihnen möglicherweise nicht oder nur schwer gelingt. Deshalb versuchen sie womöglich verstärkt Kontrolle auf ihr Kind auszuüben. *„Werden die Kontrollversuche stark ausgeübt, gestattet diese Form der Beeinflussung es der Familie nicht, die Anforderungen des täglichen Lebens zu meistern"* (Cierpka & Frevert 1994, S. 48). An den Anforderungen des täglichen Lebens zu scheitern, könnte für das Kind bedeuten, dass es unter dem starken Kontrollverhalten der Mutter leidet und es nicht schafft die Schule regelmäßig zu besuchen bzw. sich von seiner Mutter zu lösen, so wie es gemäß seines Alters und seiner Entwicklung sein sollte. Somit kann sich das Kontrollverhalten plus die symbiotische Bindung negativ auf die Autonomieentwicklung beim Kind auswirken. Ablöseprozesse des Kindes von der Hauptbindungsperson als eine wesentliche Entwicklungsaufgabe erscheinen unter diesen familiären Rahmenbedingungen geradezu unmöglich. Daneben ist das Kommunikationsverhalten in diesen Familien problematisch. Möglicherweise werden aufgrund einer fehlenden oder geringen Kommunikation die Probleme in den Familien unter diesen Voraussetzungen wohl nicht aufgedeckt. Auch die Gefühle, die den Interaktionssituationen unangemessen sind, helfen der Familie nicht die Probleme einander aufzuzeigen, beispielsweise fühlen sich die Familienmitglieder unglücklich, täuschen den anderen Familienmitgliedern vor, glücklich zu sein. Dies hat möglicherweise zur Folge, dass die Dysfunktionalitäten in den Bindungsbeziehungen immer rigider werden.

Welche Ergebnisse erzielen die beiden befragten Jugendlichen im Zweierbeziehungsbogen? Und gibt es Übereinstimmungen in den Befunden zwischen Mutter und Kind? Die höchsten t-Werte im Zweierbeziehungsbogen wurden bei Florian für die Bereiche Kontrolle, Affektive Beziehungsaufnahme, Emotionalität und Kommunikation ermittelt. Sowohl Frau Gruber als auch Florian nehmen die gleichen Bereiche als problematisch wahr. Hierzu schreiben Cierpka und Frevert: *„Je mehr Familienmitglieder erhöhte Werte in Bezug auf bestimmte Skalen haben, umso wahrscheinlicher ist, dass in diesen Bereichen Probleme vorliegen"* (Cierpka & Frevert 1994, S. 49). Die Gemeinsamkeiten in den Einschätzungen weisen darauf hin, dass Florian und seine Mutter ihre familiäre Situation ähnlich wahrnehmen. Dabei nimmt Florian die Bereiche Emotionalität, Affektive Beziehungsaufnahme und Kontrolle als problematischer wahr als seine Mutter.

Die höchsten t-Werte im Zweierbeziehungsbogen wurden für Sophie in den Bereichen Kommunikation, Affektive Beziehungsaufnahme und Kontrolle ermittelt. Sowohl Frau Simonis als auch Sophie nehmen die gleichen Bereiche als problematisch wahr. Dabei nimmt Frau Simonis die Bereiche Emotionalität, Affektive Beziehungsaufnahme und Kontrolle wesentlich problematischer wahr als ihre Tochter. Die Gemeinsamkeiten in den Einschätzungen für beide Familien weisen darauf hin, dass Mutter und Kind ihre familiäre Situation ähnlich wahrnehmen und dass es umso wahrscheinlicher ist, dass in diesen Bereichen Probleme vorliegen. Aufgrund der passiven Ehemänner, deren Passivität durch problematische Bereiche in den dyadischen Beziehungen möglicherweise begünstigt wurde, versucht die Mutter die Passivität ihres Partners durch Überfürsorglichkeit gegenüber ihrem Kind zu kompensieren. Auch ein Mangel an Empathie beziehungsweise das Zeigen von Interesse ohne jegliches Gefühl an der Partnerin kann mit einer symbiotischen Bindung zum Kind entgegengewirkt werden, mit dem Ziel den eigenen Selbstwert aufrechtzuerhalten. Das symbiotische Bindungsverhalten zum Kind kann als ein selbstwertdienliches Verhalten der Mutter zum Kind betrachtet werden.

Werden die Ergebnisse aus dem Partnerschaftsfragebogen (FPD) (Hahlweg, 1996) miteinander verglichen, so liegen divergierende Befunde vor. Die Mütter haben unterschiedliche Erfahrungen mit ihrem Partner gemacht hinsichtlich des Streitverhaltens, der Zärtlichkeit und der Gemeinsamkeit/Kommunikation. Die Bewertungen der 3 Skalen stimmen in allen sechs Fällen mit der Gesamtbeurteilung ihrer Partnerschaft am Ende des Fragebogens überein (Wie glücklich würden Sie Ihre Partnerschaft im Augenblick einschätzen?). Aufgrund der hohen Übereinstimmungen stelle ich im Folgenden dar, wie glücklich die Mütter ihre Partnerschaft im Augenblick der Befragung einschätzten: Zwei der befragten Mütter schätzten ihre Partnerschaft zum Zeitpunkt der Befragung als eher unglücklich ein. Eine Mutter schätzte ihre Partnerschaft als eher glücklich, zwei andere Mütter als glücklich und eine weitere als sehr glücklich ein. Dies deutet darauf hin, dass die Mütter ihre augenblickliche Beziehungsqualität zu ihrem Partner realistisch einschätzten.

Überprüfung von Fragestellung 4: Weisen trennungsängstliche Kinder auch eine allgemeine Ängstlichkeit auf?

Zur Fragestellung 4 existieren konträre Befunde. Von 5 Kindern weist ein Kind im Kinder-Angst-Test (KAT) (Thurner & Tewes, 2000) keine allgemeine Ängstlichkeit auf. Drei trennungsängstliche Kinder haben eine mittlere allgemeine Ängstlichkeit. Lediglich eine Probandin ist als hoch ängstlich einzustufen. Der KAT konnte bei einem Kind aufgrund ihres jungen Alters (5 Jahre) nicht ausgewertet werden. Den Ergebnissen aus dem KAT nach zu urteilen, weisen trennungsängstliche Kinder und Jugendliche zu ihrer Trennungsangst nicht zwangsläufig eine allgemeine Ängstlichkeit auf. Der Grad der allgemeinen Ängstlichkeit variiert in der vorliegenden Stichprobe zwischen den Fällen.

Zusammenfassung der Ergebnisse zu den Fragestellungen

Die Ausgangsannahme 1, dass trennungsängstliche Kinder und Jugendliche unsicher gebundene Mütter haben, konnte in meiner Stichprobe (n=6), die als klein zu bezeichnen ist, nicht bestätigt werden. Die Auswertung der erzielten Werte führt sogar zu gegenteiligen Ergebnissen. Alle Mütter gaben an, in ihrer Kindheit bis zum 12. Lebensjahr eine sichere Bindung zu ihrer Mutter gehabt zu haben. Die gegenwärtige Beziehung beschreiben solche Mütter, deren Mütter zum Zeitpunkt der Befragung noch lebten, mit positiven Adjektiven.

Die zweite Ausgangsannahme, dass Kinder von psychisch beeinträchtigten Müttern eine ausgeprägte Trennungsangst haben, konnte aufgrund der divergierenden Ergebnisse, die hierzu vorliegen, für meine Stichprobe nicht bestätigt werden. Lediglich zwei Mütter galten nach dem Brief-Symptom-Inventory als psychisch beeinträchtigt (Franke, 2000).

Fragestellung 3, die Rolle der Familiendynamik: Passiver Vater und überfürsorgliche Mutter für die Trennungsangst beim Kind ergibt, dass vier von insgesamt sieben Bereichen im Zweierbeziehungsbogen von allen Müttern als problematisch erlebt wurden. Alle Mütter erleben ihre Beziehungen als dysfunktional. Die Mütter geben an, dass sie große Schwierigkeiten in den Bereichen Kommunikation, Emotionalität, Affektive Beziehungsaufnahme und Kontrolle in der Beziehung zu ihrem Kind und zum Partner haben. Die Schwere in der Beziehungsdysfunktionalität variiert in den einzelnen Bereichen und zwischen den Fällen.

Die Mütter machten unterschiedliche Erfahrungen mit ihrem Partner und drückten dies in der Beurteilung ihrer Beziehungsqualität auch aus (Fragebogen zur Partnerschaftsdiagnostik von Hahlweg, 1996). Die Ergebnisse hierzu variierten stark.

Die Überprüfung der Fragestellung 4 ergab, dass trennungsängstliche Kinder und Jugendliche nicht zwangsläufig unter einer allgemeinen Ängstlichkeit leiden. Auch hier variierte die Intensität einer vorliegenden allgemeinen Ängstlichkeit stark.

In Kapitel 6.4.6 werden die Ergebnisse in Hinblick auf die Fragestellungen diskutiert.

6.4.6 Diskussion

Im Diskussionsteil werden die Ergebnisse in chronologischer Reihenfolge fallübergreifend diskutiert. Es werden alle relevante, im Fragebogen erfasste Bereiche aufgeführt.

Kritische Lebensereignisse

Alle sechs Kinder mussten in den letzten fünf Jahren Verlusterlebnisse hinnehmen, indem sie mit dem Tod von nahen Angehörigen oder wichtigen Bezugspersonen konfrontiert wurden (Fälle 1,2,3,5 und 6) bzw. eine hohe Fluktuation von Bezugspersonen in Relation zur Zeit hinnehmen mussten (Fall 4). Möglicherweise haben solche negativen Lebensereignisse dazu geführt, dass die Kinder aus der Verlusterfahrung eine Angst entwickelten, ihrer Mutter könne ebenfalls etwas Schlimmes zustoßen. Um sich ständig vergewissern zu können, dass ihrer Mutter nichts passiert, weigerten sie sich von ihrer Mutter zu trennen.

Zwei der befragten Jugendlichen (12 und 21 Jahre) haben auffällig viele Schulwechsel. Die anderen Kinder sind jüngeren Alters, deshalb sind bei ihnen die Schulwechsel noch redundant. Interessant wäre zu wissen, ob die anderen vier Kinder in einigen Jahren auch so häufig die Schule wechseln. Es ist zu vermuten, dass die Schulvermeidung ein sekundäres Problem ist und primär die Trennungsangst vorliegt. Aufgrund hoher schulischer Fehlzeiten verletzten sie die Schulpflicht, ihre Leistungen nehmen vermutlich ab, was letztlich zu einem Schulformwechsel führen könnte.

Nächtliches Trennungsverhalten beim Kind

Vier der befragten Mütter geben an, dass ihre Kinder zum gegenwärtigen Zeitpunkt bei ihnen im Bett übernachten. Eine weitere Mutter schrieb auf den Fragebogen, dass ihre Tochter bis zum Alter von 18 Jahren in ihrem Bett übernachtete. Als Gründe geben drei dieser Mütter an, dass sie denken, ihr Kind möchte nicht in seinem eigenen Bett schlafen aus Angst seiner Mutter könne etwas Schlimmes zustoßen. Folgende Fragen können hierzu nicht geklärt werden: Sind die Ursachenattributionen der Mütter zum Übernachtungsverhalten ihres Kindes realistisch? Falls ja, warum haben die Kinder Angst davor, ihren Müttern könnte in ihrer Abwesenheit etwas Schlimmes zustoßen? Beruhen die Ängste der Kinder auf einer realistischen Grundlage? Als mögliche Gründe zum nächtlichen Trennungsverhalten werden von drei Müttern weitere Erklärungen in Betracht gezogen: aus Angst alleine zu sein, weil das Kind seinen Eltern so nahe wie möglich sein will, weil es Aufmerksamkeit braucht.

Soziodemographische Angaben

Von den sechs befragten Kindern und Jugendlichen sind drei Einzelkinder. Aufgrund der divergierenden Ergebnisse scheint der Geschwisterstatus kein relevanter Faktor zur Entstehung bzw. Aufrechterhaltung einer Trennungsangst und/oder Schulphobie zu sein. Auffällig ist, dass alle Mütter zum Zeitpunkt ihrer Geburt mindestens 30 Jahre alt waren. Die jüngste Mutter war zum Zeitpunkt der Geburt 30, die älteste Mutter 36 Jahre alt. Der Altersmedian liegt bei den Probandinnen bei 34 Jahren (n=6).

Bindungsverhalten der Mutter zu ihrer Mutter

Alle sechs Mütter hatten in ihrer Kindheit bis zum 12. Lebensjahr ein sicheres Bindungsverhalten zu ihrer Mutter. Die Mütter von zwei Probandinnen sind zum Zeitpunkt der Erhebung bereits verstorben. Eine andere Probandin hat die Beziehung zu ihrer Mutter abgebrochen, die restlichen drei beschreiben ihre gegenwärtige Beziehung zu ihrer Mutter mit den Adjektiven: angenehm und liebevoll. Somit kann meine Vermutung, dass trennungsängstliche Kinder unsicher gebundene Mütter haben, für die vorliegende Stichprobe nicht bestätigt werden.

Elterliches Erziehungsverhalten

Alle Mütter bis auf Fall 1 und 4 erzielen im Fragebogen zum erinnerten elterlichen Erziehungsverhalten (FEE) (Schumacher et al., 2000) für die Skala Emotionale Wärme t-Werte, die über dem

Durchschnittsbereich liegen, d.h., dass sie während ihrer Kindheit und Jugend seitens ihrer Eltern ein erhöhtes Maß an Zuwendung, Wärme und Unterstützung erfahren haben, insbesondere von ihren Müttern. Allerdings erlebten sie ihre Mütter nicht als übertrieben fürsorglich, einmischend und einengend. Eine Mutter (Fall 4) erlebte ein geringes Maß an Zuwendung, Wärme und Unterstützung. Gleichzeitig erlebte sie ihre Mutter als übertrieben fürsorglich, einmischend und einengend. Eine weitere Mutter (Fall 1), deren Werte im Durchschnittsbereich lagen, erlebte ihre Mutter weder als überstark fürsorglich, einmischend und einengend noch als kontrollierend. Die t-Werte weisen darauf hin, dass das Erziehungsverhalten der Eltern bei fünf Müttern völlig unproblematisch und im Normalbereich lag.

Mutter-Kind und Mutter-Partner-Beziehung

Die Ergebnisse des Zweierbeziehungsbogens (FB-Z) (Cierpka & Frevert, 1994) deuten darauf hin, dass in den Fällen 3, 4, 5 und 6 die Mütter in beiden dyadischen Beziehungen die gleichen Probleme wahrnehmen. Vier Mütter erleben ihre Beziehung zum Partner und eine Mutter erlebt ihre Beziehung zum Kind als dysfunktional für alle sieben Bereiche und somit generell als unbefriedigend. Zwei Mütter erleben ihre Beziehung zum Kind als unbefriedigender als ihre Beziehung zum Partner. Dagegen erleben vier Mütter ihre Beziehung zum Partner als dysfunktionaler und unbefriedigender als ihre Beziehung zum Kind. In allen sechs Fällen bis auf Fall 2 (Partnerbeziehung) nehmen alle befragten Mütter sowohl in der Mutter-Kind-Beziehung als auch in der Partnerbeziehung die gleichen Bereiche als sehr problematisch wahr. Die Mütter geben an, dass sie große Schwierigkeiten in den Bereichen Kommunikation, Emotionalität, Affektive Beziehungsaufnahme und Kontrolle in der Beziehung zum Kind und zum Partner haben.
In allen Fällen außer in Fall 1 weisen die hohen t-Werte für die Skala Affektive Beziehungsaufname, die bei einem maximalen t-Wert von 100, zwischen 93 und 100 liegen auf eine symbiotische Mutter-Kind-Bindung hin. Die stärkste Mutter-Kind-Bindung ist in den Fällen 2, 3 und 6 zu verzeichnen. Die hohen Werte für die Affektive Beziehungsaufnahme lassen die Interpretation zu, dass es in den dyadischen Beziehungen zum Partner an Empathie mangelt bzw. fehlt. Diesen Mangel versucht die Mutter durch eine symbiotische Beziehung zum Kind zu kompensieren. Die Ergebnisse bestätigen, dass alle Mütter sich eng mit ihrem Kind verbunden fühlen.
Die hohen Kontrollwerte für beide Beziehungen können bedeuten, dass die Mütter ihre Partner zu beeinflussen versuchen, was ihnen möglicherweise nicht oder nur schwer gelingt, deshalb versuchen sie verstärkt Kontrolle auf ihr Kind auszuüben. Werden die Kontrollversuche stark von der Mutter ausgeübt, gestattet diese Form der Beeinflussung es der Familie nicht, die Anforderungen des täglichen Lebens zu meistern. Dies könnte für das Kind bedeuten, dass es unter dem starken Kontrollverhalten der Mutter leidet und es nicht schafft, die Schule regelmäßig zu besuchen bzw. sich von seiner Mutter zu lösen. Das Kontrollverhalten und die symbiotische Bindung wirken sich negativ auf die Autonomieentwicklung beim Kind aus. Ablöseprozesse von der Mutter scheinen in diesen Fällen schwierig.
Aufgrund einer fehlenden oder geringen Kommunikation werden die Probleme in den Familien unter diesen Voraussetzungen möglicherweise nicht aufgedeckt. Lösungsmöglichkeiten für ein besseres Kommunikationsverhalten können nicht entwickelt werden. Auch die Gefühle, die den Interaktionssituationen unangemessen sind, helfen der Familie nicht die Probleme einander aufzuzeigen. Dies hat möglicherweise zur Folge, dass die Dysfunktionalitäten in den Bindungsbeziehungen sich weiter verfestigen.

Gemeinsamkeiten in der Wahrnehmung der Mutter-Kind-Beziehung

Es wird die Beziehung von Florian und Sophie zu ihren Müttern dargestellt. Die höchsten t-Werte im Zweierbeziehungsbogen wurden für Florian in den Bereichen Kontrolle, Affektive Beziehungsaufnahme, Emotionalität und Kommunikation ermittelt. Sowohl Frau Gruber als auch Florian nehmen die gleichen Bereiche als problematisch wahr. Die Gemeinsamkeiten in den Ergebnissen weisen darauf hin, dass beide ihre familiäre Situation ähnlich wahrnehmen. Florian nimmt die Bereiche Emotionalität, Affektive Beziehungsaufnahme und Kontrolle als problematischer wahr als seine Mutter.

Die höchsten t-Werte im Zweierbeziehungsbogen wurden bei Sophie für die Bereiche Kommunikation, Affektive Beziehungsaufnahme und Kontrolle ermittelt. Sowohl Frau Simonis als auch Sophie nehmen die gleichen Bereiche als problematisch wahr. Beide erleben ihre familiäre Situation wohl ähnlich. Frau Simonis beurteilt die Bereiche Emotionalität, Affektive Beziehungsaufnahme und Kontrolle wesentlich problematischer als ihre Tochter. Aufgrund dessen, dass Mutter und Kind in beiden Fällen die gleiche Wahrnehmung haben, lässt dies die Vermutung zu, dass diese Einschätzung realistisch ist und der Wahrheit entsprechen kann.

Ehe- und Beziehungsqualität

Zur Einschätzung der Ehe- und Beziehungsqualität diente der Partnerschaftsfragebogen. Frau Simonis und Frau Laurentius erzielen im Partnerschaftsfragebogen (FPD) (Hahlweg, 1996) die besten Ergebnisse. Beide erleben ihre Partnerschaft als positiv. Frau Simonis schätzt ihre Partnerschaft als glücklich ein, Frau Laurentius bewertet ihre Partnerschaft als sehr glücklich. Diese Bewertungen gehen auch mit den Ergebnissen in den Bereichen Streitverhalten, Zärtlichkeit und Gemeinsamkeit/Kommunikation konform. Dagegen sind Frau Gruber und Frau Wagner mit ihrer Partnerschaft im Vergleich zu den anderen Probandinnen am unglücklichsten, welche mit deren Ergebnissen in den drei genannten Bereichen ebenfalls konvergieren.

Werden die Ergebnisse aus dem FPD (Hahlweg, 1996) miteinander verglichen, so liegen divergierende Befunde vor. Zwei der befragten Mütter schätzten ihre Partnerschaft zum Zeitpunkt der Befragung als eher unglücklich ein. Zwei Mütter schätzten ihre Partnerschaft als eher glücklich, eine weitere als glücklich und eine andere als sehr glücklich ein. Die divergierenden Befunde lassen folgende Fragestellung zu: Warum bewerten vier Mütter ihre Partnerschaft als glücklich, wo sie doch zu ihrem Partner eine dysfunktionale und konfliktreiche Beziehung haben?

Psychische Belastung der Mütter

Werden die Ergebnisse aus dem Brief-Symptom-Inventory (BSI) (Franke, 2000) miteinander verglichen, liegen auch hier divergierende Ergebnisse vor. Im BSI liegen in den Fällen 1,3,5 und 6 alle t-Werte für die drei Skalen im klinisch unauffälligen Bereich. Demnach liegt bei diesen Müttern keine aktuelle subjektiv empfundene Beeinträchtigung psychosomatischer Belastung vor. Dagegen sind in Fall 4 alle Werte klinisch auffällig, während in Fall 2 ausschließlich der Wert für die Skala Ängstlichkeit im klinisch auffälligen Bereich liegt und eine starke psychosomatische Belastung impliziert. Zumindest kann in diesen beiden Fällen vermutet werden, dass die psychosomatische Belastung der Mütter störungsaufrechterhaltend für die Trennungsangst beim Kind wirken kann. Die Angaben aus dem BSI beziehen sich auf die vergangenen sieben Tage bis zum Zeitpunkt der Befragung. Daraus geht hervor, dass nicht geklärt werden kann, ob in der Vergangenheit auch keine psychische Beeinträchtigung der Mütter vorlag.

Individuelle Disposition beim trennungsängstlichen Kind

Im Kinder-Angst-Test (KAT) (Thurner & Tewes, 2000) erzielten drei Kinder (Fall 2, 4 und 6) eine mittlere Ängstlichkeit, ein weiteres eine hohe Ängstlichkeit (Fall 5). Bei einem weiteren Kind lag keine Ängstlichkeit vor (Fall 1), und für ein Kind konnte der KAT aufgrund seines jungen Alters nicht ausgewertet werden (Fall 3).

Fall 1 und 2 weisen Gemeinsamkeiten auf. Die Parallelen werden im Folgenden dargestellt und in Hinblick auf die Schulvermeidung diskutiert.

Fall 1 und 2 – Ein Vergleich

In Fall 1 und 2 sind Auslöser und Ursachen getrennt zu betrachten. Sowohl Florian als auch Jan wurden von ihren Mitschülern in der Schule verprügelt. Möglicherweise stellen diese negativen Erlebnisse den Auslöser dar, warum beide sich schließlich weigerten zur Schule zu gehen. Die Ursache für ein schulisches Fernbleiben ist die Trennungsangst. Die Trennungsangst und die negativen schulischen Erlebnisse wirkten sich wohl ungünstig auf deren Schulbesuch aus.

Bei Jan ist die Angst seiner Mutter könne in seiner Abwesenheit etwas Schlimmes zustoßen berechtigt, denn er konnte mehrmals beobachten, wie sein Vater seine Mutter schlug. Während Florian in seinem Zimmer übernachtet, schläft Jan gemäß seiner Mutter gemeinsam mit seinen Geschwistern im elterlichen Ehebett. Frau Wagner beschreibt ihre Mutter als fürsorglich, gerade zu überfürsorglich. Das gleiche Bindungsverhalten wendet Jans Mutter bei ihren Kindern an. Die Erlebnisse, dass ihr ältester Sohn von Mitschülern vor ein fahrendes Auto gestoßen und angefahren wurde und ihr zweiter Sohn von Mitschülern verprügelt wurde, sind mögliche Erklärungen für ihre Ängstlichkeit und überfürsorgliche Haltung.

Hinzu kommt, dass Frau Wagner eine sehr enge Bindung zu ihrer Mutter hat. Beide sehen sich mehrmals täglich. Vermutlich wurde die Mutter-Tochter-Bindung mit dem Tod ihres Vaters noch intensiver. Hinzu kommt, dass sie ihren Partner und Vater ihrer beiden Söhne als desinteressiert und nicht als einen geeigneten Gesprächspartner erlebt.

Anhand der Fragebogenergebnisse der untersuchten Mütter und ihrer Kinder lassen sich folgende Rückschlüsse ziehen: Trennungsängstliche und schulphobische Kinder und Jugendliche weisen in der Regel Defizite in ihrem Sozialverhalten auf. Darunter fallen Beziehungen zu Gleichaltrigen aber auch zu den Lehrerinnen. Sie leben oft sozial zurückgezogen, die Familie ausgenommen. Dies wird durch die langen Fehlzeiten, die mit den Störungen einhergehen begünstigt und verstärkt. Ihr Verhalten ist als ängstlich und schüchtern zu bezeichnen, nicht jedoch im familiären Kontext. Dort verhalten sie sich häufig trotzig und aufmüpfig. Bei Klassenkameraden gelten sie nicht als sonderlich populär. Florian und Jan wird eine Außenseiterrolle zuteil. Sie wurden sogar von Mitschülern geärgert, abgelehnt, ignoriert und verprügelt.

In bereits durchgeführten Interviews nutzten die Mütter das Setting, um Verhaltensweisen von Lehrern zu kritisieren. Den Müttern und ihren Kindern wurden von Seiten der Schule Unverständnis, Unwissenheit und eine ablehnende Haltung entgegen gebracht. Die interviewten Mütter berichteten weiterhin, dass eine Schulvermeidung bei manchen Lehrerinnen automatisch mit Schuleschwänzen assoziiert werde. Demnach wird den Kindern und ihren Familien unterstellt, dass die Schülerinnen aus einer Unlust heraus agieren und nicht am Unterricht teilnehmen wollen, weil sie statt den Unterricht zu besuchen andere Aktivitäten der Schule vorzögen. Einigen Lehrerinnen scheint das Fernbleiben vom Unterricht von den betroffenen Schülern willentlich zu sein. Den Schülern wird somit von der Schule ein vorsätzliches Handeln unterstellt.

Die Mütter äußerten im Interview den Wunsch nach mehr Verständnis und Entgegenkommen von Seiten der Schule.

Fazit

Meine Annahme ist, dass die Ursachen einer Trennungsangst und Schulphobie in einem Zusammenspiel aus vier Faktoren begründet liegen. Die Überprüfung der 4 Fragestellungen ergab, dass nur Fragestellung 3 bestätigt werden konnte: Alle Mütter erleben ihre familiären Beziehungen als dysfunktional. Die Schwere der Dysfunktionalität variiert in den einzelnen Bereichen und zwischen den Fällen. Möglicherweise halten die problematischen Familienbeziehungen die Trennungsangst beim Kind aufrecht. Das Kind merkt, dass einzelne dyadische Familienbeziehungen problematisch bzw. gestört sind, allerdings bleibt dies unausgesprochen nach den Werten des Kommunikationsverhaltens im Zweierbeziehungsbogen (Cierpka & Frevert, 1994) und somit latent. Keine Mutter erzielt in einer dyadischen Beziehung einen Wert von unter 40 oder 40, was die in den Familien vorhanden Stärken sind, impliziert. Es gibt in keiner der sechs Familien Stärken in einem der insgesamt sieben Bereiche.

6.4.7   Kritische Reflexion der Untersuchung 1

Aufgrund des explorativen Forschungsdesigns konnte das Datenmaterial vollständig ausgeschöpft werden. Allerdings besteht in Bezug auf die Stichprobe eine hohe Selektivität. Es konnten viele Personen nicht befragt werden. Obwohl spezielle Handzettel zur Rekrutierung der Mütter und deren Kinder entwickelt und ca. 300 Handzettel und Fragebögen an Kliniken und niedergelassene Therapeuten in NRW versendet wurden, die zuvor telefonisch oder schriftlich ihr Einverständnis gaben, konnte nur eine kleine Stichprobe für die Dissertation gewonnen werden. Die jeweiligen Gründe, warum es den Probandinnen schwer fiel einen Fragebogen auszufüllen, der in den Praxen von niedergelassenen Therapeuten auslagen oder die vom Therapeuten an die Mütter herangetragen wurden, liegen mir nicht vor. Es bleibt auch die Frage offen, warum die Hemmschwelle den Fragebogen auszufüllen so groß oder das Interesse an der Befragung so gering war. Ich möchte mögliche Erklärungen aufzeigen, die zu der geringen Teilnahmebereitschaft geführt haben könnten. Die im folgenden genannten Erklärungen beruhen auf Mutmaßungen.

Ein Grund für die geringe Rücklaufquote könnte sein, dass Probanden in Tests und Befragungen eine Selbstkonfrontation sehen. Hierzu schreiben Bortz und Döring (2009):

> *„Sie sind gezwungen, über die im Erhebungsinstrument angesprochenen Themen nachzu-denken und sehen in ihren Antworten einen Spiegel ihrer Verfassung. Eigene Erlebens- und Verhaltensweisen als widersprüchlich, unvernünftig oder unakzeptabel wahrzunehmen, ist unangenehm."* (Bortz & Döring 2009, S. 332).

Die geringe Rücklaufquote kann aber auch auf das Thema und/oder die Zielgruppe zurückgeführt werden. Möglicherweise ist es besonders schwierig, Familien mit Trennungsproblemen für die Forschung zu gewinnen. Die Teilnahme an der Studie hätte eine Kontaktaufnahme mit mir vorausgesetzt. Möglicherweise bestand darin das erste Hindernis. Aufgrund von Datenschutzbestimmungen war es mir nicht möglich, mich den potenziellen Versuchsteilnehmern persönlich vorzustellen und mein Anliegen zu werben. Wäre dies möglich gewesen, wäre die Rücklaufquote wahrscheinlicher höher gewesen. Auf dem Handzettel (siehe Anlage 1) stand eine Telefonnummer. Dafür wurde eine Sipgate-Nummer eingerichtet, die mit einem automatischen Anrufbeantworter verbunden war, der von mir besprochen wurde. Möglicherweise lag eine Hemmschwelle darin, auf ein Tonband zu sprechen.

Aus dieser hohen Selektivität heraus ergeben sich folgende Fragen: Welche Personen haben sich nicht zurück gemeldet? Welche Mütter haben sich zurückgemeldet? Waren es solche Mütter, die nicht ängstlich sind? Was hat die Mütter motiviert an der Erhebung teilzunehmen?

Die für die Erstellung der Normen herangezogene Stichprobe ist nicht repräsentativ, das bedeutet, dass das Kriterium der Normierung nicht erfüllt wurde. Die vorliegende Stichprobe ist also weder als numerisch suffizient noch als repräsentativ zu bezeichnen.

Aufgrund des geschlechtsspezifischen Auswahlkriteriums, dass nur Mütter an der Befragung teilnehmen konnten, ist das Gütekriterium der Fairness nicht gegeben, was ein weiterer Kritikpunkt wäre (Moosbrugger & Kelava, 2008).

Eine weitere Erklärung für die geringe Rücklaufquote könnte in der Länge des Fragebogens begründet liegen. Möglicherweise wirkte die Länge abschreckend auf die Untersuchungsteilnehmerinnen.

Die Auswahl der Fragebögen, mit deren Hilfe die Fragestellungen überprüft worden sind, ist zu kritisieren. Es stellt sich mir die Frage, ob die eingesetzten Fragebögen passend für meine Fragestellungen gewesen sind. Auf welchem Hintergrund bauen die Fragebögen auf? Es konnte für die dritte Fragestellung nicht begründet werden, warum die Wirkungszusammenhänge so zustande kamen. Der Zweierbeziehungsbogen maß weniger die Passivität der Väter, sondern vielmehr andere Bereiche. Die Skala Affektive Beziehungsaufnahme macht Aussagen, wie sehr sich die Familienmitglieder verbunden fühlen. So zeigt die Skala Affektive Beziehungsaufnahme auf, ob die Familienmitglieder interessiert sind und wie stark die einzelnen Familienmitglieder miteinander verbunden sind. Ob der Vater innerhalb der Familie eine passive Rolle einnimmt, kann aus den Zweierbeziehungsbögen nur indirekt erschlossen werden. Dies gilt auch für die Skala Rollenverhalten (RV). Aus den erzielten Ergebniswerten kann wenn überhaupt nur auf Passivität geschlossen werden.

Auch der 2. eingesetzte Fragebogen zur Partnerschaftsdiagnostik (Hahlweg, 1996) zur Überprüfung der Fragestellung 3 erfasst weniger die Familiendynamik, sondern macht Aussagen zur Beziehungsqualität der Partner. Auch in der Auswertung dieses Fragebogens lässt sich höchstens aus der erlebten Zufriedenheit bzw. Unzufriedenheit Rückschlüsse auf die Familiendynamik ziehen. Aufgrund dessen, dass in beiden Fragebögen unterschiedliche Variablen gemessen werden, kam es vermutlich zu abweichenden Ergebnissen.

Am Brief-Symptom-Inventory (BSI) (Franke, 2000) ist zu kritisieren, dass die Zeitspanne hier sehr kurz gewählt ist, das bedeutet, dass die Symptome aus dem Test sich auf die vergangenen sieben Tage bis heute beziehen. Es wäre für die Fragestellung 2 (Haben die Kinder von psychisch beeinträchtigten Müttern eine ausgeprägte Trennungsangst?) interessant gewesen zu wissen, ob die Mütter in der Vergangenheit psychisch beeinträchtigt waren. Denn entgegen meiner Hypothese gaben vier Mütter an, unter keiner psychischen Belastung in den vergangenen sieben Tagen gelitten zu haben, was nicht bedeuten muss, dass sie in der Vergangenheit auch psychisch gesund waren.

In Untersuchung 1 sollte das sozialpsychologische Phänomen der sozialen Erwünschtheit prinzipiell in Betracht gezogen werden. Soziale Erwünschtheit impliziert, dass beispielsweise in Fragebogenuntersuchungen die Probanden dazu tendieren, die Antworten anzukreuzen, von denen sie erwarten, dass sie den Erwartungen des Versuchsleiters entsprechen. Eine Erklärung für sozial erwünschtes Verhalten liegt darin, dass dieses Verhalten selbstwertdienlich ist. Es ist denkbar, dass gerade in Selbstbeurteilungsverfahren, wie beispielsweise im Brief-Symptom-Inventory (Franke, 2000), was die subjektiv empfundene Beeinträchtigung der Mütter erfasst, Antworten angekreuzt werden, die sozial erwünscht sind.

7. UNTERSUCHUNG 2: SOZIALE WAHRNEHMUNG TRENNUNGSÄNGSTLICHER UND SCHULPHOBISCHER KINDER IN DER SCHULE

Kapitel 7 befasst sich mit der sozialen Wahrnehmung trennungsängstlicher Kinder durch Schülerinnen und Lehrkräfte in der Schule. Hierzu werden Lehrer unterschiedlicher Schulformen befragt sowie Oberstufenschülerinnen und Schüler von Berufskollegs aus dem Umkreis Essen.

7.1   Entwicklung der Fragestellungen für Untersuchung 2

Das Sichten der internationalen Forschungsliteratur ergab, dass bisher wenig bekannt ist, wie Lehrer und Schülerinnen trennungsängstliche Kinder und Jugendliche wahrnehmen. Aus diesem Informationsdefizit ergab sich die folgende Fragestellung für Untersuchung 2: Welche soziale Wahrnehmung haben Lehrer und Schüler gegenüber trennungsängstlichen und schulphobischen Kindern und Jugendlichen? Die empirische Fragestellung soll mit Hilfe eines selbst konstruierten Fragebogens getestet werden.

7.2   Einführung

Der Fragebogen thematisiert, wie trennungsängstliche und schulphobische Kinder von ihren Lehrern und Mitschülern wahrgenommen werden bzw. welche Alltagstheorien Lehrerinnen und Schüler zu diesem Störungsbild haben. Diese Fragen sollen mit Hilfe von selbst konzipierten Fragebögen erforscht werden. Im Rahmen von Untersuchung 2 wurden Lehrerinnen aller Schulformen mit Ausnahme von Förderschulen befragt. Bei den rekrutierten Schülerinnen handelt es sich um Oberstufenschüler sowie um Schülerinnen von Berufskollegs. Bevor der Fragebogen für Untersuchung 2 eingesetzt werden kann, musste er zuvor im Rahmen einer Pilotstudie an einer repräsentativen Stichprobe getestet werden.

7.3   Pilotstudie zur Untersuchung 2

Recherchen ergaben, dass es kein Messinstrument gibt, das die Alltagsvorstellungen von Lehrern zum Thema Trennungsangst und Schulphobie erfasst. Daher wurde ein Fragebogen zur Erfassung der Alltagsvorstellungen von Lehrern zum Thema Trennungsangst und Schulphobie entwickelt. Bevor dieser Fragebogen im März 2008 an Lehrerinnen unterschiedlicher Schulformen in NRW getestet werden konnte, wurden vorab die Alltagsvorstellungen von Lehramtsstudentinnen erfasst. Der Fragebogen verfolgte die Fragestellung, welche Alltagstheorien Lehramtsstudenten zum Thema Trennungsangst und Schulphobie haben und wie sie sich die Symptome und Ursachen dieses Störungsbildes erklären. Der selbst konstruierte Fragebogen, der an 100 Lehramtsstudentinnen an der Universität Essen im Rahmen einer Pilotstudie getestet wurde soll an ca. 350 Lehrer aller Schulformen mit Ausnahme von Förderschulen verteilt werden. Der Schülerfragebogen soll ausschließlich an Oberstufenschülerinnen und an Schülerinnen von Berufskollegs ausgehändigt werden, weil bei dieser Zielgruppe die Wahrscheinlichkeit besteht, dass sie das nötige Wissen mitbringen, das zum Verstehen der Items im Fragebogen erforderlich ist. Die Fragen, die sich auf die Störungsbilder beziehen, sind in diesem Fragebogen identisch mit dem Fragebogen, der für die Lehrer konzipiert wurden. Ein Unterschied liegt nur auf solchen Fragen, die sich explizit auf die Stichprobe beziehen. Die Tabelle 1 soll die Unterschiede in beiden Fragebögen verdeutlichen. Außerdem wurde der Fragebogen für die Lehrerinnen um folgende Fragestellungen ergänzt: *„Wie nehmen Sie Schüler mit diesem Störungsbild wahr?“ „Wie würde es Ihnen damit gehen, wenn Sie einen Schüler mit diesem Störungsbild in Ihrer Klasse hätten?“ „Wie hoch schätzen Sie Ihr Vorwissen zu diesem Störungsbild ein?“* Stattdessen wird im Lehrerfragebogen im Gegensatz zum Schülerfragebogen darauf verzichtet, die persönlichen Einstellungen der Lehrpersonen zu erfragen. Tabelle 73 gibt die Unterschiede wieder zwischen dem Fragebogen für Lehramtsstudenten und dem, der für die Lehrer konzipiert wurde.

Tabelle 73: Fragen im Fragebogen für Lehramtsstudenten und Fragen im Fragebogen für Lehrer – ein Vergleich.

Lehramtsstudenten (Pilotphase)	Lehrer
In welchem Semester sind Sie jetzt?	Wie lange unterrichten Sie als Lehrer?
Welche Studienrichtung studieren Sie?	An welcher Schulform unterrichten Sie?
An welcher Schulform möchten Sie später einmal unterrichten?	Wie viele Schüler unterrichten Sie derzeit?
Wünschen Sie sich mehr Lehre zu dem Thema Schulvermeidung allgemein?	Wünschen Sie sich mehr Fortbildungsangebot zum Thema Schulvermeidung allgemein?

7.3.1 Fragebogenkonstruktion

Der selbst entwickelte Fragebogen besteht aus sechs Fragen, die die Alltagsvorstellungen von Lehrern erfassen sollen. Die erste Frage umfasst richtige und falsche Symptome einer Trennungsangst und beinhaltet insgesamt zwölf Items. Die einleitende Frage lautet: *„Was sind die Symptome einer Trennungsangst bzw. Schulphobie?"* Zur Beantwortung dieser Frage steht den Versuchsteilnehmerinnen eine vierstufige Antwortskala zur Verfügung. Ist die Aussage für die Untersuchungsteilnehmerinnen überhaupt nicht zutreffend, ist das erste Antwortkästchen anzukreuzen. Schätzen sie die Aussage als voll zutreffend ein, ist das vierte Kästchen anzukreuzen. Mit den Antwortkästchen 2 (stimmt eher nicht) und 3 (stimmt ein wenig) haben die Studenten die Möglichkeit, Abstufungen in ihrem Antwortverhalten vorzunehmen. Die zwölf Antwortvorgaben, die für die erste Frage zur Verfügung stehen, lassen sich drei Skalen zuordnen. Die erste Skala deckt Kriterien ab, wie sie in klinisch psychologischen Diagnosesystemen zur Erfassung einer psychischen Störung (DSM IV und ICD 10) aufgeführt sind. Die Trennungsangst fällt in Anlehnung an diese Handbücher unter die emotionale Störung mit Trennungsangst des Kindesalters (ICD 10) und unter die Störung mit Trennungsangst im DSM IV. Die beiden anderen Skalen erfassen Kriterien der Schulangst und des Schuleschwänzens. Die Tabellen 74, 75 und 76 beinhalten Items, die sich auf die Frage *„Was sind die Symptome einer Trennungsangst bzw. Schulphobie?"* beziehen. Bei allen Fragen sind Mehrfachnennungen möglich.

In den Tabellen 74, 75 und 76 werden die Symptome dargestellt, die der Trennungsangst und Schulphobie, der Schulangst und dem Schuleschwänzen zugeordnet werden können.

Tabelle 74: Symptome im Fragebogen, die der Schulphobie zugeordnet werden.

Items von Skala 1: Trennungsangst und Schulphobie
Vermeidung der phobischen Situation
Auftreten körperlicher Beschwerden ohne organische Ursachen
übermäßige Angst vor der Trennung von zu Hause oder von der Hauptbezugsperson
unrealistische, vereinnahmende Besorgnis des Kindes, dass irgendein unglückliches Ereignis das Kind von seiner Hauptbezugsperson trennen wird
wiederholtes Klagen über körperliche Beschwerden wie Kopfschmerzen, Bauchschmerzen, Übelkeit oder Erbrechen, wenn die Trennung von einer wichtigen Bezugsperson bevorsteht oder stattfindet
das Vermeiden des Schulbesuchs geschieht mit dem Wissen der Eltern

Tabelle 75: Symptome im Fragebogen, die der Schulangst zugeordnet werden.

Items von Skala 2: Schulangst
starke Angst vor der Schule selbst, vor Lehrern und/oder Mitschülern
Angst vor Leistungsanforderung
Angst vor sozialer Abwertung

Tabelle 76: Symptome im Fragebogen, die dem Schulschwänzen zugeordnet werden.

Items von Skala 3: Schulschwänzen
Desinteresse an der Schule
wiederholte aggressive Verhaltensweisen
kriminelle Handlungen

Zur Abfrage der Ursachen für eine durch eine Trennungsangst begründetet Schulvermeidung werden solche Items aufgelistet die Aussagen darüber treffen, ob die Fragebogenteilnehmerinnen die richtigen von den falschen Ursachen unterscheiden können. Aus den 16 Items, die hierzu aufgelistet werden, kommen vier Items als mögliche Ursache für das Störungsbild einer Trennungsangst in Betracht (Skala 1). Die anderen zwölf Items lassen sich anderen psychischen Krankheitsbildern zuordnen (Skala 2). Tabellen 77 und 78 veranschaulichen die Ursachen einer Schulphobie getrennt von den Ursachen anderer psychischer Störungen.

Tabelle 77: Ursachen, die einer Trennungsangst und Schulphobie zugeordnet werden.

Items von Skala 1: Trennungsangst und Schulphobie
überbehütendes Verhalten
symbiotische Einstellung der Hauptbezugsperson zum Kind
übermäßig starke Bindung des Kindes an die Hauptbezugsperson
gestörtes Kommunikationsmuster zwischen Familienmitgliedern

Tabelle 78: Ursachen, die anderen psychischen Störungen zugeordnet werden.

Items von Skala 2: Andere psychische Störungen
genetische Ursachen
Teilleistungsschwächen
Schule als Angst auslösende Situation
negatives Selbstkonzept
strenger Erziehungsstil
laissez-faire Erziehungsstil
inkonsistente Haltung der Eltern gegenüber dem Kind
elterliche Einstellungen
ablehnendes Verhalten
geringer sozialer Status der Familie
Krankheitsgewinn
geringe Frustrationstoleranz

Die dritte Frage benennt Verhaltensweisen oder vielmehr Handlungen, die sich auf den direkten Umgang mit einem trennungsängstlichen Schüler beziehen. An dieser Stelle werden acht mögliche Handlungsweisen, denen ein Lehrer Folge leisten kann, aufgezeigt. Sieben der insgesamt acht Verhaltensweisen implizieren ein aktives und konstruktives Handeln, während ein Item dem Lehrer die Möglichkeit bereitstellt, keine Maßnahme zu ergreifen. Tabelle 79 gibt Beispielitems für mögliche Handlungsweisen von Lehrern im Setting Schule wieder.

Tabelle 79: Beispielitems im Umgang mit trennungsängstlichen Kindern.

Beispielitems
Mit den Eltern des Kindes sprechen.
Dafür plädieren, dass die Eltern mit ihrem Kind zum Psychologen gehen.
Den Beratungslehrer kontaktieren.
Informationen zu dem Thema sammeln.

Im Anschluss daranwird die persönliche Einstellung von Lehramtsstudenten thematisiert, in Hinblick auf mögliche Aufgaben von Lehrern und der Schule, um die Schüler in ihrer Entwicklung angemessen zu unterstützen und zu fördern. Die einleitende Frage lautet: *„Wie stehen Sie zu folgenden Aussagen?"* Anschließend werden sechs Aussagen genannt. Aus Platzgründen werden nicht alle Antwortvorgaben in Tabelle 80 abgebildet.

Tabelle 80: Beispielitems, die den persönlichen Standpunkt von schulischen Aufgaben und Pflichten darstellen.

Beispielitems
Die Schule sollte sich auch um psychische Probleme der Schüler kümmern.
Lehrer sollten eng mit Fachärzten und Therapeuten kooperieren.
Die Lehrer sollten eng mit den Eltern kooperieren.

Die fünfte und vorletzte Frage umfasst Vorerfahrungen bzw. ein Vorwissen, das die Lehramtsstudenten bereits gesammelt haben. Im Gegensatz zu der vorherigen Skalierung, die bei allen vier Fragen vierstufig ist, gibt es hierzu zwei Antwortvorgaben. Der Studienteilnehmer kann die Teilaspekte in dem Satz *„Ich habe zu diesem Krankheitsbild Literatur gelesen, an einer Fortbildung teilgenommen, bereits Erfahrungen mit Schülern gesammelt."* bejahen oder verneinen.

Der letzte Punkt beinhaltet den Wunsch nach mehr Lehre zum Thema Schulvermeidung allgemein. Auch diese Frage ist dichotom zu beantworten.

7.3.2 Stichprobe

An der Erhebung nahmen insgesamt 100 Lehramtsstudentinnen teil. Die Teilnehmerinnen der Pilotstudie waren 10 männliche und 90 weibliche Studenten des Studienganges Lehramt an der Universität Essen. Von den 100 Versuchsteilnehmerinnen füllten 94 den Fragebogen im Seminarraum aus. Die restlichen sechs Studenten waren keine Seminarteilnehmer und wurden in der Cafeteria und im Flur der Universität von mir angesprochen und gebeten, den Fragebogen auszufüllen. Die befragten Personen waren unterschiedlichen Semesters. Hierbei gab es eine große Streuung: zwei der befragten Personen sind zum Erhebungszeitpunkt im 1. Semester, während fünf Studierende im 13. Semester sind. Die Meisten von ihnen sind im 5. (29 Studierende) und 7. Semester (21 Studierende). Die Fragebögen wurden von meiner Kollegin und mir verteilt. Die Verteilung erfolgte 5 Minuten vor Beginn des Seminars „Emotionale Erziehung" in einem Seminarraum der Universität. Die Bearbeitungszeit betrug etwa fünf bis zehn Minuten. Direkt nach Bearbeitungsende wurden die ausgefüllten Fragebögen eingesammelt.

7.3.3 Ergebnisse

Deskriptive Kennwerte des Fragebogens

Begonnen wird mit der inhaltlichen Frage: *„Was sind die Symptome einer Trennungsangst bzw. Schulphobie?"* Die Mittelwerte liegen für die Schulphobieskala bei 2,94 (SD = ,524) und für die Schulangstskala bei 3,28 (SD = ,603). Für die Skala Schuleschwänzen beträgt der Mittelwert 2,04 (SD = ,659) (siehe Tabelle 81).

Tabelle 81: Statistische Kennwerte für die 3 Variablen: Schulphobie, Schulangst und Schuleschwänzen.

Variablen	N	Min.	Max.	M	SD
Schulphobie	95	2	4	2,94	,524
Schulangst	99	1	4	3,28	,603
Schuleschwänzen	91	1	4	2,04	,659

Vergleicht man die Mittelwerte der Schulphobie mit den Mittelwerten der Schulangst, stellt sich heraus, dass die Studenten solche Items, die der Schulangst zugeordnet sind, als Symptome für eine Trennungsangst benennen. Es werden solche Items, die zum Schuleschwänzen gehören, von ihnen als falsche Symptome einer Trennungsangst erkannt.

Mittelwerte und Standardabweichung in Bezug auf die anschließende Frage *„Was sind die möglichen Ursachen einer Trennungsangst bzw. Schulphobie?"* sehen wie folgt aus:Beide Mittelwerte weisen keine großen Unterschiede auf. Der Mittelwert für die Skala Schulphobie liegt bei 2,94 (SD = ,524), während der Mittelwert für die Skala Ursachen anderer psychischer Störungen bei 2,59 (SD = ,402) liegt. Diese geringe Differenz soll mit Hilfe der nachfolgenden Angaben, die die Häufigkeit erfassen, veranschaulicht werden: 58% der befragten Personen gaben an, dass die Schule als Angst auslösende Situation eine Ursache von Trennungsangst ist. Die meisten Studentinnen machten das negative Selbstkonzept als einen Ursachenfaktor für eine Trennungsangst verantwortlich (47% stimmt genau, 39% stimmt ein wenig). Daneben gaben 21% (stimmt genau) und 54% (stimmt ein wenig) der Befragten elterliche Einstellungen als einen Ursachefaktor an. Letztlich wurde eine geringe Frustrationstoleranz hinter den Ursachen vermutet (41% stimmt genau, 43% stimmt ein wenig). Auch hier verhält es sich ähnlich wie in der Frage zuvor. Die Studentinnen können nur schwer, die auf eine Trennungsangst und Schulphobie zutreffenden Ursachen von den nicht zutreffenden Faktoren unterscheiden. Kriterien, die eindeutig der Schulangst zugeordnet werden, geben die Studenten als Kriterien für eine Trennungsangst an.

Diese Ergebniswerte deuten darauf hin, dass der größte Anteil der befragten Personen die Schulphobie mit der Schulangst gleich setzt. Tabelle 82 veranschaulicht die geringe Diskrepanz zwischen beiden Mittelwerten.

Tabelle 82: Statistische Kennwerte für die 2 Variablen: Trennungsangst und Schulphobie und andere psychische Störungen.

Antwortmodi	N	Min.	Max.	M	SD
Schulphobie	95	2	4	2,94	,524
Andere psychische Störungen	87	1	4	2,59	,402

Die Mittelwerte liegen bei 3 (stimmt ein wenig) in Anlehnung an Tabelle 83 für die Items zur Frage *„Wenn Sie einen trennungsängstlichen bzw. schulphobischen Schüler in Ihrer Klasse hätten, wie würden Sie mit der Problematik umgehen?* Bei den Aussagen *„mit den Eltern des Kindes sprechen“*, *„Informationen zu dem Thema sammeln“* und *„mit meinen Kollegen austauschen“* tendieren die Lehramtsstudenten das vierte Kästchen anzukreuzen (stimmt genau). Die Alternative keine Maßnahme zu ergreifen, bewerten fast alle Teilnehmerinnen mit „trifft überhaupt nicht zu“. Aufgrund der großen Streuungen um die Mittelwerte lassen sich keine allgemeingültigen Aussagen hierzu treffen. In Tabelle 83 sind die statistischen Kennwerte aufgeführt.

Tabelle 83: Statistische Kennwerte für die Variable: persönliche Einstellungen zu schulischen und lehrerbezogenen Aufgaben.

Items	N	Min.	Max.	M	SD
Mit den Eltern des Kindes sprechen	100	2	4	3,8	,449
Dafür plädieren, dass die Eltern mit ihrem Kind zum Psychologen gehen	100	1	4	3,23	,739
Den Beratungslehrer kontaktieren	100	1	4	3,34	,768
Den Schulpsychologen kontaktieren	99	1	4	3,46	,643
Keine Maßnahme	99	1	4	1,08	,420
Das Kind auf seine Problematik ansprechen	100	1	4	3,23	,789
Informationen zu dem Thema sammeln	100	2	4	3,63	,525
mit meinen Kollegen austauschen	99	1	4	3,54	,611

Aus der Frage, die sich auf die persönliche Einstellung der Lehramtsstudentinnen in Bezug auf mögliche Aufgaben von Schule bzw. von Lehrern bezieht, resultieren diese Ergebnisse: Die Studenten beantworteten die Aussagen *„die Schule sollte sich auch um psychische Probleme der Schüler kümmern“*, *„Lehrer sollten eng mit Fachärzten und Therapeuten kooperieren“* mit stimmt ein wenig, während die anderen vier Aussagen mit der Bewertung stimmt genau beurteilt wurden. Tabelle 84 gibt die statistischen Kennwerte für alle drei Variablen wieder:

Tabelle 84: Statistische Kennwerte für die drei Variablen: Schulphobie, Schulangst und Schuleschwänzen.

Items	N	Min.	Max.	M	SD
Die Schule sollte sich auch um psychische Probleme der Schüler kümmern.	100	1	4	3,54	,616
Lehrer sollten eng mit Fachärzten und Therapeuten kooperieren.	100	1	4	3,36	,759
Die Lehrer sollten eng mit den Eltern kooperieren.	100	2	4	3,79	,445
Lehrer sollten sich für die Reifung und die psychosoziale Entwicklung ihrer Schüler interessieren.	100	2	4	3,73	,509
Schule sollte die Aufgabe haben, Unsicherheiten beim Schüler abzubauen.	100	2	4	3,53	,626
Schule sollte Schülern soziale Kompetenzen vermitteln.	100	3	4	3,87	,338

Lediglich 14% von 98 Personen gaben an, Literatur zu diesem Thema gelesen zu haben, während 84% die Angabe machten, bisher nichts zu diesem Krankheitsbild gelesen zu haben (siehe Tabelle 85).

Tabelle 85: Häufigkeitsverteilung „Ich habe zu diesem Krankheitsbild Literatur gelesen."

		f	%	Gültige %
Gültig	Ja	14	14	14,3
	Nein	84	84	85,7
	Gesamt	98	98	100
Fehlend		2	2	
Gesamt		100	100	

Die wenigsten Lehramtsstudenten (5%) haben diesbezüglich an einer Fortbildung teilgenommen (siehe Tabelle 86).

Tabelle 86: Häufigkeitsverteilung „Ich habe zu diesem Krankheitsbild an einer Fortbildung teilgenommen."

		f	%	Gültige %
Gültig	Ja	5	5	5,1
	Nein	93	93	94,9
	Gesamt	98	98	100
Fehlend		2	2	
Gesamt		100	100	

Von den 91 Lehramtsstudenten, die hierzu Stellung bezogen, gaben 24% an, mit trennungsängstlichen Kindern bereits Erfahrungen gemacht zu haben, während 67% diese Frage verneinten (siehe Tabelle 87).

Tabelle 87: Häufigkeitsverteilung „Ich habe zu diesem Krankheitsbild bereits Erfahrungen mit Schülern gesammelt."

		f	%	Gültige %
Gültig	Ja	24	24	26,4
	Nein	67	67	73,6
	Gesamt	91	91	100
Fehlend		9	9	
Gesamt		100	100	

Tabelle 88 spiegelt die Häufigkeitsverteilung wider, ob die Studenten sich mehr Lehre zum Thema Schulvermeidung allgemein wünschen. An dieser Stelle sprechen sich immerhin 92% der Lehramtsstudenten für den Wunsch nach mehr Lehre an der Universität aus. Diese Häufigkeitsverteilung lässt die Vermutung zu, dass eine relativ hohe Zahl der Befragten Interesse am Thema Schulvermeidung haben und/oder eine Notwendigkeit des Themas für ihr zukünftiges schulisches Handeln als ausgebildeter Lehrer sehen (siehe Tabelle 88).

Tabelle 88: Häufigkeitsverteilung: „Wünschen Sie sich mehr Lehre zu dem Thema Schulvermeidung allgemein?"

		f	%	Gültige %
Gültig	Ja	92	92	93,9
	Nein	6	6	6,1
	Gesamt	98	98	100
Fehlend		2	2	
Gesamt		100	100	

Reliabilitätsanalyse

Um die Skalen miteinander korrelieren zu können, müssen die Daten vorab einer Reliabilitätsanalyse unterzogen werden. Allen im folgenden genannte Werte liegt die einleitende Frage zu Grunde „*Was sind die Symptome einer Trennungsangst bzw. Schulphobie?"* Der Reliabilitätskoeffizient für alle 100 Fälle und für die erste Skala Schulphobie beträgt α = .81. Der Reliabilitätskoeffizient der Schulangstskala beträgt α = .58. Für die Skala Schuleschwänzen wurde der Reliabilitätskoeffizient α = .91 berechnet. Somit erweisen sich die einzelnen Items der Schulphobie-, Schulangstskala und der Skala Schuleschwänzen als aussagekräftig. Der erste und der letzt genannte Reliabilitätswert weisen darauf hin, dass der Grad der internen Konsistenz gut ist. Während der Wert in der Mitte als zufrieden stellend beurteilt werden kann.

Die Reliabilitätsanalyse für die möglichen Ursachen einer Trennungsangst berechnet einen Reliabilitätskoeffizienten für die Skala Ursachen einer Trennungsangst (Skala 1) von α = .65 und für die Skala Ursachen anderer Störungsbilder (Skala 2) einen Koeffizienten von α = .73. Nach den beiden ermittelten Reliabilitätskoeffizienten zu urteilen, ist die interne Konsistenz auch hier hoch.

Bivariate Analysen: Korrelative Berechnungen

Zwei Zusammenhänge sollen mit Hilfe des Korrelationskoeffizienten r aufgezeigt werden. Die erste Korrelation sind die Symptomwerte mit den Werten der Ursachen einer Trennungsangst. Die Auswertung ergab, dass die Werte der Skala *Symptome* signifikant mit den Werten der Skala *Ursachen* korrelieren. Die Werte wurden nach Spearman korreliert, weil es sich hierbei um keine Normalverteilung und um ordinalskalierte Daten handelt.Die Korrelationen ergaben, dass solche Personen, die die richtigen Symptome für eine Trennungsangst angaben, auch die richtigen Ursachen angekreuzten. Demnach besteht ein signifikanter Zusammenhang zwischen dem Wissen um die richtigen Symptome mit dem Wissen um die richtigen Ursachen dieses Störungsbildes. Die meisten Untersuchungsteilnehmer kreuzten bei den Antwortvorgaben, die der Skala Schulangst zugeordnet werden, ebenso „stimmt ein wenig" bis „stimmt genau" an. Aus den vorliegenden Ergebnissen lässt sich die Schlussfolgerung ziehen, dass eine Vielzahl der befragten Studenten der Universität Essen die Schulphobie mit der Schulangst verwechselt bzw. gleichgesetzt hat. Kasten 16 veranschaulicht die Korrelationsergebnisse zu den Symptomen und Ursachen einer Trennungsangst und Schulphobie.

Kasten 16: Korrelationsergebnisse von Symptomen und Ursachen einer Trennungsangst und Schulphobie.

Korrelationen zu den Symptomen und Ursachen einer Schulphobie *(Berechnung der Korrelationen nach Spearman):* a b positiv, $r_{(79)}$ = .301 pc .01

Im Folgenden werden die Werte für den *Umgang mit der Problematik*(Skala 1) mit den Werten *Persönliche Einstellungen*(Skala 2) korreliert. Die Korrelationsergebnisse weisen darauf hin, dass die Werte, die sich auf den Umgang mit der Problematik beziehen, signifikant mit den persönlichen Einstellungen korrelieren. Das bedeutet, dass die Studenten mit der Einstellung aktiv in eine Interaktion mit dem Schüler oder anderen Hilfesystemen treten (mit den Eltern des Kindes sprechen, Informationen zu dem Thema sammeln...). Parallel hierzuvertreten sie die persönliche Einstellung, dass die Schule bzw. die Lehrer sich allgemein um psychische Probleme ihrer Schüler kümmern sollten. Kasten 17 veranschaulicht die Korrelationsergebnisse zum Umgang mit der Problematik und den persönlichen Einstellungen der Lehramtsstudentinnen.

Kasten 17: Korrelationsergebnisse zu dem Umgang mit der Problematik und den persönlichen Einstellungen.

Korrelation zu dem Umgang mit der Problematik und den persönlichen Einstellungen (Berechnung der Korrelationen nach Spearman): a b positiv, $r_{(98)}$ = .474 pc .01

7.3.4 Schlussfolgerungen

Die Fragebogenuntersuchung im Rahmen der Pilotphase ergab, dass die Lehramtsstudenten die Symptome und die Ursachen einer Schulphobie mit der Schulangst gleichsetzten. Die Alltagstheorien von Lehramtsstudentinnen zur Ursachenforschung liegen demnach nicht nur im Elternhaus, sondern auch in der Schule begründet. Merkmale, die dem Schuleschwänzen zugeordnet werden konnten, wurden als Items, die nicht für eine Trennungsangst stehen, korrekt identifiziert. Demzufolge waren die Lehramtsstudentinnen durchaus in der Lage die nicht-dissoziale Schulvermeidung

(Schulangst und Schulphobie) von der dissozialen Schulvermeidung (Schuleschwänzen) zu unterscheiden.

Im Umgang mit der Problematik würden fast alle Studenten konstruktiv agieren, in dem sie entweder den Schulpsychologen kontaktieren, selbst Informationen zum Thema sammeln oder sich mit Kollegen austauschen etc. Ebenso wird von einer Mehrheit der Lehramtsstudenten der Standpunkt vertreten, dass die Schule sich um psychische Probleme ihrer Schüler kümmern, und dass Lehrer eng mit Fachärzten, Therapeuten und anderen Lehrern kooperieren sollten.

Unter dem Aspekt *Sonstige Anmerkungen*, gaben sechs Studenten an, dass es ihnen schwer gefallen ist, den Fragebogen auszufüllen. Eine Studentin geht davon aus, dass ein Seminar für angehende Lehrer nicht der richtige Personenkreis zur Erhebung der Daten ist, weil sie noch keinerlei Berufserfahrung haben und aus diesem Grund nichts zu dem Thema sagen können. Eine andere Studentin schreibt, dass bei ihr in ihrer eigenen Schulzeit Symptome wie Übelkeit auftraten und sie diese auch als real empfand. Sie blieb der Schule fern. Weiterhin schreibt sie, dass sie sich damals mehr Unterstützung von Seiten der Schule gewünscht hätte.

Ergebnisse der Pilotstudie und deren Implementierung für die Untersuchung 2

Aufgrund der aufgezeigten Reliabilitäten und der beiden signifikanten Zusammenhänge zwischen den ausgewählten Variablen, wird dieser Fragebogen für meine Untersuchung an den Lehrerinnen übernommen. Es gibt allerdings einige Veränderungen, die vorgenommen werden sollten. Am Fragebogen ist zu kritisieren, dass die Formulierungen Trennungsangst und Schulphobie irreführend sind. Möglicherweise wäre es sinnvoller die Definition aus den Diagnosehandbüchern zu übernehmen und von einer emotionalen Störung mit Trennungsangst worunter auch die Schulphobie zählt, zu sprechen. Demnach würde die erste Frage im Lehrerfragebogen lauten: *„Was sind die Symptome einer emotionalen Störung mit Trennungsangst (hierunter fällt auch die Schulphobie)?"* statt der Fragestellung: *„Was sind die Symptome einer Trennungsangst bzw. Schulphobie?"* bezieht man diese Veränderung in den Fragebogen für die Lehrer mit ein, erscheint das Störungsbild für die befragten Personen klarer, als wenn die Begrifflichkeiten Trennungsangst bzw. Schulphobie verwendet werden.

Der Fragebogen für die Lehrer soll um weitere Fragen ergänzt werden, damit eine umfassendere und effektivere Prüfung von Alltagstheorien im Fragebogen gewährleistet werden kann. Neben der Frage, welche Alltagstheorien Lehrerinnen über die Symptome und Ursachen einer emotionalen Störung mit Trennungsangst haben, sollen die Lehrer Auskunft darüber geben, wie sie Schülerinnen mit diesem Störungsbild wahrnehmen und ob sie bereits Erfahrungen mit solchen Schülern gesammelt haben. Die nächste Frage befasst sich mit dem Umgang des Lehrers mit diesem Kind. Daneben sollen die Lehrerinnen ihr eigenes Vorwissen zu diesen Störungsbildern auf einer fünfstufigen Antwortskala einschätzen und beurteilen, wie wichtig das Thema für ihr tägliches schulisches Handeln ist.

7.4   Untersuchung zur sozialen Wahrnehmung in der Schule

Mit Hilfe des Lehrerfragebogens soll eruiert werden, welche Alltagsvorstellungen Lehrer unterschiedlicher Schulformen über Schüler mit Trennungsangst und Schulphobie haben. Um die Alltagsvorstellungen von Lehrpersonen angemessen herauszustellen, werden unterschiedliche Merkmale im Fragebogen erfragt:

Der Lehrerfragebogen thematisiert, ob die Lehrerinnen bereits mit Schülern, die unter einer emotionalen Störung mit Trennungsangst leiden, in Kontakt getreten sind und wie Lehrerinnen unterschiedlicher Schulformen, Schülerinnen mit diesem Störungsbild wahrnehmen. Weiterhin wird nach möglichen Symptomen und Ursachen einer emotionalen Störung mit Trennungsangst gefragt. Daneben wird der Umgang mit diesen Schülern angesprochen und wie es den Lehrerinnen damit gehen würde, wenn sie einen Schüler mit einer Trennungsangstproblematik in ihrer Klasse hätten. Darüber hinaus werden die Lehrerinnen befragt, ob sie zu diesem Krankheitsbild bereits Literatur gelesen oder an einer Fortbildung teilgenommen haben. Am Ende des Fragebogens sollen sie auf einer fünfstufigen Antwortskala einschätzen, wie wichtig sie das Thema in Bezug auf ihr tägliches schulisches Handeln sehen und wie hoch ihr Vorwissen zu diesem Störungsbild ist.

7.4.1 Die Stichprobe
Rekrutierung der Stichprobe

Die einzelnen Schulen wurden übers Internet heraus gesucht und nacheinander angerufen. Nachdem einige Schulleitungen der verschiedenen Schulformen mündlich ihr Einverständnis gegeben hatten und mir mitgeteilt haben, wie viele Fragebögen sie benötigen, wurden die Fragebögen per Post an die Schulen versendet. Die Schulleiterin klärte in der Zwischenzeit das Lehrerkollegium über die Fragenbogenerhebung auf, mit der Bitte, es mögen sich viele Lehrer an der Befragung beteiligen. Außerdem bat ich ehemalige Studienkolleginnen und Kollegen, die sich im Referendariat befinden, die Lehrerfragebögen im Kollegium oder an Kollegen aus den Fachseminaren zu verteilen. In einigen Fällen bin ich selbst an die Schulen gefahren, habe mich dort kurz vorgestellt und im Lehrerkollegium mein Anliegen erläutert. Ich bat die Lehrer entweder vor einer Schulkonferenz oder während der großen Pause die Bögen auszufüllen. Das Ausfüllen des Lehrerfragebogens dauerte in etwa 10 Minuten.

Beschreibung der Stichprobe

An der Fragebogenerhebung nahmen insgesamt 358 Lehrer aus Nordrhein-Westfalen und einige Grundschullehrer aus Rheinland-Pfalz teil. Die befragten Lehrpersonen hatten im Durchschnitt 15 Berufsjahre. Die minimale Angabe in Berufsjahren lag bei 0,2 Monaten, das Maximum lag bei 41 Berufsjahren. Der Median lag bei 13 Berufsjahren (354 gültige und 4 fehlende Angaben). Es nahmen insgesamt 237 Lehrerinnen (66%) und 121 Lehrer (34%) an der Fragebogenerhebung teil.

Es wurden Lehrer aller Schulformen ausgenommen der Förderschule, befragt. Die Verteilung der Lehrpersonen auf die einzelnen Schulformen ist unterschiedlich. Der größte Prozentsatz an Lehrern, die an dieser Befragung teilnahmen, waren Berufsschullehrer (27%) und Gymnasiallehrer (27%). Am schwierigsten gestaltete es sich, Hauptschullehrer für die Erhebung zu gewinnen. Lediglich 4% Hauptschullehrer sind bei meiner Stichprobe zu verzeichnen. Die Tabelle 89 gibt Aufschluss, über die Häufigkeitsverteilung der Lehrer in Bezug auf die einzelnen Schulformen:

Tabelle 89: Häufigkeitsverteilung der teilgenommenen Lehrer, verteilt auf die einzelnen Schulformen und sortiert nach deren Auftretenshäufigkeit.

Schulform	f	%
Berufskolleg	98	27,4%
Gymnasium	97	27,1%
Grundschule	54	15,1%
Gesamtschule	51	14,2%
Realschule	43	12%
Hauptschule	15	4,2%
GESAMT	358	100%

In der Abbildung 1 sind die Häufigkeitsverteilungen der Lehrerinnen auf die einzelnen Schulformen abgebildet.

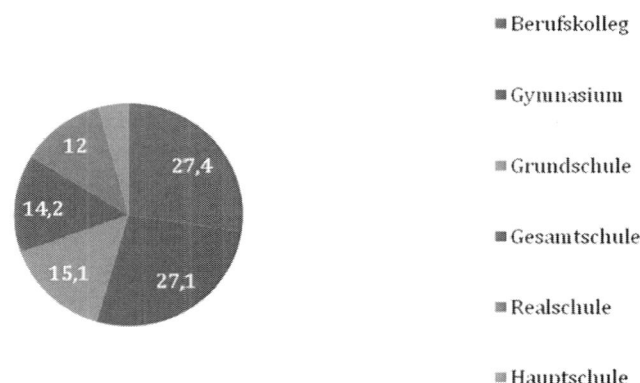

Verteilung auf Schulformen in %

- Berufskolleg
- Gymnasium
- Grundschule
- Gesamtschule
- Realschule
- Hauptschule

Abbildung 1: *Häufigkeitsverteilung der Lehrer verteilt auf die einzelnen Schulformen.*

Datenerhebung

Die Daten der vorliegenden Untersuchung wurden im März und April des Jahres 2008 über selbst konstruierte Fragebögen erhoben. Der Lehrerfragebogen wurde entweder durch den Schuldirektor, über einzelne Lehrerinnen, Referendare oder über mich im Lehrerkollegium und in Fachseminaren verteilt. Der Lehrerfragebogen wurde in Anlehnung an den Studierendenfragebogen entwickelt und ist fast identisch mit diesem Fragebogen (siehe Kapitel 7.3.1 zur Pilotstudie). Aus diesem Grund soll an dieser Stelle auf die ausführliche Darstellung der Aufgaben im Fragebogen verzichtet werden.

Ergebnisse der quantitativen Datenerhebung im Lehrerfragebogen zur Erfassung der Alltagsvorstellungen von Lehrerinnen über Trennungsangst und Schulphobie

Univariate Analysen: Deskriptive Kennwerte des Fragebogens

Nachfolgend werden die statistischen Kennwerte zur Beurteilung von mittlerer Lage und Dispersion von Verteilungen berechnet. Die statistischen Kennwerte umfassen Mittelwert, Standardabweichung und Varianz. Die ersten Fragen im Fragebogen beziehen sich auf die Anzahl der Berufsjahre, das Geschlecht und auf die Schulform, an der die jeweiligen Lehrer unterrichten. Die Tabelle 90 gibt die statistischen Kennwerte für die Variablen *„Wie lange unterrichten Sie als Lehrer?"*, *„Ihr Geschlecht"*, *„An welcher Schulform unterrichten Sie?"* wieder:

Tabelle 90: *Statistische Kennwerte für die drei Variablen: „Wie lange unterrichten Sie als Lehrer?" „ Ihr Geschlecht" und „ An welcher Schulform unterrichten Sie?"*

		Wie lange unter-richten Sie als Lehrer?	Ihr Ge-schlecht	An welcher Schulform un-terrichten Sie?
N	Gültig	354	358	358
	Fehlend	4	0	0
M		15,40	1,66	3,56
SD		11,60	,47	2,03
Var		133,50	,22	4,11
Min.		,20	1,0	1,0
Max.		41	2,0	6,0

Die erste inhaltliche Frage zu den Störungsbildern Trennungsangst und Schulphobie lautet: *„Wie nehmen Sie Schüler mit diesem Störungsbild wahr?"* Diesbezüglich liegt den Lehrern eine 7-stufige Antwortskala vor, von -3 sehr negativ bis +3 sehr positiv. Die 0 bedeutet, dass weder die eine noch die andere Eigenschaftsdimension zutrifft. Mit den restlichen Zahlen sind Abstufungen im Antwortverhalten der Lehrer möglich. Die Minuspole werden von -3 bis -1 und die positiven Pole von +1 bis +3 in der Auswertung zusammengefasst. Insgesamt werden den Lehrern zu dieser Frage zehn Eigenschaftspaare dargeboten. Alle zehn Eigenschaftspaare können drei Variablen zugeordnet werden, die in Tabelle 91 zusammen mit den statistischen Kennwerten aufgeführt sind:

Tabelle 91: Statistische Kennwerte für die drei Variablen: Sozialverhalten in der Schule, schulisches Leistungsverhalten und Persönlichkeitsmerkmale.

Variablen	Bipolare Eigenschaftspaare	N	Min.	Max.	M	SD
Sozialverhalten	• unsozial-sozial	326	-3	3	-,221	1,25
	• nicht hilfsbereit-hilfsbereit	327	-3	3	,448	1,07
	• unbeliebt-gesellig	327	-3	3	,003	1,25
Schulisches Leistungsverhalten	• unintelligent-intelligent	325	-3	3	,246	1,26
	• leistungsschwach-leistungsstark	321	-3	3	-,182	1,12
	• mündlich zurückgezogen - mündlich engagiert	326	-3	3	-,580	1,45
Persönlichkeits-merkmale	• phantasielos-phantasievoll	326	-3	3	-,586	1,50
	• humorlos-humorvoll	323	-3	3	-,861	1,59
	• launenhaft-umgänglich	325	-3	3	-,308	1,19
	• naiv-scharfsinnig	324	-3	3	-,086	1,06

Die Häufigkeitsverteilung der Variablen in Bezug auf die bipolaren Eigenschaftsdimensionen wird unter der Überschrift Häufigkeitsverteilung differenziert aufgeführt. Nur über eine differenzierte Aufführung ist es möglich, die Wahrnehmung des Lehrers gegenüber solchen Schülern abzubilden. Schließlich nimmt die Wahrnehmung der Lehrer Einfluss auf deren Informationsverarbeitung und möglicherweise auf deren Verhalten gegenüber dem trennungsängstlichen und schulphobischen Schüler. Die im nachfolgenden Kapitel aufgeführten Angaben basieren auf persönlichen Erfahrungen von Lehrern oder auf deren Alltagsvorstellungen zu den Störungsbildern Trennungsangst und Schulphobie. Bei jeder Aussage kann es sich demnach um persönliche Lehrereindrücke oder um Alltagsvorstellungen von Lehrerinnen handeln.

Häufigkeitsverteilung in der Lehrerwahrnehmung zum Sozialverhalten, zum schulischen Leistungsverhalten und zu den Persönlichkeitsmerkmalen trennungsängstlicher und schulphobischer Kinder

Sozialverhalten

36% der befragten Lehrerinnen nehmen schulphobische und trennungsängstliche Kinder bzw. Jugendliche als unsozial wahr, während 40% der Lehrer die Schüler weder als sozial noch als unsozial wahrnehmen. 29% der Lehrer nehmen diese Schüler als nicht hilfsbereit wahr, während 40% sagen, dass diese Schüler weder hilfsbereit noch nicht hilfsbereit seien. 33% der befragten Teilnehmer nehmen solche Schüler als unbeliebt wahr, auch hier entscheidet sich ein größerer Teil (50%) für die Angabe, dass weder die Angabe beliebt noch die Angabe unbeliebt zutreffend für schulphobische und trennungsängstliche Kinder ist.

Schulisches Leistungsverhalten

Lediglich 10% der befragten Lehrpersonen vertreten die Auffassung, dass trennungsängstliche und schulphobische Schülerinnen unintelligent seien. 51% können sich bei diesem Item nicht auf die Dimensionen intelligent versus unintelligent festlegen und geben hier die 0 an, die für die Aussage steht, dass weder die eine noch die andere Eigenschaftsdimension zutreffend ist. Die Hälfte der Lehrer (50%) nehmen die Schüler als leistungsschwach wahr, während 32% sich weder für die Dimension leistungsstark noch für die Dimension leistungsschwach entscheiden. 57% der befragten Lehrerinnen sind der Meinung, trennungsängstliche und schulphobische Kinder verhalten sich im Unterricht mündlich zurückgezogen. 25% beziehen zur mündlichen Beteiligung trennungsängstlicher und schulphobischer Schüler im Unterricht eine neutrale Position.

Persönlichkeitsmerkmale

20% der Lehrerinnen bezeichnen diese Schüler als phantasielos, während 46% hierzu eine neutrale Position beziehen. Allerdings nehmen 31% solche Schülerinnen als humorlos im Unterricht wahr, während immerhin 49% der Auffassung sind, dass trennungsängstliche und schulphobische Kinder und Jugendliche weder humorvoll noch humorlos sind. Knapp die Hälfte der Lehrerinnen (49%) nehmen diese Schüler als launenhaft wahr bzw. vertreten die Alltagsvorstellung diese Kinder seien launenhaft, während 29% sich für die neutrale Position entscheiden. 22% der befragten Lehrpersonen vermuten, dass solche Schüler naiv seien, während 61% zu diesem Persönlichkeitsmerkmal eine neutrale Stellung beziehen. In Abbildung 3 werden die Ergebnisse noch einmal präsentiert.

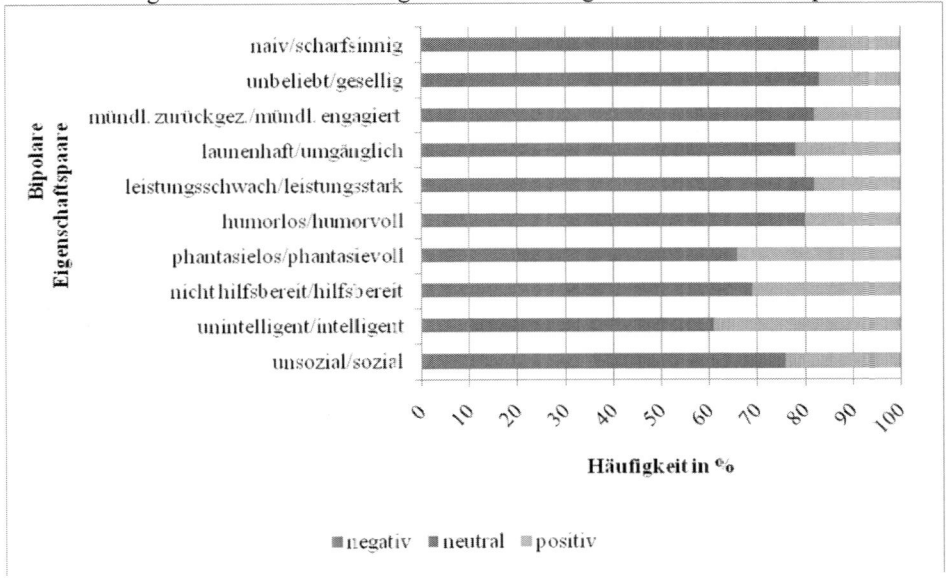

Abbildung 3: Soziale Wahrnehmung der Lehrer über einen trennungsängstlichen Schüler.

Diskussion

Die Alltagsvorstellungen der Lehrpersonen über das Sozialverhalten, über Persönlichkeitsmerkmale sowie zum schulischen Leistungsverhalten trennungsängstlicher und schulphobischer Schüler bestimmen die Erwartungshaltung der jeweiligen Lehrerin und können zu sich selbst erfüllenden Prophezeiungen beim Lehrer führen. Von allen befragten Lehrerinnen geht jede zweite Lehrerin davon aus, dass trennungsängstliche und schulphobische Kinder (eher) leistungsschwach seien. Mit dieser Alltagsvorstellung treten sie möglicherweise einer trennungsängstlichen und schulphobischen Schülerin im Unterricht gegenüber. Diese Vorstellung kann die Interaktion zwischen Lehrer und Schüler so stark bestimmen, dass am Ende das eintritt was vom Lehrer erwartet wird.Beispielsweise, dass der erkrankte Schüler leistungsschwach in seinen Schulleistungen ist. Dies kann Konsequenzen auf die Notenvergabe der Lehrerin haben. Über die Hälfte (57%) der befragten Lehrer vertreten die Alltagsvorstellung, solche Kinder verhalten sich im Unterricht mündlich zurückhaltend. Die Lehrer könnten möglicherweise den Eindruck haben, dass dies darin begründet liegt, dass diese Schüler eher leistungsschwach sind oder aber im umgekehrten Falle, dass die Kinder sich im Unterricht mündlich zurückziehen, weil sie vom Lehrer als leistungsschwach wahrgenommen werden.

Die Alltagsvorstellung von Lehrern trennungsängstliche und schulphobischen Schüler seien launenhaft, kann durch die Fachliteratur weder verifiziert noch falsifiziert werden, weil dies in der internationalen Forschung nicht berücksichtigt wird. 36% der befragten Lehrer vermuten, dass solche Schüler unsozial seien.

Auffällig ist, dass viele Lehrer bei den Eigenschaftspaaren eine Null angekreuzt haben. Dies gilt insbesondere für die Eigenschaftspaare unintelligent versus intelligent, humorlos versus humorvoll, naiv versus scharfsinnig sowie unbeliebt versus beliebt. Vermutlich gab es bezüglich dieser Adjektivpaare Unsicherheiten im Antwortverhalten der Lehrer, so dass Sie die Mitte bevorzugten.

Auffällig ist, dass über die Hälfte der befragten Lehrpersonen (57%) solche Schüler als mündlich zurückgezogen wahrnehmen. Mündliche Zurückgezogenheit impliziert, dass solche Schüler im Unterricht eher unauffällig sind. Möglicherweise kümmern sich Lehrer in erster Linie um verhaltensauffällige Schüler, die den Unterricht stören. Deshalb fällt die Trennungsangststörung eher über die langen Fehlzeiten dieser Schüler auf und weniger durch das Verhalten solcher Schüler bzw. durch die Trennungsangststörung selbst.

Aus den Fragebogenergebnissen geht hervor, dass eine Vielzahl an Lehrerinnen unzulässige Attribuierungen vornehmen, indem sie trennungsängstlichen und schulphobischen Schülern Eigenschaften zuschreiben, die nicht zutreffend sind. Aufgrund impliziter Persönlichkeitstheorien schließen die befragten Lehrer von dem Attribut Schulphobie auf nicht beobachtbare Merkmale beim Schüler. Hierbei besteht die Gefahr, dass solche Kinder und Jugendliche von den unterrichtenden Lehrern anders wahrgenommen, beurteilt und bewertet werden als es der Wirklichkeit entspricht.

Die nächste inhaltliche Fragestellung, die quantitativ zu beantworten ist, beinhaltet die Frage: „ *Was denken Sie, sind mögliche Symptome einer emotionalen Störung mit Trennungsangst (hierzu zählt auch die Schulphobie)?* " Die Mittelwerte liegen für die Schulphobieskala bei 3,13 *(SD = ,497)* und für die Schulangstskala bei 3,03 *(SD = ,462)*. Für die Skala Schuleschwänzen beträgt der Mittelwert 2,33 *(SD = ,645)* (siehe Tabelle 92).

Tabelle 92: Statistische Kennwerte für die Symptome der drei Variablen: (1) Trennungsangst und Schulphobie, (2) Schulangst und (3) Schuleschwänzen.

Variablen	N	Min.	Max.	M	SD
Trennungsangst und Schulphobie	308	1	4	3,13	,497
Schulangst	334	2	4	3,03	,462
Schuleschwänzen	336	1	4	2,33	,645

Betrachtet man die Anzahl der Lehrerinnen, die Angaben zur ersten Variable gemacht haben fällt auf, dass 50 Personen sich zumindest einem dieser Items der Variablen Schulphobie nicht geäußert haben.

Vergleicht man die Mittelwerte der Schulphobieskala mit denen der Schulangstskala, wird deutlich, dass die Lehrer die Items der beiden Skalen Trennungsangst und Schulphobie der Schulangst zuordnen. Die Lehrerinnen können nicht zwischen einer Schulangst und einer Trennungsangst/Schulphobie differenzieren. Items die der Skala Schuleschwänzen zugeordnet werden können, werden als mögliche Symptome einer Trennungsangst und Schulphobie von den Lehrern eher ausgeschlossen. Wie die Verteilung der Items in Bezug auf die drei Variablen (1) Trennungsangst und Schulphobie (2) Schulangst und (3) Schuleschwänzen aussieht, veranschaulichen Tabellen 93, 94 und 95.

Tabelle 93: Statistische Kennwerte zu den Symptomen der Variable Trennungsangst und Schulphobie.

Items der Variable: Symptome einer Trennungsangst und Schulphobie	N	Min.	Max.	M	SD
Vermeidung der phobischen Situation	334	1	4	3,45	,699
Auftreten körperlicher Beschwerden ohne organische Ursachen	343	1	4	3,32	,773

Items der Variable: Symptome einer Trennungsangst und Schulphobie	N	Min.	Max.	M	SD
Übermäßige Angst vor der Trennung von zu Hause oder von der Hauptbezugsperson	341	1	4	3,16	,896
Unrealistische, vereinnahmende Besorgnis des Kindes, dass irgendein unglückliches Ereignis das Kind von seiner Hauptbezugsperson trennen wird	332	1	4	2,86	,808
Wiederholtes Klagen über körperliche Beschwerden wie Kopfschmerzen, Bauchschmerzen, Übelkeit oder Erbrechen, wenn die Trennung von einer wichtigen Bezugsperson bevorsteht oder stattfindet	342	1	4	3,35	,766
Das Vermeiden des Schulbesuches geschieht mit dem Wissen der Eltern	343	1	4	2,56	,835

Werden die Mittelwerte der einzelnen Items der Skala Schulphobie miteinander verglichen, fällt auf, dass die Lehrer die Symptome: *„unrealistische Vereinnahmende Besorgnis des Kindes, dass irgendein unglückliches Ereignis das Kind von seiner Hauptbezugsperson trennen wird"* sowie das Item *„das Vermeiden des Schulbesuchs geschieht mit dem Wissen der Eltern"* im Vergleich zu den restlichen Symptomen dieser Skala am unwahrscheinlichsten für die Symptomkriterien einer Trennungsangst und Schulphobie halten. Tabelle 94 führt die statistischen Kennwerte zu den Symptomen der Variablen Schulangst auf.

Tabelle 94: Statistische Kennwerte zu den Symptomen der Variablen Schulangst.

Items der Variable: Symptome einer Schulangst	N	Min.	Max.	M	SD
Starke Angst vor der Schule selbst, vor Lehrern und/oder Mitschülern	349	1	4	3,25	,776
Angst vor Leistungsanforderung	350	1	4	3,15	,768
Angst vor sozialer Abwertung	343	1	4	3,11	,781
Das Vermeiden des Schulbesuches geschieht mit dem Wissen der Eltern	343	1	4	2,56	,835

Die Werte der Variable „Schuleschwänzen" liegen zwischen stimmt eher nicht und stimmt ein wenig. Am sichersten sind sich die befragten Lehrerinnen beim Item *kriminelle Handlungen*, dass es kein Symptom von Trennungsangst und Schulphobie ist. Tabelle 95 führt die statistischen Kennwerte zu den Symptomen der Variablen Schuleschwänzen auf.

Tabelle 95: Statistische Kennwerte zu den Symptomen der Variablen Schuleschwänzen.

Items der Variable: Symptome von Schuleschwänzen	N	Min.	Max.	M	SD
Desinteresse an der Schule	348	1	4	2,49	,864
Wiederholte aggressive Verhaltensweisen in der Schule	349	1	4	2,62	,864
Kriminelle Handlungen	340	1	4	1,89	,721

Für die Mittelwerte und Standardabweichung in Bezug auf die anschließende Frage: *„ Was glauben Sie, warum das Kind nicht mehr zur Schule geht bzw. was sind mögliche Ursachen einer emotionalen Störung mit Trennungsangst (hierzu zählt auch die Schulphobie)?"* ist festzuhalten, dass beide Mittelwerte der Skalen Schulphobie und andere psychische Störungen keine großen Unterschiede aufweisen. Der Mittelwert für die Skala Schulphobie liegt bei 3,10 *(SD = .572)*, während der Mittelwert für die Skala Ursachen anderer psychischer Störungen bei 2,63 *(SD = ,381)*liegt.

Häufigkeitsverteilung möglicher Ursachen einer Trennungsangst und Schulphobie im Lehrerfragebogen

Genetische Ursachen

Die Mehrheit der Lehrerinnen (93%) schließen genetische Ursachen als Ursachengröße aus. Somit stimmt ihr Antwortverhalten mit den Angaben in der Fachliteratur überein (siehe Kapitel 4 zur Ursachenforschung).

147

Teilleistungsschwächen

65% der befragten Lehrerinnen vermuten eine Teilleistungsschwäche hinter dem Störungsbild einer Trennungsangst und Schulphobie. Teilleistungsschwächen, die beispielsweise Wahrnehmungsstörungen, Legasthenie, Dyskalkulie umfassen, zählen nicht zu den möglichen Ursachen für eine Schulphobie und Trennungsangst.

Schule als Angst auslösende Situation

Ein Großteil der Lehrer (83%) geht davon aus, dass trennungsängstliche und schulphobische Kinder und Jugendliche aus Angst vor der Schule dem Unterricht fernbleiben. Angst vor der Schule ist eine typische Ursache für die Entstehung einer Schulangst. Dieses Ergebnis stimmt mit den Angaben, die die Lehrer zu den Symptomen machten, überein, denn auch dort konnten die befragten Lehrpersonen die verschiedenen Arten der Schulvermeidung nicht differenzieren. Im Speziellen fiel den Lehrern eine Differenzierung zwischen einer Schulphobie und einer Schulangst schwer.

Negatives Selbstkonzept eines schulphobischen und trennungsängstlichen Schülers

90% der Lehrerinnen, die sich an der Fragebogenerhebung beteiligten, vermuten, dass sich hinter einer Ursache, ein negatives Schülerselbstkonzept verbirgt. Die Fachliteratur bezieht hierzu keine konkrete Stellung. Vermutlich ist ein negatives Schülerselbstkonzept keine relevante Ursachengröße, sondern nur nebensächlich.

Erziehungsstile der Eltern trennungsängstlicher und schulphobischer Kinder

41% der Lehrer vertreten die Ansicht, dass ein strenger Erziehungsstil hinter einer Trennungsangststörung stecken könnte, während sich 49% der befragten Lehrpersonen für einen laissez-faire Erziehungsstil entscheiden, der eine Trennungsangst und Schulphobie mit auslösen könnte. 79% erkennen eine inkonsistente Haltung der Eltern als eine mögliche Ursache für eine Trennungsangst und Schulphobie an.

Bindungsverhaltensmuster vonEltern trennungsängstlicher und schulphobischer Kinder

Ein überbehütetes Verhalten der Eltern gegenüber ihrem Kind wird von 82% der Lehrerinnen vertreten. Allerdings entscheidet sich über die Hälfte der Lehrer (52%) für die mögliche Ursache eines ablehnenden Verhaltens der Eltern gegenüber ihrem Kind. Somit liegt ein sehr heterogenes Meinungsbild in Bezug auf Bindungsverhaltensmuster der Eltern gegenüber ihrem Kind vor. Trennungsängstliche und schulphobische Kinder und Jugendliche haben in der Regel überbehütete Mütter (vgl. In-Albon & Schneider, 2006; Schmidt, 1987).

Was das Bindungsverhalten des Kindes an die Hauptbezugsperson betrifft, halten 81% eine übermäßig starke Bindung des Kindes an die Hauptbezugsperson für eine mögliche Ursache, während 77% eine übermäßig starke Bindung der Hauptbindungsperson an das Kind befürworten. Überbehütetes Mutterverhalten, symbiotische Mutter-Kind-Bindungen zählen zu den auslösenden Faktoren, die mit zur Entstehung und Aufrechterhaltung der beiden Störungsbilder beitragen (In-Albon & Schneider, 2006).

Kommunikationsmuster zwischen den Familienmitgliedern

82% der befragten Lehrpersonen sagen, dass eine Ursache von Trennungsangst und Schulphobie in einem gestörten Kommunikationsmuster zwischen den Familienmitgliedern begründet liegt. Zu einer gestörten Kommunikation zwischen den Familienmitgliedern bezieht auch die Fachliteratur Stellung (vgl. Remschmidt, 2008; Döpfner, 2000). Dabei ist das Kommunikationsverhalten zwischen Mutter und Kind in der Regel stark ausgeprägt, während die Ehepartner nur mäßig oder kaum miteinander kommunizieren. Der Vater kommuniziert verhältnismäßig wenig mit seinem trennungsängstlichen oder schulphobischen Kind.

Sozialer Status von Familien mit trennungsängstlichen und schulphobischen Kindern

Den sozialen Status schätzen 64% der Lehrer richtig ein, dass die Ursache von Trennungsangst und Schulphobie nicht in einem geringen sozialen Status der Familie begründet liegt.

Frustrationstoleranz eines trennungsängstlichen und schulphobischen Kindes

80% der Lehrer haben die Vorstellung, dass hinter einer Trennungsangst oder Schulphobie eine geringe Frustrationstoleranz des Kindes stecken könnte. Zur Variable Frustrationstoleranz von trennungsängstlichen und schulphobischen Kindern macht die Fachliteratur keine Aussagen. Diese Vermutung kann somit nicht durch internationale Studien zu Schulphobikern und Kindern mit Trennungsangst belegt werden.

Die nächste Frage bezieht sich auf den Umgang des jeweiligen Lehrers mit einem trennungsängstlichen oder schulphobischen Schüler bzw. auf den zukünftigen Umgang mit solchen Schülern, beispielsweise dann, wenn er einen trennungsängstlichen oder schulphobischen Schüler einmal in seiner Klasse hätte. Die vorgegebenen Antwortmöglichkeiten wurden mit der Fragestellung eingeleitet: *„ Wenn Sie einen trennungsängstlichen bzw. schulphobischen Schüler in ihrer Klasse hätten, wie würden Sie mit dem Schüler umgehen?"* Die Mehrzahl der Lehrer (86%) geben an, in solch einem Fall aktiv zu werden, in dem sie die Eltern des Kindes aufsuchen, um mit ihnen über die Problematik ihres Kindes zu sprechen. Allerdings würden 14% der befragten Pädagogen diese Maßnahme nicht ergreifen, vermutlich weil sie diese Maßnahme als nicht geeignet erachten. 89% würden in solch einem Fall dafür plädieren, dass die Eltern mit ihrem Kind zum Psychologen gehen, während 11% sich gegen diese Maßnahme entscheiden oder entscheiden würden. 90% der Lehrer würden einen Beratungslehrer kontaktieren und ihn um Rat fragen, während 10% nicht den Weg zum Beratungslehrer wählen. Ebenfalls 90% würden den Schulpsychologen kontaktieren. Allerdings machen an dieser Stelle etliche Lehrer die zusätzliche Angabe, dass der Entschluss zu dieser Maßnahme nur möglich sei, sofern die Schule über einen Schulpsychologen verfüge. Lediglich 3% (sechs Lehrer und vier Lehrerinnen) würden keinerlei Maßnahme ergreifen. 83% würden das trennungsängstliche und schulphobische Kind auf seine Problematik ansprechen, während 17% der Lehrer das Kind nicht auf seine Störungsproblematik ansprechen würden. 93% geben an, Informationen zum Thema sammeln zu wollen. Fast alle der befragten Lehrer (97%) würden sich mit ihren Kollegen zu diesem Thema austauschen. 80% der Pädagogen würden den Schüler im Unterricht wie alle anderen Schüler behandeln, während 87% sich zu der Maßnahme entscheiden würden, den Schüler besonders in die Klassengemeinschaft mit ein zu beziehen. Lediglich 17% würden den Schüler im Unterricht weniger einbeziehen, um ihn zu schützen.

Tabelle 96 stellt die Mittelwerte und Standardabweichungen für alle Items zum Umgang der Lehrer mit trennungsängstlichen und schulphobischen Schülern dar:

Tabelle 96: Statistische Kennwerte zum Umgang des Lehrers mit trennungsängstlichen und schulphobischen Schülern.

Items zum Umgang mit trennungsängstlichen und schulphobischen Schülerinnen	N	Min.	Max.	M	SD
Mit den Eltern des Kindes sprechen	352	1	4	3,80	,530
Dafür plädieren, dass die Eltern mit ihrem Kind zum Psychologen gehen	348	1	4	3,47	,725
Den Beratungslehrer kontaktieren	340	1	4	3,53	,746
Den Schulpsychologen kontaktieren	335	1	4	3,54	,788
Keine Maßnahme	339	1	4	1,13	,458
Das Kind auf seine Problematik ansprechen	351	1	4	3,22	,810
Informationen zu dem Thema sammeln	350	1	4	3,45	,700
Mit meinen Kollegen austauschen	351	1	4	3,77	,505
Den Schüler im Unterricht, wie alle anderen Schüler behandeln	348	1	4	3,23	,791
Den Schüler besonders in die Klassengemeinschaft einbeziehen	350	1	4	3,3	,748
Den Schüler im Unterricht weniger einbeziehen, um ihn zu schützen	345	1	4	1,78	,798

Zusammenfassend lässt sich zum Umgang der Lehrerinnen mit Schülern dieses Störungsbildes festhalten, dass die meisten Lehrer aktiv handeln würden, indem sie die Eltern des betroffenen Kindes für ein klärendes Gespräch aufsuchen und/oder sich unterschiedlichen Hilfesystemen anvertrauen, um diese um Rat zu fragen. Der größte Teil der befragten Lehrer (97%) gibt im Fragebogen an Kolleginnen und Kollegen mit einbeziehen zu wollen und sie um Rat zu fragen.

Im direkten Anschluss an den persönlichen Umgang mit diesen Schülerinnen im schulischen Kontext steht die Frage: *„Wie würde es Ihnen damit gehen, wenn Sie einen Schüler mit einer emotionalen Störung mit Trennungsangst (hierzu zählt auch die Schulphobie) in Ihrer Klasse hätten?"* Im Folgenden werden sieben Adjektive genannt, die sowohl positiv als auch negativ ausgerichtet sind. Mit Hilfe der bipolaren Eigenschaftspaare sollen Tendenzen aufgezeigt werden, in wie weit die Lehrerinnen den trennungsängstlichen und schulphobischen Schüler in Bezug auf das jeweilige Item als positiv, neutral oder negativ im Unterricht erleben. Die Lehrer sollen dann anhand einer 7-stufigen Skala (von -3 bis +3) ihr Antwortverhalten für die Bewertung der bipolaren Eigenschaftspaare in Bezug auf ihr persönliches Erleben im Umgang mit trennungsängstlichen und schulphobischen Schülern vornehmen.

58% der befragten Lehrerinnen erleben trennungsängstliche und schulphobische Schüler im schulischen Kontext als problematisch bzw. haben die Vorstellung, dass diese Schüler problematisch seien. 21% der befragten Lehrerinnen erleben solche Schüler als unproblematisch. 41% der Lehrpersonen erleben trennungsängstliche und schulphobische Schülerinnen als unangenehm bzw. vermuten, dass diese Schüler im Unterricht unangenehm seien. 54% beziehen hierzu eine neutrale Position. 63% erleben solche Schülerinnen als interessiert. 30% erleben solche Schülerinnen weder als interessiert noch als uninteressiert. 58% empfinden den Umgang mit solchen Schülern als belastend. 26%der befragten Lehrerinnen äußern sich hierzu neutral. 41% erleben trennungsängstliche Schülerinnen als behindernd im Unterricht während 42% dazu eine neutrale Position beziehen. 65% geben bei dieser Frage an, dass diese Kinder zeitaufwendig seien, 20% geben an, solche Schülerinnen seien nicht zeitaufwendig. Allerdings beziehen 60% der Lehrer eine neutrale Position in Bezug auf die beiden Dimensionen frustrierend versus gleichgültig, während 32% der befragten Lehrpersonen solche Schülerinnen als frustrierend im Unterricht erleben bzw. die Vorstellung haben, solche Schüler seien frustrierend.

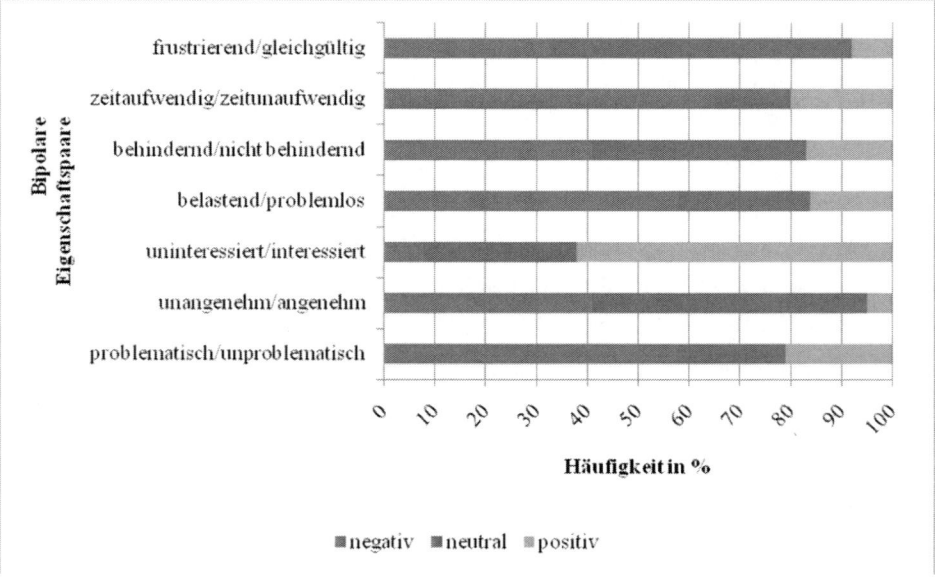

Abbildung 4: Lehrererleben über einen trennungsängstlichen Schüler.

Die weiteren Fragen beziehen sich auf das Vorwissen der Lehrer zum Thema Trennungsangst und Schulphobie. 79% der befragten Lehrerinnen geben an, zu diesem Krankheitsbild bisher keine Literatur gelesen zu haben. Bei den restlichen 21% muss in Erwägung gezogen werden, dass es sich hierbei auch um Literatur zum Thema Schulangst handeln könnte, da die Ergebnisse im Lehrerfragebogen darauf hinweisen, dass ein Großteil der Lehrerinnen die beiden Störungsbilder miteinander gleichsetzen. Lediglich 5% nahmen in ihrer Berufslaufbahn an einer Fortbildung zu diesem Thema teil. Auch hier ist es durchaus denkbar, dass es sich um Fortbildungen zum Thema Schulvermeidung allgemein handeln kann. Die Ergebnisse im Lehrerfragebogen deuten auf diese Vermutung hin, denn die Antworten ergaben, dass Lehrerinnen, unabhängig von ihren Berufsjahren und der Schulform an der sie unterrichten, nicht zwischen Schulangst und Schulphobie differenzieren können.

Tabellen 97 und 98 geben Aufschluss über die Häufigkeitsverteilung in Bezug auf das Lesen von Fachliteratur und in Bezug auf die Teilnahme an Fortbildungen zu diesen Störungsbildern.

Tabelle 97: Häufigkeitsverteilung der befragten Lehrer in Bezug auf das Lesen von Fachliteratur zu diesen Störungsbildern.

		f	%	Gültige %
Gültig	Ja	72	20,1%	21,2%
	Nein	268	74,9%	78,8%
	Gesamt	340	95%	100%
Fehlend	System	18	5%	
Gesamt		358	100%	

Tabelle 98: Häufigkeitsverteilung der befragten Lehrerinnen in Bezug auf die Teilnahme an einer Fortbildung zu diesen Störungsbildern.

		f	%	Gültige %
Gültig	Ja	18	5%	5,3%
	Nein	320	89,4%	94,7%
	Gesamt	338	94,4%	100%
Fehlend	System	20	5,6%	
Gesamt		358	100%	

Die vorletzte Frage lautet: *„Für wie wichtig halten Sie das Thema in Bezug auf ihr tägliches schulisches Handeln?"* 39% der befragten Lehrer halten das Thema in Bezug auf ihr tägliches schulisches Handeln für sehr wichtig bis wichtig, während 25% das Thema für eher unwichtig bis unwichtig halten. 36% der befragten Lehrerinnen halten das Thema für mittelwichtig für ihr tägliches schulisches Handeln (siehe Tabelle 99).

Tabelle 99: Häufigkeitsverteilung der befragten Lehrer in Bezug auf die Wichtigkeit des Themas in Bezug auf ihr tägliches schulisches Handeln.

		f	%	Gültige %
Gültig	Sehr wichtig	28	7,8%	7,9%
	Wichtig	110	30,7%	30,9%
	Mittel	129	36%	36,2%
	Eher unwichtig	78	21,8%	21,9%
	Unwichtig	11	3,1%	3,1%
	Gesamt	356	99,4%	100%
Fehlend	System	2	,6%	
Gesamt		358	100%	

In Bezug auf das Vorwissen der Lehrer über das Störungsbild schätzen 69% ihr Vorwissen gering bis eher gering ein, während 26,4% ihr Vorwissen mittelmäßig einschätzen. Nur 0,3% geben ein sehr hohes Vorwissen an und 4,5% ein hohes Vorwissen. Die Angaben der Lehrer zum eigenen Vorwissen decken sich mit ihrer Unkenntnis in Bezug auf Symptome, Ursachen und Erscheinungsformen im Unterricht. In Tabelle 100 wird die Häufigkeitsverteilung der Lehrer in Bezug auf ihr Vorwissen zu den Störungsbildern Trennungsangst und Schulphobie aufgeführt.

Tabelle 100: Häufigkeitsverteilung der befragten Lehrerinnen in Bezug auf ihr Vorwissen zu diesen Störungsbildern.

		f	%	Gülti-ge %
Gültig	Sehr hoch	1	,3%	,3%
	Hoch	16	4,5%	4,5%
	Mittel	94	26,3%	26,4%
	Eher ge-ring	140	39,1%	39,3%
	Gering	105	29,3%	29,5%
	Gesamt	356	99,4%	100%
Fehlend	System	2	,6%	
Gesamt		358	100%	

Wie verlässlich sind die gewonnenen Messergebnisse unter gleichen Bedingungen? Mit Hilfe einer Reliabilitätsanalyse wird die Aussagekonsistenz von Fragebogenaufgaben geprüft. Für alle durchgeführten Reliabilitätsanalysen im Fragebogen wird das Reliabilitätsmaß Cronbachs Alpha verwendet.

Reliabilitätsanalyse

Die Reliabilitätsanalyse beschäftigt sich mit dem Zusammenstellen einzelner Items (Aufgaben) zu einem Test und prüft mit Hilfe verschiedener Kriterien, welche Einzelaufgaben sich für den Gesamttest als brauchbar und welche sich als unbrauchbar erweisen (Bühl & Zöfel, 2005).
Um die einzelnen Skalen miteinander korrelieren zu können, müssen die Daten zuvor einer Reliabilitätsanalyse unterzogen werden. Allen im Folgenden genannten Werte liegt die Fragestellung zugrunde,, *Wie nehmen Sie Schüler mit diesem Störungsbild wahr?"* Der Reliabilitätskoeffizient liegt bei allen zehn Items für 308 Fälle für Cronbachs Alpha bei einem Wert von $\alpha = ,73$. Die zehn aufgeführten Items zur Beschreibung der Lehrerwahrnehmung von Kindern und Jugendlichen mit dieser Störung erweisen sich als brauchbar, d.h. das Maß der Genauigkeit, mit der ein Merkmal durch den Test erfasst wird, ist als hoch zu bezeichnen. Die Reliabilitätskoeffizienten für alle zehn Items haben einen Koeffizienten von $\alpha = ,70$ bis $\alpha = ,72$.
Allen im nächsten Schritt genannte Werte liegt die Fragestellung zugrunde,, *Was denken Sie sind mögliche Symptome einer emotionalen Störung mit Trennungsangst, hierzu zählt auch die Schulphobie?"* Der Reliabilitätskoeffizient für alle zwölf Items für 298 Fälle beträgt $\alpha = ,61$. Alle zwölf Items erweisen sich für den Test als brauchbar. Einen höheren Reliabilitätskoeffizienten haben die Items: (1) *Desinteresse an der Schule* ($\alpha = ,64$) und (2) *Vermeiden des Schulbesuches geschieht mit dem Wissen der Eltern* ($\alpha = ,61$). Die Reliabilitätskoeffizienten für alle zwölf Items haben einen Koeffizienten von $\alpha = ,55$ bis $\alpha = ,64$.
Der Reliabilitätskoeffizient für die Frage: „ *Was glauben Sie, warum das Kind nicht mehr zur Schule geht bzw. was sind mögliche Ursachen einer emotionalen Störung mit Trennungsangst, hierzu zählt auch die Schulphobie?"* liegt bei $\alpha = ,72$. Dieser Reliabilitätskoeffizient umfasst alle 14 Items für 302 Fälle. Der Wert von $\alpha = ,72$ weist darauf hin, dass die interne Konsistenz für alle 14 Items im Test recht hoch ist. Somit erweisen sich die Items zu den Ursachen im Test als brauchbar. Dabei ist die interne Konsistenz zweier Items im Fragebogen besonders hoch: Item 54_1 (zu den genetischen Ursachen) und Item 54_3 (Schule als Angst auslösende Situation). Für das Item *genetische*

Ursachen liegt Cronbachs Alpha bei α = ,73, während der Alpha-Wert für das Item *Schule als Angst auslösende Situation* bei α = ,72 liegt. Die Reliabilitätskoeffizienten für alle 14 Items haben einen Koeffizienten von α = ,69 bis α =,73.

Die elf Items der Frage *„Wenn Sie einen trennungsängstlichen bzw. schulphobischen Schüler in ihrer Klasse hätten, wie würden Sie mit dem Schüler umgehen?"* beinhalten für 309 Fälle einen Reliabilitätskoeffizienten von α = ,50. Der Reliabilitätskoeffizient zum Umgang mit einer trennungsängstlichen und schulphobischen Kind ist nicht sonderlich hoch. Die Items 55_5 (keine Maßnahme) sowie Item 55_11 (den Schüler im Unterricht weniger einbeziehen um ihn zu schützen) erweisen sich als brauchbarer als die restlichen Items zu dieser Frage. Der Reliabilitätskoeffizient für das Item *keine Maßnahme* liegt bei α = ,55, während der Reliabilitätskoeffizient für das Item *den Schüler im Unterricht weniger einbeziehen, um ihn zu schützen* ebenfalls bei α = ,55 liegt. Die Reliabilitätskoeffizienten für alle elf Items haben einen Koeffizienten von α = ,43 bis α =,55.

Die anschließende Frage *„Wie würde es Ihnen damit gehen, wenn Sie einen Schüler mit einer emotionalen Störung mit Trennungsangst in ihrer Klasse hätten?"* beinhaltet insgesamt sieben Items. Der Reliabilitätskoeffizient für alle 340 Fälle liegt bei α = ,70. Dieser Wert lässt die Aussage zu, dass der Reliabilitätskoeffizient für alle sieben Items, die sich auf das emotionale Lehrerempfinden gegenüber trennungsängstlichen und schulphobischen Schülern beziehen, recht hoch ist. Besonders hoch ist der Alphawert beim bipolaren Eigenschaftspaar *uninteressiert* versus *interessiert*. Hier liegt der Alphawert bei α = ,79. Die Reliabilitätskoeffizienten für alle sieben Items haben einen Koeffizienten von α = ,60 bis α =,79.

Tabelle 101 fasst die Korrelationskoeffizienten für alle Items im Fragebogen noch einmal zusammen:

Tabelle 101: Reliabilitätsanalyse für die Items im Lehrerfragebogen.

Fragestellungen	Items	n	α
„Wie nehmen Sie Schüler/-innen mit diesem Störungsbild wahr?"	10	308	α=,73
„Was denken Sie sind mögliche Symptome einer emotionalen Störung mit Trennungsangst, hierzu zählt auch die Schulphobie?"	12	298	α=,61
„Was glauben Sie, warum das Kind nicht mehr zur Schule geht bzw. was sind mögliche Ursachen einer emotionalen Störung mit Trennungsangst, hierzu zählt auch die Schulphobie?"	14	302	α=,72
„Wenn Sie einen trennungsängstlichen bzw. schulphobischen Schüler in ihrer Klasse hätten, wie würden Sie mit dem Schüler umgehen?"	11	309	α=,50
„Wie würde es Ihnen damit gehen, wenn Sie einen Schüler mit einer emotionalen Störung mit Trennungsangst in ihrer Klasse hätten?"	7	340	α=,70

Im Folgenden wird der Reliabilitätskoeffizient für alle Skalen im Lehrerfragebogen dargestellt. Begonnen wird wieder mit der Frage zur Wahrnehmung trennungsängstlicher und schulphobischer Kinder in der Schule.

Lehrerwahrnehmung trennungsängstlicher und schulphobischer Kinder

Der Alphawert für die erste Skala *Sozialverhalten* liegt bei α = ,61. Demnach ist die interne Konsistenz für diese Skala recht hoch. Der Reliabilitätskoeffizient für die Skala *schulisches Leistungsverhalten* liegt bei α = ,42. Die interne Konsistenz für die zweite Skala gilt als gering. Ebenso ist es für die dritte Skala *Persönlichkeitsmerkmale*. Hier liegt Cronbachs Alpha bei α = ,41. Auch bei dieser Skala ist die interne Konsistenz als gering zu bezeichnen. In Tabelle 102 werden die Reliabilitätskoeffizienten zur Wahrnehmung trennungsängstlicher und schulphobischer Kinder in der Schule dargestellt.

153

Tabelle 102: Reliabilitätskoeffizienten zur Wahrnehmung trennungsängstlicher und schulphobischer Kinder in der Schule.

Skala	Items	n	α
Sozialverhalten	3	321	$\alpha =,61$
schulisches Leistungs-verhalten	3	319	$\alpha =,42$
Persönlichkeitsmerkmale	4	316	$\alpha =,41$
3 Skalen insgesamt	10	308	$\alpha =,73$

Mit Hilfe der Reliabilitätsanalyse wurde für die Fragestellung nach den Symptomen einer Trennungsangst und Schulphobie einen Reliabilitätskoeffizienten für die Skala 1 *Symptome einer Trennungsangst und Schulphobie* von $\alpha = ,70$ und für die Skala 2 *Schulangst* einen Koeffizienten von $\alpha = ,37$ berechnet. Im Vergleich zum ersten Reliabilitätskoeffizienten ist der zuletzt genannte sehr gering. Im Gegensatz hierzu berechnet die Reliabilitätsanalyse für die Skala 3 *Schuleschwänzen* einen Koeffizienten von $\alpha = ,70$. Demnach ist die interne Konsistenz für Skala 1 und 3 gleich hoch (siehe Tabelle 103).

Tabelle 103: Reliabilitätskoeffizienten zu den Symptomen einer Schulvermeidung.

Skala	Items	n	α
Symptome einer Trennungsangst und Schulphobie	6	308	$\alpha =,70$
Symptome einer Schulangst	4	334	$\alpha =,37$
Symptome von Schuleschwänzen	3	336	$\alpha =,69$
3 Skalen insgesamt	13^4	298	$\alpha =,61$

Für die Ursachen einer Trennungsangst und Schulphobie konnte ein Reliabilitätskoeffizient von $\alpha = ,73$ berechnet werden und für die Skala Ursachen anderer Störungsbilder (Skala 2) ein Reliabilitätskoeffizient von $\alpha = ,66$. Nach diesen beiden ermittelten Reliabilitätskoeffizienten für die Ursachen einer Trennungsangst und Schulphobie ist die interne Konsistenz auch hier als hoch zu bezeichnen (siehe Tabelle 104).

Tabelle 104: Reliabilitätskoeffizienten zu den Ursachen einer Schulvermeidung.

Skala	Items	n	α
Ursachen einer Trennungsangst und Schulphobie	4	326	$\alpha =,73$
Ursachen anderer Störungsbilder	10	310	$\alpha =,66$
2 Skalen insgesamt	14	302	$\alpha =,72$

Bestehen Zusammenhänge zwischen zwei oder mehreren Variablen? Im nachfolgenden Kapitel Bivariate Analysen geht es um den Zusammenhang (Korrelation) zwischen zwei Variablen. Für die beiden Skalen Relevanz von Trennungsangst und Schulphobie auf das tägliche schulische Handeln und zum Vorwissen über die beiden Störungsbilder wurde für 354 Fälle ein Wert von $\alpha = ,42$ berechnet.

Bivariate Analysen: Korrelative Berechnungen

Zwei Zusammenhänge sollen mit Hilfe des Korrelationskoeffizienten *r* aufgezeigt werden. Die erste Korrelation sind die Symptomwerte mit den Werten der Ursachen einer Trennungsangst und Schulphobie. Die korrelativen Berechnungen ergaben, dass die Werte der Skala Symptome, signifikant mit den Werten der Ursachen im Lehrerfragebogen korrelieren. Die Werte wurden nach Spearman

---

[4] Ein Item steht sowohl für ein Symptom einer Trennungsangst und Schulphobie als auch für ein Symptom von Schulangst.

korreliert, weil es sich um ordinalskalierte Daten handelt und weil keine Normalverteilung vorliegt. Die Auswertung ergab, dass Lehrer, die die richtigen Symptome einer Trennungsangst und Schulphobie ankreuzten, auch die korrekten Symptome einer Trennungsangst und Schulphobie angekreuzt haben. Demnach besteht ein signifikanter Zusammenhang zwischen dem Wissen um die richtigen Symptome und dem Wissen der befragten Lehrerinnen über die korrekten Ursachen dieser Störungsbilder. Auch hier sollte berücksichtigt werden, dass die Lehrer die Symptome und Ursachen einer Schulangst ebenfalls für die Symptome und Ursachen einer Trennungsangst und Schulphobie hielten.

Aus den vorliegenden Ergebnissen kann die Schlussfolgerung gezogen werden, dass das Antwortverhalten der Lehrerinnen in Hinblick auf die beiden Formen nicht-dissozialer Schulvermeidung (Trennungsangst/Schulphobie und Schulangst) undifferenziert und unspezifisch ist. Eine Vielzahl der untersuchten Personen hat die Schulphobie mit der Schulangst verwechselt bzw. gleichgesetzt.

Tabelle 105 gibt die nichtparametrischen Korrelationen über die Symptome einer Trennungsangst und Schulphobie mit den Ursachen einer Trennungsangst und Schulphobie wieder.

Tabelle 105: Nichtparametrische Korrelationen über die Symptome einer Trennungsangst und Schulphobie mit den Ursachen einer Trennungsangst und Schulphobie im Lehrerfragebogen.

			Skala Symptome einer Trennungsangst und Schulphobie	Skala Ursachen einer Trennungsangst und Schulphobie
Spearman-Rho	Skala Symptome einer Trennungsangst und Schulphobie	Korrelationskoeffizient Sig. (2-seitig) N	1,000 . 308	,496** ,000 298
	Skala Ursachen einer Trennungsangst und Schulphobie	Korrelationskoeffizient Sig. (2-seitig) N	,496** ,000 298	1,000 . 326

** Die Korrelation ist auf dem 0,01 Niveau signifikant (zweiseitig).

Im Folgenden werden die Werte für die *Berufserfahrung* (Skala 1) mit den Werten *Symptome und Ursachen* (Skala 2) korreliert. Hierbei wird unterschieden zwischen Lehrern, die mehr als zehn Jahre Berufserfahrung haben und solchen, die weniger als zehn Jahre Berufserfahrung haben. Beide Gruppen korrelieren mit den Skalen Ursachen und Symptome von Trennungsangst oder Schulphobie. Aus diesem Ergebnis ist zu schließen, dass die Alltagsvorstellungen beider Störungsbilder unabhängig von der Berufserfahrung der Lehrer betrachtet werden muss. Tabellen 106 und 107 fassen die Ergebnisse der Korrelationen getrennt nach der *Anzahl der Berufsjahre* mit den *Symptomen einer Trennungsangst und Schulphobie* und den *Ursachen einer Trennungsangst oder Schulphobie* noch einmal zusammen:

Tabelle 106: Nichtparametrische Korrelationen zwischen der Berufserfahrung > 10 Berufsjahre und dem Wissen über die Symptome und Ursachen einer Trennungsangst und Schulphobie.

			Skala Symptome einer Trennungsangst und Schulphobie	Skala Ursachen einer Trennungsangst und Schulphobie
Spearman-Rho	Skala Symptome einer Trennungsangst und Schulphobie	Korrelationskoeffizient Sig. (2-seitig) N	1,000 . 158	,457** ,000 151
	Skala Ursachen einer Trennungsangst und Schulphobie	Korrelationskoeffizient Sig. (2-seitig) N	,457** ,000 151	1,000 . 171

** *Die Korrelation ist auf dem 0,01 Niveau signifikant (zweiseitig).*

			Skala Symptome Trennungsangst und Schulphobie	Skala Ursachen Trennungsangst und Schulphobie
Spearman-Rho	Skala Symptome Trennungsangst und Schulphobie	Korrelationskoeffizient Sig. (2-seitig) N	1,000 . 135	,533** ,000 132
	Skala Ursachen Trennungsangst und Schulphobie	Korrelationskoeffizient Sig. (2-seitig) N	,533** ,000 132	1,000 . 137

** Die Korrelation ist auf dem 0,01 Niveau signifikant (zweiseitig).

Im Folgenden werden die Werte zur *Relevanz in Bezug auf das tägliche schulische Handeln* (Skala 1) mit den Werten *Vorwissen zu den Störungsbildern* (Skala 2) korreliert. Beide Werte korrelieren signifikant miteinander *(r = ,266)*. Tabelle 108 fasst die Ergebnisse der Korrelationen *Relevanz für das tägliche schulische Handeln* mit dem *Vorwissen über Schulphobie und Trennungsangst* noch einmal zusammen:

Tabelle 108: Nichtparametrische Korrelationen Relevanz für das tägliche schulische Handeln mit dem Vorwissen über Schulphobie und Trennungsangst.

			Relevanz für das tägliche schulische Handeln	Eingeschätztes Vorwissen
Spearman-Rho	Relevanz für das tägliche schulische Handeln	Korrelationskoeffizient Sig. (2-seitig) N	1,000 . 356	,266** ,000 354
	Eingeschätztes Vorwissen	Korrelationskoeffizient Sig. (2-seitig) N	,266** ,000 354	1,000 . 356

** *Die Korrelation ist auf dem 0,01 Niveau signifikant (zweiseitig).*

Fazit zur sozialen Wahrnehmung trennungsängstlicher und schulphobischer Schüler aus Lehrersicht

Ergebnisse zum Sozialverhalten trennungsängstlicher oder schulphobischer Schüler

40% der befragten Lehrer nehmen trennungsängstliche oder schulphobische Schüler weder als unsozial noch als sozial wahr bzw. haben die Alltagsvorstellung, dass diese Schüler weder angemessen mit der Eigenschaftsdimension sozial noch mit der Eigenschaftsdimension unsozial beschrieben werden können. Allerdings vertreten 36% der befragten Lehrpersonen die Auffassung, solche Schüler seien in der Schule unsozial. Ein ebenso undifferenziertes Bild zeichnet sich beim Eigenschaftspaar hilfsbereit versus nicht hilfsbereit ab. Auch hier vertreten 40% der Lehrer die Ansicht, diese Schüler seien weder hilfsbereit noch nicht hilfsbereit, während 29% der Meinung sind, trennungsängstliche oder schulphobische Schüler seien nicht hilfsbereit. 50% der Lehrer sind der Meinung, dass jene Schüler weder beliebt noch unbeliebt sind während 33% solche Schüler als unbeliebt wahrnehmen.

Ergebnisse zum schulischen Leistungsverhalten trennungsängstlicher oder schulphobischer Schüler

Zur Intelligenz von trennungsängstlichen und schulphobischen Schülern können sich 51% der befragten Lehrer nicht festlegen. Lediglich 10% vertreten die Alltagsvorstellung, dass solche Schüler unintelligent seien bzw. haben die Erfahrung gemacht, dass solche Schüler in der Schule unintelligent sind. Die Hälfte der Lehrpersonen (50%) nehmen solche Schüler als leistungsschwach im Unterricht wahr, während sich 32% nicht auf eine der beiden Dimensionen festlegen. 57% sind der

Auffassung, dass trennungsängstliche und schulphobische Schüler sich im Unterricht zurück gezogen verhalten. 25% beziehen zu der Dimension mündlich zurückgezogen versus mündlich engagiert eine neutrale Position.

Ergebnisse zu den Persönlichkeitsmerkmalen trennungsängstlicher oder schulphobischer Schüler

Lediglich 20% der Lehrer würden solche Schüler als phantasielos bezeichnen. 46% beziehen eine neutrale Position zur Eigenschaftsdimension phantasielos versus phantasievoll.

31% der Lehrer nehmen solche Schüler als humorlos im Unterricht wahr. Die Hälfte der Lehrer (49%) finden weder das Adjektiv humorlos noch das Adjektiv humorvoll zutreffend. um solche Schüler angemessen zu beschreiben. 49% nehmen solche Schüler als launenhaft wahr, während 29% sich für eine neutrale Position diesbezüglich sich entscheiden. 61% beziehen eine neutrale Stellung zu den Eigenschaften naiv versus scharfsinnig.

Aus den Ergebnissen lässt sich zusammenfassen, dass die befragten Lehrerinnen trennungsängstliche oder schulphobische Schüler sehr unterschiedlich wahrnehmen. Bei den meisten Eigenschaftsmerkmalen haben sie große Schwierigkeiten eine klare Stellung zu beziehen.

Ergebnisse zu den Symptomen und Ursachen von Trennungsangst und Schulphobie

Die Lehrpersonen nehmen Schülerinnen mit einer Trennungsangst und Schulphobie sehr undifferenziert wahr, sowohl was die Symptome, die Ursachen und das Verhalten trennungsängstlicher und schulphobischer Schüler im Unterricht betreffen. Werden die drei Formen der Schulvermeidung fokussiert, weisen die Ergebnisse darauf hin, dass die Lehrpersonen keine (zwischen Schulangst und Trennungsangst/Schulphobie) bis minimale Unterschiede zwischen Schulphobie, Schulangst und Schuleschwänzen vornehmen können. Die Ergebnisse im Antwortverhalten lassen den Schluss zu dass die befragten Lehrerinnen Trennungsangst und Schulphobie mit der Schulangst gleichsetzen. Lediglich in Bezug auf das Schuleschwänzen können einige Lehrer zwischen einer nicht-dissozialen Form der Schulvermeidung (Trennungsangst/Schulphobie und Schulangst) und einer dissozialen Form (Schuleschwänzen) differenzieren, indem sie die Merkmale, die auf das Schuleschwänzen zutreffen (Desinteresse an der Schule, wiederholte aggressive Verhaltensweisen in der Schule, kriminelle Handlungen), als falsche Symptommerkmale für eine Schulphobie und Trennungsangst erkennen. Die Tatsache. dass 79% der befragten Lehrpersonen zu dem Thema bisher keine Literatur gelesen haben und dass 95% an keiner Fortbildung zu diesem Thema teilgenommen haben, stimmen mit ihrem Antwortverhalten im Fragebogen überein, das auf Unwissenheit über das Thema Schulvermeidung im Allgemeinen beruht.

Dass 69% der teilgenommenen Lehrerinnen ihr Vorwissen zu diesem Thema gering bis sehr gering einschätzen, steht wiederum mit dem undifferenzierten Bild in Übereinstimmung, dass sie von trennungsängstlichen und schulphobischen Schülern haben. Es ist prinzipiell denkbar, dass Lehrpersonen, die der Überzeugung eines hohen Vorwissens sind, die Schulphobie mit der Schulangst gleichsetzen.

Ergebnisse zum Umgang mit einem trennungsängstlichen oder schulphobischen Schüler

Die Ergebnisse zum Umgang der Lehrer mit trennungsängstlichen oder schulphobischen Schülern weisen daraufhin, dass die meisten Lehrerinnen aktiv handeln würden im Falle eines solchen Schülers in ihrer Klasse, indem sie die Eltern des betroffenen Kindes für ein klärendes Gespräch aufsuchen und/oder sich unterschiedlichen Hilfesystemen anvertrauen. Der größte Anteil der befragten Lehrpersonen (97%) würde sich an seine Kolleginnen und Kollegen wenden.

Zusammenfassung der Ergebnisse aus der quantitativen Datenerhebung und Diskussion

Über die Hälfte der befragten Lehrer nehmen Schülerinnen mit einer Trennungsangst und Schulphobie als problematisch (58%), belastend (58%) und als zeitaufwendig (65%) wahr bzw. vermuten, dass trennungsängstliche und schulphobische Schüler problematisch, belastend und zeitaufwendig für sie in der Schule seien. Dies impliziert eine negative soziale Wahrnehmung der befragten Lehrerinnen über Schüler mit einer emotionalen Störung mit Trennungsangst.

Interessant ist, dass von allen befragten Lehrerinnen und Schülern jeder zweite Lehrer und Schüler davon ausgeht, dass trennungsängstliche und schulphobische Schüler eher leistungsschwach sind, obwohl sie in der Forschungsliteratur als Schüler mit guten schulischen Leistungen beschrieben werden (vgl. Baumeister, 2001; Lotzgeselle, 1990).

In der Fragebogenauswertung war auffällig, dass bei den komplementären Polen häufig die Null angekreuzt wurde. Vermutlich haben sich solche Lehrer für die Mitte entschieden, die möglicherweise keine Tendenzen bei den Antworten wussten, d.h. bei auftretender Unsicherheit in den Antworten wählten sie wohl die Mitte im Fragebogen. Die Unwissenheit bezüglich unterschiedlicher Formen von Schulvermeidung könnte auch darauf zurückgeführt werden, dass die Lehrer im Laufe ihrer Berufserfahrung keinerlei Kontakt mit solchen Kindern und Jugendlichen gesammelt haben. Schließlich geben 52% der Lehrpersonen an, bisher keinerlei Erfahrungen mit solchen Schülern gesammelt zu haben. Und auch außerhalb der Schule möglicherweise nicht mit dieser Thematik in Kontakt getreten sind. Es gab Lehrerinnen (15), die auf dem Bogen vermerkt haben, dass es ihnen schwer gefallen ist, zu dieser Thematik Stellung zu beziehen. Dem größten Teil der befragten Lehrer ist es vermutlich auch schwer gefallen den Fragebogen auszufüllen, auch wenn dies nicht explizit auf dem Fragebogen vermerkt worden ist. Das mittlere Antwortverhalten bestätigt meine Vermutung.

39% der befragten Lehrpersonen halten das Thema für sehr wichtig bis wichtig, 36% halten das Thema für ihr tägliches schulisches Handeln für mittelwichtig. Diese Tendenzen können auf soziale Erwünschtheit zurückgeführt werden, d.h. dass die Lehrer möglicherweise die Antwort gegeben haben, von der sie ausgingen, dass diese eher auf Zustimmung stößt. Möglicherweise gab es unter diesen Personen Lehrer, die entgegen ihrer Antwort das Thema für ihr tägliches schulisches Handeln für unwichtig halten, weil sie für ihre tägliche Arbeit keine Notwendigkeit sehen, sich mit Schulvermeidung zu befassen.

Das eingeschätzte Vorwissen der Lehrerinnen, das als gering zu bewerten ist, deckt sich mit den erzielten Ergebnissen im Fragebogen, die auf Unwissenheit zum Thema Schulvermeidung schließen lassen.

Die Befragung ergab, dass Lehrerinnen wenig über die Störungsbilder Trennungsangst und Schulphobie, Schulangst und Schuleschwänzen wissen. Weiterhin geht aus den Fragebogenergebnissen hervor, dass eine Vielzahl von Lehrerinnen und Schülern unzulässige Attribuierungen vornehmen, indem sie trennungsängstlichen und schulphobischen Schülerinnen Eigenschaften zuschreiben, die nicht auf die jeweilige Person zutreffen müssen. Aufgrund impliziter Persönlichkeitstheorien schließen die befragten Lehrerinnen von dem Attribut Schulphobie auf nicht beobachtbare Merkmale beim Schüler. Hierbei besteht die Gefahr, dass betroffene Schüler von den unterrichtenden Lehrern sowie von Mitschülerinnen anders wahrgenommen, beurteilt und bewertet werden, als es der Wirklichkeit entspricht. Dabei erleben die befragten Lehrer trennungsängstliche und schulphobische Schüler noch negativer im Vergleich zu den befragten Schülern. Dieser Unterschied in der Wahrnehmung und im Erleben wirft die Frage auf: Warum haben die befragten Lehrer negativere Alltagsvorstellungen und warum erleben Lehrer solche Schüler deutlich negativer im Vergleich zu den befragten Schülern?

Unwissenheit und Vorurteile führen nicht selten zu sich selbst-erfüllenden Prophezeiungen. Schließlich neigen Menschen dazu, sich in ihrer Personenwahrnehmung von bestimmten Merkmalen leiten zu lassen. Diese Merkmale sind oft verzerrt und geben somit ein verzerrtes Bild des Anderen wieder. Hinzu neigen Menschen dazu, an diesem Bild festzuhalten (Steins, 2008). Aus einer Unwissenheit heraus schließen Personen aufgrund von beobachtbaren Merkmalen auf nicht beobachtbare Merkmale einer Person. Übertragen auf die Schule wäre es denkbar, dass aufgrund einer Fehlwahrnehmung des Lehrers sich eine Schulangst neben der Schulphobie beim Schüler entwickeln könnte. Eine Schulangst umfasst u.a. Leistungsangst, Angst vor Lehrern, Angst vor Mitschülern, Angst vor Mobbing etc. Merkt ein schulphobisches Kind, dass seine psychische Erkrankung auf Unverständnis und Ablehnung beim Lehrer stößt, ist es denkbar, dass sich neben der Trennungsangstproblematik weitere schulische Probleme entwickeln können.

Über entsprechende Seminare an Universitäten in der Lehrerausbildung oder über Aufklärungsarbeit im Rahmen von Fortbildungsangeboten für bereits berufstätige Lehrer könnte Vorurteilen und Unwissenheit zum Thema Schulvermeidung allgemein in Zukunft entgegengewirkt werden, so dass Lehrer in der Lage wären, Störungsbilder voneinander abzugrenzen.

An der Methode ist zu kritisieren, dass bei den Lehrerfragebögen ausschließlich ordinalskalierte Daten vorliegen. Die erzielten Ergebnisse müssten noch durch weitere Beobachtungen validiert werden.

Die Diskussion möchte ich mit Ideen für eine mögliche Folgeuntersuchung abschließen. In einer Folgeuntersuchung könnten folgende Forschungsfragen untersucht werden: Würde eine fachspezifische Schulung der Lehrer einen Wissensaufbau bewirken? Über welche Methoden müsste dies erfolgen (Trainings, Informationsbroschüren, Fachliteratur, Filme etc.)? Könnte eine entsprechende Schulung die bisher gewonnnen Ergebnisse verbessern? Diese und weitere Fragen in Hinblick auf das Alltagswissen von Lehrern könnten im Rahmen von Nachfolgeuntersuchungen zum Gegenstand der Forschung gemacht werden, damit die Wahrnehmung von Lehrerinnen Schulverweigerern gegenüber realistischer und die Zusammenarbeit zwischen Lehrern und betroffenen Schülerinnen und deren Eltern produktiver wird.

Es wird nun übergeleitet zu einer offenen Fragestellung im Fragebogen, bei der den Lehrerinnen eine Möglichkeit gegeben wurde, ihre Erfahrungen mit solchen Schülerinnen mitzuteilen.

Qualitative Datenerhebung im Lehrerfragebogen zur Erfassung der Alltagsvorstellungen von Lehrerinnen über Trennungsangst und Schulphobie

Der Lehrerfragebogen enthält eine offene Fragestellung. In dieser Frage werden die Lehrerinnen danach gefragt, ob sie bereits Erfahrungen mit Schülern einer emotionalen Störung mit Trennungsangst, worunter auch die Schulphobie zählt, gesammelt haben. Beantworten die befragten Lehrer diese Frage mit Ja, werden sie weiter nach ihren konkreten Erfahrungen gefragt, die sie mit solchen Schülerinnen bisher im Unterricht gemacht haben. Bevor auf die inhaltlichen Antworten der Lehrer eingegangen wird, soll zuvor aufgezeigt werden, wie das Verhältnis von Lehrern ist, die angeben, bereits Erfahrungen gemacht zu haben und solchen, die bisher keinerlei Erfahrungen mit trennungsängstlichen und schulphobischen Kindern und Jugendlichen gesammelt haben. Von den 358 befragten Lehrern beantworten 346 Lehrer diese Frage entweder mit ja oder mit nein. Von diesen 346 Lehrern geben 166 (48%) Lehrer an, bereits Erfahrungen mit solchen Schülerinnen gemacht zu haben, während 180 (52%) diese Frage verneinen. Schaut man sich explizit die Grundschullehrer an, weil es nahe liegend ist, das dort diese Störung aufgrund des Alters der Kinder häufiger auftritt.Hier zeigt sich, ähnlich wie bei den weiterführenden Schulen, ein eher heterogenes Bild. Tabelle 109 gibt Aufschluss über die Anzahl der Grundschullehrer, die jenen Schülern in ihrer Schullaufbahn begegnet sind und Lehrern ohne Erfahrung mit der Trennungsangststörung:

Tabelle 109: Häufigkeitsverteilung der befragten Grundschullehrer in Bezug auf Erfahrungen mit einer Trennungsangst und Schulphobie.

		f	%	Gültige %
Gültig	Ja	24	44,4%	45,3
	Nein	29	53,7%	54,7
	Gesamt	53	98,1%	100%
Fehlend	System	1	1,9%	
Gesamt		54	100%	

Über die Hälfte der befragten Grundschullehrer geben an, keinerlei Erfahrungen mit solchen Kindern gemacht zu haben. Anhand dieser Zahlen lässt sich ablesen, dass dieses Störungsbild nicht sehr verbreitet ist (siehe Kapitel 3.2.1 über die Auftretenshäufigkeit von Trennungsangst und Schulphobie in der Bevölkerung).

Methode

Um die offenen Antworten im Lehrerfragebogen angemessen auszuwerten, wird die *grounded theory* von Strauss und Corbin (1996) als eine qualitative Forschungsmethode angewendet. Innerhalb der *grounded theory* werden Daten systematisch erhoben, kategorisiert und analysiert. Mit Daten sind hier die Informationen im Satz gemeint. Kategorisierung ist der Prozess des Gruppierens der Konzepte, die zu demselben Phänomen zu gehören scheinen (Strauss & Corbin, 1996). Die Daten werden mit Hilfe des offenen Kodierens ausgewertet. Beim offenen Kodieren benennt der Forscher eigene Kategorien, d.h. die einzelnen Kategoriennamen wurden von mir selbstständig aufgestellt. Selbstkonstruierte Kategorien sind beispielsweise Fehlzeiten, Persönlichkeitsmerkmale und Psychosomatik. Von den bekannten Kategorien sind einige der Fachliteratur entnommen, wie die Fachausdrücke Schulphobie, Schuleschwänzen, Schulangst etc. Für die Kategorienbildung werden die Daten konzeptualisiert: Ähnliche Phänomene erhalten denselben Namen. Die Kategorien werden mittels einer Satz-für-Satz-Fragestellung erhoben. Jeder einzelne Satz im Fragebogen wurde nach seiner Hauptidee untersucht. Es ist durchaus möglich, dass pro Person Mehrfachnennungen möglich sind. Somit besteht die Möglichkeit, dass die Sätze einer Person durchaus mehrere Hauptideen beinhalten können, die den unterschiedlichen Kategorien zugeordnet werden.

Vorüberlegungen zur Datenanalyse

Die Inhalte der offenen Antworten im Lehrerfragebogen sind sehr vielfältig. Deshalb sollte bei allen Antworten berücksichtigt werden, dass nicht automatisch davon ausgegangen werden kann, dass die Lehrerinnen, die angaben mit solchen Schülern bereits Erfahrungen gesammelt zu haben, wirklich wissen, was unter einer Schulphobie und Trennungsangst zu verstehen ist. Wie die Ergebnisse im quantitativen Teil des Fragebogens belegen, kennen nur wenige von ihnen die korrekte Bedeutung der beiden Störungsbilder. Die Lehrerantworten erwecken vielmehr den Anschein, als stellten die befragten Lehrpersonen ihre persönlichen Erfahrungen mit „auffälligen" Schülerinnen allgemein dar.

Ergebnisse

Von den 358 Lehrerinnen, die den Fragebogen ausfüllten, gaben 166 Lehrerinnen an, bereits Erfahrungen mit solchen Schülerinnen gemacht zu haben und beantworteten diese Frage. In dem Zusammenhang berichteten Lehrerinnen von eigenen Erfahrungen mit solchen Schülern. Andere nutzten die Frage, um ihre Vermutungen über eine emotionale Störung mit Trennungsangst, worunter auch die Schulphobie zählt, schriftlich zu fixieren. Demnach wird in der Ergebnispräsentation zwischen beiden Merkmalen unterschieden.

Zur Schulphobie und Trennungsangst im Lehrerfragebogen

12% der 166 Lehrerinnen, die vermutlich Erfahrungen mit trennungsängstlichen Schülern hatten, machen Angaben zur Schulphobie und Trennungsangstthematik. In dem Zusammenhang führen die Lehrer folgende Kriterien auf: (1) starke Bindung zur Mutter, (2) überbehütetes Erziehungsverhalten, (3) Schwierigkeiten sich von der Mutter zu trennen, (4) starkes Heimweh auf Klassenfahrten, (5) Mütter müssen mit im Klassenraum sitzen, oftmals bei Schulneulingen, (6) Mütter können sich nicht trennen. 95% der Lehrer nennen an dieser Stelle ihre persönlichen Erfahrungen mit solchen Schülern, während 5% einige dieser Kriterien als Vermutung aufstellen, die sie mit einer Trennungsangst und Schulphobie assoziieren.

11% der befragten Lehrer machten auf die langen Fehlzeiten dieser Schüler aufmerksam. Aufgrund der Mehrfachnennungen ergab sich folgende Aufteilung: 94% von den 11% der Lehrer machten Erfahrungen mit Schülern, die über längere Zeit der Schule fernblieben. 29% von den 11% dieser Lehrer machten im Verlauf ihrer schulischen Laufbahn die Erfahrung, dass die Eltern die langen Fehlzeiten ihrer Kinder bagatellisieren und wohlwollend Entschuldigungen für sie schreiben. 6% von 11% vermuteten, dass eine emotionale Störung mit Trennungsangst, worunter auch die Schulphobie zählt, mit langen Fehlzeiten einhergeht.

9% der befragten Lehrerinnen gaben an, dass diese Störung mit Leistungseinbrüchen einhergehe. Davon machten 47% persönliche Erfahrungen mit Leistungsverschlechterungen bei trennungsängstlichen und schulphobischen Schülern. 53% stellten die Vermutung auf, dass sich trennungsängstliche und schulphobische Schüler im schulischen Bereich verschlechtern.

9% der Lehrer beschreiben diese Schüler als sozial isoliert mit einem starken Rückzugsverhalten. 60% der Lehrerinnen hatten bereits Erfahrungen mit sozial zurückgezogenen Schülern, während 40% des Lehrpersonals vermuten, dass bei diesen Schülern ein sozialer Rückzug vorliege.

9% der befragten Lehrer nutzen die Frage, um Persönlichkeitsmerkmale trennungsängstlicher und schulphobischer Schüler aufzulisten. 80% der Lehrer geben an, Erfahrungen mit ruhigen, ängstlichen, verschlossenen und sehr zurückhaltenden Schülern gemacht zu haben, während die restlichen 20% lediglich die Vermutung äußern, trennungsängstliche und schulphobische Schüler seien ängstlich, schüchtern und verschlossen.

7% der befragten Lehrerinnen führen an dieser Stelle die Kriterien einer Schulangst auf bzw. verwenden den Begriff Schulangst im Zusammenhang mit einer emotionalen Störung mit Trennungsangst. Mit dem Begriff Schulangst assoziieren sie: Angst vor Mobbing, Angst vor Leistungsanforderungen sowie Angst in der Schule zu versagen. Oder aber die Lehrer zählen Merkmale auf, die gemäß der *grounded theory* der Kategorie Schulangst zugeordnet werden. 58% der Lehrer machten im Verlauf ihres Berufslebens Erfahrungen dieser Art, während 42% vermuten, dass mit einer Schulphobie eine Schulangst gemeint sein könnte.

Weitere 7% berichten, dass solche Schüler Kontakt zum Lehrer suchten. Die Schüler seien aufmerksamkeitsfordernd, anhänglich und lehrerfixiert. Von den 7% machten alle Lehrer Erfahrungen dieser Art. Keiner der Lehrer stellte die Vermutung einer starken Kontaktsuche solcher Schüler bei bestimmten Lehrern auf.

6% gaben an, dass trennungsängstliche und schulphobische Schüler aggressives Verhalten im schulischen Bereich zeigten. 40% dieser Lehrer machten diese Erfahrung, während 60% solche Verhaltensweisen bei schulphobischen und trennungsängstlichen Kindern vermuten.

5% der Lehrer machten auf die Psychosomatik im Zusammenhang mit diesem Störungsbild aufmerksam. Unter Psychosomatik fallen Kopfschmerzen, Bauchschmerzen und Übelkeit. 56% dieser Lehrer machten bei Schülern Erfahrungen mit solchen Beschwerden, während 44% die Vermutung äußern, dass psychosomatische Beschwerden bei Trennungsangst und Schulphobie eine Rolle spielen könnten.

4% verwenden Kriterien für Schuleschwänzen, wie starke Unlust vor der Schule, absichtliches Fernbleiben vom Unterricht mit Wissen der Eltern.

2% der Lehrer nennen im Zusammenhang mit ihren Erfahrungen unauffälliges Schülerverhalten wie ein sehr ruhiges Auftreten des Schülers. Weitere 2% machten Erfahrungen mit bestimmten Verhaltensweisen wie Weinen, von diesen 2% der befragten Lehrpersonen machten alle Erfahrungen mit weinenden Schülern im Zusammenhang mit einer Trennungsangst und Schulphobie. 2% berichten von einer fehlenden Unterstützung durch die Eltern. Lediglich 1% gab an, Erfahrungen mit Konzentrationsschwierigkeiten gemacht zu haben. Weitere 1% gab an, dass diese Kinder für außen stehende Personen schwer zugänglich sind.

Auswirkungen auf den Unterricht

11% der befragten Lehrer berichten über ein Vermeidungsverhalten dieser Schüler im Unterricht. 78% dieser Lehrer machten im Unterricht bereits Erfahrungen mit Vermeidungsverhalten, das sich darin ausdrückt, dass trennungsängstliche und schulphobische Kinder sich kaum am Unterricht beteiligen und kaum bereit sind, schulische Leistungen zu zeigen. Hinzu kommt, dass 9% der Lehrer solche Schüler als anstrengend erleben oder vermuten dass diese anstrengend sein könnten. Davon sagen 88%, dass sie solche Schüler deshalb als anstrengend bezeichnen, weil sie im Unterricht störend sind, unangenehm auffallen und zeitaufwendig sind, während 12% lediglich vermuten, dass trennungsängstliche und schulphobische Kinder anstrengend sein könnten.

Tabelle 110 fasst die Kategorien im Lehrerfragebogen mit ihren Inhalten noch einmal zusammen. Die Reihenfolge der Kategorien ist nach der Auftretenshäufigkeit der jeweiligen Kategorie im Fragebogen sortiert.

Tabelle 110: Kategorien im Lehrerfragbogen sortiert nach deren Auftretenshäufigkeit.

Kategorie	Inhalte	Insgesamt in % und f	Lehrerer-fahrungen in % und f	Lehrer-vermutungen in % und f
Schulphobie/ Trennungs-angst	• *Starke Bindung zur Mutter* • *Überbehütetes Erziehungsverhalten* • *Schwierigkeiten sich von der Mutter zu trennen* • *Starkes Heimweh auf Klassenfahrten* • *Mütter müssen mit im Klassenraum sitzen, insbesondere bei Schulneulingen* • *Mütter können sich nicht trennen*	*12% (19)*	*95% (18)*	*5% (1)*
Fehlzeiten	• *Abwesenheit von der Schule* • *Mutter oder beide Elternteile bagatellisieren Fehlzeiten (29% von 94% der Lehrer machen diese Erfahrungen)*	*11% (18)*	*94% (17)*	*6% (1)*
Vermeidungs-verhalten	• *Kaum Beteiligung am Unterricht* • *Kaum Leistungsbereitschaft* • *Bleiben zu Hause* • *Weigerung den Klassenraum zu betreten*	*11% (18)*	*78% (14)*	*22% (4)*
Soziale Isolation	• *Rückzugsverhalten*	*9% (15)*	*60% (9)*	*40% (6)*
Leistungsein-brüche	• *Leistungsverschlechterungen*	*9% (15)*	*47% (7)*	*53% (8)*
Persönlich-keitsmerkmale	• *Ruhig* • *Ängstlich* • *Zurückhaltend* • *Verschlossen* • *Unsicher* • *Launisch*	*9% (15)*	*80% (12)*	*20% (3)*

Lehrererleben	• *Anstrengend*
	  ○ *Störend*
	  ○ *Zeitaufwendig*
	  ○ *Unangenehm*
		9% (8)	*88% (7)*	*12% (1)*

162

Kategorie	Inhalte	Insgesamt in % und f	Lehrerer-fahrungen in % und f	Lehrer-vermu-tungen in % und f
Schulangst	• Angst vor Mitschülern • Angst vor Mobbing • Angst zu Versagen	7% (12)	58% (7)	42% (5)
Kontaktsuche beim Lehrer	• Aufmerksamkeitsfordernd • Anhänglich • Lehrerfixiert	7% (12)	100% (12)	0%
Aggressivität	• Aggressives Verhalten	6% (10)	40% (4)	60% (6)
Psychosomatik	• Bauchschmerzen • Kopfschmerzen • Übelkeit	5% (9)	56% (5)	44% (4)
Unterrichts-verweigerung	• Fernbleiben vom Unterricht	4% (6)	83% (5)	17% (1)
Schuleschwän-zen	• Starke Unlust vor der Schule • Abwesenheit vom Unterricht mit Wissen der Eltern	4% (6)	50% (3)	50% (3)
Unauffälliges Verhalten	• Sehr ruhiges Auftreten	2% (4)	100% (4)	0%
Emotionale Ge-fühlsausbrüche	• Weinen	2% (3)	100% (3)	0%
Unterstüt-zungsmangel	• Fehlende Unterstützung vom Elternhaus	2% (3)	100% (3)	0%
Konzentration	• Konzentrationsschwierigkeiten	1% (2)	100% (2)	0%
Zugänglichkeit	• Schwer zugänglich	1% (2)	100% (2)	0%

Es wird nun übergeleitet zur quantitativen Datenerhebung zur Erfassung der sozialen Wahrnehmung von Schülerinnen zur Trennungsangst und Schulphobie.

Quantitative Datenerhebung im Schülerfragebogen zur Erfassung der Alltagsvorstellungen von Schülern zur Trennungsangst und Schulphobie

Mit Hilfe des Schülerfragebogens soll eruiert werden, welche Alltagsvorstellungen Oberstufenschülerinnen an Gymnasien, Gesamtschulen und Schüler an Berufskollegs über Schüler mit Trennungsangst und Schulphobie haben. Um die Alltagsvorstellungen von diesen Jugendlichen angemessen herauszustellen, werden unterschiedliche Merkmale im Fragebogen erfasst:
Der Schülerfragebogen thematisiert, ob die Schülerinnen bereits mit Schülern, die unter einer emotionalen Störung mit Trennungsangst leiden, in Kontakt getreten sind, und wie Schüler von Berufskollegs, Gymnasien und Gesamtschulen, Schülerinnen mit diesem Störungsbild wahrnehmen. Weiterhin wird nach möglichen Symptomen und Ursachen einer emotionalen Störung mit Trennungsangst gefragt. Daneben wird der Umgang mit diesen Schülern angesprochen und wie es den Schülerinnen damit gehen würde, wenn sie einen Mitschüler mit dieser Problematik in ihrer Klasse hätten und ob sie zu diesem Krankheitsbild bereits Literatur gelesen haben. Am Ende des Fragebogens sollen sie auf einer fünfstufigen Antwortskala einschätzen, wie wichtig sie das Thema in Bezug auf ihr

tägliches schulisches Handeln sehen und wie hoch sie ihr Vorwissen zu diesem Störungsbild einschätzen.

Stichprobe

Rekrutierung der Stichprobe

Die Rekrutierung der Schülerstichprobe erfolgte nach einer ähnlichen Vorgehensweise wie die Rekrutierung der Lehrerstichprobe: Schulen der drei Schulformen (Gymnasium, Berufskollegs, Gesamtschulen) wurden übers Internet heraus gesucht und nacheinander kontaktiert. Nachdem einige Schulleitungen der verschiedenen Schulformen mündlich ihr Einverständnis gegeben hatten und mir mitgeteilt haben, wie viele Schülerfragebögen sie für die Oberstufenschüler benötigen, wurden die Fragebögen per Post an die Schulen versendet. Der Schulleiter klärte in der Zwischenzeit das Lehrerkollegium über die Fragenbogenerhebung auf, mit der Bitte, es mögen sich viele Schüler aus der Oberstufe an der Befragung beteiligen. Aufgrund meines Lehramtsstudiums bat ich ehemalige Studienkolleginnen und Kollegen im Referendariat die Schülerfragebögen in ihren Klassen an die entsprechende Zielgruppe zu verteilen. In einigen Fällen bin ich selbst an die Schulen gefahren, habe mich dort kurz vorgestellt und im Lehrerkollegium mein Anliegen erläutert. Ich bat entweder die Lehrer die Schülerfragebögen zu verteilen oder ich bat sie, mit in die jeweiligen Klassen gehen zu dürfen, um meine Bögen den Schülerinnen persönlich auszuhändigen. Das Ausfüllen dieses Fragebogens dauerte in etwa zehn Minuten.

Beschreibung der Stichprobe

An der Fragebogenerhebung nahmen insgesamt 441 Schüler teil. Es nahmen von 438 Schülern insgesamt 65% Schülerinnen (283) und 35% Schüler (155) an der Erhebung teil. Drei Personen machten in Bezug auf ihre Geschlechtszugehörigkeit keine Angaben.

Es wurden Schülerinnen der drei Schulformen: Gymnasium, Berufskolleg und Gesamtschule befragt. Die Zusammensetzung der Schüler, die den Fragebogen ausfüllten, ist in Bezug auf die Schulformen unterschiedlich. Der größte Prozentsatz an Schülern, die an der Fragebogenerhebung teilnahmen, waren Gymnasiasten (65%), gefolgt von den Berufsschülern mit 34%. Lediglich 0,9% Gesamtschüler (Oberstufenschüler) sind in der Stichprobe zu verzeichnen. Die Tabelle 111 gibt Aufschluss über die exakte Verteilung der Schülerinnen auf die drei Schulformen:

Tabelle 111: Häufigkeitsverteilung der teilgenommenen Schülerinnen, verteilt auf die einzelnen Schulformen und sortiert nach deren Auftretenshäufigkeit.

Schulform	f	%
Gymnasium	288	65%
Berufskolleg	148	34%
Gesamtschule	4	0,9%
GESAMT	440	100%

In Abbildung 5 ist die Häufigkeitsverteilung der Schülerinnen auf die einzelnen Schulformen abgebildet.

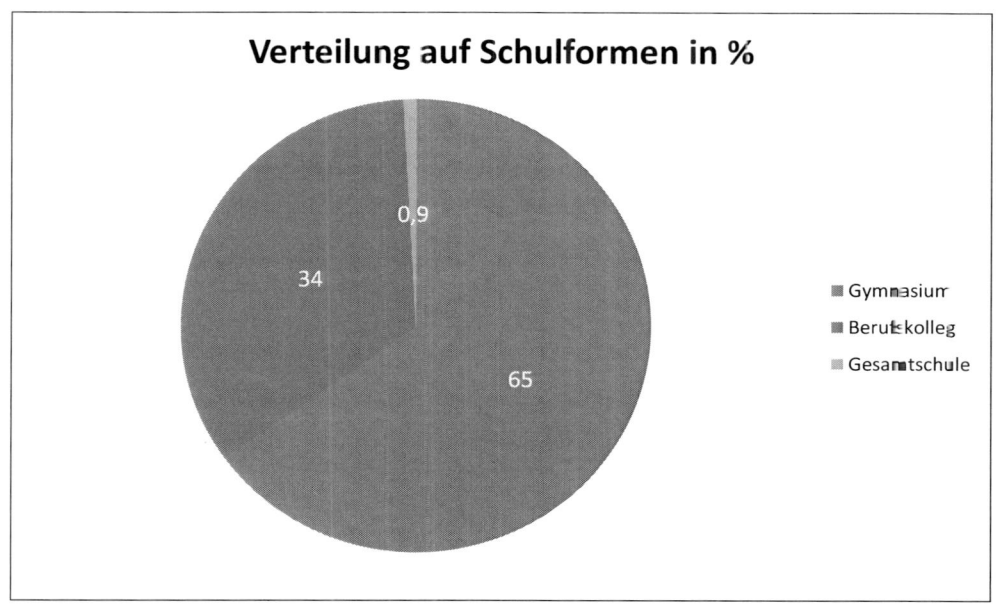

Verteilung auf Schulformen in %

0,9

34

65

- Gymnasium
- Berufskolleg
- Gesamtschule

Abbildung 5: Häufigkeitsverteilung der Schülerinnen verteilt auf die einzelnen Schulformen.

Datenerhebung

Die Daten der vorliegenden Untersuchung wurden im März und April des Jahres 2008 über selbst konstruierte Fragebögen erhoben. Der Schülerfragebogen wurde entweder durch den Schuldirektor, durch einzelne Lehrer, Referendare oder über mich in den einzelnen Klassen der Oberstufe verteilt. Dieser Fragebogen wurde in Anlehnung an den Lehrerfragebogen entwickelt und ist fast identisch mit diesem Fragebogen. Aus diesem Grund soll an dieser Stelle auf die ausführliche Darstellung der Fragestellungen im Schülerfragebogen verzichtet werden.

Ergebnisse der quantitativen Datenerhebung im Schülerfragebogen zur Erfassung der Alltagsvorstellungen von Schülern zur Trennungsangst und Schulphobie

Univariate Analysen: Deskriptive Kennwerte des Schülerfragebogens

Im folgenden Verlauf der Arbeit werden die statistischen Kennwerte zur Beurteilung von mittlerer Lage und Dispersion von Verteilungen berechnet. Die statistischen Kennwerte umfassen Mittelwert, Standardabweichung und Varianz. Die ersten Fragen im Fragebogen beziehen sich auf das Geschlecht und auf die Schule, die die Schüler zum Zeitpunkt der Erhebung besuchen. Den Fragestellungen *„In welcher Klassenstufe bist Du zur Zeit?"* und *„Wie viele Schüler sind in deiner Klasse?"* sollen nicht weiter nachgegangen werden weil die Oberstufenschüler in Kurse eingeteilt sind und die Berufsschüler in Klassen. Aufgrund dieser differenzierten Einteilung zwischen den Schulformen sind Vergleiche statistisch nicht möglich. Dies trifft ebenso auf die Anzahl der Schüler zu. Die Anzahl der Schüler in einem Kurssystem ist möglicherweise geringer als in einer Berufsschulklasse. Das größte Problem lag in Bezug auf die Anzahl der Schüler innerhalb einer Klasse darin, dass ein Großteil der Gymnasiasten die Gesamtzahl innerhalb eines Kurssystems angab. Aus diesen Gründen bleiben die beiden Fragestellungen für die univariaten Analysen unberücksichtigt.
Tabelle 112 gibt die statistischen Kennwerte für die Variablen *„Dein Geschlecht"* und *„Welche Schule besuchst Du?"* wieder:

Tabelle 112: Statistische Kennwerte für die zwei Variablen: „Dein Geschlecht" und „Welche Schule besuchst Du?"

		Dein Ge-schlecht	Welche Schu-le besuchst Du?
N	Gültig	438	440
	Fehlend	3	1
M		1,65	2,69
SD		,479	2,36
Var		,229	5,57
Min.		1	1
Max.		2	6

Die erste inhaltliche Frage zum Störungsbild Trennungsangst und Schulphobie lautet: *„ Wie würdest Du Schüler mit dieser Erkrankung wahrnehmen?"* Diesbezüglich liegt den Schülerinnen eine 7-stufige Antwortskala vor, von -3 sehr negativ bis +3 sehr positiv. Die 0 bedeutet, dass weder die eine noch die andere Eigenschaftsdimension zutrifft. Mit den restlichen Zahlen sind Abstufungen im Antwortverhalten der Schülerinnen möglich. Insgesamt werden den Schülern zu dieser Frage acht Eigenschaftspaare dargeboten. Alle acht Eigenschaftspaare können drei Variablen zugeordnet werden, die in Tabelle 113 aufgeführt sind:

Tabelle 113: Statistische Kennwerte für die drei Variablen: Persönlichkeitsmerkmale, schulisches Leistungsverhalten und Sozialverhalten trennungsängstlicher und schulphobischer Schüler in der Schule.

Variablen	Bipolare Eigenschaftspaare	N	Min.	Max.	M	SD
Sozialverhalten	• unsozial-sozial	438	-3	3	-,176	1,46
	• nicht hilfsbereit-hilfsbereit	437	-3	3	,298	1,17
	• unbeliebt-gesellig	436	-3	3	,161	1,51
Schulisches Leistungsverhalten	• unintelligent-intelligent	437	-3	3	,471	1,42
	• leistungsschwach-leistungsstark	435	-3	3	-,133	1,48
Persönlichkeits-merkmale	• phantasielos-phantasievoll	435	-3	3	-,630	1,58
	• humorlos-humorvoll	436	-3	3	-,727	1,55
	• launenhaft-umgänglich	437	-3	3	-,684	1,60

Die Häufigkeitsverteilung der Schüler in Bezug auf die bipolaren Eigenschaftsdimensionen wird im folgenden Kapitel differenziert aufgeführt. Nur über eine differenzierte Aufführung ist es möglich, die soziale Wahrnehmung von Schülern gegenüber trennungsängstlichen oder schulphobischen Schülern abzubilden. Möglicherweise nimmt die Wahrnehmung der Schüler Einfluss auf deren Informationsverarbeitung und möglicherweise auf deren Verhalten gegenüber einem trennungsängstlichen oder schulphobischen Mitschüler. Die im Folgenden aufgeführten Angaben basieren auf persönlichen Erfahrungen von Schülern oder auf deren Alltagsvorstellungen von trennungsängstlichem und schulphobischem Verhalten. Bei jeder Aussage kann es sich demnach um persönliche Schülereindrücke oder um Alltagsvorstellungen von Schülern zur Schulphobie oder Trennungsangst handeln.

Häufigkeitsverteilung in der Schülerwahrnehmung zum Sozialverhalten in der Schule, zum schulischen Leistungsverhalten und zu Persönlichkeitsmerkmalen trennungsängstlicher und schulphobischer Schüler

Sozialverhalten

40% der befragten Schülerinnen nehmen schulphobische und trennungsängstliche Kinder als unsozial wahr, während 34% der Schüler trennungsängstliche und schulphobische Schüler weder als sozial noch als unsozial wahrnehmen. 26% der befragten Schüler nehmen Kinder oder Jugendliche mit diesen Störungsbildern als sozial wahr.

32% der befragten Schüler nehmen diese Schülerinnen als nicht hilfsbereit wahr, während ebenfalls 32% sagen, dass diese Schüler weder hilfsbereit noch nicht hilfsbereit seien. Trennungsängstliche und schulphobische Jugendliche werden von 36% der befragten Schüler als hilfsbereit wahrgenommen.

52% der befragten Teilnehmerinnen nehmen solche Schüler als unbeliebt wahr, während 19% solche Kinder oder Jugendliche als beliebt wahrnehmen bzw. sich vorstellen können, dass trennungsängstliche und schulphobische Kinder beliebt seien. 29% der befragten Schülerinnen entscheidet sich für die Angabe, dass weder die Angabe beliebt, noch die Angabe unbeliebt zutreffend für schulphobische und trennungsängstliche Kinder ist.

Schulisches Leistungsverhalten

17% vertreten die Auffassung, dass trennungsängstliche und schulphobische Schüler unintelligent seien, während 37% der befragten Schüler der Auffassung sind, diese Schüler seien intelligent. 46% können sich bei diesem Item nicht auf die Dimensionen intelligent versus unintelligent festlegen. Die Hälfte der Schüler (52%) nehmen die Schüler als leistungsschwach wahr, während 28% sich weder für die Dimension leistungsstark noch für die Dimension leistungsschwach entscheiden. Trennungsängstliche und schulphobische Schüler werden von 21% der befragten Jugendlichen als leistungsstark im Unterricht wahrgenommen.

Persönlichkeitsmerkmale

19% der Schüler würden trennungsängstliche und schulphobische Schüler als phantasielos bezeichnen, während 39% hierzu eine neutrale Position beziehen. Ein Großteil der befragten Schüler (42%) nimmt Schüler mit diesen Störungsbildern als phantasievoll wahr.

Allerdings nehmen 34% solche Schüler als humorlos im Unterricht wahr während immerhin 42% der Auffassung sind, dass trennungsängstliche und schulphobische Kinder und Jugendliche weder humorvoll noch humorlos sind. 24% erleben trennungsängstliche und schulphobische Kinder oder Jugendliche als humorvoll bzw. vertreten die Vorstellung, dass diese Kinder humorvoll seien.

Über die Hälfte der Schüler (56%) nehmen diese Schüler als launenhaft wahr bzw. vertreten die Alltagsvorstellung, diese Kinder seien launenhaft, während 25% sich für die neutrale Position entscheiden. 19% der befragten Schüler sind der Auffassung, jene Schüler seien nicht launenhaft, sondern vielmehr umgänglich. In Abbildung 6 werden die Ergebnisse veranschaulicht.

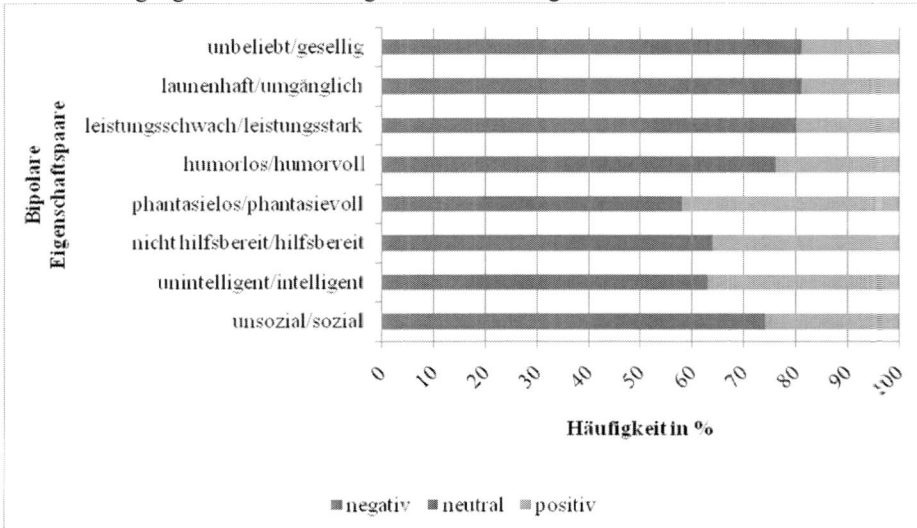

Abbildung 6: Soziale Wahrnehmung der Schüler von einem trennungsängstlichen Schüler.

Diskussion

Die Auffassungen der Schüler über das Sozialverhalten, über Persönlichkeitsmerkmale sowie zum schulischen Leistungsverhalten trennungsängstlicher und schulphobischer Schüler bestimmen die Erwartungshaltung des jeweiligen Schülers und können zu sich selbst erfüllenden Prophezeiungen führen. Von allen befragten Schülern gehen 40% der Schüler davon aus, dass trennungsängstliche und schulphobische Kinder unsozial seien. 52% der Schüler haben die Alltagsvorstellung, diese Schüler seien unbeliebt. Zu der Eigenschaftsdimension launenhaft versus umgänglich entscheiden sich 56% der Schüler für die Aussage, trennungsängstliche und schulphobische Schülerinnen seien launenhaft. Von allen befragten Schülerinnen geht jede zweite Schülerin davon aus, dass trennungsängstliche und schulphobische Schüler leistungsschwach bzw. eher leistungsschwach seien.

Mit dieser Alltagsvorstellung treten sie möglicherweise einem trennungsängstlichen und schulphobischen Mitschüler gegenüber. Diese Vorstellung kann die Interaktion zwischen einem gesunden Schüler und einem trennungsängstlichen oder schulphobischen Schüler so stark bestimmen, dass am Ende das eintritt was vom Schüler erwartet wird. Das würde bedeuten, dass der erkrankte Schüler sich im schulischen Setting launenhaft, leistungsschwach, unsozial und unbeliebt verhält. Dies hat möglicherweise Implikationen für den weiteren Interaktionsverlauf zwischen den Schülern im Setting Schule.

Die nächste inhaltliche Fragestellung, die quantitativ von den Schülern zu beantworten ist, beinhaltet die Frage: *„Was denkst Du, sind mögliche Symptome einer emotionalen Störung mit Trennungsangst (hierzu zählt auch die Schulphobie)?"* Die Mittelwerte liegen für die Schulphobieskala bei 2,78 *(SD = ,559)* und für die Schulangstskala bei 2,86 *(SD = ,519)*. Für die Skala Schuleschwänzen beträgt der Mittelwert 2,39 *(SD = ,678)* (siehe Tabelle 114).

Tabelle 114: Statistische Kennwerte für die Symptome der drei Variablen: (1) Trennungsangst und Schulphobie, (2) Schulangst und (3) Schuleschwänzen.

Variablen	N	Min.	Max.	M	SD
Trennungsangst und Schulphobie	424	1	4	2,78	,559
Schulangst	418	1	4	2,86	,519
Schuleschwänzen	432	1	4	2,39	,678

Betrachtet man die Anzahl der Schülerinnen, die Angaben zur ersten Variable gemacht haben, fällt auf, dass 17 Jugendliche sich zumindestzu einem dieser Items der Variablen Schulphobie nicht geäußert haben. 23 Schüler haben sich zur zweiten Variable nicht geäußert und 9 Schüler konnten keine Aussage über mindestens ein Item der Variable *Schuleschwänzen* machen.

Vergleicht man die Mittelwerte der Schulphobieskala mit denen der Schulangstskala, stellt sich heraus, dass auch die Schülerinnen im Vergleich zu den befragten Lehrerinnen die Items der beiden Skalen Trennungsangst und Schulphobie der Schulangstskala zuordnen. Die Schülerinnen können nicht zwischen einer Schulangst und einer Schulphobie differenzieren. Items, die der Skala Schuleschwänzen zugeordnet werden können, werden weniger als mögliche Symptome einer Trennungsangst und Schulphobie von den Schülerinnen in Betracht gezogen. Aber auch hier wird deutlich, dass den befragten Schülerinnen eine klare Abgrenzung zwischen den drei Formen der Schulvermeidung schwer fällt. Ein signifikanter Unterschied ist zwischen den Variablen Trennungsangst/Schuleschwänzen nicht zu erkennen.

Wie die exakte Verteilung der Items in Bezug auf die drei Variablen (1) Trennungsangst und Schulphobie (2) Schulangst und (3) Schuleschwänzen aussieht, veranschaulichen die Tabellen 115, 116 und 117, die nach Variablen getrennt aufgeführt sind:

Tabelle 115: Statistische Kennwerte zu den Symptomen der Variable Trennungsangst und Schulphobie.

Items der Variable: Symptome einer Trennungsangst und Schulphobie	N	Min.	Max.	M	SD
Vermeidung der phobischen Situation	432	1	4	3,08	,861
Auftreten körperlicher Beschwerden ohne organische Ursachen	438	1	4	2,71	,917

Items der Variable: Symptome einer Trennungsangst und Schulphobie	N	Min.	Max.	M	SD
Übermäßige Angst vor der Trennung von zu Hause oder von der Hauptbezugsperson	438	1	4	2,91	1,02
Unrealistische, vereinnahmende Besorgnis des Kindes, dass irgendein unglückliches Ereignis das Kind von seiner Hauptbezugsperson trennen wird	436	1	4	2,67	,892
Wiederholtes Klagen über körperliche Beschwerden wie Kopfschmerzen, Bauchschmerzen, Übelkeit oder Erbrechen, wenn die Trennung von einer wichtigen Bezugsperson bevorsteht oder stattfindet	439	1	4	3,08	,877
Das Vermeiden des Schulbesuches geschieht mit dem Wissen der Eltern	440	1	4	2,23	,845

Werden die Mittelwerte der einzelnen Items der Skala Schulphobie miteinander verglichen, fällt auf, dass die Schüler die Trennungsangst- und Schulphobiesymptome *„unrealistische vereinnahmende Besorgnis des Kindes, dass irgendein unglückliches Ereignis das Kind von seiner Hauptbezugsperson trennen wird"* sowie das Item *„das Vermeiden des Schulbesuchs geschieht mit dem Wissen der Eltern"* im Vergleich zu den restlichen Symptomen dieser Skala am unwahrscheinlichsten für die Symptomkriterien einer Trennungsangst und Schulphobie halten.

Tabelle 116 stellt die statistischen Kennwerte zu den Symptomen der Variablen Schulangst dar.

Tabelle 116: Statistische Kennwerte zu den Symptomen der Variable Schulangst.

Items der Variable: Symptome einer Schulangst	N	Min.	Max.	M	SD
Starke Angst vor der Schule selbst, vor Lehrern und/oder Mitschülern	436	1	4	3,19	,873
Angst vor Leistungsanforderung	433	1	4	2,93	,875
Angst vor sozialer Abwertung	428	1	4	3,08	,837
Das Vermeiden des Schulbesuches geschieht mit dem Wissen der Eltern	440	1	4	2,23	,845

436 Schüler haben die Vorstellung, dass trennungsängstliche und schulphobische Schüler starke Angst vor der Schule selbst, vor Lehrern und/oder Mitschülern haben. 433 vertreten die Ansicht, dass eine Angst vor Leistungsanforderung trennungsängstliche und schulphobische Schüler von der Schule fernhält. 428 der befragten Schüler können sich vorstellen, dass trennungsängstliche und schulphobische Jugendliche aus Angst vor sozialer Abwertung die Schule meiden. Das Item *„Das Vermeiden des Schulbesuches geschieht mit dem Wissen der Eltern"*, das auch ein typisches Symptom von Schulangst ist, können sich die Schüler auch für die Variable Schulangst, im Vergleich zu den anderen drei Symptomkriterien von Schulangst nur schwer vorstellen.

Nachstehend führt Tabelle 117 die statistischen Kennwerte zu den Symptomen der Variablen Schuleschwänzen auf.

Tabelle 117: Statistische Kennwerte zu den Symptomen der Variable Schuleschwänzen.

Items der Variable: Symptome von Schuleschwänzen	N	Min.	Max.	M	SD
Desinteresse an der Schule	437	1	4	2,51	1,02
Wiederholte aggressive Verhaltensweisen in der Schule	438	1	4	2,52	,884
Kriminelle Handlungen	437	1	4	2,14	,907

Die Werte der Variablen Schuleschwänzen liegen zwischen stimmt eher nicht und stimmt ein wenig. Am sichersten sind sich die Schüler beim Item *kriminelle Handlungen*, dass es kein Symptom von Trennungsangst und Schulphobie ist.

Für die statistischen Kennwerte: Mittelwerte und Standardabweichung in Bezug auf die anschließende Frage: *„Was glaubst Du, warum das Kind nicht mehr zur Schule geht bzw. was sind mögliche Ursachen einer emotionalen Störung mit Trennungsangst (hierzu zählt auch die Schulphobie)"* ist festzuhalten, dass beide Mittelwerte der Skalen Schulphobie und andere psychische Störungen keine großen Unterschiede aufweisen. Der Mittelwert für die Skala *Schulphobie* liegt bei 2,82 *(SD*

= ,590), während der Mittelwert für die Skala *Ursachen anderer psychischer Störungen* bei 2,58 liegt *(SD = ,391)* (siehe Tabelle 118).

Tabelle 118: Statistische Kennwerte zu den Ursachen der Variablen Trennungsangst/Schulphobie.

Variablen	N	Max.	Min.	M	SD
Ursachen einer Trennungsangst/Schulphobie	431	1	4	2,82	,590
Ursachen anderer psychischer Störungen	393	1	4	2,58	,391

Die geringe Differenz von 0,24 im Mittelwertvergleich zwischen den Ursachen einer Trennungsangst und Schulphobie und den Ursachen anderer psychischer Störungen soll mit Hilfe der folgenden Angaben, die die Häufigkeiten der einzelnen Items noch mal exakt erfassen, dargestellt werden.

Häufigkeitsverteilung möglicher Ursachen einer Trennungsangst und Schulphobie im Schülerfragebogen

Genetische Ursachen

Die Mehrheit der Schülerinnen (87%) schließen genetische Ursachen als Ursachengröße aus. Es werden in der Fachliteratur keine genetischen Ursachen in Betracht gezogen. Die Gene sind keine relevante Ursachengröße (siehe Kapitel 4 zu den Ursachen).

Teilleistungsschwächen

60% der befragten Schüler vermuten eine Teilleistungsschwäche hinter dem Störungsbild einer Trennungsangst und Schulphobie. Teilleistungsschwächen, die beispielsweise Wahrnehmungsstörungen, Legasthenie und Dyskalkulie umfassen, zählen nicht zu den möglichen Ursachen für eine Schulphobie und Trennungsangst (siehe Kapitel 4 zu den Ursachen).

Schule als Angst auslösende Situation

Ein Großteil der Schüler (85%) geht davon aus, dass trennungsängstliche und schulphobische Kinder und Jugendliche aus Angst vor der Schule dem Unterricht fernbleiben. Angst vor der Schule ist eine typische Ursache für die Entstehung einer Schulangst. Dieses Ergebnis stimmt mit den Angaben, die die Schülerinnen zu den Symptomen machten, überein, denn auch dort konnten die befragten Schüler die verschiedenen Arten der Schulvermeidung, insbesondere zwischen Trennungsangst/Schulphobie und der Schulangst, nicht differenzieren.

Negatives Selbstkonzept eines schulphobischen und trennungsängstlichen Schülers

79% der Schülerinnen, die sich an der Fragebogenerhebung beteiligten, vermuten, dass sich hinter einer Ursache ein negatives Schülerselbstkonzept verbirgt. Ein negatives Schülerselbstkonzept wird nicht als einen typischen Ursachenfaktor für Trennungsangst und Schulphobie betrachtet.

Erziehungsstile der Eltern trennungsängstlicher und schulphobischer Kinder

42% der Schülerinnen vertreten die Ansicht, dass ein strenger Erziehungsstil hinter einer Trennungsangststörung stecken könnte, während sich 45% der befragten Schüler für einen laissez-faire Erziehungsstil entscheiden, der eine Trennungsangst und Schulphobie mit auslösen könnte. 64% erkennen eine inkonsistente Haltung der Eltern als eine mögliche Ursache für eine Trennungsangst und Schulphobie an. Hierzu liegen keine empirischen Befunde vor.

Bindungsverhaltensmuster vonEltern trennungsängstlicher und schulphobischer Kinder

Ein überbehütetes Verhalten der Eltern gegenüber ihrem Kind wird von 63% der Schüler vertreten. Allerdings entscheidet sich die Hälfte der Schüler (50%) für die mögliche Ursache eines ablehnenden Verhaltens der Eltern gegenüber ihrem Kind. Somit liegt ein sehr heterogenes Meinungsbild in Bezug auf Bindungsverhaltensmuster der Eltern gegenüber ihrem Kind vor. Wissenschaftliche Studien belegen, dass trennungsängstliche und schulphobische Kinder und Jugendliche überbehütete Eltern, insbesondere Mütter haben. Eine ablehnende Haltung gegenüber ihrem trennungsängstlichen oder schulphobischen Kind konnte bisher nicht beobachtet werden (vgl. In-Albon & Schneider, 2006; Schmidt, 1987).

Was das Bindungsverhalten des Kindes an die Hauptbezugsperson betrifft, halten 74% eine übermäßig starke Bindung des Kindes an die Hauptbezugsperson für eine mögliche Ursache, während nur 59% eine übermäßig starke Bindung der Hauptbindungsperson an das Kind für möglich halten. Überbehütetes Mutterverhalten und symbiotische Mutter-Kind-Bindungen zählen in der Fachliteratur zu den auslösenden Faktoren, die mit zur Entstehung und Aufrechterhaltung der beiden Störungsbilder beitragen (vgl. Schmidt, 1987; Martinius & Orthofer, 1993).

Kommunikationsmuster zwischen den Familienmitgliedern

Zum Kommunikationsmuster zwischen den Familienmitgliedern sagen 61% der befragten Jugendlichen, dass eine Ursache von Trennungsangst und Schulphobie in einem gestörten Kommunikationsmuster zwischen den Familienmitgliedern begründet liegt. Die gestörte Kommunikation zwischen den Familienmitgliedern konnte durch Studien belegt werden (vgl. King & Bernstein, 2001; Stark et al., 1990). Dabei ist das Kommunikationsverhalten zwischen Mutter und Kind in der Regel stark ausgeprägt, während die Ehepartner nur mäßig oder kaum miteinander kommunizieren. Der Vater kommuniziert verhältnismäßig wenig mit seinem trennungsängstlichen oder schulphobischen Kind.

Sozialer Status von Familien mit trennungsängstlichen und schulphobischen Kindern

Zum sozialen Status schätzen 51% der Schüler die Antwort richtig ein, dass die Ursache von Trennungsangst und Schulphobie nicht in einem geringen sozialen Status der Familie begründet liegt.

Frustrationstoleranz eines trennungsängstlichen und schulphobischen Kindes

63% der Schülerinnen haben die Vorstellung, dass hinter einer Trennungsangst oder Schulphobie eine geringe Frustrationstoleranz des Kindes stecken könnte. Eine geringe Frustrationstoleranz gehört nicht zu den Ursachen einer Trennungsangst und Schulphobie.

Die nächste Frage bezieht sich auf den Umgang des jeweiligen Schülers mit einem trennungsängstlichen oder schulphobischen Mitschüler bzw. auf den zukünftigen Umgang mit solchen Schülern.Beispielsweise, wenn er einen trennungsängstlichen oder schulphobischen Schüler einmal in seiner Klasse hätte. Die vorgegebenen Antwortmöglichkeiten wurden mit der folgenden Fragestellung eingeleitet: *„Wenn Du einen trennungsängstlichen bzw. schulphobischen Schüler in Deiner Klasse hättest, wie würdest Du mit dem Schüler umgehen?"* Die Hälfte der Schüler (50%) geben an, in solch einem Fall aktiv zu werden, in dem sie den Mitschüler auf sein Problem ansprechen. 34% der befragten Schüler würden das Problem des Mitschülers ignorieren, während 66% das Problem nicht ignorieren würden. 80% der Jugendlichen würden ihren trennungsängstlichen oder schulphobischen Mitschüler wie alle anderen Mitschüler behandeln, während 20% der befragten Schüler einen trennungsängstlichen oder schulphobischen Schüler anders als die anderen Mitschüler behandeln würden. 36% der Schüler könnten sich vorstellen, im Falle eines trennungsängstlichen oder schulphobischen Mitschülers Informationen über das Thema zu sammeln, während sich 64% eine solche Maßnahme im Umgang mit einem trennungsängstlichen oder schulphobischen Mitschüler nicht vorstellen können. 68% der Schüler könnten es sich vorstellen, sich mit ihren Klassenkameraden über diese Problematik und über den Schüler mit seinen Symptomen auszutauschen, während 32% sich nicht mit ihren Klassenkameraden darüber austauschen würden. 64% würden einen trennungsängstlichen oder schulphobischen Mitschüler besonders in die Klassengemeinschaft einbeziehen, dagegen entscheiden sich 36% der befragten Schülerinnen. 14% der Jugendlichen würden einen trennungsängstlichen oder schulphobischen Mitschüler ignorieren, während 86% der Schüler es sich nicht vorstellen können mit Ignoranz auf einen trennungsängstlichen oder schulphobischen Mitschüler zu reagieren.

Zusammenfassend lässt sich zum Umgang der Schüler mit Mitschülern dieses Störungsbildes festhalten, dass die meisten Schüler aktiv handeln würden, indem sie das Problem nicht ignorieren würden, sich über den Schüler und seine Störung mit den Klassenkameraden austauschen, diesen Schüler ganz besonders in die Klassengemeinschaft einbeziehen und den Schüler auf keinen Fall ignorieren würden.

Tabelle 119 stellt die Mittelwerte und Standardabweichungen für alle Items zum Umgang des Schülers mit trennungsängstlichen und schulphobischen Mitschülern dar.

Tabelle 119: Statistische Kennwerte zum Umgang der Schülerin mit trennungsängstlichen und schulphobischen Mitschülern.

Items zum Umgang mit trennungsängstlichen und schulphobischen Schülern	N	Min.	Max.	M	SD
Den Mitschüler auf sein Problem ansprechen	439	1	4	2,47	,950
Das Problem ignorieren	438	1	4	2,15	,928
Den Mitschüler wie alle anderen Mitschüler behandeln	438	1	4	3,19	,850
Informationen zu dem Thema sammeln	438	1	4	2,13	,964
Mit Deinen anderen Klassenkameraden austauschen	435	1	4	2,53	,913
Diesen Schüler besonders in die Klassengemeinschaft einbeziehen	435	1	4	2,77	,900
Den Schüler ignorieren	436	1	4	1,50	,854

Im direkten Anschluss an den persönlichen Umgang mit trennungsängstlichen und schulphobischen Mitschülern werden die Schüler gefragt: „*Wie würde es Dir damit gehen, wenn Du einen Schüler mit einer emotionalen Störung mit Trennungsangst (hierzu zählt auch die Schulphobie) in Deiner Klasse hättest?*" Im Fragebogen werden sechs Adjektive genannt die sowohl in eine positive als auch in eine negative Richtung ausgerichtet sind. Mit Hilfe der bipolaren Eigenschaftspaare sollen Tendenzen aufgedeckt werden, in wie weit die Schülerinnen den trennungsängstlichen und schulphobischen Mitschüler in Bezug auf das jeweilige Item positiv, neutral oder negativ erleben. Die Schülerinnen sollen dann anhand einer 7-stufigen Skala (von -3 bis +3) ihr Antwortverhalten für die Bewertung der bipolaren Eigenschaftspaare für ihr persönliches Erleben im Umgang mit trennungsängstlichen und schulphobischen Mitschülerinnen und Mitschülern vornehmen.

33% der befragten Schülerinnen erleben trennungsängstliche und schulphobische Mitschüler im schulischen Kontext als problematisch bzw. haben die Vorstellung, dass diese Schüler problematisch seien. Hingegen erleben 39% der Schülerinnen solche Mitschüler als unproblematisch im Unterricht. 37% der Jugendlichen erleben trennungsängstliche und schulphobische Mitschüler als unangenehm bzw. vermuten, dass diese Schülerinnen im Unterricht unangenehm seien. Allerdings können sich 49% der Schüler weder für die Kategorie unangenehm noch für die Kategorie angenehm entscheiden. 20% erleben solche Schüler als uninteressiert, während 41% sich vorstellen können, dass trennungsängstliche und schulphobische Mitschüler interessiert am Unterricht seien. 40% der Jugendlichen sind der Meinung, dass weder die Kategorie interessiert, noch die Kategorie uninteressiert auf diese Schüler zutrifft. 34% der an der Befragung teilgenommenen Jugendlichen empfinden den Umgang mit solchen Schülern als belastend, während ebenfalls 34% der befragten Schüler den Umgang mit solchen Mitschülern als problemlos darstellen. 29% der Jugendlichen erleben trennungsängstliche und schulphobische Mitschüler als behindernd im Unterricht, während 36% dazu eine neutrale Position beziehen. Lediglich 22% der Schüler bezeichnen den Umgang mit trennungsängstlichen oder schulphobischen Mitschülern als frustrierend. 49% kreuzen an, dass sie solche Mitschüler weder als frustrierend noch als gleichgültig im Unterricht erleben. In Abbildung 7 werden die Ergebnisse bezogen auf das Schülererleben illustriert.

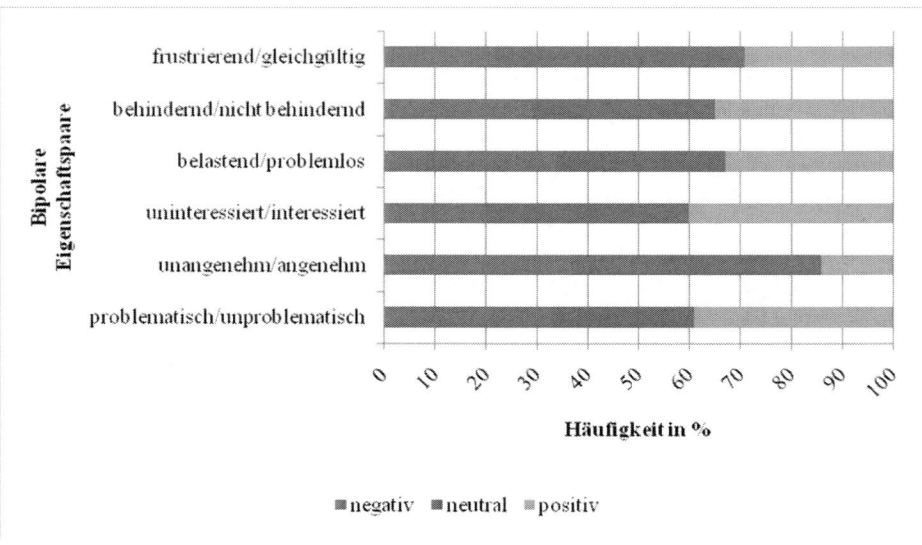

Abbildung 7: Schülererleben von einem trennungsängstlichen Schüler.

Die weiteren Fragen beziehen sich auf das Vorwissen der Schüler zum Thema Trennungsangst und Schulphobie. 93% der befragten Schülerinnen geben an, zu diesem Krankheitsbild bisher keine Literatur gelesen zu haben. Bei den restlichen 7% muss in Erwägung gezogen werden, dass es sich hierbei auch um Literatur zum Thema Schulangst oder Schuleschwänzen handeln könnte, da die Ergebnisse im Schülerfragebogen darauf hinweisen, dass ein Großteil der Schüler die beiden Störungsbilder miteinander gleichsetzen. Tabelle 120 gibt Aufschluss über die Häufigkeitsverteilung dieser Items.

Tabelle 120: Häufigkeitsverteilung der befragten Schülerinnen in Bezug auf das Lesen von Fachliteratur zu diesen Störungsbildern.

		f	%	Gültige %
Gültig	Ja	31	7%	7,2%
	Nein	401	90,9%	92,8%
	Gesamt	432	98%	100%
Fehlend	System	9	2%	
Gesamt		441	100%	

Die vorletzte Frage im Schülerfragebogen lautet: *„Für wie wichtig hältst Du das Thema in Bezug auf Dein tägliches schulisches Handeln?"* 29% der befragten Schülerinnen halten das Thema in Bezug auf ihr tägliches schulisches Handeln für sehr wichtig bis wichtig, während 33% das Thema für eher unwichtig bis unwichtig halten. 37% halten das Thema für mittelwichtig für ihr tägliches schulisches Handeln (siehe Tabelle 121).

Tabelle 121: Häufigkeitsverteilung der befragten Schüler in Bezug auf die Wichtigkeit des Themas in Bezug auf ihr tägliches schulisches Handeln.

		f	%	Gültige %
Gültig	Sehr wichtig	27	6,1%	6,2%
	Wichtig	101	22,9%	23,2%
	Mittel	163	37%	37,4%
	Eher unwichtig	96	21,8%	22%
	Unwichtig	49	11,1%	11,2%
	Gesamt	436	98,9%	100%
Fehlend	System	5	1,1%	
Gesamt		441	100%	

174

In Bezug auf das Vorwissen der Schüler über das Störungsbild einer Trennungsangst und Schulphobie schätzen 65% ihr Vorwissen gering bis eher gering ein, während 2% ein sehr hohes Vorwissen angeben und 8% ein hohes Vorwissen. 25% schätzen ihr Vorwissen mittelmäßig ein. Die Angaben der Schülerinnen zum eigenen Vorwissen decken sich mit ihrer Unkenntnis in Bezug auf Symptome, Ursachen und Erscheinungsformen von Trennungsangst und Schulphobie im schulischen Kontext. Tabelle 122 gibt Aufschluss über die Häufigkeitsverteilung der befragten Schülerinnen zu ihrem Vorwissen zu den Störungsbildern Trennungsangst und Schulphobie.

Tabelle 122: Häufigkeitsverteilung der befragten Schüler und Schülerinnen in Bezug auf ihr Vorwissen zu diesen Störungsbildern.

		f	%	Gültige %
Gültig	Sehr hoch	10	2,3%	2,3%
	Hoch	34	7,7%	7,8%
	Mittel	108	24,5%	24,7%
	Eher gering	138	31,3%	31,6%
	Gering	147	33,3%	33,6%
	Gesamt	437	99,1%	100%
Fehlend	System	4	0,9%	
Gesamt		441	100%	

Reliabilitätsanalyse

Um die einzelnen Skalen im Schülerfragebogen miteinander korrelieren zu können müssen die Daten zuvor einer Reliabilitätsanalyse unterzogen werden. Allen im Folgenden genannte Werte liegt die Fragestellung zugrunde,, *Wie nehmen Oberstufenschüler/-innen und Berufsschüler/-innen, Mitschüler/-innen mit diesem Störungsbild wahr bzw. welche Alltagsvorstellung haben sie über trennungsängstliche und schulphobische Schüler?"* Der Reliabilitätskoeffizient liegt für 421 Fälle bei allen acht Items bei einem Wert von $\alpha = ,80$. Demnach erweisen sich die acht aufgeführten Items zur Beschreibung der Schülerwahrnehmung von Mitschülern mit dieser Störung als brauchbar, d.h. das Maß der Genauigkeit, mit der das Merkmal soziale Wahrnehmung trennungsängstlicher und schulphobischer Schülerinnen durch den Test erfasst wird, ist als hoch zu bezeichnen. Die Reliabilitätskoeffizienten für alle Acht Items haben einen Koeffizienten von $\alpha = ,76$ bis $\alpha = ,79$.
Allen im nächsten Schritt genannte Werte liegt die Fragestellung zugrunde,, *Was denkst Du sind mögliche Symptome einer emotionalen Störung mit Trennungsangst, hierzu zählt auch die Schulphobie?"* Der Reliabilitätskoeffizient für alle zwölf Items für 396 Fälle beträgt $\alpha = ,64$. Die Aussagekonsistenz der zwölf Items ist somit recht hoch, deshalb erweisen sich alle zwölf Items für den Test als brauchbar. Die Reliabilitätskoeffizienten für alle zwölf Items haben einen Koeffizienten von $\alpha = ,59$ bis $\alpha = ,65$.
Der Reliabilitätskoeffizient für die Frage: ,, *Was glaubst Du, warum das Kind nicht mehr zur Schule geht bzw. was sind mögliche Ursachen einer emotionalen Störung mit Trennungsangst, hierzu zählt auch die Schulphobie?"* liegt bei $\alpha = ,71$. Dieser Reliabilitätskoeffizient umfasst alle 14 Items für 387 Fälle. Der Wert von $\alpha = ,71$ für Cronbachs alpha weist darauf hin, dass die interne Konsistenz für alle 14 Items im Test recht hoch ist. Somit erweisen sich die Items zu den Ursachen im Test als brauchbar. Dabei ist die interne Konsistenz eines Items im Fragebogen besonders hoch: Item 54_3 (Schule als Angst auslösende Situation). Der Alpha-Wert für das Item *Schule als Angst auslösende Situation* liegt bei $\alpha = ,71$. Die Reliabilitätskoeffizienten für alle 14 Items haben einen Koeffizienten von $\alpha = ,67$ bis $\alpha = ,71$.
Die sieben Items der Frage ,, *Wenn Du einen trennungsängstlichen bzw. schulphobischen Schüler in Deiner Klasse hättest, wie würdest Du mit dem Schüler umgehen?"* beinhalten für 429 Fälle einen Reliabilitätskoeffizienten von $\alpha = -,01$. Der Reliabilitätskoeffizient zum Umgang mit einem trennungsängstlichen und schulphobischen Kind weist eine absolut geringe Konsistenz auf. Die Reliabilitätskoeffizienten für alle sieben Items haben einen Koeffizienten von $\alpha = -,28$ bis $\alpha = ,30$.

Die anschließende Frage „*Wie würde es Dir damit gehen, wenn Du einen Schüler mit einer emotionalen Störung mit Trennungsangst in Deiner Klasse hättest?*" beinhaltet insgesamt sechs Items. Der Reliabilitätskoeffizient für alle 431 Fälle liegt bei $\alpha = ,72$. Dieser Wert lässt die Aussage zu, dass der Reliabilitätskoeffizient für alle sechs Items, die sich auf das emotionale Schülerempfinden gegenüber trennungsängstlichen und schulphobischen Mitschülern beziehen, recht hoch ist. Besonders hoch ist der Alphawert beim bipolaren Eigenschaftspaar *uninteressiert* versus *interessiert*. Hier liegt der Alphawert bei $\alpha = ,77$. Die Reliabilitätskoeffizienten für alle sechs Items haben einen Koeffizienten von $\alpha = ,62$ bis $\alpha = ,77$.

Tabelle 123 fasst die Korrelationskoeffizienten für alle Items im Fragebogen noch einmal zusammen:

Tabelle 123: Korrelative Berechnungen für die Items im Schülerfragebogen.

Fragestellungen	Items	n	α
„*Wie nimmst Du Mitschüler/-innen mit diesem Störungsbild wahr bzw. welche Alltagsvorstellung hast Du über trennungsängstliche und schulphobische Schüler?*"	8	421	$\alpha=,80$
„*Was denkst Du sind mögliche Symptome einer emotionalen Störung mit Trennungsangst, hierzu zählt auch die Schulphobie?*"	12	396	$\alpha=,64$
„*Was glaubst Du, warum das Kind nicht mehr zur Schule geht bzw. was sind mögliche Ursachen einer emotionalen Störung mit Trennungsangst, hierzu zählt auch die Schulphobie?*"	14	387	$\alpha=,71$
„*Wenn Du einen trennungsängstlichen bzw. schulphobischen Schüler in Deiner Klasse hättest, wie würdest Du mit dem Schüler umgehen?*"	7	429	$\alpha=-,01$
„*Wie würde es Dir damit gehen, wenn Du einen Schüler mit einer emotionalen Störung mit Trennungsangst in Deiner Klasse hättest?*"	6	431	$\alpha=,72$

Im Folgenden wird der Reliabilitätskoeffizient für alle Skalen im Schülerfragebogen dargestellt. Begonnen wird wieder mit der Frage zur Wahrnehmung trennungsängstlicher und schulphobischer Kinder in der Schule.

Der Alphawert für die erste Skala *Sozialverhalten* liegt bei $\alpha = ,68$. Der Reliabilitätskoeffizient für die Skala *schulisches Leistungsverhalten* liegt bei $\alpha = ,46$. Demnach ist die interne Konsistenz für die beiden ersten Skalen recht hoch. Ebenso verhält es sich für die dritte Skala *Persönlichkeitsmerkmale*. Hier liegt Cronbachs Alpha bei $\alpha = ,56$. Der Reliabilitätskoeffizient für alle drei Skalen bei 421 Fällen liegt bei $\alpha = ,80$ (siehe Tabelle 124).

Tabelle 124: Reliabilitätskoeffizienten zur Schülerwahrnehmung trennungsängstlicher und schulphobischer Kinder in der Schule.

Skala	Items	n	α
Sozialverhalten	3	433	$\alpha=,68$
schulisches Leistungsverhalten	2	433	$\alpha=,46$
Persönlichkeitsmerkmale	3	430	$\alpha=,56$
3 Skalen insgesamt	8	421	$\alpha=,80$

Die Reliabilitätsanalyse für die Fragestellung nach den Symptomen einer Trennungsangst und Schulphobie berechnet einen Reliabilitätskoeffizienten für die Skala 1 *Symptome einer Trennungsangst und Schulphobie* von $\alpha = ,68$ und für die Skala 2 *Schulangst* einen Koeffizienten von $\alpha = ,42$. Beide Reliabilitätskoeffizienten sind sehr gering. Im Gegensatz hierzu berechnet die Reliabilitätsanalyse für die Skala 3 *Schuleschwänzen* einen Koeffizienten von $\alpha = ,54$. Demnach ist die interne Konsistenz für Skala 3 recht hoch. Der Reliabilitätskoeffizient für alle drei Skalen mit insgesamt zwölf Items bei 396 Fällen liegt bei $\alpha = ,64$. In der Tabelle 125 sind die Reliabilitätskoeffizienten zu den Symptomen einer Schulvermeidung noch einmal aufgeführt.

Skala	Items	n	α
Symptome einer Trennungsangst und Schulphobie	6	424	α=,68
Symptome einer Schulangst	4	418	α=,42
Symptome von Schuleschwänzen	3	432	α=,54
3 Skalen insgesamt	12^5	396	α=,64

Für die Ursachen einer Trennungsangst und Schulphobie konnte ein Reliabilitätskoeffizient von α = ,60 berechnet werden und für die Skala *Ursachen anderer Störungsbilder* (Skala 2) ein Wert von α = ,64. Nach diesen beiden ermittelten Reliabilitätskoeffizienten für die Ursachen einer Trennungsangst und Schulphobie ist die interne Konsistenz hier als relativ hoch zu bezeichnen (siehe Tabelle 126).

Tabelle 126: Reliabilitätskoeffizienten zu den Ursachen einer Schulvermeidung.

Skala	Items	n	α
Ursachen einer Trennungsangst und Schulphobie	4	431	α=,60
Ursachen anderer Störungsbilder	10	393	α=,64
2 Skalen insgesamt	14	387	α=,71

Für die beiden Skalen Relevanz von Trennungsangst und Schulphobie auf das tägliche schulische Handeln und zum Vorwissen über die beiden Störungsbilder wurde für 436 Fälle ein Wert von α = ,58 berechnet.

Bivariate Analysen: Korrelative Berechnungen

Zwei Zusammenhänge sollen mit Hilfe des Korrelationskoeffizienten *r* aufgezeigt werden. Die erste Korrelation umfasst die Symptomwerte einer Trennungsangst und Schulphobie und die Werte der Ursachen einer Trennungsangst und Schulphobie. Die korrelativen Berechnungen ergaben, dass die Werte der Skala Symptome signifikant mit den Werten der Ursachen im Schülerfragebogen korrelieren. Die Werte wurden nach Spearman korreliert, weil es sich um ordinalskalierte Daten handelt und weil keine Normalverteilung vorliegt. Die Auswertung ergab, dass Schüler, die die richtigen Symptome einer Trennungsangst und Schulphobie ankreuzten, auch die korrekten Ursachen einer Trennungsangst und Schulphobie angekreuzt haben. Demnach besteht ein signifikanter Zusammenhang zwischen dem Wissen um die richtigen Symptome, mit dem Wissen der befragten Schülerinnen um die korrekten Ursachen dieser Störungsbilder. Hierbei muss berücksichtigt werden, dass die Schülerinnen die Symptome und Ursachen einer Schulangst sowie von Schulschwänzer ebenfalls für die Symptome und Ursachen einer Trennungsangst und Schulphobie hielten. Aus den vorliegenden Ergebnissen kann die Schlussfolgerung gezogen werden, dass das Antwortverhalten der Schüler in Hinblick auf die drei Formen von Schulvermeidung (Trennungsangst/Schulphobie, Schulangst und Schulschwänzen) undifferenziert und unspezifisch ist.
Tabelle 127 gibt die nichtparametrischen Korrelationen der Symptome mit den Ursachen einer Trennungsangst und Schulphobie im Schülerfragebogen wieder.

---

[5] Ein Item steht sowohl für die Symptome einer Trennungsangst und Schulphobie als auch für die Symptome einer Schulangst.

Tabelle 127: Nichtparametrische Korrelationen: Symptome einer Trennungsangst und Schulphobie mit den Ursachen einer Trennungsangst und Schulphobie im Schülerfragebogen.

			Skala Symptome einer Trennungsangst und Schulphobie	Skala Ursachen einer Trennungsangst und Schulphobie
Spearman-Rho	Skala Symptome einer Trennungsangst und Schulphobie	Korrelationskoeffizient Sig. (2-seitig) N	1,000 . 424	,414** ,000 416
	Skala Ursachen einer Trennungsangst und Schulphobie	Korrelationskoeffizient Sig. (2-seitig) N	,414** ,000 416	1,000 . 431

** Die Korrelation ist auf dem 0,01 Niveau signifikant (zweiseitig).

Im Folgenden wird der Wert zur *Relevanz in Bezug auf das tägliche schulische Handeln* (Skala 1) mit dem Wert*Vorwissen zu den Störungsbildern* (Skala 2) korreliert. Beide Werte korrelieren signifikant miteinander. Tabelle 128 fasst die Ergebnisse der Korrelationen *Relevanz für das tägliche schulische Handeln* mit dem *Vorwissen über Schulphobie und Trennungsangst* noch einmal zusammen:

Tabelle 128: Nichtparametrische Korrelationen: Relevanz für das tägliche schulische Handeln mit dem Vorwissen über Schulphobie und Trennungsangst.

			Relevanz des Themas	Vorwissen
Spearman-Rho	Relevanz des Themas	Korrelationskoeffizient Sig. (2-seitig) N	1,000 . 436	,399** ,000 436
	Vorwissen	Korrelationskoeffizient Sig. (2-seitig) N	,399** ,000 436	1,000 . 437

** *Die Korrelation ist auf dem 0,01 Niveau signifikant (zweiseitig).*

Fazit zur sozialen Wahrnehmung trennungsängstlicher und schulphobischer Schülerinnen aus Schülersicht

Ergebnisse zum Sozialverhalten trennungsängstlicher und schulphobischer Schüler

40% der befragten Schülergruppe nehmen trennungsängstliche und schulphobische Schülerinnen als unsozial wahr bzw. äußern die Alltagsvorstellung, dass solche Schüler unsozial seien. Allerdings nehmen 36% trennungsängstliche und schulphobische Schüler als hilfsbereit wahr. 52% der befragten Jugendlichen vermuten bzw. haben die Erfahrung gemacht, dass solche Schüler unbeliebt seien.

Ergebnisse zum schulischen Leistungsverhalten trennungsängstlicher und schulphobischer Schüler

Über die Hälfte der befragten Schüler (52%) nehmen trennungsängstliche Schüler als leistungsschwach wahr bzw. haben die Alltagsvorstellung, dass sie in der Schule leistungsschwach sein könnten. Hingegen können sich 37% der befragten Schüler vorstellen, dass trennungsängstliche und schulphobische Schüler intelligent seien.

Ergebnisse zu den Persönlichkeitsmerkmalen trennungsängstlicher und schulphobischer Schüler

Trennungsängstliche und schulphobische Schüler werden von 42% der Jugendlichen als phantasievolle Schüler eingeschätzt. Dagegen bezeichnen 56% der Schülergruppe solche Schüler als launenhaft.

Zusammenfassend ist festzuhalten, dass die soziale Wahrnehmung über die Eigenschaften Sozialverhalten, schulisches Leistungsverhalten und Persönlichkeitsmerkmale von trennungsängstlichen und schulphobischen Kindern und Jugendlichen sehr undifferenziert ist. Eine klare Stellung zu einer bestimmten Eigenschaft wird von den Schülern nicht bezogen.

Ergebnisse zu den Symptomen von Trennungsangst und Schulphobie

Als eine mögliche Ursache einer Trennungsangst und Schulphobie gehen 85% der Schüler davon aus, dass trennungsängstliche und schulphobische Jugendliche aus Angst vor der Schule dem Unterricht fern bleiben. Bei diesem Kriterium handelt es sich eindeutig um ein Symptommerkmal von Schulangst. Diese Fragebogenergebnisse weisen darauf hin, dass es den befragten Schülerinnen schwer fällt, die auf eine Trennungsangst und Schulphobie zutreffenden Symptomkriterien von den unzutreffenden Symptomkriterien zu unterscheiden. Hierbei stellte sich heraus, dass die Schülergruppe nicht zwischen einer Schulphobie und einer Schulangst differenzieren konnte. Items, die der Skala Schuleschwänzen zugeordnet werden, werden von den Schülern als weniger korrekte Symptome einer Trennungsangst und Schulphobie anerkannt. Eine klare Abgrenzung zwischen Trennungsangst/Schulphobie und Schulschwänzen konnte aber auch zwischen diesen beiden Verweigerungsformen nicht eindeutig von den Schülern vorgenommen werden.

Ergebnisse zu den Ursachen von Trennungsangst und Schulphobie

In Hinblick auf das Bindungsverhaltensmuster zwischen Eltern und den trennungsängstlichen und schulphobischen Kindern herrschen unter der Schülergruppe recht unterschiedliche und zum Teil widersprüchliche Meinungen. 63% der Schüler halten ein überbehütetes Verhalten der Eltern gegenüber ihrem Kind für denkbar, während 50% ein ablehnendes Verhalten der Eltern gegenüber ihrem Kind als eine mögliche Ursache für Trennungsangst und Schulphobie befürworten.

Ergebnisse zum Umgang mit einem trennungsängstlichen und schulphobischen Schüler

50% der befragten Schüler würden ihren Mitschüler ansprechen, wenn sie merken, dass dieser eine Trennungsangst oder Schulphobie habe. 80% der Schüler würden ihn wie alle anderen Mitschüler behandeln.

Ergebnisse zum Schülererleben im Falle eines trennungsängstlichen oder schulphobischen Mitschülers

Über das persönliche Erleben von trennungsängstlichen oder schulphobischen Mitschülerinnen im Unterricht beziehen etliche Schülerinnen eine neutrale Position. 49% der befragten Jugendlichen beziehen zum Eigenschaftspaar angenehm versus unangenehm eine neutrale Position. Ein ähnliches Ergebnis ist beim Kategorienpaar interessiert versus uninteressiert zu verzeichnen. Hierzu beziehen 40% der befragten Jugendlichen eine neutrale Position. 36% der Jugendlichen äußern sich neutral gegenüber der Kategorie behindernd versus nicht behindernd im Unterricht. 49% kreuzen im Fragebogen an, dass sie trennungsängstliche und schulphobische Schüler weder als frustrierend noch als gleichgültig im Unterricht erleben. Die Schüler tendieren im Allgemeinen zu einem neutralen Bild dieser Schüler im persönlichen Erleben.

Diskussion

Die Ergebnisse der Schülerbefragung deuten auf ein sehr undifferenziertes Bild hin, sowohl was die Symptome, die Ursachen als auch das persönliche Erleben trennungsängstlicher und schulphobischer Schüler im Unterricht betreffen. Werden die drei Formen der Schulvermeidung fokussiert, zeigen die Ergebnisse, dass die Jugendlichen keine Unterschiede zwischen einer Schulphobie und einer Schulangst und minimale Unterschiede zwischen einer Schulphobie und dem Schuleschwänzen vornehmen können. Eine klare Stellung zu einer bestimmten Eigenschaft wird von den Schülern nur sehr selten bezogen.

85% der Schüler haben die Alltagsvorstellung, dass solche Schüler aus Angst vor der Schule selbst der Schule fern bleiben. Dieses Kriterium ist eindeutig ein Symptommerkmal für Schulangst. Die Schüler können sich möglicherweise sehr gut mit diesem Merkmal identifizieren. Dieses Kriterium scheint für sie ein plausibles Kriterium für ein mögliches Symptom von Trennungsangst und Schulphobie zu sein. Die Ergebnisse im Antwortverhalten der befragten Schüler zu den Ursachen gestalten sich recht unterschiedlich und zum Teil widersprüchlich.

Die Ergebnisse zum Schülererleben tendieren größtenteils in Richtung 0 (neutraler Wert). Diese Ergebnisse können darin begründet liegen, dass die Schülerinnen keine konkrete Alltagsvorstellung oder keinerlei Erfahrungen mit solchen Schülern in der Schule gesammelt haben. Diese Fragestellung würde sich mit der Schülereinschätzung zu ihrem persönlichen Vorwissen decken: 91% machen zum Thema Vorwissen die Angabe zu diesem Thema bisher noch nichts gelesen zu haben. 81% gaben an, bisher keinerlei Erfahrungen zu trennungsängstlichen und schulphobischen Mitschülern gehabt zu haben.

Bei dem Schülerfragebogen liegen ausschließlich ordinalskalierte Daten vor. Die Ergebnisse, die durch die Fragebogenerhebung erzielt wurden, müssten durch Beobachtungen noch validiert werden.

Qualitative Datenerhebung im Schülerfragebogen zur Erfassung der Alltagsvorstellungen von Schüler über Trennungsangst und Schulphobie

Der Schülerfragebogen enthält in Anlehnung an den Lehrerfragebogen eine offene Fragestellung. Die Schüler wurden gefragt, ob sie schon einmal Erfahrungen mit Schülern einer emotionalen Störung mit Trennungsangst gemacht haben. Die Befragten hatten die Möglichkeit mit „ja" oder „nein" zu antworten. Beantworteten sie die Frage mit ja, wurden sie weiter nach ihren persönlichen Erfahrungen mit solchen Schülern gefragt. Manche Jugendliche nutzten die Frage, um ihre subjektiven Erfahrungen mit „auffälligen" Mitschülerinnen mitzuteilen. Andere wiederum gaben lediglich ihre Vermutungen an dieser Stelle wieder, wie sich nach ihrer Meinung eine Trennungsangst oder Schulphobie bemerkbar machen kann.

Methode

Um die offenen Antworten angemessen auszuwerten, wird an dieser Stelle, wie auch im Lehrerfragebogen, die *grounded theory* von Strauss und Corbin (1996) als eine qualitative Forschungsmethode angewendet. Selbstständig aufgestellte Kategorien sind im Schülerfragebogen beispielsweise Begriffe wie Fehlzeiten, Vermeidungsverhalten, Konzentration, Außenseiterrolle etc. Von den bekannten Kategorien sind einige der Fachliteratur entnommen, wie die Begriffe Schulphobie, Schuleschwänzen, Schulangst, Psychosomatik etc. Auch an dieser Stelle können pro Person Mehrfachnennungen möglich sein, so dass in einer Schülerantwort mehrere Hauptideen enthalten sein können, die den verschiedenen Kategorien zugeordnet werden.

Vorüberlegungen zur Datenanalyse

Bei allen Antworten muss berücksichtigt werden, dass man nicht davon ausgehen kann, dass die Schüler, die angeben mit diesen Schülerinnen bereits Erfahrungen gesammelt zu haben, wirklich wissen, was unter einer Schulphobie und Trennungsangst zu verstehen ist. Die Antworten erwecken ähnlich wie bei den Lehrern auch hier den Anschein, als stellten die befragten Schülerinnen ihre persönlichen Erfahrungen allgemein mit ihren Mitschülern oder mit ihnen bekannten Schülern, dar.

Ergebnisse

Von den insgesamt 441 Schülerinnen gaben 85 Schüler (19%) an, bereits Erfahrungen mit jenen Schülern gesammelt zu haben und bezogen zu der offenen Frage Stellung.

18% von 85 Schülern (100%) nannten Persönlichkeitsmerkmale als eine Ursache oder als ein Merkmal von Trennungsangst und Schulphobie. Folgende Persönlichkeitsmerkmale wurden von den befragten Schülern genannt: (1) ruhig, (2) schüchtern, (3) verschlossen, (4) ängstlich, (5) zurückhaltend, (6) launisch, (7) nervös, (8) kontrollierend, (9) hilflos. Hierzu gaben 87% an, eigene Erfahrungen mit solchen Schülern gemacht zu haben, während 13% vermuteten, dass es sich bei schulphobischen und trennungsängstlichen Schülern um ängstliche, zurückhaltende und hilflose Personen handele.

Weitere 18% berichteten in der Darstellung ihrer Erfahrungen über die soziale Isolation solcher Schüler. 67% machten die Erfahrung, dass trennungsängstliche und schulphobische Schüler in ihrer eigenen Welt leben und sich stark aus der sozialen Gemeinschaft zurückziehen.

16% von 85 Schülern (100%) beschrieben im Zusammenhang einer emotionalen Störung mit Trennungsangst Kriterien einer Schulangst bzw. nannten den Begriff Schulangst. Von diesen 16% machten 71% die Erfahrung, dass trennungsängstliche und schulphobische Kinder und Jugendliche Angst vor Mitschülern, Angst vor Klassenarbeiten, Angst vor der Klasse zu sprechen oder Versagensängste haben. Von diesen 71% (10 Schüler) gaben 30% (3 Schüler) an, selbst einmal in ihrem Leben unter einer Schulangst gelitten zu haben.

15% der befragten Personen machten auf die Fehlzeiten in Hinblick auf dieses Störungsbild aufmerksam. Davon gaben 61% an, Schüler zu kennen, die häufig im Unterricht fehlen.

11% der Schüler berichten, dass trennungsängstliche und schulphobische Kinder eine Außenseiterfunktion in der Klasse innehaben. 78% dieser Schüler kennen solche Außenseiter.

5% führen psychosomatische Beschwerden von trennungsängstlichen und schulphobischen Kindern auf, die mit den Störungsbildern einhergehen. Von diesen 5% haben alle bereits Erfahrungen mit Schülern gemacht, die im schulischen Umfeld somatisieren.

4% machten Erfahrungen mit emotionalen Gefühlsausbrüchen wie beispielsweise weinen. Weitere 4% setzen die Schulphobie mit dem Schuleschwänzen gleich, indem sie behaupten, dass diese Kinder keine Lust auf Schule haben. Eine Schülerin berichtete von einer Mitschülerin, die es lieber vorzog, bei ihrem Freund zu bleiben, statt am Unterricht teilzunehmen. 67% machten bereits Erfahrungen mit schuleschwänzenden Mitschülern.

4% der befragten Personen nehmen schulphobische und trennungsängstliche Schüler als unsozial wahr, während 67% der Schüler angeben, Erfahrungen mit unsozialen Schülern gesammelt zu haben.

Lediglich 1% stellt die Vermutung auf, dass schulphobische und trennungsängstliche Kinder für außen stehende Personen schwer zugänglich seien.

Lediglich 7% der befragten Jugendlichen machen Angaben zur Schulphobie- und Trennungsproblematik. Von diesen 7% machten alle Erfahrungen mit Mitschülern, die Kriterien einer Trennungsangst und Schulphobie erfüllten. Hierzu zählen (1) eine starke Bindung zur Mutter, (2) überbehütete Mutter, (3) Unterricht nur in Anwesenheit mit der Mutter möglich, (4) Angst vor der Trennung von der Mutter, (5) Weinen beim Fortgehen von der Mutter, (6) Klammern an der Mutter.

6% der befragten Schüler machten die Erfahrung, dass sich solche Schüler kaum am Unterricht beteiligen und demnach ein starkes Vermeidungsverhalten im schulischen Umfeld zeigen

Andere 5% vermuten, dass von der Störung betroffene Kinder unkonzentriert im Unterricht sind. Davon vermuten 75%, dass jene Kinder sich im Unterricht nicht konzentrieren können.

Tabelle 129 veranschaulicht die Kategorien im Schülerfragebogen inklusive ihrer Inhalte. Tabelle 129 gibt Aufschluss über die Reihenfolge, der von den Schülern genannte Inhalte, nach deren Auftretenshäufigkeit sortiert und Zuordnung in entsprechende Kategorien.

Tabelle 129: Kategorien im Schülerfragbogen sortiert nach deren Auftretenshäufigkeit.

Kategorie	Inhalte	Insgesamt in % und f	Persönliche Erfahrungen in % und f	Vermutungen in % und f
Persönlichkeitsmerkmale	• Ruhig • Schüchtern • Verschlossen • Ängstlich • Zurückhaltend • Launisch • Nervös • Kontrollierend • Hilflos	*18% (15)*	*87% (13)*	*13% (2)*
Soziale Isolation	• Rückzugsverhalten • Leben in ihrer „eigenen Welt"	*18% (15)*	*67% (10)*	*33% (5)*
Schulangst	• Angst vor Mitschülern • Angst vor Mobbing • Angst vor Lehrern • Angst vor Klassenarbeiten	*16% (14)*	*71% (10)*	*29% (4)*
Fehlzeiten	• Zeitliche Abwesenheit von der Schule • Fernbleiben vom Unterricht	*15% (12)*	*61% (7)*	*39% (5)*
Außenseiterstatus	• Den/die Schüler/-in unbeachtet in der Ecke stehen lassen	*11% (9)*	*78% (7)*	*22% (2)*
Schulphobie und Trennungsangst	• Starke Bindung zur Mutter • Überbehütete Mutter • Unterricht nur in Anwesenheit mit der Mutter möglich • Angst vor der Trennung von der Mutter • Weinen beim Fortgehen von der Mutter • Klammern an der Mutter	*7% (6)*	*100% (6)*	*0%*
Vermeidungsverhalten	• Geringe mündliche Beteiligung am Unterricht	*6% (5)*	*100% (5)*	*0%*
Psychosomatik	• Bauchschmerzen	*5% (4)*	*100% (4)*	*0%*
Konzentration	• Konzentrationsschwierigkeiten	*5% (4)*	*25% (1)*	*75% (3)*
Emotionale Gefühlsausbrüche	• Weinen	*4% (3)*	*33% (1)*	*67% (2)*
Schuleschwänzen	• Keine Lust auf Schule • Zieht es vor, beim Freund zu bleiben statt zur Schule zu gehen	*4% (3)*	*67% (2)*	*33% (1)*
Sozialverhalten	• Unsozial	*4% (3)*	*67% (2)*	*33% (1)*

182

Zugänglichkeit	• Schwer zugänglich	1% (1)	0%	100% (1)

Interraterreliabilität

Um die Reliabilität zu prüfen, wurden den Inhalten der offenen Antworten im Lehrer- und Schüler-fragebogen von einer zweiten Person Kategorien zugeordnet um unsystematischen Abweichungen entgegen zu wirken. Eine niedrige Fehlervarianz steht für eine hohe Messgenauigkeit (Bortz & Döring, 2009). Es gab über alle Kategorien eine durchschnittliche Abweichung im Lehrerfragebogen von 1,8% was eine niedrige Fehlervarianz impliziert. Ein Ausreißer differierte die beiden Rater um 5% für die Kategorie schulischer Fehlzeiten. Es gab über alle Kategorien eine durchschnittliche Abweichung im Schülerfragebogen von 3%. Ein Ausreißer differierte die beiden Rater um 10% für die Kategorie Persönlichkeitsmerkmale im Schülerfragebogen.

7.4.2 Ergebnisse

Vergleiche zwischen Lehrer- und Schülerantworten zur Trennungsangst und Schulphobie

Insgesamt scheinen die Lehrerinnen mehr Erfahrungen mit trennungsängstlichen und schulphobi-schen Schülern im Vergleich zu den befragten Schülerinnen gesammelt zu haben (12% zu 7%). Was die Fehlzeiten in der Schule anbelangt, werden diese von den Schülern etwas häufiger aufge-führt als von den befragten Lehrern (15% zu 11%). Auch lassen sich Unterschiede in Hinblick auf das Vermeidungsverhalten, was eine geringe mündliche Beteiligung am Unterricht impliziert betrof-fener Schülerinnen herausstellen. So geben 11% der Lehrerinnen an, dass trennungsängstliche und schulphobische Schüler sich kaum am Unterricht beteiligten und kaum Leistungsbereitschaft zeig-ten, während lediglich 6% der Schüler diese Erfahrungen mit den Lehrern teilen.
Auffällig ist weiterhin, dass 18% der Schüler die soziale Isolation herausstellen, während lediglich 9% der Lehrer die soziale Isolation als eine Erfahrung mit trennungsängstlichen und schulphobi-schen Kindern und Jugendlichen benennen.
Die befragten Schüler schließen Leistungseinbrüche bei schulphobischen Schülern vollständig aus, während 9% der befragten Lehrpersonen sich durchaus vorstellen können, dass es bei solchen Schü-lerinnen zu Leistungseinbrüchen kommen kann.
Die Persönlichkeitsmerkmale stehen bei den Schülern an erster Stelle mit 18%, während 9% der Lehrer Erfahrungen mit ruhigen, ängstlichen und verschlossen Schülern machen bzw. vermuten, dass es sich bei trennungsängstlichen und schulphobischen Schülerinnen um ruhige, verschlossene und ängstliche Schüler handelt.
16% der Schüler führen Kriterien einer Schulangst auf. Hierbei ist zu vermuten, dass die Schüler die Schulangst mit der Schulphobie gleichsetzen. Im Gegensatz zu den Schülerinnen vermuten le-diglich 7% der Lehrer Kriterien einer Schulangst hinter der Bezeichnung Schulphobie.
Die Kontaktsuche trennungsängstlicher und schulphobischer Kinder zum Lehrer fällt den Schülern anscheinend nicht auf. Keiner der befragten Schüler macht hierzu Angaben. Dagegen machen 7% der befragten Lehrer Erfahrungen mit Aufmerksamkeitsforderung, Anhänglichkeit und Lehrerfixi-on.
Auch beobachten die Schüler bei trennungsängstlichen und schulphobischen Mitschülerinnen keine Aggressivität. Eine Vermutung in Richtung aggressives Verhalten äußern diese kein einziges Mal im Gegensatz zu den befragten Lehrern. 6% der Lehrerinnen vermuten aggressives Verhalten bei trennungsängstlichen und schulphobischen Kindern bzw. geben an, bereits Erfahrungen mit aggres-siven Schülerinnen gemacht zu haben.
In Hinblick auf die Psychosomatik halten sich beide Personengruppen die Waage. Sowohl bei den Lehrern als auch bei den Schülern sind es 5%, die zur Psychosomatik gleichermaßen Angaben machten. Die Lehrerinnen benennen an dieser Stelle psychosomatische Beschwerden, wie Bauch-

schmerzen, Kopfschmerzen und Übelkeit, während die befragten Schüler lediglich Bauchschmerzen als somatische Beschwerden in Betracht ziehen.

Zu den Kategorien Schuleschwänzen (4%) und Zugänglichkeit (1%) machten die befragten Personengruppen exakt die gleichen Angaben, so dass sich an dieser Stelle keine Abweichungen in den Lehrer- und Schülerantworten feststellen lassen.

7.4.3 Gesamtdiskussion von Untersuchung 2

Die soziale Wahrnehmung von trennungsängstlichen und schulphobischen Schülern aus Lehrer- und Schülersicht wird nun diskutiert. Dabei werden die wesentlichsten Ergebnisse herausgestellt und in Bezug auf folgende Fragestellungen diskutiert: Gibt es Ähnlichkeiten in der Wahrnehmung von Lehrern und Schülern? Worin liegen die wesentlichsten Unterschiede in der Lehrer- und Schülerwahrnehmung von trennungsängstlichen Schülern?

Etwa die Hälfte der befragten Lehrer (46%) nutzte die offene Frage *„Welche Erfahrungen haben Sie bisher mit trennungsängstlichen Schülern gemacht?"*, um ihre Erfahrungen mitzuteilen. Lediglich 19% der beteiligten Schülerinnen nutzten diese Möglichkeit. Auffällig ist, dass ein Großteil der Erfahrungen, die von Lehrern und Schülerinnen mitgeteilt werden, nichts mit einer Trennungsangst und Schulphobie zu tun haben, sondern generell Verhaltensauffälligkeiten bei Schülern umfassen. Vermutlich haben die Lehrpersonen einen größeren Mitteilungsbedarf, was psychische Störungen bei Schülern anbelangt im Vergleich zu den befragten Schülerinnen. Möglicherweise sind Lehrpersonen aufmerksamer und sensibler für psychische Störungen bei Schülern, so dass ihre Wahrnehmung in diese Richtung im Vergleich zu den Schülern sensibler ist.

Die Befragung ergab, dass Lehrer und Schüler wenig über die Störungsbilder Trennungsangst und Schulphobie wissen. Die deutlichsten Effekte zeigten sich in der Lehrer- und Schülerwahrnehmung solcher Schüler in der Schule. Die befragten Lehrer und Schüler nehmen Schüler mit einer Trennungsangst und Schulphobie sehr undifferenziert wahr, sowohl was die Symptome als auch die Ursachen und das persönliche Erleben trennungsängstlicher und schulphobischer Schülerinnen im Unterricht betreffen. Werden die drei Formen der Schulvermeidung fokussiert, zeigen die Ergebnisse auf, dass die befragten Lehrerinnen und Schüler keine bis minimale Unterschiede zwischen einer Trennungsangst/Schulphobie, Schulangst und Schuleschwänzen vornehmen können. Dies gelingt den Lehrerinnen besser als den Schülern: Die Lehrer können die Symptome von Trennungsangst und Schulphobie von den Symptomen von Schuleschwänzen eher abgrenzen im Vergleich zu den Schülern. Eine klare Stellung zu einer bestimmten Eigenschaft wird von beiden Personengruppen nur sehr selten bezogen. Weiterhin zeigte sich ein eher negatives Lehrererleben gegenüber trennungsängstlichen und schulphobischen Schülerinnen im Vergleich zu den befragten Oberstufenschülern. Dabei nehmen Lehrer solche Schüler noch negativer in der Schule wahr als ihre Mitschüler: 58% der befragten Lehrer und 33% der Schüler erleben trennungsängstliche und schulphobische Schüler im schulischen Kontext als problematisch bzw. haben die Vorstellung, dass diese Schüler problematisch seien. 41% der Lehrpersonen und 37% der Oberstufenschüler vertreten die Alltagstheorie, jene Schüler seien unangenehm. 65% der Lehrer geben an, solche Kinder seien für sie zeitaufwendig.

85% der Schülerinnen und 83% der Lehrpersonen haben die Alltagsvorstellung, dass solche Schülerinnen aus Angst vor der Schule selbst der Schule fern bleiben. Dieses Kriterium ist eindeutig ein Merkmal für Schulangst. Aufgrund des hohen Schüleranteils ist zu schließen, dass die Schüler sich möglicherweise sehr gut mit diesem Merkmal identifizieren können. Dieses Kriterium scheint für sie und auch für die Lehrpersonen ein plausibles Kriterium für eine mögliche Ursache von Trennungsangst und Schulphobie zu sein. Die Ergebnisse im Antwortverhalten der befragten Lehrer und Schüler zu den Ursachen und Symptomen gestalten sich recht unterschiedlich und zum Teil widersprüchlich, insbesondere was den Erziehungsstil und das Bindungsverhaltensmuster der Eltern anbelangt.

Mit ihren Alltagsvorstellungen treten Lehrer möglicherweise trennungsängstlichen und schulphobischen Schülern im Unterricht gegenüber. Diese Einstellungen können die Interaktionen zwischen betroffenem Schülern und Lehrern so stark bestimmen, dass am Ende das eintritt, was vom Lehrer erwartet wird, beispielsweise, dass der Schüler schwach in seinen schulischen Leistungen ist. Dies kann Auswirkungen auf die Notenvergabe des Lehrers haben. Unwissenheit und Vorurteile führen nicht selten zu sich selbst-erfüllenden Prophezeiungen. Schließlich neigen Menschen dazu, in ihrer Wahrnehmung von Personen sich von bestimmten Merkmalen leiten zu lassen. Diese Merkmale sind oft verzerrt und geben somit ein verzerrtes Bild des Anderen wieder. Auch neiger Menschen dazu, an diesem Bild festzuhalten. Sich selbst erfüllende Prophezeiungen bei Mitschülern in Bezug auf den betroffenen Schüler funktionieren nach dem gleichen Prinzip.Eine Vielzahl von Lehrern und Schülern nehmen unzulässige Attribuierungen vor, indem sie trennungsängstlichen und schulphobischen Schülern Eigenschaften zuschreiben, die nicht auf die jeweilige Person zutreffen müssen. Aufgrund impliziter Persönlichkeitstheorien schließen die befragten Lehrer von dem Attribut Schulphobie auf nicht beobachtbare Merkmale beim Schüler. Hierbei besteht die Gefahr, dass betroffene Schüler von den unterrichtenden Lehrern sowie von Mitschülerinnen anders wahrgenommen, beurteilt und bewertet werden, als es der Wirklichkeit entspricht.

Ein weiterer Effekt von Alltagstheorien kann darin liegen, dass aus einer Unwissenheit heraus Personen aufgrund von beobachtbaren Merkmalen auf nicht beobachtbare Merkmale einer Person schließen. Demnach ist es denkbar, dass aufgrund einer Fehlwahrnehmung des Lehrers und der Schüler sich eine Schulangst neben der Schulphobie beim Schüler entwickeln könnte. Eine Schulangst umfasst u.a. Leistungsangst, Angst vor Lehrern, Angst vor Mitschülern, Angst vor Mobbing etc. Merkt ein schulphobisches Kind, dass seine psychische Erkrankung auf Unverständnis und Ablehnung bei Lehrernund Mitschülern stoßen, ist es denkbar, dass sich neben der Trennungsangstproblematik weitere schulische Probleme entwickeln können.

8. UNTERSUCHUNG 3: MAßNAHMEN DER INTERVENTION

Neben Interview- und Fragebogenmethoden in Untersuchung 1 und der Verwendung von Fragebögen in Untersuchung 2, wird in Untersuchung 3 eine weitere Methode zur näheren Bestimmung einer Schulvermeidungsproblematik hinzu gezogen: Die Dokumentation von Fallstudien. Diese Vorgehensweise ermöglicht einen weiteren methodischen Zugang zu meinem Untersuchungsgegenstand. Der Schwerpunkt liegt hier auf dem von unserem Team erstellten Unterstützungsprogramm als eine Interventionsmaßnahme. Das Unterstützungsprogramm richtet sich an Schüler, die teilstationär oder stationär in einer Kinder- und Jugendpsychiatrie behandelt werden. Es werden die Tage, an denen die Kinder in die Schule begleitet wurden, von uns dokumentiert. Daneben werden Erfolgserlebnisse, die die Kinder in den ersten Tagen ihrer Reintegration erfahren haben, festgehalten, aber auch Punkte heraus gestellt, die kritisch für einen Schulbesuch waren. Schließlich sind die ersten Tage der Wiedereingliederung in die Heimatschule bzw. in eine neue Schule für die betroffenen Schüler bedeutende Tage. Erleben sie die ersten Tage als unproblematisch, können die Schülerinnen auf ihre positiven Erfahrungen zurückgreifen und darauf aufbauen, somit wächst die Wahrscheinlichkeit für eine erfolgreiche Reintegration. Scheitern sie allerdings in der Reintegrationsphase, so erhöht sich die Wahrscheinlichkeit, dass die Anzahl ihrer schulischen Fehltage weiter ansteigt. Aus langen schulischen Fehlzeiten können schulische Leistungseinbrüche, ein Rückgang schulischer Sozialkontakte, Familienprobleme, erhöhte Unzufriedenheit sowie eine erhöhte Anzahl an Therapiestunden resultieren. Um diesen negativen Effekten vorzubeugen, sollten die Schüler in der Reintegrationsphase aus der Klinik zurück in die Regelschule unterstützt werden.

Die Maßnahmen der Intervention, insbesondere in Hinblick auf eine erfolgreiche Wiedereingliederung schulvermeidender Schüler allgemein in die Heimatschule, soll im Rahmen dieses Kapitels beschrieben und mit Hilfe realer Beispiele aus der Praxis untermauert werden. Begonnen wird mit der Entwicklung der Fragestellungen, die in Untersuchung 3 überprüft werden sollen.

8.1 Entwicklung der Fragestellungen für Untersuchung 3

Es besteht eine Wahrscheinlichkeit, dass ein Schüler, der aufgrund einer pathologischen Störung die Schule nicht besuchen kann, im Laufe der Zeit massive schulische Fehlzeiten entwickelt. Die Notwendigkeit einer Intervention für psychisch kranke Schülerinnen resultiert unter Anderem aus den langen Fehlzeiten und den damit verbundenen negativen Effekten, wie soziale Isolation, familiäre Konflikte, schulische Probleme, Wissensdefizite, Verletzung der Schulpflicht, hoher Leidensdruck beim Schüler etc. In Untersuchung 3 sollen folgende zentrale Fragestellungen untersucht werden: Welche Möglichkeiten der Intervention mit dem Ziel einer erfolgreichen Wiedereingliederung in die Schule gibt es für schulvermeidende Jugendliche? Könnte eine schulische Begleitung dieser Schüler nützlich für sie sein für eine erfolgreiche Wiedereingliederung in die Schule? Und wie könnte eine Begleitung dieser Schüler adäquat gestaltet werden? Diese Fragestellungen sollen mit Hilfe eines Unterstützungsprogrammes, das als Pilotprojekt im Rahmen des Projektes *„Qualitätssicherung in Schulen für Kranke"*, gefördert von der Robert-Bosch-Stiftung, untersucht werden.

8.2 Entwicklung einer Interventionsidee

Im nachfolgenden Teil der Arbeit wird die Bedeutsamkeit einer Vernetzungsarbeit zwischen Klinik, Jugendamt, Elternhaus, Kliniklehrerinnen, Heimatschullehrer und unserem Team als Reintegrationshilfe thematisiert und die Bedeutung für das betroffene Kind heraus gestellt. Auffällig ist, dass gerade an den Schnittstellen, an denen die verschiedenen Institutionen zusammen arbeiten, noch Aufklärungs- und Verbesserungsbedarf besteht.

Untersuchung 3 beinhaltet Interventionsmöglichkeiten von Schülerinnen mit einer Schulvermeidung. Jeder der vier Schüler besucht zum Zeitpunkt der Reintegration die Tagesklinik einer Kinder- und Jugendpsychiatrie. Aus pragmatischen Gründen kommen alle Schülerinnen aus Essen und besuchen auch dort die Schule. An dieser Stelle werden Interventionsmöglichkeiten anhand von Fallbeispielen aufgezeigt. Die psychischen Symptome der Schülerinnen, die wir im Rahmen eines Integrationsprojektes begleitet haben, sind verschiedenartig. Alle Schüler, die im Folgenden beschrieben werden, haben jedoch eines gemeinsam: Sie vermeiden alle die Schule.

8.2.1 Begründung des Konzeptes

Insbesondere Kinder und Jugendliche mit psychischen Störungen, die die Schule über eine längere Zeit vermeiden, werden den Übergang von einem Schonraum, wie sie den Klinikalltag vermutlich erlebt haben, in die Wirklichkeit als besonders hart empfinden. Möglicherweise hilft ihnen bereits während ihres Klinikaufenthaltes das Wissen darum, dass Sie auf ihrem Übergang von der Klinikschule zurück in die Regelschule, wenn Sie wollen, begleitet werden können und so eine Ansprechpartnerin haben, die ihnen für den Notfall zur Verfügung steht und einfach da ist. Auch der Übergang selbst sollte dann weniger Angst auslösen, wenn eine vertraute Person anwesend ist.

Die Interventionsidee ist nach einer Systematik zur Beschreibung netzwerkorientierter Interventionen von Röhrle und Sommer (1998) an Individuen orientiert, fördernd-unterstützend zu beschreiben und verknüpft professionelle und informelle Hilfe. Die Ziele, die verfolgt werden, sind spezifisch am Klienten orientiert. Nach einer Unterscheidung von Trojan et al. (1987) ist das Unterstützungsteam als tertiäres Netzwerk zu verstehen (siehe Tabelle 130).

Aus der international rezipierten Forschung zur sozialen Arbeit kann unsere Methode als eine Variante der task-centered practice verstanden werden (Reid & Fortune, 2006). Hier versucht man aufgrund empirischer Erkenntnisse die eigene Praxis am konkreten Fall zu optimieren. Dieses Vorgehen wurde in den USA bereits erfolgreich bei psychiatrischen Patienten und Kindern mit Schulproblemen angewendet. Tabelle 130 gibt die Bedeutung der unterschiedlichen Netzwerkebenen nach Trojan et al. (1987) wieder.

Tabelle 130: Ebenen von Netzwerken nach Trojan et al. (1987).

Ebene	Bedeutung	Beispiele
Primäre Netzwerke	Natürliche Netzwerke des Alltags	Familie, Verwandte, Wahlbeziehungen
Sekundäre Netzwerke	Künstliche Netzwerke, zu einem bestimmten Zweck arrangiert	Bürgerinitiativen, Selbsthilfegruppen, Angehörigengruppen
Tertiäre Netzwerke	Professionelle Hilfen, die sich in einem institutionellen Versorgungssystem etablieren	Interdisziplinäre integrative Konzepte

8.2.2 Hintergrund

Wie aus den Ergebnissen hervorgeht, stellen die Übergänge vom Alltag in den Klinikalltag und wieder zurück kritische Situationen für die Kinder und Jugendlichen dar. Dabei ist der Übergang von der Klinikschule zurück in die Heimatschule für einige Schüler besonders kritisch. Es wundert nicht, dass dies insbesondere die Schülerinnen sind, die unter psychischen Problemen leiden.

Während eines laufenden Forschungsprojektes zur Qualitätssicherung in Schulen für Kranke fiel unserem Team während der Evaluationsphase auf, dass die Kinder und Jugendlichen nach der Entlassung aus der Kinder- und Jugendpsychiatrie sich selber überlassen bleiben. Dies betrifft insbesondere jene Schüler, die wegen bestimmter sozialer und psychischer Probleme in Bezug auf ihr altes schulisches Umfeld gerade nach der Entlassung besonders unterstützt werden müssten (Steins et al., 2008).

Im Sinne von Sanders Kaskadenmodell der Evaluation (Sanders, 2000) begannen wir also während der laufenden Erhebung damit, eine neue Idee für eine weiterführende Intervention zu planen. Unser Team sprach mit zuständigen Psychologen der Psychiatrie und erhielt die Information, dass der Übergang zwischen Entlassung und Rückkehr, also die wichtige Reintegrationsphase, sehr häufig wenig betreut ist und in vivo, also direkt vor Ort, in der Heimatschule in der Regel überhaupt nicht betreut ist. Unsere leitende Annahme in dieser ersten Zeit war, dass Kinder und Jugendliche, deren

Eltern aufgrund verschiedener Ursachen nicht die Ressourcen haben, ihren Kindern sinnvoll bei der Reintegration zu helfen, besonders Gefahr laufen, zu scheitern. Dazu kommen die Zahlen der allgemeinen Statistik: 10% eines Altersjahrgangs verlassen alljährlich ohne Schulabschluss die Schule. Daher wundert es nicht, dass die Wahrscheinlichkeit zu dieser Gruppe zu gehören, steigt, wenn eine erfolgreiche Reintegration zwar vorbereitet wird, aber nicht durch eine stringente Unterstützung auch außerhalb einer versorgenden Institution wie Krankenschule und Klinik zu einem richtigen Ende geführt wird. Da aber von einem Schulabschluss viel für die weiteren beruflichen und persönlichen Möglichkeiten, für das eigene Selbstkonzept und das Gefühl, ein wertvolles Mitglied einer größeren Gemeinschaft zu sein, abhängt, wollten wir uns mit diesem Vorhaben besonders auf diese Schnittstelle Kinder- und Jugendpsychiatrie und Heimatschule konzentrieren (Steins et al., 2008).

8.2.3 Vorgehensweise

In Kooperation mit einer Kinder- und Jugendpsychiatrie, bieten wir Schülerinnen dieser Einrichtung an, dass wir sie in den ersten zwei Wochen nach ihrer Entlassung aus der Klinikschule zurück in die Heimatschule begleiten und sie bei der Reintegration unterstützen.

In Absprache mit den jeweiligen individuellen Bedürfnissen umfasst unser Unterstützungsangebot:

- Ein Abholen der Schüler von Zuhause
- eine Begleitung der Schüler in die Schule,
- ggf. ein Verweilen in der Schule an der Seite besonders ängstlicher Schüler,
- Kontaktaufnahme mit dem Klassenlehrer und der Schuldirektion,
- Unterstützung bei der Planung der Beschaffung von Schulmaterialien (aktueller Stundenplan, Schulbücher etc.),
- Strukturierungshilfen für die Alltagsbewältigung etc.
- Einbinden von vorhandenen Ressourcen (zum Beispiel Mobilisierung von Ressourcen des Elternhauses).

Um zu verhindern, dass Schüler sich zu stark an die Reintegrationshilfe binden und um den Schüler vor Stigmatisierungen durch Mitschülerinnen zu schützen, setzten wir zunächst einen Zeitrahmen von 2 Wochen für unser Unterstützungsangebot an. Um eine Beziehung zu den Schülerinnen aufzubauen, sind vorherige Koordinationstreffen mit den behandelnden Psychologen, den Lehrern der Klinikschule, denen der Heimatschule und gegebenenfalls des Jugendamtes sowie der Eltern des betroffenen Kindes notwendig. Außerdem ist eine frühe Kontaktaufnahme zu der Schülerin, unbedingt erforderlich, damit es eine Konstante in den beiden Welten Alltag und Klinik gibt (Steins et al. 2008).

Wir haben festgestellt, dass wir bei dieser Arbeit Defizite in der Zusammenarbeit zwischen Schulen und der Kinder- und Jugendpsychiatrie aufdecken konnten. Diese Defizite sind sowohl inhaltlicher als auch praktischer Natur und bieten für beide Seiten wertvolle Informationen, ihre Zusammenarbeit zu verbessern. Darüber hinaus ist unser Angebot eine große Hilfe, insbesondere für Schüler und deren Eltern, die mit Angst auf die Zeit der Reintegration blicken, weil sie sich ihrer emotionalen, sozialen und organisatorischen Kompetenzen unsicher sind (Steins et al., 2008). Die bisherigen Ergebnisse unserer Pilotstudie zeigen, dass hier ein erheblicher Bedarf der Verbesserung der Zusammenarbeit der Schnittstelle Schule und Kinder- und Jugendpsychiatrie besteht. Die Schilderung von vier Fällen soll unsere Vorgehensweise illustrieren.

8.3 Gescheiterte Interventionsmaßnahmen: Fall 1 und 2

1. Schritt: Vorgeschichte

Der mit uns kooperierende Psychologeaus der TagesklinikHerr Wender erklärt, dass ausschließlich solche Schüler für unser Unterstützungsprojekt in Frage kommen, bei denen die Eltern explizit mit der Begleitung einverstanden sind. Häufig haben Eltern die Sorge, dass andere Menschen die Lebensgeschichte ihres Kindes bzw. ihre eigene Lebensgeschichte erfahren. Ihnen ist es deshalb wichtig, eine Gewährleistung zu haben, dass alle beteiligten Personen an eine Schweigepflicht gebunden sind.

In Fall 1 und 2 geht es um ein Geschwisterpaar. Obwohl es sich hierbei um Geschwister handelt, soll jede Person als separater Fall betrachtet werden. Der 15-jährige Finn und die 16-jährige Paula Michaelis vermeiden beide die Schule. Beide wurden normal eingeschult. Nach dem Wechsel von der Grund- zur Realschule haben die Kinder irgendwann nicht mehr im Unterricht mitgearbeitet. Dann erfolgte der Wechsel zur Hauptschule im Jahre 2005. Anfangs lagen gute Leistungen vor, dann nahmen die guten Leistungen allmählich ab. Das Schuleschwänzen begann im Herbst 2006von da an sind beide kaum mehr zur Schule gegangen, zum Schluss gingen sie gar nicht mehr. Paula fing mit dem Schwänzen an und hat ihren Bruder Finn beeinflusst. Der Auslöser war nach Paulas Angabe eine ungenügend ausgefallene Mathematikarbeit. Aus Angst vor weiteren Misserfolgen verweigerte sie weitere Arbeiten. Stattdessen liefen beide durch die Stadt und schauten sich im Schaufester Artikel an. Taschengeld bekamen sie nach Angaben der Mutter nicht. Beide zogen sich mehr und mehr aus der sozialen Gemeinschaft zurück. Ihr Tagesablauf verlief unstrukturiert, der Leidensdruck war hoch. Die Mutter meint, die Schule, die sie im Moment besuchen, sei nicht die Richtige. Solange noch keine geeignete Schule feststeht, kann die Behandlung auf Seiten der Tagesklinik nicht begonnen werden. Schließlich ist es für die Behandlung wichtig, dass auf einen Schulbesuch hin gearbeitet werden kann. Beide müssen entscheiden, ab wann sie die Schule wieder besuchen. Erst dann kann mit einer Unterstützung von Seiten des Fachpersonals der Tagesklinik begonnen werden.

Die Therapeuten vermuten einstimmig, dass bei dem vorliegenden Geschwisterpaar die Erfolgswahrscheinlichkeit aufgrund langer schulischer Fehlzeiten und der festgefahrenen Zweierkonstellation eher gering ist. Allerdings könne eine feste Struktur von außen hilfreich für die Beiden sein.

Der familiäre Hintergrund von Paula und Finn stellt sich kompliziert dar. Der Vater hat seine Kinder über einen langen Zeitraum misshandelt und vernachlässigt. Auch im Besuchskontakt, nachdem die Eltern sich getrennt haben, wurden beide misshandelt. Der Vater vernachlässigte beide Kinder und schlug sie. Nach 9 gemeinsamen Ehejahren trennte sich Finns und Paulas Mutter von ihrem Ehemann. Die Kinder bleiben nach der Trennung bei ihrer Mutter. Die Mutter von Finn und Paula lebt von Hartz IV. Hin und wieder arbeitet sie als Reinigungskraft. Die Mutter stellt heraus, dass sie gut mit ihren Kindern klar kommt. Die Schulvermeidung bagatellisiert sie. Es gäbe Konflikte mit Lehrerinnen und dem Jugendamt (Weber et al., 2008).

2. Schritt: Vorbereitung – Vernetzungstreffen mit den involvierten Personen

Bevor zu den Inhalten des Vernetzungstreffens übergeleitet wird, wird das aktuelle Setting voran gestellt.

Das aktuelle Setting gestaltet sich zu diesem Zeitpunkt folgendermaßen. Sowohl Finn als auch Paula sind teilstationär in der Kinder- und Jugendpsychiatrie untergebracht, d.h. die Jugendlichen kommen morgens um 8:00 Uhr zum Unterricht in die Klinikschule und gehen nachmittags um 16:30 Uhr nach Hause. Beide Geschwister sind seit drei Wochen in der Klinik und besuchen seit 2 Wochen den Unterricht in der Klinikschule. Verschiedene Fachtherapeuten verbringen den Tag mit den Patienten. Für die Therapie ist von Bedeutung, dass von Anfang an feststehen sollte, ab wann der Schüler bzw. die Schülerin sich vorstellen können, wieder die Schule zu besuchen. Aufgabe der Therapeuten ist es, die Kinder bei diesem schweren Schritt zu unterstützen.

Das teilstationäre Angebot besteht aus 2 Schritten: Erstens im Besuch der Klinikschule und zweitens steht nach 4-6 Wochen Aufenthalt der Besuch der Heimatschule an. In der Regel besuchen die Kinder während der Therapiephase vier Unterrichtsstunden pro Tag ihre Heimatschule. Diese Vorgehensweise hat sich im Laufe der Erfahrungen mit schulvermeidenden Kindern und Jugendlichen bewährt. Bei diesem Ansatz ist es wichtig zu bedenken, dass die Frage, wann sich die Kinder vorstellen können, die Schule wieder zu besuchen, von der gesamten Familie gestellt wird. Die Entscheidung, für den 07. Januar 2008 als erster Reintegrationstag, hat die Familie selbst gewählt. Dabei wurde den Familienmitgliedern ausreichend Zeit im Vorfeld eingeräumt sich diesen Termin auszusuchen.

An diesem Vernetzungstreffen mit allen involvierten Personen in einem Besprechungsraum der Kinder- und Jugendpsychiatrie nehmen teil: Herr Wender (der behandelnder Psychologe und Familientherapeut, Ansprechpartner von Finn), Herr Zimmermann (Klinikschullehrer), Frau Dr. Wagner (Fachärztin für Kinder- und Jugendpsychiatrie, Ansprechpartnerin von Paula), Herr Droste (Krankenpfleger, Bezugsperson von Finn), Frau Michaelis, die Mutter der Kinder, Frau Lauer (Hauptschullehrerin), Frau Jasper (Mitarbeitern vom Jugendamt, arbeitet im Allgemeinen Sozialen Dienst), unser Reintegrationsteam (Frau Steins, Frau Haep, Frau Weber).

Zu Beginn der Sitzung stellten sich alle anwesenden Personen kurz vor und formulierten ihre Erwartungen an das heutige Treffen. Der behandelnde Psychologe Herr Wender begann die Sitzung mit der Frage, wie ein angemessener Rahmen geschaffen werden könnte damit die gesetzten Therapieziele, erreicht werden. Er formulierte folgende Fragen: *„Wie können verschiedene Institutionen mit dem Therapieziel Schulbesuch umgehen und wie lässt sich dieses Ziel erreichen?"* Die Frage des Klinikschullehrers lautete, wie es schulisch und beruflich mit den Geschwistern weiter gehen könne.Frau Michaelis fragte sich, was sie tun könne, um ihre Kinder beim Schulbesuch zu unterstützen. Die Klassenlehrerin äußerte sich überrascht, dass die beiden Geschwister so schnell wieder in die Schule eingegliedert werden sollen. Sie spricht sich über eine Zusammenarbeit mit Herrn Zimmermann(Klinikschullehrer) aus. Ihre Frage lautete, inwiefern Hauptschule und Klinikschule miteinander kooperieren könnten. Frau Jasper (Mitarbeiterin vom Jugendamt) stellte die Frage, was getan werden könne, damit die Beiden die Schule wieder besuchen.Frau Dr. Wagner als behandelnde Ärztin fragte, wie man den Verlauf unterstützen und die Therapieziele erreichen könne.Frau Steins äußerte die Frage, wie man beiden Schülern den Wiedereinstieg in die Schule erleichtern könne. Eine weitere Frage lautete, welche Bedürfnisse die Jugendlichen haben. Frau Haep fragte, was wir tun können, um die beiden angemessen bei der Reintegration in die Heimatschule zu unterstützen. Frau Weber fragte, welche Möglichkeiten sie als Reintegrationshilfe habe, beide Jugendliche bei ihrem Schulbesuch zu unterstützen.

In diesem Vernetzungsgespräch werden die unterschiedlichen Perspektiven auf die beiden Geschwister deutlich, wie im folgenden Verlauf zu erkennen ist.

Der Klinikschullehrer: Finn und Paula seien seit 14 Tagen bei ihm im Unterricht. Auch hier gebe es Fehlzeiten. Beide seien zurückhaltend und verunsichert in jeder Hinsicht. Es sei für die Beiden schwer eine Beziehung zu anderen Mitschülern aufzubauen. Beide haben eine symbiotische Beziehung. Auch falle es beiden schwer sich zu organisieren. Was den Lernstand anbelangt, so haben beide große Lernrückstände. In manchen Fächern haben sie Rückstände bis zu mehreren Jahren.

Herr Droste (Krankenpfleger) und Finns Bezugsperson: Ebenso wie Herr Zimmermann nehme er beide Geschwister als verunsichert und verängstigt wahr. Auch bereitete es den Beiden Schwierigkeiten eine Beziehung zur Patientengruppe aufzubauen. Paula habe damit größere Schwierigkeiten als ihr Bruder Finn. Beide erreichen nur selten pünktlich die Tagesklinik und kommen zu spät zum Unterricht in die Klinikschule. Sie akzeptieren nur schwer das klinische Setting. Paula lege ausgesprochen viel Wert auf ihr Äußeres. Das koste sie sehr viel Zeit. Finn könne sich nur selten von ihr distanzieren, das bedeutet, wenn Paula aufgrund ihrer ausgesprochen langen Körperpflege zu spät zur Schule komme, warte Finn auf sie und komme ebenfalls zu spät. Es kommegelegentlich vor, dass Paula auf Finn warte und durch ihn zu spät zur Tagesklinik komme. Herr Droste sagt, es sei schwierig sich angemessene Konsequenzen für Beide zu überlegen, weil man vorsichtig sein müsse, beide nicht zu verscheuchen, da sie ohnehin stark verunsichert seien. Angemessene Konsequenzen seien Zusatzarbeiten, Gemeinschaftsarbeiten.

Frau Michaelis berichtet aus der Perspektive als Mutter, dass es zu Beginn der teilstationären Aufnahme zwischen den Geschwistern zu Streitereien kam, dass es morgens ein Kampf gewesen sei, dass die Kinder pünktlich zur Einrichtung erscheinen. Frau Michaelis wecke ihre Tochter Paula um 5:45 Uhr, damit sie es rechtzeitig zum Unterricht schaffe. Die Mutter habe den Eindruck, dass beide den Schulversuch schaffen wollen. Auf die Frage, welche Verbote man einsetzen könnte, sagt sie, dass bei Paula ein Handyverbot fruchten würde und/oder Strafarbeiten, die sie abends zu Hause erledigen sollte. Während des Aufenthaltes in der Tagesklinik konnte Frau Michaelis bei ihren beiden Kindern eine positive Veränderung beobachten. Beide sind gesprächsbereiter und gehen anders miteinander um. Beide wünschen sich nichts sehnlicher, als einen guten Umgang mit Gleichaltrigen und ein normales Leben zu führen. Paula wolle für die Schule lernen, um etwas Sinnvolles aus ihrem Leben zu machen. Weiterhin sagt die Mutter, dass beide eine Hand brauchen, die immer wieder den Ton angebe. Für sie sei wichtig, ihren Kindern die Unsicherheit vor dem ersten Schultag am 07. Januar zu nehmen.

Frau Lauer berichtet aus der Sicht als Klassenlehrerin, dass die Kinder seit über einem halben Jahr die Schule überhaupt nicht mehr aufgesucht haben. Die Kinder seien seit diesem Schuljahr nur sechs Stunden in der Schule anwesend gewesen. Sie habe nicht wirklich wahrgenommen, dass sie anwesend waren. Im ersten Anlauf haben Beide alleine da gesessen. Im zweiten Anlauf habe sie jedem einen Mitschüler an die Hand gegeben. In der Klasse von Finn und Paula seien insgesamt 21 Schüler. Die Schülerinnen seien verhältnismäßig sozial. Paula sagte, sie sei von 2 libanesischen Mädchen gemobbt worden. Paula hörte die beiden Mädchen sagen, dass ihr Bauch dick sei. Außerdem habe es den Anschein für die beiden Mitschülerinnen, als sei sie schwanger, was sie emotional verletzt habe.

Herr Wender berichtet aus psychologisch-therapeutischer Sicht über Paula, dass sie sich in einzeltherapeutischen Sitzungen zugänglichzeige. Dass sie aufgrund ihres morgendlichen „Fertigmachens"einen hohen Leidensdruck verspüre, und dass sie Schwierigkeiten habe, sich zu strukturieren. Beim Schulversuch sehe er insbesondere bei Paula größere Probleme in der Gruppe klar zu kommen. Des Weiteren richte Paula vermehrt ihre Aufmerksamkeit auf Dinge, die Außen liegen. anstatt auch mal bei sich selbst zu schauen.

Frau Dr. Wagner ergänzt, dass Paula durch Symptome wie Ängste, Depressionen, Aufmerksamkeitsstörungen nicht am Schulversuch gehindert werde. Eine Intelligenztestung ergab, dass sich ihre Leistung an der unteren Grenze im lernbehinderten Bereich befinde. Sie sei im unteren Leistungsbereich anzusiedeln und sei somit falsch beschult worden.

Finn sei im unteren Durchschnittsbereich begabt. Finn sei wenig ansprechbar auf Dinge, die normalerweise Jugendliche begeistern. Stattdessen ziehe er sich sehr zurück. Der Junge ziehe auch keine anderen Bereiche, wie Computer, Fernsehen usw. der Schule vor. Finn trete ausgesprochen wenig in Kontakt zu anderen, was dadurch verstärkt werde, dass er immer mit seiner Schwester zusammen sei.

Weiterhin erklärt Frau Dr. Wagner, dass beide sozial ängstliche Personen seien. Auch wenn beide das so nie geäußert haben. Dies sei nicht feststellbar, lediglich aus ihrem Verhalten ableitbar. Finn arbeite in der Einzeltherapie mit und sei dort motiviert.

Wenn die Mutter in der Tagesklinik anwesend sei, verhalte sich Finn lauter, aktiver und lebendiger. Paula seiin Anwesenheit der Mutter schneller in ihrer Bewegung und aktiver.

Auch Herr Zimmermann bestätigt, dass bei Beiden Ressourcen vorhanden seien. Trotz alledem seien bei Beiden viele Bereiche ungeübt, so als fehle es ihnen an einem Übungsfeld, um Dinge auszuprobieren (Weber et al., 2008).

Folgende wichtige Aspekte wurden außerdem erörtert:

Welche Alternativen ziehen beide dem Schulbesuch vor? Anstelle zur Schule zu gehen seien beide draußen unterwegs. Wenn ihre Mutter sie fragt, wo sie am Morgen gewesen seien lassen sie sich Ausreden einfallen. Nachmittags seien sie in ihren Zimmern, hören Musik und sehen fern.

Familiäre Situation: Der Lebensgefährte der Mutter sollte das Schuleschwänzen nicht mitbekommen. Mittlerweile sei er darüber informiert. Frau Michaelis sagt, dass er sehr ruhig auf die Nachricht reagiert habe, zu ihrem Erstaunen zu ruhig. Zu ihrem leiblichen Vater wünschen beide Jugendlichen sich keinerlei Kontakt mehr. Er habe sie misshandelt. Finn und Paula kommen aber auch mit dem derzeitigen Lebensgefährten ihrer Mutter nicht gut aus. Beide haben eine ältere Schwester, die unentwegt zu Hause ist und vor Jahren schon die Schule abgebrochen habe.

Welche Optionen bestehen, wenn der Schulversuch im Januar scheitert? Es ist geplant, dass Paula stationär aufgenommen werden solle, falls der Schulversuch scheitere und Finn währenddessen die Tagesklinik weiter besuche. Für Paula sei die Gefahr höher die Schule nicht zu besuchen. Allerdings könnte sie ihren Bruder dann mitreißen, dass er ebenfalls nicht mehr zur Schule gehe.

Es bestehen folgende Optionen: Falls der geplante Schulversuch scheitern solle, werde Paula stationär in die Kinder- und Jugendpsychiatrie aufgenommen und ihr Bruder mache alleine den Schulversuch. Eine andere Option könnte für Paula darin bestehen, an einer Berufsfördermaßnahme teilzunehmen. Allerdings lehnte sie dieses Angebot ab. Der Klinikschullehrer macht immer wieder die Vorteile einer Berufsorientierung deutlich. Paula bekäme darüber Einblicke ins Berufsleben. Auch wäre es ihr nicht garantiert, dass sie den Anforderungen der Hauptschule gerecht werden würde. Frau Dr. Wagner befürwortet ebenfalls diesen Vorschlag, weil es höchst wahrscheinlich sei, dass Paula aufgrund der großen Lernrückstände, die aus langen Fehlzeiten resultieren, höchst wahrscheinlich nicht in eine höhere Klassenstufe versetzt werden würde. Stattdessen möchte Paula die Hauptschule weiter besuchen.
Bei Finn hingegen sprechen die schulischen Leistungen dafür, dass eine Versetzung möglich wäre. Es wäre bei ihm vorstellbar, dass er die Schule bis zur 10. Klasse durchlaufen könnte.

Negative Sanktionen: Zum geplanten Schulversuch äußert Herr Wender seine Bedenken.Er sagt, dass die Kinder eher unpünktlich in der Schule erscheinen werden. Wichtig sei es, wie die Schule auf das Zuspätkommen reagiere. Man könnte den Beiden 1 bis 2 Wochen Zeit geben, pünktlich zum Unterricht zu erscheinen.
Herr Droste halte Paula nicht für fähig, Dinge auszuhalten, die ihren Selbstwert gefährden. Im Gegensatz zu ihr halte er Finn für stärker, cooler und mit mehr Fähigkeit ausgestattet, mit Anfeindungen von außen umzugehen. Frau Dr. Wagner spreche sich für konsequente Maßnahmen aus, weil das Mädchen kurz davor stehe, dass ihr Wohl gefährdet werde. Die ältere Schwester sei bereits ohne Schulabschluss und arbeitslos.
Es wird über eine flexible Hilfe diskutiert. Angedacht ist, eine Person der Familie zur Seite zu stellen, die begleitend pädagogisch arbeitet. Eine flexible Hilfe könnte beispielsweise Finn an Sportmaßnahmen heran führen, ihm bei der Gestaltung des Nachmittags helfen. Es bestünde auch die Möglichkeit zwei flexible Kräfte einzusetzen, einen Mann, der Finn unterstützen solle und eine weibliche Bezugsperson für Paula (Weber et al., 2008).

3. Schritt: Vereinbarungen zum Reintegrationsversuch
Die Erprobungsphase der Reintegrationsmaßnahme fängt bei Beiden am 07. Januar 2008 an und dauert zunächst eine Woche. Folgende Vereinbarungen werden zwischen der Tagesklinik und der Familie getroffen: Besucht einer von Beiden oder besuchen Beide an einem Tag nicht die Schule, gilt der Schulversuch als gescheitert. Der Schulversuch gilt ebenso bei zwei verpassten Schulstunden als gescheitert. Sollte dies eintreten, soll Paula stationär behandelt werden. Die stationäre Behandlung hat den Vorteil, dass ihr Selbstwertgefühl gesteigert werden könnte. Beide Jugendlichen haben ab dem 07. Januar zwei Optionen, entweder sie besuchen ihre Regelschule oder sie suchen bei Krankheit Frau Dr. Wagner auf, die beide dann ärztlich untersucht. Als nächster Besprechungstermin ist der 12. Januar geplant.
Aus den Protokollen (siehe Kästen 18 bis 21) geht detailliert hervor, wie problematisch sich die Erprobungsphase in Fall 1 und 2 gestaltet und wie sie leider schließlich bei Beiden scheitert (Weber et al., 2008).

Kasten 18: Protokoll des Vorgespräches (Weber et al., 2008).

Nach dem Vernetzungstreffen ist Paula am darauf folgenden Mittwoch und Donnerstag nicht in der Tagesklinik erschienen. Paula war verärgert, so teilte es Paulas Mutter dem Psychologen Herrn Wender mit, weil ihr vom Klinikpersonal prophezeit wurde, dass sie die Schule nicht schaffen würde. Finn sei am Donnerstag zu spät zur Tagesklinik gekommen. Die Mutter ist ebenfalls nicht zum Gespräch erschienen. Frau Dr. Wagner habe die Mutter erst später wieder gesehen. Herr Wender habe Frau Jasper (Mitarbeiterin vom Jugendamt) daraufhin eingeschaltet. Diese berichtete, dass das Jugendamt nicht mehr bei Jugendlichen in der Altersstufe eingreifen würde. Auch von Gerichtsterminen würde das Jugendamt in einem solchen Falle absehen.

Beide Jugendlichen kamen in den letzten 2 Wochen massiv zu spät zur Tagesklinik. Gestern seien beide 35 Minuten zu spät erschienen. Als erzieherische Konsequenz wurden Beide daraufhin nach Hause geschickt. Herr Wender habe gestern mit der Mutter telefoniert. Wegen des Zuspätkommens habe der Psychologe die Konsequenz gezogen, dass beide sieben Stunden nachsitzen müssen. Die Mutter habe die Vereinbahrung, dass, falls der Schulversuch scheitere, eine stationäre Unterbringung von Paula aufgehoben würde, mit der Begründung, dass Paula das nicht wolle.

Zur Planung des Schulbesuches müsse ein Telefonat mit der Klassenlehrerin geführt werden. Dabei müssen von unserem Reintegrationsteam folgende Aspekte beachtet werden:

Aktuelle Stundenpläne für die beiden Jugendlichen

Aktuelles Schulmaterial für Beide

Alle unterrichtenden Lehrer von Finn und Paula müssen über deren Schulbegleitung informiert werden

Falls meine Kollegin und ich nicht pünktlich in der Schule sind, für den Fall, dass einer der beiden oder beide am Montag zu spät kommen, die Klassenlehrerin in der Schule informieren, dass wir verspätetet zum Unterricht erscheinen.

Gespräch mit Finn

Während der Schulzeit stehe Finn um 6:00 Uhr auf. Während seine Schwester Paula sich im Bad schminke schaut er eine Stunde fern. Beide nehmen die Bahn um 7:40 Uhr, um diese zu bekommen, gehen sie um 7:35 Uhr aus dem Haus.

Wo liegen bei Finn die kritischen Phasen?

Eine kritische Phase sei für Finn das rechtzeitige Aussteigen aus der U-Bahn an der entsprechenden Haltestelle.

Die zweite kritische Phase liege in der zweiten großen Pause. Hier sei die Versuchung groß, frühzeitig das Schulgebäude zu verlassen, um nach der vierten Schulstunde nach Hause zu gehen. (Finn verlasse zum Rauchen den Pausenhof und halte sich außerhalb des Schulgeländes auf)

Gespräch mit Paula

Paula gibt direkt eine konkrete Antwort auf die Frage, wie sie sich die Reintegration vorstellt. Sie möchte in die Klasse gebracht werden und in den Pausen jemanden dabei haben. Als kritischen Punkt sehe sie den Moment, in dem es ins Gebäude und hin zur Klasse gehe. Sie habe Angst vor der Klasse und möchte deshalb nicht alleine in den Klassenraum gehen.

Sie habe keinen Stundenplan, was sie nicht weiter schlimm finde, da sie wisse, wo der Klassenraum sei. Für den Jahrgang entsprechende Bücher habe sie zu Hause und wolle diese am Montag mitnehmen.

Im Verlauf des Gesprächs teilt sie mit, dass es ihr am liebsten wäre, wenn auch jemand in den ersten beiden Unterrichtsstunden mit dabei wäre. Angst vor dem Unterricht habe Paula ihrer eigenen Einschätzung nach eher nicht. Morgens die Klasse zu betreten, sei für sie schwieriger als die Pause zu überstehen.

Ihre Motivation für die Woche liege nach Paulas Einschätzung bei 95% und ihr Hindernis bei 40-50%. Dies setze sich aus ein bisschen Angst und der Gewohnheit nicht mehr zur Schule zu gehen, zusammen. Sie habe Angst vor den Mitschülern. Sie habe jedoch keine schlechten Erfahrungen mit diesen und meine, die Angst sei zur Gewohnheit geworden.

Paulas Tagesablauf bis zum Verlassen des Hauses

5 Uhr aufstehen

5.30 - 6 Uhr duschen

6.00 - 7.30 Uhr anziehen und schminken

7.35 Uhr Verlassen des Hauses zusammen mit ihrem Bruder Finn

Paula frühstücke morgens nicht und setze sich auch nicht hin. Sie habe keine Zeit dafür, hätte aber schon Lust dazu. Auf die Frage, ob ihr eine Beratung helfen würde, die ihr zeige, wie man sich schneller schminken könne, antwortet sie mit einem klaren Ja. Das Mittagessen sei die erste Mahlzeit am Tag, die sie einnehme.

2. Etage Raum 203, 8b

Montag:

Stunde: Deutsch bei der Klassenlehrerin

Stunde: Deutsch bei der Klassenlehrerin

Stunde: Englisch bei einer Fachlehrerin

Stunde Englisch bei einer Fachlehrerin

Wir treffen uns am Montag, den 07. Januar mit der Klassenlehrerin vor dem Lehrerzimmer, um Erfahrungen auszutauschen und den nächsten Schultag zu planen.

To do:

Damit alle beteiligten Systeme über unser Vorgehen informiert sind, erhalten die Kinder, die Mutter, die Klassenlehrerin und der behandelnde Psychologe Herr Wender einen aktuellen Unterstützungsplan.

Kasten 19: Protokoll des ersten Tages (Weber et al., 2008).

Am Montag, den 07.01.2008 waren meine Kollegin und ich mit Paula und Finn um 7.40 Uhr an der U-Bahn-Haltestelle verabredet. In der U-Bahn um 7.40 Uhr waren die beiden Geschwister nicht. Daraufhin haben wir versucht sie auf dem Handy zu erreichen, aber beide Handys waren ausgeschaltet. Ein Anruf bei der Mutter ergab, dass beide das Haus verlassen hatten, jedoch zu spät um die U-Bahn pünktlich zu bekommen.

Aufgrund von Verspätungen kam die nächste U-Bahn um 8.05Uhr, und Paula und Finn stiegen aus. Gemeinsam machten wir uns auf den Weg zur Schule.

Auf die Frage meiner Kollegin, wie es ihr ginge, antwortete Paula, dass sie die ganze Nacht nicht geschlafen und Angst vor der Schule habe. Sie machte jedoch deutlich, dass sie trotz der Angst zur Schule gehen wolle.

Paula hatte eine Mappe mit verschiedenen Heften, ihr Englisch- und Mathebuch dabei, sowie eine Handtasche in der sich u.a. eine Flasche zu trinken und ein Stift befanden. Sie hatte eine Jacke dabei, die sie über dem Arm trug und nicht anziehen wollte (es war Januar). Finn hatte keine Jacke, keine Tasche, keine Unterrichtsmaterialen, keinen Stift und nichts zu trinken dabei.

Nach Erreichen des Schulgebäudes gingen Finn und Paula zielstrebig zu ihrem Klassenraum. Durch die Verspätung der U-Bahn kamen ebenfalls Klassenkameraden zu spät und wir betraten gemeinsam die Klasse. Paula und Finn gingen stillschweigend je zu einem Tisch im hinteren Teil der Klasse und setzten sich auf die Plätze direkt an der Wand.

Wir begrüßten die Klassenlehrerin Frau Lauer und informierten sie über die Gründe von unserer Verspätung. Dann setzten wir uns auf die Plätze die neben Finn und Paula frei waren, ich neben Finn und meine Kollegin neben Paula.

Die Klasse hätte eigentlich Englisch-Förderunterricht gehabt, über die Ferien hatten die Schülerinnen keine Hausaufgaben bekommen, und so teilte Frau Lauer Deutsch-Arbeitsblätter aus. Paula begann ohne Aufforderung die Arbeitsblätter zu bearbeiten und schaffte es mit leichter Hilfestellung auch. Finn wurde von mir aufgefordert anzufangen, und da er keinen Stift mit hatte und auch nicht nach einem fragte, bot ich ihm einen Stift an. Er wurde bei der Bearbeitung der Arbeitsblätter von mir unterstützt. Frau Lauer gab beiden ihren Stundenplan. Ich plante zusammen mit Finn die Begleitung für Dienstag.

In der zweiten Stunde hatte die Klasse Deutsch und es gab erneut Aufgaben, die in Stillarbeit zur erledigen waren. Finn und Paula sprachen in den ersten zwei Stunden nicht viel, sie antworteten meistens nur auf Fragen unsererseits. Mitten in der zweiten Stunde fragte Paula meine Kollegin, ob es möglich wäre, dass sie nicht wie besprochen nach der Pause geht, sondern ob sie bis nach der vierten Stunde bleiben könnte. Paula wusste, dass ich bis nach der vierten Stunde bei Finn blieb, ihr war wichtig, dass meine Kollegin zusätzlich bleib. Auf die erneute Frage, wie sie sich fühle, sagte Paula, dass sie sich unwohl fühle, weil sie daran denke, wie es werden würde, wenn wir nicht mehr mitkämen und dass sich die Mitschülerinnen sicherlich ihnen gegenüber anders verhalten würden. Konkret konnte sie aber nicht mitteilen, welches Verhalten der Mitschüler sie erwarten würde.

Die Schüler der Klasse 8b kannten Finn und Paula, obwohl diese neu zu diesem Schuljahr in diese Klasse gekommen waren und bisher nur 6 Stunden den Unterricht besuchten. Jedoch haben die Mitschüler Finn und Paula während der zwei Stunden nicht sonderlich beachtet, vielmehr interessierten sie sich für uns und fragten nach, wer wir seien.

Als es zur Pause klingelte, forderte Frau Lauer die Schülerinnen auf, etwas zu essen und sich für die Pause fertig zu machen. Paula und Finn hatten beide nichts zu essen dabei und auch zu Hause kein Frühstück gegessen. Von Paula erfuhr ich, dass sie und Finn normalerweise in den Pausen den Schulhof verlassen würden, damit Finn u.a. rauchen könne. Wir beschlossen, dass wir uns an diesem Tag an die Schulregeln halten und die Pause auf dem Schulhof verbringen würden. (Meiner Kollegin Frau Haep und mir war es als Reintegrationsbegleitung wichtig, den Beiden beim Knüpfen sozialer Kontakte zur Seite zu stehen.)

Trotz kalter Jahreszeit und Anraten von Frau Lauer und mir wollte Paula ihre Jacke nicht anziehen.

Wir gingen gemeinsam mit Frau Lauer aus der Klasse und lernten auf dem Flur die Schulleiterin kennen, die beide Schüler motivierte und sagte, dass sie beide die Schule bei regelmäßigem Besuch schaffen könnten. Frau Lauer hatte dies zuvor ebenfalls gesagt.

Auf dem Schulhof standen wir in der Mitte und meine Kollegin und ich versuchten ein Gespräch mit Finn und Paula aufzubauen. Sie antworten nur sehr kurz. Auf die Frage, wie sie ihre Nachmittage verbringen würden, schauten sich Finn und Paula an, und antworteten nur sehr unkonkret, z.B. mal eine halbe Stunde Musik hören.

Eine Gruppe von jüngeren Schülerinnen aus einer anderen Klasse war sehr an uns Vieren interessiert und fragte uns, wer wir denn seien. Unser Versuch, Finn und Paula in dieses Gespräch mit einzubeziehen, hatte zur Folge, dass Paula kurz antwortete und Finn einen Schritt zurück trat und schwieg.

Nach der großen Pause begaben wir uns Richtung Klassenraum zurück und warteten vor der verschlossenen Tür. Viele andere Schülerinnen gingen an uns vorbei, keiner beachtete die zwei Schüler besonders.

Der Unterrichtsbeginn der dritten Stunde verschob sich etwas nach hinten, da die Englischlehrerin(Frau Sonntag) eine Besprechung hatte. Der Englischunterricht fand im Klassenverband statt da die Stufe in diesem Fach in Kurse nach Leistungen eingeteilt war. Dies hatte zur Folge, dass andere Schüler in die Klasse kamen. Ein türkisches Mädchen, das direkt vor Paula und meiner Kollegin saß, fragte neugierig, wer sie denn sei und ob sie Paulas Bodyguard wäre. Bis zu Unterrichtsschluss wurden Finn und Paula von ihren Mitschülern nicht weiter beachtet.

194

Die Lehrerin begann ihren Unterricht und die Schülerinnen sollten im Englischbuch Aufgaben bearbeiten. Paula hatte ihr Buch dabei, Finn nicht. Von Finn aus kam keine Reaktion, wie man die Situation ändern könnte, so dass er in ein Buch schauen könnte. Meine Kollegin schlug vor, mit Finn die Plätze zu tauschen. Finn und Paula saßen nun nebeneinander und hörten dem Unterricht zu. Frau Sonntag kam zu Finn und Paula an den Tisch und erklärte ihnen, dass sie die Zwei wahrgenommen hätte, nur nicht aufgerufen habe, da der Unterrichtsstoff für sie neu wäre. Im weiteren Unterrichtsverlauf erkundigte Frau Sonntag sich mehrmals ob Finn und Paula mitkämen, ob alles okay sei und ob sie Fragen hätten. Frau Sonntag informierte sich bei uns über die Begleitung und informierte uns, welche Hefte u.ä. Paula und Finn für den Englischunterricht brauchen.

Zum Stundenende gingen wir als letzte aus der Klasse und begaben uns auf den Weg aus dem Schulgebäude hinaus. Wir versuchten Finn und Paula positiv zu bestärken, sie selbst zeigten sich nicht sehr positiv darüber, dass sie es geschafft hatten 4 Unterrichtsstunden in der Schule zu bleiben. Die Zwei machten sich auf den Weg zur U-Bahn und waren in N. mit ihrer Mutter verabredet, um von dort aus zur Klinik zu fahren. (Die Gründe, warum beide skeptisch gegenüber dem gelungenen ersten Schultag waren, konnten von uns nicht eruiert werden.)

Kasten 20: Protokoll des zweiten Tages (Weber et al., 2008).

Wir waren zu zweit um 7:40 Uhr mit den Geschwistern an der Haltestelle verabredet. Dieser Termin wurde gestern mit Beiden vereinbart. Jedoch erschienen sie heute Morgen nicht wie verabredet. Um 8.05 haben wir auf den Handys der Beiden angerufen. Beide Handys waren ausgeschaltet. Unmittelbar darauf habe ich versucht die Mutter zu Hause anzurufen. Es hob niemand ab. Wir warteten bis 8.15 Uhr an der Haltestelle. Als dann immer noch niemand erschien, gingen wir ins Sekretariat und schrieben der Direktorin eine Kurznachricht, dass beide heute nicht wie verabredet erschienen sind. Beim Schreiben der Nachricht rief die Mutter auf meinem Handy an und sagte, dass ich sicherlich versucht hätte, sie anzurufen. Sie sei zu der Zeit meines Anrufes im Krankenhaus gewesen und ihre älteste Tochter sei unter der Dusche gewesen. Sie habe ihren Lebensgefährten ins Krankenhaus gebracht. Die beiden Kinder hätten auch das Haus verlassen. Aber als sie vom Krankenhaus zurückkehrte wären die beiden wieder zu Hause gewesen. Paula schrie im Hintergrund: „*Dann weise mich doch ein.*" „*Dann gehe ich eben stationär!*" Die Mutter fragte sie, ob sie nicht doch zur Schule gehen wolle. Sie teilte ihrer Tochter mit, dass Frau Haep und ich in der Schule auf sie warten würden. Doch das Mädchen schrie im Hintergrund und gab ihrer Mutter keine konkrete Antwort. Ich sagte, dass das so keinen Sinn habe und erkundigte mich, ob Finn nicht zur Schule kommen wolle. Die Mutter sagte zu Finn, dass wir in der Schule seien, auf ihn warten würden und ob er nicht zur Schule gehen wolle. Finn antwortete seiner Mutter nicht. Die Mutter sagte mir zum Abschluss des Gespräches, dass sie mit ihren Kindern in die Klinik fahren würde und dass sie vorher dort anruft.

Nachdem wir über den heutigen Ablauf berichtet hatten, rief unsere Projektleiterin den Psychologen Herrn Wender an. Dieser war währenddessen in einem Telefongespräch mit der Mutter. Er legte der Mutter im Gespräch nahe, dass sie ihre Kinder zur Schule bringen soll („*Wenn Sie es nicht schaffen, schafft es keiner.*")

Er berichtete, dass die Mutter gestern über den Schulversuch nicht so positiv gestimmt war („*Mal sehen.*") und dies auch mit ihrer Körpersprache ausdrückte. Er sagte weiterhin, dass, wenn die Kinder heute nicht in der Tagesklinik erschienen, die Therapie abgebrochen werden würde. Er werde im Falle des Abbruchs auch das Jugendamt informieren. Die Mutter rief mich um 11:15 Uhr im Büro an. Wir sprachen über den morgigen Tag. Ich sagte ihr, dass es wichtig für die Beiden wäre, wenn sie die Kinder morgen zur Haltestelle bringt und wir sie dort abholen. Die Mutter entgegnete, sie habe die Kinder heute zur 3. Stunde in die Schule gebracht. Nach der 4. Stunde würden die beiden dann zur Tagesklinik fahren.

Kasten 21: Protokoll des dritten Tages(Weber et al., 2008).

Wie gestern mit der Mutter vereinbart, warteten wir an der Haltestelle auf Finn und Paula. Die Mutter sprach mir gegen 7:50 Uhr auf die Mailbox, dass ihre Kinder aus dem Haus seien und später kommen würden. Wir warteten bis 8:15 Uhr. Dann gingen wir zur Schule. Wir trafen dort vor dem Hauptgebäude die Klassenlehrerin. Diese bat uns ins Lehrerzimmer. Vom Lehrerzimmer aus rief ich die Mutter an. Die zwei Geschwister hätten vorher das Haus verlassen, seien wieder zurückgekommen. Paula habe sich dann noch mal umgezogen und dann haben sie das Haus wieder verlassen. Demnach müssten ihre Kinder in Kürze in der Schule ankommen.

Wir unterhielten uns mit der ehemaligen Englischlehrerin von Finn und Paula. Sie hatte Paula drei Jahre im Englischunterricht. Damals wäre die Schülerin normal entwickelt gewesen, bis Finn zur Schule kam. Paula habe ihr gesagt, dass Finn vom Stiefvater geschlagen werden würde und dass sie sich für ihn verantwortlich fühlen würde und ihn beschützen wolle.

Wir sprachen noch kurz mit der Direktorin, die die Hypothese vertritt, dass in der Familie ein Missbrauch vorliegen könnte. Sie würde die Mutter aufgrund des Fernbleibens der beiden Schüler anrufen und ihr Druck machen. Die Klassenlehrerin sagte, dass gestern unheimlicher Stress in der Familie gewesen sein musste, dass Beide erst zur 3. Unterrichtsstunde in der Schule erschienen sind.

Um 9:30 Uhr rief ich die Mutter an und sagte ihr, dass wir aufgrund des heutigen Nichterscheinens der Beiden die Begleitung an dieser Stelle abbrechen müssten. Die Mutter entgegnet, dass die Direktorin sie angerufen habe und dass gegen 9:15 Uhr noch unklar war, ob die Kinder mittlerweile die Schule erreicht haben. Sie werde aber noch mal in der Schule anrufen, um sich zu erkundigen, ob Beide dort angekommen sind.

Das Telefongespräch mit dem Psychologen Herrn Wender am Mittag ergab, dass Finn und Paula gestern (Dienstag) nach der vierten Stunde erst zu ihrer Mutter nach Hause fuhren, um dort Mittag zu essen. Aus diesem Grund erreichten beide zu spät die Tagesklinik.

Die Klassenlehrerin und die Direktorin informierten uns am frühen Nachmittag, dass die Beiden am Mittwoch nicht in der Schule erschienen wären. Der Schulversuch galt somit als gescheitert, dies hatte für unser Projekt zur Konsequenz, dass wir die Begleitung für die Beiden an dieser Stelle abbrachen.

Ergebnisse zu Fall 1 und 2

Beide Jugendlichen wurden nach dem Scheitern des Schulversuchs aus der Klinik entlassen und gingen danach gelegentlich zur Schule, dann aber gar nicht mehr. Das letzte Teamtreffen wurde vom Jugendamt abgesagt. Frau Jasper sah den Sinn eines solchen Treffens nicht ein. Das von uns und der Klinik informierte zuständige Gesundheitsamt erklärte sich bereit den Fall weiterhin im Auge zu behalten.

Diskussion zu Fall 1 und 2 und Entwicklung weiterer Arbeitsmaterialien

An diesem ersten Fall werden einige Probleme netzwerkorientierter Interventionen deutlich, die vorab bereits teilweise thematisiert wurden. Dadurch, dass die zuständigen Therapeuten vorher nicht im Feld waren, konnte das Ausmaß der völlig mangelhaften Integration und der damit ver- bundenen Angst der Geschwister im schulischen Umfeld unserer Meinung nach nicht richtig einge- schätzt werden (vgl. Kayser et al., 2002). So wurden die emotionalen Probleme der Geschwister möglicherweise unterschätzt und ebenfalls die praktischen Probleme, z.B. der Umstand, dass die Geschwister nicht einmal einen die erforderlichen Schulmaterialien, geschweige denn einen Stun- denplan hatten. Um beide Aspekte zukünftig besser erfassen zu können, entwickelten wir nach Ab- schluss des Falles entsprechende Arbeitsmaterialien. So zeigt Abbildung 8 ein Gefühlsbarometer. Hiermit gehen wir Schritt für Schritt die zeitlichen Episoden: vor, während und nach dem Schulbe- such mit den Schülern durch und lassen diese einschätzen, wie gut sie sich zu dem entsprechenden Zeitpunkt fühlen. Mit Hilfe des Gefühlsbarometers sollen die kritischen Phasen beim Schüler er- fasst werden. Das Gefühlsbarometer lässt sich auf jeden einzelnen Schultag anwenden.

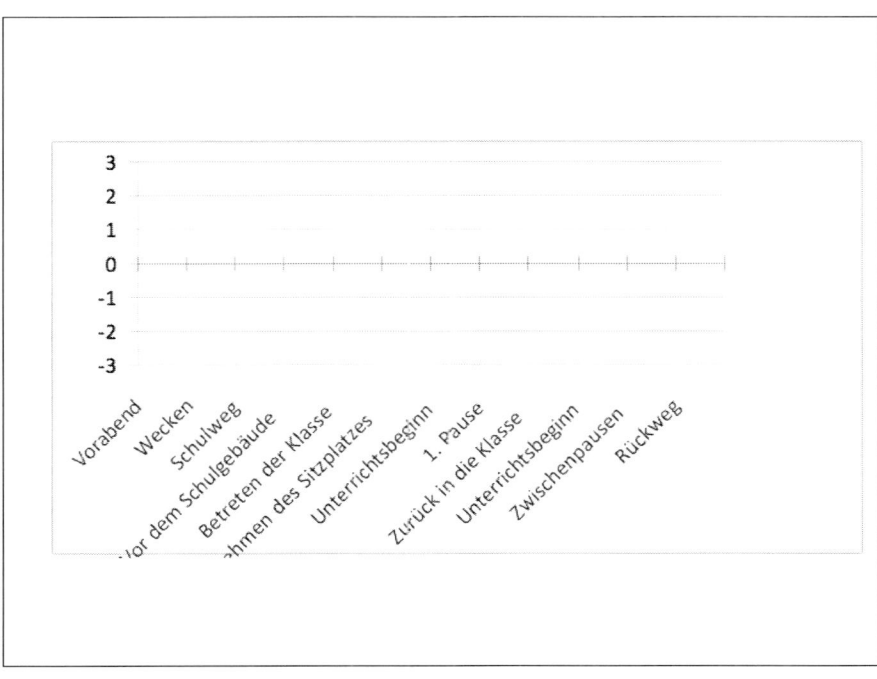

3
2
1
0
-1
-2
-3

Vorabend · Wecken · Schulweg · Vor dem Schulgebäude · Betreten der Klasse · Einnehmen des Sitzplatzes · Unterrichtsbeginn · 1. Pause · Zurück in die Klasse · Unterrichtsbeginn · Zwischenpausen · Rückweg

Abbildung 8: Gefühlsbarometer – es wird gefragt, wie sich der Schüler zu den jeweiligen Zeitpunkten fühlt (Weber et al., 2008).

Tabelle 131 gibt einen aktuellen Unterstützungsplan wieder, der mit Finn aufgestellt wurde. Dieser Plan wird täglich aktualisiert. Tabelle 132 zeigt eine Checkliste, die uns mittlerweile bei jedem Fall vorliegt und die ständig erweitert wird, da jeder Fall sehr individuell ist mit unterschiedlichen Anforderungen an das Unterstützungsteam.

Tabelle 131: Ein Beispiel für einen Unterstützungsstundenplan (Weber et al., 2008).

Datum	Wochentag	Vor der Schule	In der Schule	Nach der Schule
07.01.08	Montag	Um 7:40 Treffen an der U-Bahn Haltestelle X	4 Stunden mit Finn im Unterricht und in der großen Pause begleiten; nach der 4. Stunde zusammen mit Finn den nächsten Schultag planen	———

Tabelle 132: Checkliste (Weber et al. 2008).

Schritt	Erledigt am	Was noch getan werden muss	Kommentar
Kritischer Zeitpunkt			
Gefühlsbarometer			
Organisation			
Hilfe-Stundenplan			
Schulstundenplan			
Treffen mit Klassenlehrer			
Überblick über zu besorgende Unterrichtsmaterialien			

197

Schritt	Erledigt am	Was noch getan werden muss	Kommentar
Lehrerkollegium ist informiert			
Ausgleich fehlender Unterrichtsstunden			
Adressen und Telefonnummern			

Aus Fall 1 und 2 geht weiterhin hervor, dass die helfenden Institutionen nicht immer optimal koordiniert sind. Wie Klotter (2007) und auch Von Kardoff (1998) argumentieren, bedarf eine gelungene netzwerkorientierte Intervention einer intensiven Kommunikation. Das erfordert die Bereitschaft, sich aktiv zusammen mit anderen Professionen in Hinblick auf zu spezifizierende Ziele auseinanderzusetzen. In diesem Fall hatte das Jugendamt die Möglichkeit einen institutionellen Druck auf die Mutter (als Schlüsselfigur) der Geschwister auszuüben, zog sich aber in dem Moment des ersten Scheiterns vollständig zurück und signalisierte auch zuvor keine erkennbare Verantwortlichkeit. Kommunikation kann nur gelingen, wenn sie auch unter der hohen Ungewissheit der Effizienz betrieben wird (Steins et al., 2008).

Die Schulvermeidungsproblematik hat so viele Facetten, als dass eine Profession sie hinreichend abdecken könnte.

Die Geschwister konnten bis zu diesem Punkt zu einer hohen Beratungs- und Unterstützungsresistenz nur kommen, da zuvor bereits kein genügend großer zeitnaher Druck aufgebaut wurde, um die Mutter und die Geschwister zu einer Änderung ihres Verhaltens zu motivieren. Wie bei allen emotionalen Störungen gilt, dass eine frühzeitige Intervention die Wahrscheinlichkeit einer Wiederanpassung an die Umstände enorm steigert (Steins et al., 2008).

8.4 Geglückte Interventionsmaßnahme: Fall 3

Der dritte Fall ist ein 15jähriger Junge, der die achte Klasse einer Hauptschule nach einem Wechsel von der Gesamtschule besucht. Marcel Müller hat bereits länger die Schule verweigert, weil er von einem ständigen Schwindel und Migräne geplagt wird. Eine Reihe ärztlicher Untersuchungen können keine organischen Ursachen feststellen. Die folgenden Angaben sind einem Arztbericht vom 20. Februar 2008 entnommen. Alle Informationen in Kasten 22 beziehen sich auf die teilstationäre Behandlung vom 15.11.2007 bis zum 07.02.08.

Kasten 22: Informationen zu Marcel Müller aus der Krankenakte (Weber et al., 2008).

Diagnose
Der 14jährige Marcel leidet unter einer spezifischen Phobie (F.40.2) im Sinne einer Schulangst später Generalisierung zu einer Agoraphobie mit Symptomen einer Panikstörung.

Psychosoziale Belastungsfaktoren
Es existiert eine Disharmonie in der ehelichen Beziehung zwischen Marcels Eltern. Daneben liegen Hinweise auf psychische Störungen bzw. abweichendes Verhalten beider Elternteile vor, insbesondere Phobien bzw. Angstsymptomatik bei Marcels Mutter. Die intrafamiliäre Kommunikation ist inadäquat oder als verzerrt zu bezeichnen. Es besteht eine elterliche Überfürsorge von Seiten der Mutter gegenüber Marcel. Daneben vertritt die Mutter eine Erziehung, die dem Jungen nur unzureichende Erfahrung vermittelt. Die Mutter scheint Kontakte zu Gleichaltrigen zu behindern. Schließlich zählt der Verlust des Großvaters, der 2006 verstorben ist, und der Marcel sehr nahe stand, zu einem weiteren Belastungsfaktor im Leben von Marcel.

Psychosoziales Funktionsniveau
Es liegt eine ernsthafte soziale Beeinträchtigung vor. Denn es ist kein Schulbesuch möglich. Seit Monaten bestehen zu Gleichaltrigen keine Kontakte mehr. Außerdem liegen in der Familie starke Konflikte vor.

Bedeutsame Entwicklungen und Ereignisse in Marcels Leben
Im Kindergartenalter war Marcel oft krank und steckte sich mit allem an, berichtet seine Mutter. Von den ersten beiden Jahren im Kindergarten war er ein Jahr zu Hause.

In der Schulzeit gab es viele Fehlzeiten; er hatte jedoch keine Außenseiterfunktion, stattdessen war er sozial in die Klassengemeinschaft integriert. Manchmal schwänzte er die Schule. Marcels Vater wirkte durch das Erteilen von Verboten und seine Mutter durch überfürsorgliches Verhalten an seiner sozialen Isolierung seit Sommer mit.

2002 begann Marcels Interesse am THW. Das Interesse am THW ist sehr ausgedehnt und prägt ihn sehr.

2004 besuchte der Schüler eine Gesamtschule. Nach der 5. Klasse hatte Marcel in der Schule zunehmend Leistungs- und Disziplinprobleme. Marcels Eltern bedauern, Marcel nicht gleich zur Hauptschule geschickt zu haben.

Ab 2004 entwickelte Marcel ein frühes Interesse für Mädchen. Zu diesem Zeitpunkt hatte er bereits einige Freundinnen. Bis 2006 fuhr er problemlos mit Freunden draußen Fahrrad. Marcel ist sozial überhaupt nicht ängstlich.

Vom 25.11.2006 bis 02.12.2006 war Marcel schon einmal in stationärer Behandlung.

2006-2007: Marcel besucht die 7. Klasse einer Hauptschule und merkt, dass er im Lernstoff nicht mitkommt. Er stört den Unterricht. Seine Lehrer erlebt er oft als „fies". Mit einer bevorstehenden Klausur im ersten Halbjahr, die Marcel als „gefährlich" bezeichnete, traten bei ihm somatische Symptome auf. Diese Symptome umfassten Herzrasen, Schwindel, Schwitzen etc., so dass ihn seine Mutter vorzeitig von der Schule abholte. Seine Wahrnehmung und das Auftreten verschiedener Symptome sind situativ erklärbar. Demnach liegt bei Marcel eine Leistungsangst vor. Dagegen hat er keinerlei Furcht seinen Klassenkameraden zu begegnen.

Untersuchungsergebnisse

Im Rahmen der Persönlichkeitsdiagnostik nennt Marcel im frei formulierten Text als Sorgen bzw. Probleme seine Konzentrationsprobleme und Schwindelgefühle sowie seine Angst, am nächsten Morgen nicht mehr zu erwachen. Er schätzt an sich sein Engagement im Bereich des Sanitätswesens. Im Vergleich zur Klinik seien seine Symptome zu Hause stärker. Er habe dort weniger Ablenkung und fühle Spannungen, deren Genese und Qualität Marcel infolge einer wenig ausgeprägten Introspektions- und Reflexionsfähigkeit nicht benennen kann, so dass alle Belastungen sich in Form von Schwindel, Kopfschmerzen und schließlich in der Furcht vor Unfällen äußern. Über die Spannungszustände zu Hause war nur indirekt in Erfahrung zu bringen, dass Marcel seine Mutter unbewusst wohl häufig als zu einnehmend und zugleich als grenzenlos tolerant bezüglich seines Vermeidungsverhaltens beispielsweise gegenüber der Schule erlebt und das Verhalten der Mutter unbewusst ausnutzt.

In der Familie (Geschwister/Eltern) von Marcels Mutter gab es viele schwere Erkrankungen. Vermutlich hat Marcels Mutter eine übersteigerte Wahrnehmung für somatische Risiken entwickelt. Die Mutter reagiert auf Marcels somatische Beschwerden überängstlich und überprotektiv, in dem sie ihn eng an sich bindet und ihm erlaubt zu Hause bei ihr zu bleiben. Marcels Mutter denkt, ein körperlicher Befund sei Ursache für das Leiden ihres Jungen. Möglicherweise erhält Marcel von seiner Mutter als Konsequenz die Erlaubnis, aufgrund von Befindensstörungen wichtige Anforderungen total zu vermeiden. Er bleibt im Gegenzug dafür nahe bei seiner Mutter und macht keine weiteren Schritte zur Verselbstständigung seiner Persönlichkeit. Durch die Entwicklung der Symptomatik ist die Mutter-Sohn-Beziehung, die zwar voller Spannungen ist, wesentlich enger geworden, während Marcels Vater sich ausgeschlossen fühlt. Marcels aktueller Beziehungsstatus, dass er seit kurzem eine Freundin hat, nimmt ebenso Einfluss auf die Mutter-Sohn-Beziehung. Herr Müller stellt heraus, dass seine Frau durch Marcels starke Zuwendung zu seiner Freundin, Marcel als „Kuschelpartner" verlieren könnte. Es war während Marcels teilstationärem Klinikaufenthalt nie erkennbar, dass Marcels Mutter sich über einen Fortschritt von Marcel freute. Stattdessen betonte sie in solchen Momenten, dass die körperlichen Tests noch nicht genügend seien und zugleich der Schwindel noch da sei. Auch das Argument, dass Marcel von der Station aus viele, früher angstbesetzte Aufgaben absolvieren könnte und insofern eine psychologisch erklärbare Ursache für die Schulvermeidung unabweisbar sei, beeindruckte Frau Müller kaum.

Marcel erlebt seinen Vater als streng und unnahbar. Daneben fordert dieser von seinem Sohn schulische Leistungen ein, die der teilweise aufmerksamkeitseingeschränkte und nicht sehr intelligente Marcel nur mit Mühe oder gar nicht erfüllen kann. Dass Marcels Schulvermeidung und Schwindelgefühle psychologisch begründet sind, war für den Vater im Gegensatz zu Marcels Mutter nachvollziehbar.

Schulischer Kontext

Der knapp durchschnittlich intelligente Marcel litt in der Vergangenheit unter Aufmerksamkeits- und Disziplinproblemen. Der Schüler musste in seiner Schullaufbahn viele Erfahrungen mit Überforderung und selbstwertreduzierenden Ereignissen machen.

Zusammenfassend lässt sich festhalten, dass aufgrund Marcels schulischem und sozialem Umfeld die Hineinsteigerung in das Gefühl von Schwindel und einer Furcht vor dem Umfallen eine Art Daseinstechnik von Marcel zu sein scheint, sich aus Belastungen und Überforderungen heraus zu ziehen. Aus familien-systemischer Sicht sind Schwindel und die Furcht vor dem Umfallen Ausdruck einer tiefen emotionalen Unzufriedenheit mit seiner Familiensituation und seiner Rolle als Kind im familiären Beziehungsgefüge.

Zur Übertragung von Angststörungen in der Familie

Marcels Mutter hat eine panische Angst an Krebs zu erkranken, da viele ihrer Verwandten an einer Krebserkrankung leiden oder gelitten haben. Ihr Sohn hat seit einigen Jahren immer wiederkehrende Schwindelanfälle und Migräne. Die Mutter ist davon überzeugt, entgegen der Diagnosen der Fachärzte, dass den Schwindelanfällen eine schwerwiegende physische Erkrankung zugrunde liegen muss. Sobald Marcel von Schwindel berichtete, musste er nicht in die Schule gehen und hatte so einen beachtlichen Krankheitsgewinn zu verbuchen. Die Mutter hatte ihren Sohn räumlich und zeitlich nah bei sich. Auffällig ist an diesem Fall, dass die Mutter ebenso wie ihr Sohn unter Angststörungen leidet. Dieses Phänomen konnte Last et al. (1987) ebenso in einer Untersuchung beobachten, in der sie Angehörige von Kindern mit Angststörungen untersuchten. Dabei fanden sie heraus, dass 40,4% der Eltern von Kindern mit Angststörungen ebenfalls unter einer Angststörung litten. Die häufigsten Angststörungen unter den Angehörigen waren Überängstlichkeit (18,9%) und spezifische Phobien (11,7%) (Last et al., 1991 in Schneider, 2004).

Kritische Phasen in der Schule

Da Marcel besonders schnell im Sportunterricht schwindelig wird, waren es gerade die Tage mit Sportunterricht, die er besonders gerne vermieden hat. Aus den Protokollen unseres Unterstützungsangebotes, die in den Kästen 23 bis 26 aufgeführt sind, geht hervor, dass Marcel besonders an diesen Tagen von uns begleitend unterstützt wurde und dieser Fall erfolgreich abgeschlossen werden konnte, auch wenn nicht alle familiären Probleme zu diesem Zeitpunkt wirklich gelöst waren.

Kasten 23: 1. Schritt: Gemeinsame Vorbesprechung - ein Protokoll (Weber et al., 2008).

Vernetzungsgespräch

Anwesende Personen: Herr und Frau Müller, der Kliniklehrer Herr Zimmermann, der Krankenpfleger Herr Droste (in Vertretung von Herrn Wender), Frau Meyer, Klassenlehrerin von Marcel, Herr Langen (der zweite Klassenlehrer von Marcel), Frau Weber

Ort: ein Besprechungsraum in Marcels Schule

Aktuelle Situation des Schülers Marcel Müller aus verschiedenen Perspektiven

Aus dem schulischen Bereich berichten zwei Klassenlehrer, dass sie Marcel als unauffällig und gelöst im Schulunterricht wahrnehmen. (*„Er ist ein ganz normaler Junge mit normalen Verhaltensweisen."*)

Er würde im Unterricht nach Ausflüchten suchen. Wenn man ihm aber dann zu redet, funktioniere es, indem er Aufgaben, die an ihn heran getragen werden, auch bearbeite. Beide Lehrer gehen davon aus, dass Marcel das Schuljahr schaffen wird. Er habe zwar eine nachlässige Art, aber von seinen Leistungen her würde er die Versetzung in die Klasse 8 schaffen.

In Bezug auf Marcels Ausflüchte im Unterricht betont Frau Meyer, dass man Marcel nicht die Entscheidung überlassen solle, stattdessen solle man ihn fordern.

Der häusliche Bereich (Eltern von Marcel)

Frau Müller berichtet, dass der Schwindel auch im häuslichen Bereich auftrete.

Auf Herrn Drostes Frage hin, ob Marcel sich auch Aufgaben im häuslichen Bereich entzöge, antwortet Herr Müller, dass er zu Hause feste Aufgaben habe, die er zu erledigen hat. Auch dann klage er hin und wieder über Schwindel. Der Vater sagt dann zu ihm, dass er die Aufgaben trotz des Schwindels erledigen soll. Herr Müller erwähnt im weiteren Verlauf des Gespräches, dass er der strengere Part von beiden sei.

Marcels Eltern erzählen, dass das Schwindelthema vor einer Woche abgenommen habe. Der Junge habe sich zum Positiven hin verändert: Friseurbesuch alleine und aus eigenem Willen zum Großvater mit der Bahn gefahren, alleine zum THW gefahren, hat dort ein Mädchen kennengelernt. Frau Müller sagt, Marcel habe sich optisch verändert und er habe sich in der letzten Woche bewegt. Das sei toll. Im weiteren Verlauf sagt Frau Müller aber auch, dass sie *„dem Braten nicht so recht traue"*. Die Erfahrungen auf der Gesamtschule hätten ihn ganz schön geprägt. Auch hätte es mal eine Zeit gegeben, in der er häufiger gedroht habe, sich umzubringen. Vorher hatte er große Probleme gehabt, alleine mit öffentlichen Verkehrsmitteln zur Freundin oder zum Großvater zu fahren. Aufgrund der positiven Veränderung haben ihn die Eltern mit zwei Haustieren belohnt. Gestern waren sie mit Marcel in der Tierhandlung und haben zwei Hamster für ihn gekauft.

Der Sportunterricht, der die größte Herausforderung im schulischen Kontext darstellt

Auch im Sportunterricht hat Marcel nach Ausflüchten gesucht. Er klagte über Nackenschmerzen und Schwindel. Als er von einem der beiden Reintegrationshelferinnnen gefragt wurde, ob er die Aufgaben nicht mitmache, weil er keine

Lust habe oder wegen des Schwindels, antwortete Marcel, dass er keine Lust und Schwindel habe. Die Reintegrations-hilfe erinnerte ihn an das Modell, dass er zusammen mit seinem Therapeuten Herrn Wender aufgestellt hat. Er gibt dieses richtig wieder. Als wir ihn immer wieder motivierten, ist er die Aktivitäten angegangen. Marcel hat in diesem Schuljahr bis auf den letzten Montag noch nie den Sportunterricht besucht. In Bezug darauf, ist es ein großer Fort-schritt gewesen, dass er sich an fast allen Übungen unter Aufforderung unsererseits beteiligt hat. Wir machten im Sportunterricht die Feststellung, dass keinerlei soziale Schwierigkeiten gegenüber den Mitschülern im Sportunterricht zu beobachten waren. Diese Aussage konnten die beiden Klassenlehrer für ihren Unterricht nur bestätigen. Herr Lan-gen sagt, die Klasse sei in diesem Schuljahr neu zusammengestellt worden. Das sei der Grund, warum die Schüler of-fen für neue Schüler sind.

Die Tagesklinik
Marcel zeige den Schwindel gezielt, um ungeliebte Sachen zu vermeiden. Auch sei es wichtig, dass er wieder zum THW geht.Dort hat er inzwischen längere Zeit gefehlt. Marcel wünsche sich das. Es bestehe allerdings eine Diskre-panz zwischen seinem Wunsch zum THW zu gehen und seinem Handeln. Aufgrund seiner erfolgreichen Wiederein-gliederung in die Schule habe Marcel jetzt festgestellt, dass er Anforderungen, die an ihn heran getragen werden, be-wältigen kann.

Weitere Beschulung und Umfang des Unterrichtsbesuches
In den beiden Wochen nach den Osterferien soll Marcel wie bisher vier Stunden täglich den Unterricht besuchen. Nach der zweiten Woche wird die Stundenzahl erhöht. Das sei wichtig, um zu testen, wie belastbar der Junge sei. Die Klassenlehrer bringen die Anmerkung ein, dass es sicherlich sinnvoll sei, wenn Marcel schnellst möglich den Unter-richt wieder in vollem Stundenumfang besucht. Seine Mitschüler würden immer fragen, warum Marcel nach der 4. Stunde die Schule verlassen kann. Um eine Außenseiterrolle zu vermeiden, soll Marcel schnellst möglich wieder komplett beschult werden. Im Hinblick auf die Planung sei die Tagesklinik flexibel. Herr Droste bringt den Vorschlag an, dass es sicherlich auch möglich sei, dass Marcel am Anfang der Woche mehr Zeit in der Schule verbringt und ge-gen Ende der Woche mehr Zeit in der Tagesklinik. An dem dritten Montag nach den Ferien soll Marcel dann bis zur letzten Stunde bis 15:15 Uhr in der Schule bleiben.
An dieser Stelle könnten wir ihn möglicherweise unterstützen. Ein kritischer Punkt ist der Unterricht nach dem Sport, denn dann trat verstärkt der Schwindel bei ihm auf. Um diesen Zustand zu umgehen, wäre eine Begleitung an diesem Tag sicherlich sinnvoll.

Gemeinsamer Beschluss im zukünftigen Umgang mit Marcel
Herr Droste betont diesbezüglich auch noch mal vor den Eltern Marcels Somatisierungsproblematik. Daher sei es um-so wichtiger, eine gemeinsame Haltung gegenüber dem Jungen einzunehmen. Alle sind sich einig, dass Marcel geför-dert werden müsse. Ein sanfter Druck sollte auf ihn ausgeübt werden. Es soll im zukünftigen Umgang von allen Betei-ligten eine freundliche und fordernde Haltung ihm gegenüber eingenommen werden, so dass er die Möglichkeit habe, die Somatisierungsproblematik zu reduzieren und sich weiter zu entwickeln.

Nachdem für Marcels Unterstützung mit allen beteiligten Hilfesystemen die Schulbegleitung abge-sprochen wurde, fand die erste Schulbegleitung statt.

Kasten 24: Erste Unterstützung (Weber et al., 2008).

Dokumentation des Sportunterrichtes vom 10.03.08
Sportlehrer: Herr Anger
Von 10:15 bis 12:00 Uhr
Vor der Stunde
Zwei Reintegrationshelferinnen (Frau Brendgen und ich) hatten sich mit Marcel um 10 Uhr vor der Sporthalle seiner Schule verabredet. Er sagte uns, dass Gebäude würde X heißen und er wünschte sich, dass wir dort auf ihn warteten. 9.50h bis 10.00h warteten wir vor der besagten Sporthalle.
Eine Lehrerin klärte uns auf, dass Marcels Klasse in der „anderen" Turnhalle Sport hätte. Wir liefen zur anderen Halle und wurden unterwegs auch von einer Lehrerin benachrichtigt. Der Sportlehrer hatte unsere Benachrichtigung in Auf-trag gegeben. Um 10.15h wartete Marcel auf uns vor der Halle und wir gingen zusammen hinein.

Sportstunde
Marcel ging sich nun umziehen und wir setzten uns in die Sporthalle. Der Junge trug lange Kleidung, lange Hose und Langarmshirt, und setzte sich zu einer Gruppe von 5-6 Jungen auf die Bank. Ihm wurde von einem Mitschüler ein Platz freigehalten und er unterhielt sich lächelnd mit den Jungen.
Marcel beteiligte sich beim Aufwärmen und hatte sichtlich Spaß. Er lief alle Runden bis zum Ende mit, achte und ü-berholte andere Schüler. Er hatte einen freundlichen und entspannten Gesichtsausdruck.
Daraufhin folgten die akrobatischen Übungen, wo in Gruppen verschiedene Figuren erprobt werden sollten. Auch

nach mehrmaliger Aufforderung durch den Lehrer wollte Marcel nicht an der Übung teilnehmen. Als er sich auf unseren Wunsch zu uns gesellte, sagte er, er hätte Schwindel und sein Nacken würde schmerzen. Wir erinnerten Marcel an das Modell von Herrn Wender. Marcel gab es korrekt wieder, d.h. er sagte, dass es notwendig sei trotz des Schwindels weiter zu machen und dass mit den Aktivitäten der Schwindel weniger werden würde.
Trotzdem war er nicht dazu zu bewegen teilzunehmen. Während dieser Zeit der akrobatischen Übungen verweilte er auf der Bank umgeben von zwei weiteren Jungen. Marcels Gesprächspartner auf der Bank nimmt ebenfalls nicht am Unterricht teil, so dass die beiden nicht den Übungen folgen, sondern sich alleine beschäftigen. Möglicherweise ist es für ihn attraktiver mit seinem Mitschüler zu plaudern, als sich am Sportunterricht zu beteiligen. Als er gefragt wurde, ob er aus Unlust oder wegen des Schwindels nicht mitmache, sagte er, dass er keine Lust habe und Schwindel habe. Wir befragten ihn nach Sportarten, die ihm Spaß machen würden und er nannte Sackboxen und Tischtennis. Beide Sportarten werden in der Tagesklinik angeboten. Auf die Frage, ob er sich denn vorstellen könne in einen Verein zu gehen, verneinte er.
Daraufhin folgten Handballübungen. Die Schülerinnensollten sich in Kleingruppen einen Ball zuwerfen. Auch daran wollte Marcel nicht teilnehmen. Nachdem wir ihn dazu befragt hatten, konnte er von einer Teilnahme überzeugt werden und beteiligte sich schließlich an der Übung. Marcel war sehr aktiv und hatte sichtlich Spaß. Diese Übung machte er bis zum Ende mit und als wir ihn nach seinem Befinden fragten und ob er Spaß gehabt hatte sagte er, dass das o.k. für ihn war. Bei der nächsten Übung ruft der Lehrer ihn auf, er solle mitmachen. Marcel steht auf und stellt sich auf, doch bittet er den Lehrer kurze Zeit später etwas trinken gehen zu dürfen. Auch auf Fragen des Lehrers hin, er solle doch noch etwas aushalten, sagte er, dass er nicht mehr warten könne. Marcel war für ca. vier bis fünf Minuten in der Kabine um zu trinken. Er kam erst nach dieser Übung wieder in die Halle. Auch hier wählte er wieder eine Vermeidungsstrategie, um die unangenehmen Übungen zu entgehen.
Als letzter Teil dieser Stunde folgten zwei kurze Handballspiele. Marcel war Torwart des zweiten Durchgangs. Bei dieser Übung war er sehr motiviert, wehrte aktiv ab und hielt sogar die harten Bälle. Wieder lächelte er und schien Spaß zu haben.

Lehrereindruck während des Sportunterrichts
Herr Anger macht auf uns einen freundlichen und fürsorglichen Eindruck. Er versucht Marcel immer wieder mit einzubeziehen. Seine Sprache und Lautstärke dem Jungen gegenüber sind angemessen. Allerdings könnte Herr Anger konsequenter auf die Einhaltung von Regeln im Sportunterricht beharren.

Nach der Stunde
Wir verabreden mit Marcel, dass wir mit seinem Sportlehrer Herrn Anger noch ein Gespräch hätten und auf seinen Wunsch hin, solle er solange im Sanitätsdienstraum warten. Marcel ist in dieser Schülergruppe tätig und berichtet immer strahlend von den Sanitätstreffen und Lehrgängen. Marcel ist einverstanden. Nach der Pause, es ist nun 12h, ist Marcel nicht anzutreffen, der Sanitätsraum ist verschlossen und er reagiert auch nicht auf unseren Anruf. Nach einem späteren Telefonat mit Marcels behandelndem Psychologen Herrn Wender ist Marcel in der Tagesklinik angelangt.
Lehrergespräch nach dem Unterricht
Herr Anger vermutet, dass viele Schüler aus finanziellen Gründen nicht am Sportunterricht teilnehmen könnten. Das sei mittlerweile die Regel, so dass über die Klassenstufen hinweg, ca. 5 bis 6 Schüler nicht am Sportunterricht teilnehmen würden. Er vermutet, dass den Eltern das Geld fehlen würde, um ihren Kindern Sportsachen zu kaufen.
In der von uns besuchten Stunde saßen 4 Schüler auf der Bank und weitere waren während des Sportunterrichts beim Klassenlehrer im Unterricht um beschäftigt zu sein. Herr Anger berichtet, dass er Marcel nicht mit Vornamen kenne, da er in diesem Schuljahr noch nie am Sportunterricht teilgenommen habe. Er teilte uns mit, dass Marcel von seinen Klassenlehrern krankheitsbedingt entschuldigt sei. So erhielt er mit diesem Attest im letzten Schulhalbjahr keine Zensur im Sportunterricht. Der Lehrer stellt fest, dass Marcel heute im Sportunterricht Ausflüchte gesucht hat, um sich den Übungen zu entziehen. Ich weise Herrn Anger darauf hin, dass eine schriftliche Aufgabe eventuell Anreiz zur Teilnahme für manche Schüler sei; der Lehrer sagt, dass diese Schüler dann wieder fehlen würden. Der Lehrer fragt uns, warum Marcel diese „Anti"-Haltung hat. Wir stellen fest, dass er keine Außenseiterposition inne hält, warum Marcel solche Probleme gerade im Sportunterricht habe wüssten wir auch nicht. Der Lehrer sieht eine generelle Problematik darin, dass viele Schülerinnen sich dem Sport entziehen und gar nicht erst zum Unterricht erscheinen. Er habe Marcel in der 5. Klasse bereits im Sport unterrichtet. Herr Anger erinnert sich, dass Marcel damals am Unterricht zwar teilgenommen habe, eine vermeidende Haltung sei damals schon zu beobachten gewesen. An Marcels Namen konnte er sich heute allerdings nicht mehr erinnern. Der Lehrer scheint in Bezug auf das Hauptschulsystem resigniert zu haben („*Vielleicht ist die Hauptschule wirklich nur noch eine Restschule!*"). Uns gegenüber verhielt er sich zugänglich und machte den Eindruck, dass er über unsere im Folgenden genannten Handlungsstrategien, nachdachte.

Unsere Empfehlungen
Wir empfehlen dem Lehrer sich gegenüber Marcel konsequenter zu verhalten und den Jungen stärker zu begrenzen, wenn er es wieder mit einer Verweigerungshaltung versucht. Wir vereinbarten, dass wir Marcel an dem Montag nach den Osterferien erneut im Sportunterricht begleiten und er erklärte sich damit einverstanden.

Kasten 25: Zweite Unterstützung (Weber et al., 2008).

Dokumentation des Sportunterrichts vom 31.03.2008
Zeitrahmen: von 10:15 bis 12:00 Uhr

Vor der Sportstunde
Die Reintegrationshelferin hat mit Marcel vor den Osterferien vereinbart, dass er sie an dem Wochenende vor dem Montag anrufen soll, damit wir den Montag telefonisch gemeinsam planen können. Marcel hat sich bis Sonntagnachmittag nicht telefonisch bei mir gemeldet, deshalb rief ich Marcel dann am Sonntagnachmittag gegen 17:00 Uhr an. Er sagte mir, dass er vergessen habe mich anzurufen. Das Gleiche war die Woche vorher zu beobachten. Da meldete sich Marcel auch nicht wie besprochen telefonisch, um die bevorstehenden Sportstunden zu besprechen.

Während der Sportstunde
Marcel geht zusammen mit seinen Mitschülern in die Umkleidekabine, währenddessen setze ich mich in die Sporthalle. Marcel trägt lange Kleidung, lange Hose und Langarmshirt, und setzt sich zu einer Gruppe von Jungen auf die Bank. Vier Schüler beteiligen sich heute nicht am Unterricht. Anders als beim vorherigen Mal gibt Herr Anger ihnen die Aufgabe, ein Protokoll über die Doppelstunde anzufertigen. (Vermutlich haben unsere Empfehlungen Herrn Anger überzeugen können.)

Aufwärmen durch Laufen
Zu Beginn des Unterrichts werden die Schüler von ihrem Sportlehrer aufgefordert Vierergruppen zu bilden, um sich in dieser Gruppe warm zu laufen. Die Gruppen laufen nacheinander. Marcel wird direkt in eine Gruppe gewählt. Marcel beteiligt sich ohne jegliche Aufforderung an dieser Übung. Während des Warmlaufens macht er einen entspannten Gesichtsausdruck. Er lacht und scheint sichtlich Spaß an der Aufwärmübung zu haben.

Übung 1
Diese Übung umfasst schnelles Laufen, abruptes Stehenbleiben, hüpfen, rückwärts laufen. Marcel beteiligt sich aktiv an der Übung und macht den Eindruck, daran Spaß zu haben. Auch an dieser Übung beteiligt er sich freiwillig.

Übung 2
Die zweite Übung besteht darin, eine große Bodenmatte als ein Hindernis aufzubauen. Die gesamte Klasse soll sich an dieser Übung beteiligen. Dabei sollen einige Schüler die Matte fest halten und verhindern, dass sie zur Seite fällt. Die Anderen sollen einen Weg finden, das Hindernis zu überwinden. Bei dieser Übung sollen die Schülerinnen sich gegenseitig helfen, einen Weg zu finden, wie jeder Einzelne die Matte übersteigen kann.
Marcel weigert sich erst, sich daran zu beteiligen, weil man bei dieser Übung mit Hilfe einer Rolle die Matte übersteigen kann. Er sagt, diese Übung sei nichts für ihn, er möchte sie nicht mit machen, wegen der Rolle über die Matte. Als ich nach den Gründen frage, sagt er, er habe Schwindel und Migräne. Ich entgegne ihm, dass er die Rolle ja gar nicht machen müsse, er könne stattdessen seinen Mitschülern helfen, die Matte zu stützen. Kurz darauf steht er auf und hilft den Anderen beim Stützen der Matte. Daran scheint er sichtlich Spaß zu haben. An der Übung beteiligt er sich bis zum Schluss.

Übung 3
Die dritte Übung besteht darin, dass die Schülerinnen über einen Kasten die Rolle machen sollen. Marcel weigert sich strikt sich an der Übung zu beteiligen. Er teilt mir mit, dass er den ganzen Morgen schon Schwindel habe. Als er über den Schwindel befragt wird, wann dieser auftrete, sagt er, er habe in den Ferien auch Schwindel gehabt. Der Schwindel sei immer da, mal mehr und mal weniger. Ein mehrmaliges Auffordern meinerseits sich an der Übung zu beteiligen, führt nicht zum gewünschten Erfolg. Ich verdeutliche ihm, dass ich zur Unterstützung hier sei und dass es einfacher für ihn sei sich in meiner Anwesenheit an den Übungen zu beteiligen, als später wenn die Begleitung zu Ende sei. Er bleibt jedoch bis zum Ende der Übung auf der Bank sitzen.

Übung 4
Bei dieser Übung sollen die Schüler eine Drehung über den Kasten machen. Diese Übung ist eine abgewandelte Form der vorherigen Übung. Auch hierbei ist Marcel nicht zur Teilnahme zu bewegen. Auch der Lehrer fordert ihn auf mit zu machen und ermahnt ihn, seinen Kaugummi aus dem Mund zu nehmen. Dies nutzt Marcel, indem er Herrn Anger fragt, ob er was trinken gehen könnte. Der Lehrer verneint Marcels Bitte und sagt, so viel habe er heute noch nicht im Sportunterricht mit gemacht, dass er Durst haben könnte.

Übung 5
Vier Schüler werden gewählt und müssen sich auf den Boden setzen, um die anderen mit einem Ball abzuwerfen. Zum Abwerfen sollen beide Hände eingesetzt werden. Erst wird die Übung mit einem Ball durchgeführt. Im direkten Anschluss werden zwei Bälle eingeführt, um die Mitschüler abzuwerfen. Marcel beteiligt sich freiwillig an der Übung und führt die Übung mit großem Interesse aus.

Eindruck des Sportlehrers während des Sportunterrichts
Herr Anger macht einen freundlichen Eindruck. Er versucht Marcel hin und wieder mit einzubeziehen. Seine Sprache und Lautstärke dem Jungen gegenüber sind angemessen. Er versuchte Marcel stärker zu begrenzen im Vergleich zur vorherigen Sportstunde.

Nach der Sportstunde
Ich verabrede mich nach der Stunde mit Marcel, um gemeinsam zur Straßenbahnhaltestelle zu laufen. Marcel ist einverstanden. Wir treffen uns vor der Eingangshalle.

Gespräch mit Marcel auf dem Weg zur S-Bahn Haltestelle
Wir unterhalten uns über den heutigen Unterricht und Marcel sagt mir, dass die Übungen, an denen er sich beteiligt habe, o.k. für ihn waren.

Ergebnisse
Auch an diesem Tag hängt Marcels Engagement im Sportunterricht stark von seinen Vorlieben gegenüber einzelnen Übungen ab. Er verweigert sich solchen Aufgaben, vor denen er Angst hatte, dass sie bei ihm Schwindel auslösen könnten. Der Umgang mit Anforderungen hängt stark von seinen Einstellungen gegenüber Situationen ab. Marcel wurde ein drittes Mal begleitet.

Kasten 26: Dritte Unterstützung (Weber et al., 2008).

Dokumentation des Sportunterrichts vom 07.04.2008
Zeitrahmen: von 11:00 bis 11:45 Uhr (4. Schulstunde)
Sportstunde
Heute beteiligen sich drei Schüler nicht am Sportunterricht, 14 Schüler nehmen teil, davon vier Schülerinnen. Ein Schüler, mit dem Marcel die meiste Zeit im Unterricht zusammen ist beteiligt sich heute zum ersten Mal am Unterricht. Der Schüler hat sonst immer ein Attest.

Stundenablauf
Marcel beteiligt sich an den ersten beiden Übungen und wird zwischen der ersten und der zweiten Übung zwei Mal von Herrn Anger beim Quatschen ermahnt. Auffällig ist, dass Marcel, sobald er zusammen mit seinem Freund auf der Bank sitzt, die Situation nutzt, um zu quatschen.
Vier Mädchen werden zuerst aufgerufen, um nacheinander den Medizinball so weit wie möglich weg zu stoßen. Im direkten Anschluss sind die Jungs an der Reihe. Marcel stößt zwei Mal, weil er den rechten Fuß falsch setzt. Auch diese Übung scheint o.k. für ihn zu sein.
Zwischen der dritten und der vierten Übung verlässt er für etwa zwei Minuten die Halle, um kurz etwas trinken zu gehen. Kurze Zeit später, als fünf bis sechs Mitschüler die Halle verlassen, um etwas zu trinken, nutzt er zusammen mit seinem Freund die Gelegenheit und bittet den Lehrer, wieder etwas trinken gehen zu dürfen. Herr Anger verneint die Bitte.
Die nächste Übung ist Brennball. Hierbei geht es darum, einander abzuwerfen. Marcel und sein Freund lassen sich direkt zu Beginn absichtlich abwerfen, weil sie auf die Übung keine Lust haben. Sie würden immer Brennball spielen. Die Übung sei langweilig.
Zum Schluss wird Fußball gespielt. Einige Jungs in der Klasse wünschen sich dieses Spiel. Marcel und sein Freund weigern sich strikt das Spiel mitzuspielen. Herr Anger fordert sie zwei Mal auf, sich am Spiel zu beteiligen. Ich versuche Marcel ebenfalls zum Fußballspiel zu bewegen. Beide sind nicht zu überzeugen und verweigern sich.
Als der Lehrer am Ende der 4. Stunde Kritik am Sozialverhalten der Schüler übt, unterhalten sich Marcel und sein Freund und bekommen das vom Lehrer Gesagte nicht mit. Nachdem beide kurz von mir ermahnt wurden, sie sollen doch bitte zuhören, schenken sie dem Lehrer ihre Aufmerksamkeit.

Verweigerungshaltung gemessen in Zeit
Von den 45 Minuten, in denen er beobachtet wurde, verweigert er sich 25 Minuten.

Marcels Körperhaltung
Marcel hat, sofern er nicht aktiv ist, seine Arme ineinander verschränkt oder seine Hände in seiner Hosentasche. Diese Haltung war auch letzte Woche zu beobachten.

Bemerkungen der Mitschüler zu meiner Anwesenheit im Sportunterricht
Im Gegensatz zu den bisherigen Stunden machten zwei Schüler heute Kommentare zu meiner Anwesenheit. Ein Mitschüler, der Marcel den Ball zuwirft, während ich die Halle betrete, bemerkt: *„Ich wusste, dass Sie kommen!"*
Als die Übung zu Ende war, setzten sich alle Schüler auf die Bank. Ein anderer Junge fragt mich, ob ich mit Marcel zusammen bin. Marcel habe das erzählt.

Eindruck des Sportlehrers während des Sportunterrichts

Eindruck des Sportlehrers während des Sportunterrichts

Herr Anger macht einen freundlichen Eindruck. Er versucht Marcel und seinen Freund verstärkt mit einzubeziehen, als er bemerkt, dass beide Jungs sich verweigern. Der Lehrer spricht klare Regeln aus. Seine Sprache und Lautstärke dem Jungen gegenüber sind angemessen.

Nach der Stunde

Ich verabrede mich nach der Stunde mit Marcel, dass ich auf ihn warte und wir gemeinsam zur Straßenbahnhaltestelle laufen können. Marcel ist einverstanden. Wir treffen uns vor der Eingangshalle und fahren zum Hauptbahnhof. In der Straßenbahn füllen wir das Formular mit dem Gefühlsbarometer aus.

Wir stellen fest, dass er den Gang zum Sportunterricht gut meistert und dass mit der Beteiligung an den Übungen sein Schwindel verschwindet. Den Gefühlsbarometern von jeder Stunde nach zu beurteilen, fühlt er sich nach dem Sport wesentlich besser als vor dem Sport. Heute und letzte Woche ist eine Steigerung von vier Einheiten zu beobachten, von -3 (vor dem Sportunterricht) bis +1 (nach dem Sportunterricht).

Ergebnisse und Diskussion zu Fall 3

Marcel hat es mit Hilfe des Unterstützungsangebotes geschafft, den Sportunterricht wieder regelmäßig zu besuchen und sich an den Übungen zu beteiligen, die ihm Spaß bereiten und von denen er denkt, dass sie keinen Schwindel bei ihm auslösen. Er sagt von sich aus, dass er ab nächster Woche alleine den Sportunterricht besuchen kann. Die anderen Stunden meistert er sowieso alleine. Sicherlich wäre es sinnvoll, wenn der Sportlehrer immer dann, wenn Marcel eine Verweigerungshaltung einnimmt, Konsequenzen folgen lassen würde. Marcel würde während bzw. nach seiner Verweigerung negative Konsequenzen spüren bis er feststellt, dass sich seine Vermeidungsversuche nicht mehr lohnen. Verhält sich der Sportlehrer laissez-faire und inkonsequent, macht er es Marcel möglich, sich nach dem Lustprinzip zu verhalten, was Marcel zu Hause bei seiner Mutter auch gelingt. Ich vermute, dass Marcel nicht wieder versucht den Sportunterricht komplett zu vermeiden, denn er ist in die Gruppe sozial sehr eingebunden. Außerdem scheint er an spezifischen Sportübungen im Laufe der Sportstunden Freude entwickelt zu haben.

Ungünstig auf den weiteren Reintegrationserfolg könnte sich die Skepsis seiner Mutter auswirken, die weiterhin der Überzeugung ist, Marcel sei somatisch krank. Möglicherweise übt Frau Müller gegenwärtig Einfluss auf Marcels Krankheitskonzept aus. Marcels Vater, der an ein psychosomatisches Krankheitskonzept glaubt, kann möglicherweise das Konzept seiner Frau inklusive ihrer Einflüsse kompensieren. Für Marcels Autonomieentwicklung wäre es förderlich, wenn er sich zum jetzigen Zeitpunkt von seiner Mutter abgrenzen könnte, so dass es ihr nicht mehr gelingt, Marcels Sozialkontakte zu behindern und ihn durch ihr überfürsorgliches Verhalten, was für Marcels Alter unangemessen ist, an sich zu binden.

8.5   Gescheiterte Interventionsmaßnahme: Fall 4

Der 4. Fall im Rahmen der Reintegrationsstudie handelt von der Schülerin Franziska Wagner. Franziska ist zum Zeitpunkt der Aufnahme in die Tagesklinik 14 Jahre alt und besucht die 7. Klasse einer Gesamtschule. Am 23. Juni 2007 wurde sie teilstationär in eine Kinder- und Jugendpsychiatrie aufgenommen. Seit 2 Wochen verweigert Franziska die Schule. Die Schülerin leidet unter Elektivem Mutismus. Der Elektive Mutismus gilt als eine frühe Ausdrucksform einer Sozialen Phobie. Hierbei handelt es sich um eine Störung, bei der ein Kind in einigen Situationen spricht, in anderen jedoch nicht. Situationen, in denen das Kind spricht, sind in den meisten Fällen vertraute Situationen wie zu Hause bei der Familie, zu den unvertrauten Situationen zählen häufig der Kindergarten und die Schule (Schneider, 2004).

Treffen mit Fransiska zur Reintegrationsvorbereitung

Um Fransiskas Schulversuch angemessen vorbereiten zu können, muss vorab eruiert werden, wo bei ihr die spezifischen Problemsituationen liegen. Damit dies gelingen kann, ging ich mit Franziska am Tag unseres gemeinsamen Treffens am 29. Juli 2008, 3 Wochen vor dem bevorstehenden Schulbesuch, das von uns konstruierte Gefühlsbarometer durch. Als problemlos nannte sie folgende

Situationen: *Vorabend* (+2), *Erste große Pause* (+1), *Zwischenpause (+1) und die Mittagspause* (+2), *Rückweg* (+2). Die erste große Pause bewertet die Schülerin mit +1, weil sie sich darüber freut, die ersten beiden Stunden überstanden zu haben. Der Wert von +1 für die Zwischen- und +2 für die Mittagspause begründet Fransiska, dass sie sich dann auf die nächste Stunde vorbereiten kann und manchmal in der Pausenhalle in ihren Büchern nachschaut, was als nächstes Thema im Unterricht behandelt wird. Manchmal käme auch ihr älterer Bruder Fred in den Pausen hinzu. Mitschüler seien während der großen Pausen nie bei ihr. Ich fragte sie, ob sie gerne Mitschüler bei sich haben würde und ob sie sich freuen würde, wenn der ein oder andere die Pausen zusammen mit ihr verbringen würde. Auf diese Frage antwortete sie mir, dass sie gerne Kontakt zu Mitschülerinnen haben würde. Weiterhin fragte ich sie, ob es bestimmte Mitschüler gäbe, zu denen sie gerne Kontakt aufbauen würde. Sie nannte mir die Namen von zwei Schülerinnen aus ihrer Klasse: Anna und Marie. Sie habe allerdings bisher noch keinen Versuch der Kontaktaufnahme gestartet. Über die *Mittagspause* (+2) berichtet sie mir, dass sie sich dann ausruhen und umher laufen könne. Sie esse allerdings nie in der Schule zu Mittag. Meistens sei ihr 15jähriger Bruder Fred in der Mittagspause bei ihr oder andere Schüler aus Freds Klasse. Darüber hinaus erwähnt sie, dass ihr Bruder ebenfalls nie in der Schule zu Mittag esse. Den *Rückweg* gibt sie mit dem Wert +3 an, weil sie dann froh sei, den Tag bewältigt zu haben und sich auf ihre Geschwister zu Hause freue.

Hingegen bezeichnet sie 4 Situationen als kritisch: *Vor dem Schulgebäude* (-2), *Betreten der Klasse* (-2), *Einnehmen des Sitzplatzes* (-3), *Unterrichtsbeginn* (-2). Auf meine Nachfrage hin, warum sie das *Betreten der Klasse* mit -2 bewertet, sagt sie, sie wisse nicht, was ihre Mitschüler aus ihrer Klasse machen würden, wenn sie sie dann ärgern. 2 Jungs aus ihrer Klasse würden sie ärgern. In Bezug auf die Situation *Einnehmen des Sitzplatzes* und den von ihr zugeteilten negativen Wert von -3 erklärt sie, sie könne sich nicht konzentrieren, wenn die Anderen Quatsch machen würden. Den Zeitpunkt *Unterrichtsbeginn* beurteilt sie mit -2, weil einige Mitschüler sie auslachen. Auffällig ist, dass sie sich trotz der negativen Gefühle in der Klasse, die Begleitung in den Pausen wünscht, obwohl diese für sie laut Gefühlsbarometer gefühlsmäßig keine großen Schwierigkeiten bereiten. Meine Vermutung ist, dass Franziska sich in meiner Begleitung vor ihren Mitschülerinnen und Mitschülern unwohl fühlt. Neben dem Erfragen der Problemsituationen mit Hilfe des Gefühlsbarometers nahm ich die Schuladresse und die Adresse der Eltern sowie die Telefonnummern auf.

Aufgrund der langen Zeitspanne, die zwischen dem Vorgespräch und Franziskas Schulbesuch liegen, vereinbarte ich mit ihr, dass sie mich am Freitag vor ihrem geplanten Schulbesuch anrufen soll und wir über den Dienstag sprechen, um abklären zu können, wann und wo wir uns beide in der Schule treffen. Wir besprachen an dem Freitag, dass sie mich am Montag erneut anrufen soll um mir zu erzählen, wie ihr erster Tag gelaufen ist. Für das Telefonat am Montag bereitete ich 4 kurze Fragen vor: 1. Welche Fächer hattest du heute? 2. Wie waren die Pausen? 3. Mit wem hast du gesprochen? 4. Wie hast du dich in der Schule gefühlt?

Telefonat mit Fransiskas behandelndem Therapeuten am Montag, 18. August 2008

Am Tag bevor ich Fransiska zu Schule begleitete, telefonierte ich mit Fransiskas Therapeuten Herrn Wender aus der Tagesklinik. Er berichtete mir, dass Fransiskas Symptomatik zugenommen habe und dass sich keine positiven Veränderungen im Behandlungsverlauf eingestellt haben. Demnach würde sich das Behandlungsteam neue Konzepte überlegen müssen. Ob eine stationäre Behandlung eingeleitet werde, entscheide das Team in der nächsten Woche.

Telefonat mit Fransiska am Montag, 18. August 2008

Franziska rief mich am Montag um 13:30 an. Auf meine erste Frage antwortete sie, dass sie Mathe und Sport gehabt habe. Auf meine Frage, wie es ihr gehe, antwortet sie gut. Auf ein näheres Fragen hin, sagte sie, sie habe mit einigen Mitschülern aus ihrer Klasse gesprochen. Diese seien auf sie zugegangen. Auf die Frage, wie sie sich gefühlt habe, entgegnete sie gut. Auf die Frage, ob sie sich besser als erwartet gefühlt habe, antwortete sie mit einem kurzen „ja". Wir verabredeten uns für morgen für die große Pause (9:40-9:55). Nachdem wir die inhaltlichen und organisatorischen Fragen geklärt hatten, beendeten wir unser Telefongespräch.

In Kasten 27 sind die wesentlichen Informationen aus dem ersten Vernetzungsgespräch mit Franziskas relevanten Bezugspersonen aufgeführt.

Kasten 27: Erstes Vernetzungstreffen am Donnerstag, den 21. August 2008 mit allen beteiligten Systemen.

Protokoll des Vernetzungsgespräches

Anwesende Personen: Eltern von Franziska Wagner, der Klassenlehrer ihrer Heimatschule Herr Anton, die Schulsozialarbeiterin, die Franziska in den letzten 2 Jahren betreut hat, in Vertretung zur aktuellen Schulsozialarbeiterin, der Klinikschullehrer Herr Zimmermann, der behandelnde Psychologe Herr Wagner, eine Erzieherin, eine Motopädin, eine Psychotherapeutin in Ausbildung, eine Mitarbeiterin vom Jugendamt und ich als Reintegrationshilfe

Treffpunkt: ein Konferenzraum in der Tagesklinik der Kinder- und Jugendpsychiatrie

Zeitrahmen: 1,5 Stunden

Ziel des heutigen Treffens ist, eine Zusammenarbeit der unterschiedlichen Personengruppen herzustellen und gemeinsam ein Unterstützungskonzept zu erarbeiten und dieses gemeinsam umzusetzen, damit eine Reintegration für Franziska überhaupt möglich ist.

Der behandelnde Therapeut Herr Wagner sowie das restliche Klinikpersonal, das am Treffen anwesend war, berichteten, dass Franziska während der 8 Wochen, an denen sie die Tagesklinik besucht, eine Entwicklung durchlaufen hat: Es ist nun möglich mit ihr therapeutisch zu arbeiten, sie ziehe sich immer weniger in sich zurück, sie grüße die Erzieherin jeden Morgen. Sie zeige sich auch motiviert, den Plan, der bestimmte Aufgaben umfasst und der zusammen mit ihr erstellt wurde, zu bearbeiten. Es sei ein Entwicklungspotenzial erkennbar, allerdings laufe die Entwicklung langsam ab. Daneben erwähnen sie, dass es Franziska in ihrer Aufgabenbewältigung hilft, wenn ein bestimmtes Maß an Druck aufgebaut wird. Dann merke sie, dass sie sich bestimmten Dingen nicht einfach entziehen kann und dass eine Verweigerungshaltung Konsequenzen nach sich ziehen kann.

Auch Herr Zimmermann (Franziskas Klinikschullehrer) erklärt, dass er an Franziska sehr kleine Fortschritte erkennen kann, denn sie spreche ein zwei Wörter hin und wieder im Unterricht.

Ich berichte, dass ich mich drei Mal mit der Schülerin getroffen habe und dass sie mit mir, obwohl ich eine fremde Person für sie war, gesprochen hat, indem sie auf meine Fragen antwortete.

Franziskas Klassenlehrer weist auf seine Grenzen hin. Er berichtet, dass er an einer sehr großen Schule arbeite und über 100 Schüler in seinem Unterricht habe. Er könne nicht intensiv mit Franziska arbeiten. Weiterhin sagt er, dass es unmöglich sei Franziska normal zu beschulen, wenn sie nicht sprechen würde. Er habe Franziska letztes Schuljahr in einem Fach als Schülerin gehabt und zu der Zeit habe sie nichts mit ihm gesprochen. Auch habe die Gesamtschule das Konzept der Differenzierung, so dass die Schülergruppe sich ständig verändern würde und die Schüler im Rahmen der Differenzierung regelmäßig verschiedene Klassen aufsuchen müssen. Das werde sehr schwierig für Franziska werden, vermute er.

Die Schulsozialarbeiterin äußert ihre Skepsis in Hinblick auf die Reintegrationshilfe. Sie sagt, dass sie Franziska eine Zeitlang intensiv betreut habe in den Pausen und im Unterricht, allerdings ohne Erfolg. Sie habe hinsichtlich der Begleitung keine großen Hoffnungen. Diese Vorgehensweisen seien in der Vergangenheit bereits erprobt worden.

Franziskas Psychologe geht auf das bisher Gesagte ein und bringt ein, dass eine Veränderung dann möglich sein kann, wenn alle Beteiligten ihre Ressourcen zusammenschließen würden. Er rät dem Klassenlehrer, Franziska wie eine ganz normale Schülerin zu behandeln, das gelte auch für die anderen Lehrer, die Franziska unterrichten. Andererseits müsse er auch berücksichtigen, dass Franziska in der ersten Woche nur kleine Veränderungen in ihrem Verhalten zeigen werde und dass es Zeit benötige, bis sie mehrere Wörter sprechen würde. Der Klassenlehrer sollte auch in der Schule vorsichtig Drucksituationen aufbauen, indem er die Schülerin regelmäßig auf Konsequenzen für ihre Verweigerung hinweist.

Der Klassenlehrer äußert Bedenken und sagt, er wolle Fransiska nicht auf Klassenfahrt mitnehmen, die vom 22. September bis zum 26. September ansteht. Er traue sich das nicht zu. Auch da hätte er nicht die Kapazitäten, angemessen mit ihr umzugehen. Die Eltern von Franziska möchten allerdings, dass ihre Tochter mit fährt. Es wird sich darauf geeinigt, dass man die ersten 3 Wochen des Schulversuches abwartet, ob Franziska Fortschritte macht und dass die Eltern eine Woche vor Antritt der Klassenfahrt sich neu entscheiden können.

Weiterhin wird der Vorschlag gemacht, eine Haushaltshilfe beim Jugendamt zu beantragen, die die Familie regelmäßig unterstützen soll. Die Mitarbeiterin vom Jugendamt notiert sich den Vorschlag und sagt, dass sie diesen Vorschlag offiziell mit ihren Mitarbeitern diskutieren würde.

Gegen Ende der Sitzung wurde ein Anforderungsprofil erarbeitet, an dem alle sich beteiligten.

Das Anforderungsprofil, das auf Franziska im Speziellen zugeschnitten wurde und dass am folgenden Montag in Kraft tritt, beinhaltet die folgenden Punkte:

Lehrer grüßen

Auf Fragen, die von den Lehrer gestellt werden, antworten

In der Pause nicht an einer Stelle stehen bleiben, sondern in Bewegung kommen

Kontaktaufnahme zu 2 Mitschülerinnen, die sie in einem Gespräch mit mir gesondert genannt hat und mit denen sie gerne befreundet sein möchte

Sich am Ende der 2. großen Pause jeden Tag vom Klassenlehrer im Lehrerzimmer verabschieden

Sich ab der 3. Schulwoche in der Teestube melden (Wunsch der Schulsozialarbeiterin)

Jeder bekommt diesen Plan am Montag zugefaxt. Der Arbeitsplan soll in allen drei Systemen (Elternhaus, Klinik, Schule) umgesetzt werden. Am Dienstag wenn ich Franziska in den beiden großen Pausen begleite, gehe ich mit ihr rückwirkend die Punkte von Montag durch. Franziska hat sich im Vorfeld im Rahmen unseres Zweiertreffens gewünscht den Montag alleine zu versuchen.

Daneben gelangen wir zu dem Aspekt, was getan werden sollte, wenn Franziska sich im Unterricht oder vor der Schule verweigert. Franziska hat in der Vergangenheit häufig somatisiert und sich in bestimmten Situationen, die sich als schwierig heraus gestellt haben, übergeben. Neben dem Arbeitsplan wurde ein bestimmtes Vorgehen erarbeitet, was angewendet wird, wenn sich Franziska verweigert. Der Ablauf beinhaltet folgende Schritte:

Schulsanitätsraum aufsuchen

Bei Besserung, soll Franziska in ihre Klasse zurück

Tritt keine Verbesserung ein, muss sie zur Klinik und wird dort medizinisch untersucht

Liegt keine körperliche Erkrankung vor, wird sie mit einem Begleitservice zur Schule gebracht

Am Ende des heutigen Treffens wird ein neuer Termin vereinbart, der in 4 Wochen stattfinden soll, damit alle Beteiligten die Möglichkeit haben, ihre Erfahrungen mitzuteilen, die sie bis dahin im Umgang mit Franziska gewonnen haben.

Begleitung von Franziska am Dienstag, 26. August 2008

Ich wartete, wie im gestrigen Telefonat vereinbart, vor dem Sekretariat und Fransiska erschien um 9:45 Uhr. Ich fragte Franziska, wo sie die Pause verbringen möchte und sie sagt, dass sie gerne auf den Schulhof gehen würde. Auf dem Pausenhof angekommen fragte ich sie, wie die ersten beiden Stunden waren. Sie antwortete gut. Anschließend fragte ich sie, wer von den Schülerinnen, die um uns herum standen, in ihrer Klasse seien. Diese Frage wurde von ihr ignoriert – sie schwieg. Während der großen Pause fragte ich sie noch, mit wie vielen Mitschülern sie gestern gesprochen habe. Die Kontaktaufnahme zu 2 Mitschülerinnen war ein Punkt im Anforderungsprofil (siehe Kasten 27). Sie habe mit 2 Mitschülern und 4 Mitschülerinnen gesprochen. Kurz darauf kam ihr Bruder Fred hinzu und stellte sich zu uns. Ich stellte mich kurz vor. Er erkundigte sich bei Franziska, wie es ihr ginge und wie viele Stunden sie heute habe. Am Ende der Pause ging Franziska wie vereinbart alleine in ihre Klasse zurück. Ich verließ das Schulgebäude und kam für die zweite große Pause wieder zurück. In der Schule angekommen stellte ich mich erneut vor das Sekretariat, wo ich Franziska für die zweite große Pause (11:35-11:50) erwartete. Ich folgte ihr hinaus auf den Pausenhof. Dort setzte ich mich mit ihr auf eine Treppenstufe und wir beide füllten das Gefühlsbarometer für den gestrigen und den heutigen Tag aus. Franziska bewertete alle Punkte von Montag auf Dienstag ein wenig besser bis gleichwertig. Als ich sie nach dem Grund fragte, entgegnete sie mir, dass sie jetzt wüsste, was sie zu erwarten habe und dass sie froh sei, dass sie die beiden Tage bewältigt habe. Die Situation *Betreten der Klasse* beurteilte sie für den gestrigen Tag mit dem Wert 1 und für den heutigen Tag mit dem Wert 2, der Punkt *Einnehmen des Sitzplatzes* mit 0,5 für den gestrigen Tag und 1,5 für den heutigen Tag. Als wir mit dem Ausfüllen des Bogens fertig waren, redete ich noch ein paar Worte mit Franziska und dann klingelte es schon zum Pausenende. Ich fragte Franziska, wie sie weiter vorgehen möchte und sie erwidert, dass sie den morgigen Schultag alleine versuchen möchte. Ich fand die Idee gut und sagte ihr, sie solle mich doch bitte morgen Nachmittag anrufen, um mir Feedback zu geben. Wir gingen gemeinsam zum Büro von Herrn Anton, damit Franziska sich von ihm verabschieden kann. (Herr Anton äußerte im Rahmen der Konferenz den Wunsch, dass Franziska sich jeden Tag, bevor sie nach der vierten Stunde das Schulgebäude verlässt, sich von ihm verabschieden soll). Wir trafen Herr Antons Ehefrau im Büro an, die ebenfalls an der Schule Lehrerin ist und die Franziska im Sportunterricht hat. Herr Anton war leider an einem anderen Standort und so verabschiedete ich mich von Franziska und sprach auf Wunsch von Frau Anton mit ihr. Frau Anton wurde von ihrem Mann über die Schülerin in Kenntnis gesetzt, somit war sie über Franziska und ihren Reintegrationsversuch informiert und zeigte sich mir gegenüber auch sehr interessiert an der Schülerin und ihrer Problematik. Ich machte Frau Anton darauf aufmerksam, dass Fransiska noch keinen Stundenplan habe. Sie entgegnete, dass sie Franziska am Montag darauf hin gewiesen habe, dass sie sich bei Anna und Marie (2 Mitschülerinnen, denen Franziska besonders Vertrauen schenkt) nach dem Stundenplan erkundigen solle. Mir sagte Fransiska in der Pause, dass sie noch keinen Stundenplan habe, enthielt mir aber vor, dass ihre Sportlehrerin ihr zur Aufgabe setzte sich selbstständig nach ihrem Stundenplan zu erkundigen. (An dieser Stelle wird deutlich, dass Frau Antons Anforderungen an Franziska zu hoch gestellt waren. Franziska war zu diesem frühen Zeitpunkt nicht in der Lage, ihren Stundenplan bei Mitschülern zu erfragen.)

Am Mittwochmittag rief mich Franziska dann gegen 14:00 Uhr an. Sie sagte, dass es in der Schule gut gelaufen sei. Auf Nachfrage meinerseits sagte sie, dass sie mit einigen Mitschülern und Mitschülerinnen gesprochen habe. In diesem Telefonat vereinbarten wir, dass sie mich auch am nächsten Tag anrufen solle um mich über ihren Schultag zu informieren. Franziska hielt sich auch an diese Vereinbarung. Am Donnerstag gegen 15:00 Uhr klingelte mein Telefon und Franziska sagte, dass es gut in der Schule gewesen sei. Auf meine Nachfrage hin antwortet sie, dass sie sich auch heute von ihrem Klassenlehrer Herrn Anton verabschiedet habe. Am Freitag meldete sie sich hingegen trotz Vereinbarung nicht mehr bei mir. Auch in der darauf folgenden Woche am Montag und Dienstag ließ die Schülerin nichts von sich hören, wohin gegen ich mittwochs in der Tagesklinik anrief, um mich nach ihr zu erkundigen.

Telefongespräch am Mittwoch, 03.09.2008 mit Franziskas Klassenlehrer

Herr Anton teilte mir mit, dass Franziska seit einer Woche jeden Tag die Schule besuche und dass sie bis auf heute immer anwesend war. Heute sei sie allerdings erst zur 3. Schulstunde erschienen, weil sie verschlafen habe. Er habe sie allerdings darauf hingewiesen, dass ihr Zuspätkommen nicht korrekt sei. Weiterhin erzählte Herr Anton, dass Franziska im Unterricht vorlese und auf seine Fragen antworte. An der bevorstehenden Klassenfahrt nehme Franziska auch teil.

Telefongespräch am Mittwoch, 03.09.2008 mit Franziskas Therapeut

Herr Wender berichtete, dass Franziska am Freitag sehr starke Kopfschmerzen in der Schule hatte und dass ihre Mutter sie aus der Schule abholen musste. Eine Ursache für Franziskas Beschwerden könnte sein, dass die Mutter starkem Stress ausgesetzt war, weil jemand die Familie beim Jugendamt denunzierte und diese Person eine Mitarbeiterin vom Jugendamt darauf hinwies, dass die Familie ihre Kinder vernachlässige und dass der Vater regelmäßig an der Trinkhalle stünde und dort Alkohol konsumiere. Als ihre Mutter sie dann freitags von der Schule abholte und zur Tagesklinik brachte, fiel es Franziska schwer sich von ihrer Mutter zu trennen. Am darauf folgenden Montag sei sie vor Schulschluss aus der Schule gekommen, weil sie einen Hautausschlag hatte. Nachdem sie in der Tagesklinik war, sei sie aber wieder zur Schule zurückgegangen.

Cirka 4 Wochen nach dem ersten Vernetzungsgespräch mit allen beteiligten Systemen fand am 18. September ein weiteres Gespräch in der Tagesklinik statt, mit dem Ziel Veränderungen während der vergangenen vier Wochen herauszustellen. Außerdem sollte geschaut werden, in wie weit Franziska sich entwickelt hat.

Kasten 28: Zweites Vernetzungsgespräch am Donnerstag, den 18. September 2008 in der Tagesklinik.

Anwesende Personen:
Der behandelnde Psychologe Herr Wender, Franziskas Eltern, eine Mitarbeiterin vom Jugendamt, zwei Schulsozialarbeiterinnen, eine Motopädin, eine Erzieherin und ich als Reintegrationshilfe

Zu Gesprächsbeginn wurden die Eltern von Franziskas Psychologen Herrn Wender gefragt, was sich in den letzten vier Wochen innerhalb der Familie verändert habe. Der Vater berichtet, dass Franziska der Familie gegenüber offener geworden sei. Sie ginge positiver auf ihre Brücer ein, esse auch mehr in der Runde mit und nicht mehr so viel alleine in ihrem Zimmer. Sie setze sich auch mehr in der Familie durch als vorher. Von der Lautstärke her würde sie jetzt lauter sprechen als zuvor. Auch spreche sie mit ihrem Vater nun mehr, darüber freue er sich.
Im Anschluss daran wurden die beiden Schulsozialarbeiterinnen gefragt, wie sich Franziska in der Schule verhalten

habe und was sich diesbezüglich verändert habe. Diese berichten, dass eine regelmäßige Beschulung in den letzten vier Wochen stattgefunden habe, bis auf drei Tage an denen Franziska nicht oder nur stundenweise anwesend war. Ein Mal hatte sie Kopfschmerzen und weinte, die beiden anderen Male kam sie erst gegen 8:30 zum Unterricht. Sie habe Probleme in die Klasse zu gehen. Das Betreten der Klasse falle ihr noch schwer. Sie suche auch nicht den Kontakt zu ihren Mitschülern, stattdessen gingen diese auf sie zu. Sie habe auch nicht, wie im letzten Gespräch vereinbart, Kontakt zu den beiden „Lieblingsmitschülerinnen" Anna und Marie aufgenommen. In der Tagesklinik berichtete sie hingegen der Motopädin, die zusammen mit ihr den Arbeitsplan erstellt hat, dass sie Kontakt zu Anna und Marie aufgenommen habe. Über den Kontakt zur peer-group hält die Schulsozialarbeiterin fest, hat sich so gut wie keine Veränderungen ergeben. Darüber hinaus hält sie fest, dass Franziska in eine gute Klassengemeinschaft integriert sei und dass die Klasse sie mitreißen würde.

Zur Beschulung lassen die beiden Schulsozialarbeiterinnen vom Klassenlehrer und von anderen Lehrern ausrichten, die Franziska im Unterricht haben, dass sie nicht zu beschulen sei. Dies begründen die Lehrer damit, dass sie im Unterricht nichts sage. Sie melde sich nicht und auf Fragen antworte sie nicht. Außer beim Klassenlehrer, da habe sie ein Mal einen Text laut der Klasse vorgelesen. Auch wenn sie gezielt vom Lehrer angesprochen werden würde, schweige sie. Die Noten in den einzelnen Fächern setzen sich aus den schriftlichen und mündlichen Leistungen zusammen. Im mündlichen Bereich stehe sie jedoch sehr schlecht. Daneben gab es auch Tage, an denen sie in den vier Wochen verspätet erschien. Tritt dies in Zukunft häufiger auf, so gelten diese Schulstunden als unentschuldigte Fehlstunden.

Die Schulsozialarbeiterinnen kommen auf die Klassenfahrt zu sprechen, die nächste Woche Montag ansteht und sagen, dass Franziska unbedingt mitfahren möchte.

Beim Personal der Tagesklinik zeichnet sich ein anderes Bild ab. Im Rahmen der Tagesklinik nehme sie den Plan ernst und halte sich daran. Allerdings nur dann, wenn der Plan nicht in ihrer Verantwortung liegt. Sie kümmere sich nicht eigenverantwortlich um die Punkte. Im Vergleich zwischen schriftlicher und mündlicher Mitteilung berichtet die Motopädin, dass Franziska ihre Gefühle besser schriftlich als mündlich mitteilen kann. In dem Zusammenhang berichtet sie, dass sie die Aufgaben, die an sie im Vormittagsbereich gestellt werden auch ausführt. (Es liegen an dieser Stelle konträre Aussagen in den Berichten von Franziska und denen der Schulsozialarbeiterinnen, die ihre Informationen von Marie und Anna haben, vor).

Der Psychologe erklärt, dass Franziska während der Zeit in der Tagesklinik zwar Fortschritte gemacht habe, dass sich diese in den letzten zehn Tagen wieder zurück gebildet haben. Es sei zwar immer noch mehr als am Anfang der ambulanten Behandlung aber nicht so viel wie es sich die beteiligten Personen erhofft haben. Es lasse sich hier ein mehrdimensionales Bild abzeichnen. Es habe ein regelmäßiger Schulbesuch stattgefunden, im Gegensatz zu der Zeit vor der ambulanten Behandlung, wo Franziska die Schule nur unregelmäßig besuchte. Auch spreche sie, allerdings nur mit bestimmten Personen.

Morgen sei Franziskas letzter Behandlungstag, dann sei ihre Behandlung zu Ende. Der Psychologe stellt die Frage auf, was aus den Informationen folge?

Die Schule macht hier wieder deutlich, dass es in Hinblick auf die Lernstandserhebungen, die am Ende des Schuljahres anstehen sowie in Hinblick auf die zentralen Abschlussprüfungen Ende der zehnten Klasse unheimlich schwer sei, das Mädchen weiterhin in der Gesamtschule zu beschulen. Sowohl die stoffliche Seite als auch die sozio-emotionale Seite erfülle sie nur unzureichend.

Der Psychologe berichtet, dass Franziska nach der teilstationären Therapie eine ambulante Nachbetreuung bekomme, die ein Mal pro Woche stattfände. Allerdings falle eine Kontrolle für das Mädchen dann vollständig aus. Dann wird übergeleitet zu den Möglichkeiten, die Franziska hinsichtlich einer Beschulung hat:

Weiterhin die Gesamtschule besuchen

Schule mit emotionalem Förderbedarf (hat den Nachteil, dass dort auch aggressive Kinder und Jugendliche sind und könnte zur Folge haben, dass Franziska dann überhaupt nicht mehr spreche.)

Heilpädagogische Tagesgruppe für den Nachmittagsbereich

Ca. 4 Monate die Klinikschule besuchen, dann Wechsel zu ihrer Gesamtschule

Stationäre Behandlung, im Anschluss daran heilpädagogische Behandlung von einem Jahr

Am Ende des Gespräches macht der Psychologe den Vorschlag, dass es für Franziska sicherlich hilfreich sei, wenn sie am Montag mit auf Klassenfahrt fahre und nach den Herbstferien die Klinikschule für vier Monate besuche. Und im Anschluss daran, im Januar pünktlich zum Schulhalbjahr wieder auf ihre Heimatschule wechsele. Falls dieser Versuch scheitere, empfehle er ihr, eine stationäre Aufnahme in eine Kinder- und Jugendpsychiatrie.

Die Eltern zeigen sich nicht sehr überzeugt, weder vom Vorschlag der Klinikschule noch von der Option einer stationären Unterbringung ihrer Tochter. Franziskas Eltern möchten vielmehr, dass Franziska direkt weiter die Gesamtschule besucht. Allerdings werden die Eltern vom Mitarbeiterteam der Tagesklinik und von der Vertreterin des Jugendamtes auf die möglichen Schwierigkeiten aufmerksam gemacht die möglicherweise auf die Eltern zukommen könnten. Beispielsweise auf die Frage, was die Eltern beabsichtigen zu tun, wenn Franziska erneut die Schule verweigere und sie ohne ein Hilfssystem dastünden, das sie dann auffange.

In dieser Sitzung konnte noch keine endgültige Entscheidung getroffen werden. Vielmehr wurden den Eltern die verschiedenen Möglichkeiten aufgezeigt und transparent gemacht. Die Eltern haben jetzt Zeit bis nach den Herbstferien sich für eine Möglichkeit zu entscheiden, von der sie überzeugt sind, dass sie für Franziska die Beste sei.

Ergebnisse zu Fall 4

Ich bekam am 26. September 2008 ein letztes Feedback über Franziska per e-mail von ihrem Klinikschullehrer Herr Zimmermann:

- Der Schulversuch lief bei Franziska insgesamt nicht so, dass eine Erfolg versprechende Entwicklung erkennbar sei.
- Franziska wurde am 19.09.08 schließlich aus der Tagesklinik entlassen. Der Psychologe und der Klinikschullehrer haben den Eltern empfohlen, dass Franziska für eine Übergangszeit noch in der Klinikschule am Sonderunterricht teilnehmen sollte, während mit ihr ein gezieltes, mit allen Seiten abgesprochenes Verhaltenstraining durchgeführt werden sollte. Leider haben die Eltern das strikt abgelehnt und wollen, dass Franziska jetzt wieder auf Dauer in ihre bisherige Heimatschule gehen soll.
- Entsprechende Hinweise seitens der Lehrerkollegen der Heimatschule legen den Schluss nahe, dass man davon ausgeht, dass der ‚Karren an die Wand gefahren' wird. Der Kliniklehrer geht davon aus, dass Franziska wahrscheinlich scheitern wird.
- Möglicherweise wird Franziskas zukünftiger Platz an einer Förderschule für Sprachbehinderung sein.

Abschließende Bemerkungen zu Fall 4

Aufgrund der Skepsis, die der Klassenlehrer und auch die Schulsozialarbeiterinnen an der Konferenz an den Tag legten, hatte ich das Gefühl ein kleines Stück im Fall Fransiska bewirkt zu haben, indem ich in der ersten gemeinsamen Konferenz zu Beginn des Reintegrationsprozesses betont habe, dass ich gerne den Versuch unternehmen würde, das Mädchen in der Schule in den Pausen zu begleiten. Auch wenn mehrere Versuche, die zuvor stattfanden, gescheitert sind.
Auch am Tag der Begleitung selbst war es sicherlich hilfreich, dass die Sportlehrerin und Ehefrau von Franziskas Klassenlehrer eine Ansprechpartnerin hatte, um noch weit reichende Informationen über die Schülerin zu bekommen. Wir konnten uns in Bezug auf eine adäquate Umgangsweise und auf Möglichkeiten, Franziska noch mehr zu integrieren, damit ihr die Kommunikation mit Mitmenschen leichter fällt, austauschen.
In den beiden Pausen, in denen ich Fransiska zur Seite stand, hatte ich eher das Gefühl, das extrem schüchterne Mädchen in ihrem Verhalten zu blockieren.Dies drückte sich darin aus, indem es sich nicht traute, mir seine Klassenkameraden auch nur zu zeigen. Daraus ergab sich, dass der Wochenplan, der von der Klinik gemeinsam mit Franziska aufgestellt wurde und der die Aufgabe beinhaltete, in den Pausen auf ihre Mitschülerinnen, insbesondere auf Anna und Marie zu zugehen, Franziska und mir nicht geglückt ist.
Ich bin erleichtert, dass die Schülerin ihre erste Schulwoche nach einem 8-wöchigen Aufenthalt in der Tagesklinik gut gemeistert hat und an vier von fünf Tagen ohne fremde Hilfe die Schule für vier Unterrichtsstunden am Tag besucht hat. Dies war sicherlich eine wichtige Erfahrung in Franziskas Schulleben, an die sie zurückdenken kann, besonders in Zeiten, in denen ihr der Schulbesuch wiederholt schwer fallen sollte. Zumindest hatte sie in Bezug auf die gelungenen Schultage Erfolgserlebnisse zu verbuchen.
Vermutlich stellte es für sie eine Übung dar, mit mir in einen Kontaktaustausch zu treten, sowohl in face-to-face-Situationen als auch am Telefon. Obwohl ich eine unbekannte Person für sie war, redete sie mit mir in kurzen Sätzen und beantwortete meine Fragen, was in Hinblick auf das Störungsbild Mutismus mit Sicherheit nicht selbstverständlich ist.

8.6 Diskussion

Mit Hilfe der vier Fallbeispiele aus Untersuchung 3 konnte aufgezeigt werden, wie komplex die Erscheinungsformen einer Schulvermeidung sein können und wie vielfältig die Gründe für die Entstehung einer Schulvermeidung. In Fall 1 und 2 war die Schulvermeidung des Geschwisterpaares aufgrund der psychiatrischen Erkrankungen und der langen Abwesenheit von der Schule sehr massiv. Die Prognose der Tagesklinik in Bezug auf eine erfolgreiche Wiedereingliederung von der Klinik in die Regelschule in Relation zur Manifestation der Störung war negativ. Die negativ gestellte Prognose basierte (1) auf einer symbiotischen Beziehung des Geschwisterpaares, die als manifest zu bewerten ist, (2) auf deren langen schulischen Fehlzeiten, (3) das negative Vorbild der älteren Schwester, die die Schule abbrach, keinen Schulabschluss hat und keiner Arbeit nachgeht und schließlich (4) der Bagatellisierung der Notwendigkeit eines Schulbesuches durch die Mutter. Im Vernetzungsgespräch kam implizit zum Ausdruck, dass ein Schulbesuch von der Mutter nicht als wesentlich angesehen wird. Im Nachhinein ist zu vermuten, dass die Reintegration aus der Klinik zurück in die Heimatschule positiver ausgefallen wäre, hätte die Mutter unterstützender gehandelt. Wir mussten in Fall 1 und 2 feststellen, dass die Mutter nicht kooperativ war. Ihr Mangel an Compliance zeigte sich unter Anderem darin, dass sie ihre Kinder nicht wie verabredet am 3. Tag der Reintegration zur Straßenbahnhaltestelle brachte, um sich zu vergewissern, dass beide die richtige Bahn nehmen. Wir mussten feststellen, dass Paula, Finn und ihre Mutter eine skeptische Haltung gegenüber dem gelungenen ersten Reintegrationstag einnahmen. Die Gründe blieben uns bis zum Schluss unbekannt. Weiterhin ungünstig für den Reintegrationsverlauf war, dass auch das Jugendamt sich jeglicher Verantwortung entzog, so dass der Druck, der an dieser Stelle institutionell auf die Familie hätte ausgeübt werden können, vollständig ausblieb. Dies hatte zur Folge, dass die Beratungs- und Unterstützungsresistenz der Familie immer größer wurde. Das Jugendamt hätte der Familie beispielsweise eine flexible Hilfe an die Seite stellen können, die pädagogische Arbeit geleistet hätte. Vermutlich führte ein Zusammenspiel aus unterschiedlichen Faktoren letztlich dazu, dass Finn und Paula auch nach ihrem Klinikaufenthalt die Schule verweigern. Die Probleme der beiden Jugendlichen konnten nach wie vor nicht gelöst werden, so bleibt beispielsweise Paulas Problem des morgendlichen „Fertigmachens" ungelöst.

Auch Marcel vermied, ebenso wie Paula und Finn, über lange Zeit die Schule. Allerdings sind seine kritischen Phasen der Sportunterricht, die restlichen Fächer stellen für ihn keine großen Probleme dar. Hinzu war er im Gegensatz zu Finn und Paulain seine Klasse integriert. Die Betrachtung von Fall 3 zeigt, wie stark der Schüler nach dem Lustprinzip handelt und in der Vergangenheit erhebliche Erfolge mit dieser Strategie zu verbuchen hatte. Dadurch profitiert er auch gegenwärtig von dieser Strategie. Aufgaben, die er als langweilig bewertet, werden gezielt von ihm vermieden. In solchen Situationen äußert er, an Schwindel zu leiden und erhofft einen Krankheitsgewinn zu verbuchen.Am dritten Tag gelang es ihm wiederholt im Sportunterricht. Denn in der Sportstunde verweigerte er sich von 45 Minuten 25 Minuten. Was das Hingehen zum Sportunterricht anbelangt gelang es Marcel von Anfang an den Sportunterricht wieder regelmäßig zu besuchen.

Der Reintegrationserfolg in Fall 3 spricht dafür, dass Marcels psychosomatischen Beschwerden wie Migräne und Schwindel, in der Klinik erfolgreich behandelt werden konnten. Obwohl während des teilstationären Klinikaufenthaltes und während unserer Begleitungen nicht erkennbar war, dass sich Marcels Mutter über die Entwicklungsfortschritte ihres Sohnes freute, gelang es dem Jungen, den Sportunterricht wieder regelmäßig zu besuchen. Möglicherweise konnte die pessimistische Einstellung der Mutter durch eine optimistische Haltung von Marcels Vater kompensiert werden. Im Gegensatz zu seiner Frau akzeptierte Herr Müller, dass Marcels Schwindel und seine Schulvermeidungsproblematik psychologische Ursachen haben. Die Ergebnisse unterschiedlicher Tests, bei denen eine organische Ursache ausgeschlossen werden konnte, bestätigten dies. Die Befunde überzeugten Marcels Mutter bis zum Schluss nicht. Neben dem Krankheitskonzept der Eltern war auch ihr Kooperationsverhalten unterschiedlich ausgeprägt, während Marcels Vater mit den Hilfesystemen kooperierte, verhielt sich seine Mutter wenig unterstützend. Sie hielt bis zum Schluss an ihren Erklärungskonzepten zu Marcels somatischen Beschwerden fest. Frau Müllers Erklärungskonzepte zur Störungsproblematik ihres Sohnes sind als rigide zu bezeichnen.

Marcels Klasse wurde im aktuellen Schuljahr neu zusammengestellt. Vermutlich wirkt sich dies günstig auf Marcels Integrationsverlauf in die Klasse aus. Unsere Beobachtungen im Sportunterricht zeigten, dass er sehr gut in die Klasse integriert schien.

Marcels Sportlehrer nahm im Laufe der Zeit eine konsequentere erzieherische Haltung ihm gegenüber ein. Er versuchte, Marcel im Sportunterricht stärker zu begrenzen. Möglicherweise führt die strengere Erziehungshaltung zu einem dauerhaften Reintegrationserfolg des Jungen im Sportunterricht. Dies zeigt, dass auch Schule erheblich zu einer erfolgreichen schulischen Reintegration beitragen kann.

Marcel hat während seiner teilstationären Behandlung gelernt, sich trotz körperlicher Beschwerden unangenehmen Anforderungen zu stellen. Die Reintegrationshilfen konnten ihn während ihrer Begleitungen im Sportunterricht an seine Therapieziele erinnern und ihn überzeugen, dass man auch mit Schwindelgefühl Sport machen kann und dass Sport sogar eine geeignete Maßnahme sein kann, dem Schwindel entgegen zu wirken.

In Fall 4, der wie die Fälle 1 und 2 letzlich gescheitert ist, liegt ein Grund, warum die Reintegration nicht gelang, möglicherweise an der Störung selbst, denn die Schülerin litt an Elektivem Mutismus. Zwar öffnete sich Fransiska mir gegenüber im persönlichen Gespräch anderseits hatte ich während meiner Begleitung in den Pausen vielmehr das Gefühl, dass ihr die Begleitung(trotz Einvernehmen) unangenehm war. Es gelang mir nicht, sie bei der Kontaktaufnahme zu Mitschülern zu unterstützen. Eine Schwierigkeit der Kontaktaufnahme ist ein Symptom des Elektiven Mutismus. Weitere ungünstige Faktoren in Fall 4 waren sicherlich, dass nicht alle beteiligten Personen ihre Ressourcen zusammen schlossen. Franziskas Klassenlehrer sah keinerlei Kapazitäten von seiner Seite weitere Versuche der Kontaktaufnahme zu Franziska und zwischen Franziska und Mitschülerinnen sowie Fachlehrern zu starten. Die Schulsozialarbeiterin, die Franziska in der Vergangenheit betreute, hat resigniert und eine negative Prognose für die Reintegrationshilfe gestellt. Darüber hinaus zeigt Fall 4 sehr deutlich, wie sich unterschiedliche Interessen auf die weitere Schullaufbahn auswirken können: Die Familie sprach sich kompromisslos für eine weitere Beschulung Franziskas in der Gesamtschule aus. Dagegen sprachen sich der Klassenlehrer und die beiden Schulsozialarbeiterinnen für eine weitere Beschulung in einer Förderschule aus. Das Klinikpersonal hält hingegen zunächst eine Beschulung in der Klinikschule von vier Wochen und dann wieder einen Wechsel in die Gesamtschule für sinnvoll. Eine zweite Option liegt in einer stationären Behandlung mit einer anschließenden heilpädagogischen Behandlung von einem Jahr. Leider konnte eine Einigung über die beste Maßnahme für Franziska nicht erzielt werden, was letztlich dazu führte, dass eine Beschulung in der Förderschule zusammen mit verhaltensauffälligen und aggressiven Schülern für Fransiska am Ende immer wahrscheinlicher wurde.

8.7 Schlussfolgerungen

Die Betrachtung der vier Fälle zeigt auf, wie bedeutend es für eine erfolgreiche Zusammenarbeit mit psychisch kranken Kindern und Jugendlichen ist, deren individuellen Bedürfnisse und Wünsche in der Vorbereitung auf eine Reintegration zu berücksichtigen. Eine erfolgreiche Zusammenarbeit zwischen Reintegrationshilfen und Eltern und zwischen der Reintegrationshilfe und der Schule nimmt darüber hinaus wahrscheinlich nicht minder Einfluss auf den Erfolg einer Reintegrationsmaßnahme. Hier kommt der Vernetzungsgedanke zum Tragen. Ohne eine Kooperation unter den beteiligten Systemen kann keine Interventionsmaßnahme erfolgsversprechend sein (vgl. hierzu Steins et al., 2008). Abschließend lässt sich sagen, dass zu diesem Zeitpunkt der Durchführung dieser Interventionsmaßnahme, wir noch nicht einschätzen können, wie erfolgsversprechend sie ist. Unser Reintegrationsteam verspricht sich mit Hilfe eines individuell zugeschnittenen Unterstützungsprogrammes und einer effizienten Kooperation zwischen den Hilfesystemen die Erhöhung der Wahrscheinlichkeit einer Reintegration von psychisch kranken Schülern mit Schulvermeidungssymptomatik zurück in ihren Schulalltag.

9. GESAMTDISKUSSION UND SCHLUSSFOLGERUNGEN

Im Diskussionsteil werden die Ergebnisse zu folgenden Fragestellungen diskutiert: In wie weit kann das Verhalten von relevanten Bezugspersonen entscheidend für den Störungsverlauf und den Behandlungserfolg trennungsängstlicher und schulphobischer Schülerinnen sein? Ziel der Diskussion ist, die prägnantesten Ergebnisse aus 3 Studien darzustellen, einer kritischen Diskussion zu unterziehen und Implikationen heraus zustellen.

Studie 1

Die Ergebnisse aus Untersuchung 1 bestätigen, dass die Ursachen für eine Schulphobie in der Familie liegen. Alle Mütter nehmen ihre Familienbeziehungen zu ihrem Partner und zu ihrem trennungsängstlichen Kind als dysfunktional wahr. Als besonders problematisch erleben sie die Bereiche Kommunikation, Emotionalität, Affektive Beziehungsaufnahme und Kontrolle. Die auffallend hohen t-Werte zwischen 93 und 100 bei einem Maximalwert von 100 deuten auf eine symbiotische Mutter-Kind-Bindung in fünf Fällen hin. Auffällig ist, dass keine Mutter in beiden dyadischen Beziehungen, zum Kind und zum Partner einen Wert von 40 oder unter 40 erzielt, was ein Hinweis auf Stärke innerhalb der Familien gewesen wäre.

Daneben gibt es Gemeinsamkeiten in der vorliegenden Stichprobe bezüglich kritischer Lebensereignisse beim Kind. Fünf Kinder und Jugendliche mussten in den vergangenen fünf Jahren Verlusterlebnisse hinnehmen. Sie wurden mit dem Tod von nahen Angehörigen oder wichtigen Bezugspersonen konfrontiert. Bei einem anderen Kind wechselten ständig die Bezugspersonen (Au-pairs). Die eheliche Beziehung der Eltern ist den Ergebnissen aus dem Zweierbeziehungsbogen (Cierpka & Frevert, 1994) nach zu urteilen konfliktreich und distanziert.

Fünf Mütter machten die Angabe, dass ihr trennungsängstliches Kind bei ihnen im Bett übernachtet bzw. übernachtet habe. Die Hälfte der Mütter vermutet, ihr Kind übernachte aus Angst, ihr könne etwas Schlimmes zustoßen, nicht in seinem eigenen Bett.

Zwei Mütter berichteten im Interview von Hänseleien durch Mitschüler. Leider gab es im Fragebogen keine spezifische Frage hierzu, da ich diesen Aspekt, der der Schulangst zuzuordnen ist, bei trennungsängstlichen Schülerinnen nicht vermutet habe.

Aufgrund der kleinen Stichprobe besteht eine hohe Selektivität. Es konnten viele Personen nicht befragt werden. Obwohl spezielle Werbezettel und Kontaktbögen zur Rekrutierung der Mütter und Kinder entwickelt wurden konnte nur eine kleine Stichprobe für Studie 1 gewonnen werden, so dass deren Verhaltensmuster nicht generalisiert werden kann. Die Ergebnisse können lediglich fallspezifisch interpretiert werden. Die methodische Vorgehensweise ist induktiv. An dieser Vorgehensweise ist zu kritisieren, dass eine Unsicherheit über die Richtigkeit der Ergebnisse besteht. Hierzu schreiben Bortz & Döring (2009): *„Induktive Schlüsse sind immer unsichere Schlüsse, weil sie die Basis des konkret Beobachteten und logisch Eindeutigen verlassen"* (Bortz & Döring 2009, S. 300).

In einem Fragebogen zur Überprüfung der Fragestellung 3 wurde das Konstrukt Symbiose verwendet, welches nun auf seine Validität hin überprüft werden soll. Doch zuvor wird der Fachbegriff operationalisiert. Ursprünglich wurde der Begriff Symbiose von der Psychoanalyse verwendet, um die körperliche und seelische Abhängigkeit von der Mutter in den ersten Lebensmonaten eines Neugeborenen zu beschreiben. Die Symbiose zwischen Mutter und Kind wird innerhalb des psychoanalytischen Paradigmas als eine normale Entwicklungsphase betrachtet (Spitz & Cobliner, 2005).

Symbiose wird im Kontext von Trennungsangst als eine krankhafte Abhängigkeit des Kindes von seiner Mutter betrachtet. Dieses krankhafte Abhängigkeitsverhältnis kann auch auf beiden Seiten bestehen. Cierpka und Frevert (1994) verwenden den Begriff in ihren Familienbögen. Symbiose wird zur näheren Bestimmung der Skala Affektive Beziehungsaufnahme verwendetwenn für diese Skala hohe Werte erzielt werden. Die Affektive Beziehungsaufnahme wird unter Anderem durch folgende Beschreibungen operationalisiert: *„Die Beziehungen können narzisstisch oder in einem extremen Maß symbiotisch sein"* (Cierpka & Frevert 1994, S. 48). Der Test wurde für die Familiendiagnostik und Familientherapie entwickelt und stellt somit einen Anwendungsbezug für den klinischen Bereich dar. Der Begriff Symbiose steht im Zweierbeziehungsbogen (FB-Z) (Cierpka & Frevert, 1994) für eine dysfunktionale Familienbeziehung und impliziert ein gestörtes Bindungsverhältnis. Es wundert demnach nicht, dass der psychoanalytische Terminus Symbiose zur näheren Bestimmung einer pathologischen Störung gewählt wurde und somit zu einem klinischen Begriff wird. Allerdings hat die Bezeichnung Symbiose eine bewertende Komponente. Hier muss man sich die Frage stellen, ob dieser Begriff zur Beschreibung der Mutter-Kind-Beziehung gerechtfertigt ist? Durch die Verwendung des Begriffes Symbiose wird die Mutter-Kind-Bindung pathologisiert, was bei einer anderen Wortwahl, wie beispielsweise der Überprotektion, nicht der Fall wäre. Wissenschaftler sollten sich bewusst sein, dass sie Störungsverhalten durch das Benennen und die Verwendung bestimmter Begriffe konstruieren können und somit eine pathologische Störung kreieren können. Durch die Verwendung von Sprache mit bestimmten theoretischen Konstrukten werden die Grenzen zwischen normalem und abweichendem Verhalten gezogen.

Ein anderer Kritikpunkt an Studie 1 ist, dass lediglich eine kleine Stichprobe rekrutiert werden konnte. Die vorliegende Stichprobe ist weder numerisch suffizient noch repräsentativ.

Ein weiterer Kritikpunkt ist, dass ausschließlich die Mütter von trennungsängstlichen Kindern und Jugendlichen befragt wurden und die Väter nicht in die Untersuchung mit einbezogen wurden.

Welche Implikationen lassen sich aus den in Studie 1 gewonnenen Erkenntnissen ableiten? Liegt eine überfürsorgliche Haltung der Mutter gegenüber ihrem Kind vor, ist die Autonomieentwicklung des Kindes gefährdet. Die über-protektive Haltung der Mütter kann soweit reichen, dass die sozialen Kontakte ihres Kindes zu Gleichaltrigen verhindert werden. Aufgrund der Trennungsängste, die von beiden Seiten bestehen können, ist die Schülerin an zu Hause gebunden und nicht mehr in der Lage, ihre Umwelt zu explorieren. Die symbiotische Mutter-Kind-Bindung lässt wenig Freiraum für beide Seiten zu. Bestehen dazu Trennungsängste von Seiten der Mutter, fällt es dem Kind vermutlich noch schwerer, sich von seiner Hauptbindungsperson, der Mutter, zu lösen. Hinzu kommt die Angst trennungsängstlicher Kinder, ihrer Mutter könnte in ihrer Abwesenheit etwas Schlimmes zustoßen. Somit wird für das Kind die Trennung von der Mutter vor Schulanfang geradezu unmöglich. Bei Schulphobikerinnen gehen die morgendlichen Trennungsängste mit somatischen Beschwerden einher, worauf manche Eltern mit Verständnis und Nachsicht reagieren. Interessant ist, dass Florian Gruber und Jan Wagner nach Aussagen ihrer Mütter in der Schule zu Opfern von Hänseleien und körperlichen Übergriffen geworden sind. Es ist naheliegend, dass eine Trennungsangst mangelnde soziale Fertigkeiten begünstigt. Solche Kinder lernen nicht ihre Gefühle und Bedürfnisse gegenüber Eltern und Gleichaltrigen zu artikulieren und auszuleben. Stattdessen verhalten sie sich gegenüber anderen ausweichend und konfliktvermeidend. In Konfliktsituationen erscheinen diese Kinder dann hilflos und können zu Opfern werden. Dann kommen zu der Trennungsangst noch Symptome einer Schulangst hinzu. Liegen komorbide Störungen vor, ist ein regelmäßiger Schulbesuch unwahrscheinlicher.

Das Verhalten der relevanten erwachsenen Personen kann entscheidend sein für den weiteren Störungsverlauf und den Behandlungserfolg von trennungsängstlichen und schulphobischen Kindern und Jugendlichen. Hilfreich für ein trennungsängstliches Kind kann sein, wenn die Mutter seine Autonomieentwicklung fördert, indem sie beispielsweise ihr Kind im Freizeitverhalten unterstützt, so dass es soziale Kontakte zu Gleichaltrigen knüpfen kann. In der Schule ist das Kind aus dem geschützten sozialen Bereich heraus, so dass viele Kontakte zu Freunden für den Ablöseprozess von der Mutter hilfreich sein können. Je mehr soziale Kontakte das Kind knüpft, desto größer ist die Wahrscheinlichkeit, dass es positive Erfahrungen macht. Positive außerhäusliche Erfahrungen des Kindes können förderlich für einen regelmäßigen Schulbesuch sein und die Trennungsangst reduzieren.

Studie 2

Es fällt den befragten Lehrpersonen schwer zwischen den Formen der Schulvermeidung, wie Schulangst, Schulphobie und Schuleschwänzen hinsichtlich ihrer Ursachen und Symptome zu differenzieren. Das Herausstellen der korrekten Symptome und Ursachen einer emotionalen Störung mit Trennungsangst gelingt den Lehrern besser im Vergleich zu Schülern. Die befragten Lehrpersonen können die Symptome von Trennungsangst und Schulphobie von den Symptomen von Schule-schwänzen im Vergleich zu Schülerinnen eher abgrenzen. Eine eindeutige Stellung (trifft sehr zu) zu einer korrekten Eigenschaft wird sowohl von Lehrern als auch von Schülern selten bezogen.

Zur Wahrnehmung von trennungsängstlichen Schülern im Unterricht zeigen die Ergebnisse der Lehrerfragebögen, dass über die Hälfte der befragten Lehrer trennungsängstliche und schulphobische Kinder im Unterricht als störend erleben. Die befragten Lehrer nehmen solche Schüler negativer im Vergleich zu den Schülerinnen im Unterricht wahr. Dabei assoziierte ein Großteil der Lehrpersonen (65%), dass diese Schüler zeitaufwendig sein könnten. 58% der Lehrer und 33% der befragten Schüler erleben trennungsängstliche und schulphobische Schüler im schulischen Kontext als problematisch bzw. haben die Vorstellung, dass diese Schüler problematisch sein könnten. 41% der Lehrpersonen und 37% der Schüler vertreten die Auffassung, solche Schüler seien unangenehm. 65% der Schüler geben an, diese Schüler seien für sie zeitaufwendig (dieses Item wurde ausschließlich im Lehrerfragebogen verwendet).

Ein Großteil der befragten Lehrerinnen (83%) und der Schüler (85%) haben die Alltagsvorstellung, dass hinter dem Fernbleiben von der Schule eine Angst vor der Schule selbst steht. Dies ist ein typisches Merkmal für Schulangst.

Über die Hälfte der Schüler stellen sich trennungsängstliche Schüler als unbeliebt, leistungs-schwach und launenhaft vor.

Kritisch an der Methode in Studie 2 ist anzumerken, dass der Fragebogen selbst konstruiert wurde. Er wurde zwar im Rahmen einer Pilotstudie getestet, trotzdem erfüllt er die statistischen Gütekriterien mit hoher Wahrscheinlichkeit nicht in dem Maße, wie ein standardisierter Fragebogen. Daneben liegen durch die Verwendung eines Fragebogens zu einer spezifischen Störung keine Vergleichswerte mit anderen Krankheitsbildern vor. Diese Kritikpunkte müssen bei der Ergebnisdar-stellung und Interpretation in Studie 2 mitberücksichtigt werden.

Auffällig im Antwortverhalten in Studie 2 war, dass bei solchen Antworten, wo ein mittleres Ankreuzen möglich war (Frage 5.1, Frage 5.6 siehe hierzu Anlagen 10, 11), überzufällig häufig von den Lehrerinnen und Schülern die Mitte gewählt wurde. Dieses Phänomen wird als zentrale Tendenz oder als Tendenz zur Mitte bezeichnet. Dieser Urteilsfehler bezeichnet eine Tendenz, Urteilsobjekte im mittleren Bereich der Urteilsskala einzustufen. Die Versuchsteilnehmer versuchen durch die Tendenz zur Mitte extreme Ausprägungen in den Antwortmöglichkeiten zu vermeiden (Bortz & Döring, 2009). Meine Vermutung zum mittleren Ankreuzverhalten ist, dass die Versuchsteilnehmerinnen unsicher in ihrem Antwortverhalten waren, welche Antwort die Richtige ist und sich schließlich für die Mitte entschieden.

Sowohl in Studie 1 als auch in Studie 2 kann das Prinzip der sozialen Erwünschtheit das Antwortverhalten im Fragebogen beeinflusst haben. Aus Furcht vor sozialer Verurteilung neigen Probanden möglicherweise zu konformem Verhalten. Ihre Antworten sind an gesellschaftliche Normen und Erwartungen geknüpft (Bortz & Döring, 2009), d.h. für die Studien 1 und 2, dass die Untersuchungsteilnehmer solche Antworten bevorzugt haben könnten, von denen sie dachten, dass sie meinen Erwartungen entsprechen.

Ein entscheidender Nachteil einer schriftlichen Befragung in Studie 1 und 2 ist die unkontrollierte Erhebungssituation. Es wurde nur ein kleiner Teil der Untersuchungsteilnehmer unter standardisierten Bedingungen gleichzeitig schriftlich befragt. Dies war nur in 3 Schulen vor oder nach Lehrer-konferenzen und bei 2 Müttern in Studie 1 möglich. Eine Mutter füllte den Fragebogen zu Hause, eine andere in der Universität in meiner Anwesenheit aus. Der größte Teil der Befragung erfolgte postalisch.

Welche Implikationen resultieren aus den vorliegenden Ergebnissen? Auffällig ist, dass die Lehrer- und Schülerantworten in Bezug auf die offenen Fragestellung im Fragebogen nichts mit dem Störungsbild einer emotionalen Störung mit Trennungsangst gemein haben, deshalb kann nicht davon ausgegangen werden, dass Schülerinnen und Lehrer, die angeben, mit solchen Schülern bereits Erfahrungen gemacht zu haben, wirklich wissen, was eine Trennungsangst ist. Das deckt sich mit den Ergebnissen zu den Ursachen und Symptomen einer Trennungsangst und Schulphobie. Sowohl Schüler als auch Lehrerinnen haben ein undifferenziertes Bild zur Schulvermeidung allgemein. Den

Ergebnissen der offenen Fragestellung im Lehrerfragebogen nach zu urteilen besteht ein hoher Mitteilungsbedarf von Seiten der Lehrer über auffällige Schüler. Fast die Hälfte der befragten Lehrer in Untersuchung 2 nutzte den Fragebogen, um ihre Erfahrungen mit problematischen Schülerinnen mitzuteilen. Es handelte sich hierbei um Schülerinnen mit anderen Störungsbildern als der Schulphobie, die den Lehrpersonen im Unterricht auffielen. Dies lässt die Vermutung zu, dass die Lehrer das Bedürfnis hatten mitzuteilen, wenn es um psychische Störungen oder Verhaltensauffälligkeiten bei Schülern im Allgemeinen geht.

Ein Großteil der Lehrer und Schüler vertreten die Auffassung, dass hinter dem schulischen Fernbleiben eine Angst vor der Schule selbst steht. Möglicherweise sind typische Merkmale einer Schulangst in ihren Alltagsvorstellungen präsenter als die der Schulphobie. Möglicherweise haben Lehrerinnen bisher ausschließlich mit Schülern zu tun gehabt, die Angst vor schulischen Situationen hatten. Zumindest scheint die Angst vor Situationen, die in der Schule begründet liegen, für sie ein plausibler Grund für ein schulisches Fernbleiben zu sein.

Im schulischen Kontext kann für diese Kinder hilfreich sein, dass sie durch ihre schulischen Fehlzeiten nicht ausgegrenzt werden. Gelingt es einem Kind nach längeren schulischen Fehlzeiten wieder in die Schule zu gehen, kann es sich durch negative Bemerkungen von Lehrern und/oder Schülern in seinem Selbstwert angegriffen fühlen. Das Kind wird in seiner Einstellung bestätigt, dass es sich nur im häuslichen Bereich beschützt angenommen und wohl fühlen kann. Die Reaktionen von Lehrern und Mitschülerinnen können den Reintegrationsverlauf in eine positive oder negative Richtung lenken.

Die Bedeutung der Interaktion zwischen Eltern und Lehrpersonen sollte nicht unberücksichtigt bleiben. Negative Elternerfahrungen mit Lehrern können bei den Eltern negative Emotionen wie Ärger und Wut auslösen und verhaltenswirksam sein. Dabei besteht die Wahrscheinlichkeit, dass Eltern ihrem Kind explizit oder implizit vermitteln können, dass ihre aktuelle Schule schlecht ist. Dies kann sehr ungünstig sein, wenn man bedenkt, dass betroffene Kinder zur Verbesserung der Störungsproblematik und beim Schulbesuch auf die Unterstützung ihrer Eltern und Lehrer angewiesen sind. Zudem können Eltern als Vermittlerinstanz zwischen ihrem Kind und den Lehrern fungieren. Damit Lehrpersonen beispielsweise nicht mit einer negativen Einstellung dem Kind gegenübertreten und ihm ein bewusstes schulisches Fernbleiben unterstellen, haben die Eltern die Möglichkeit in der Schule den Klassenlehrer über die Störungsproblematik aufzuklären. Eltern können Lehrpersonen aufzeigen, dass hinter der Schulvermeidung Ängste stehen, die mit somatischen Beschwerden einhergehen (Weber, 2008). Es wäre demnach wünschenswert, wenn alle beteiligten Personen mit einbezogen werden, um die Trennungsproblematik zu reduzieren.

Elterliche Erwartungen und Verhaltensweisen sowie die Erfahrungen in der Schule können Einfluss auf die Einstellungen, auf die Gefühle und das Verhalten des Schülers nehmen und können verhaltenswirksam sein (siehe hierzu Weber, 2008). Im Falle einer Trennungsangst und Schulphobie kann es demnach hilfreich sein wenn die Familie auf die Symptome ihres erkrankten Kindes frühzeitig reagiert, sich an Hilfesysteme wendet und die Lehrerinnen über die weitere Vorgehensweise aufklärt.

Schüler mit einer Schulvermeidung haben in der Regel eine lange Geschichte mit negativen Schulerfahrungen. Sind sie in der Schule weiterhin Vorurteilen und Schuldzuweisungen ausgesetzt, können kaum positive Schulerfahrungen assimiliert werden. Wie in allen gesellschaftlichen Bereichen laufen auch in der Schule psychologische Prozesse ab. So neigen Personen dazu, sich von beobachtbaren Merkmalen in ihrer Wahrnehmung leiten zu lassen. Ein beobachtbares Merkmal ist ein kontinuierliches und langandauerndes Fernbleiben vom Unterricht. Aufgrund dieses Merkmales wird auf nicht beobachtbare Merkmale geschlossen. Hier gibt es unterschiedliche Attributionsmöglichkeiten, u.a. die, dass der Lehrer das Fernbleiben an seiner eigenen Person festmacht. Dies ist insbesondere dann der Fall, wenn bestimmte Unterrichtsfächer vom Schüler konsequent vermieden werden. Eine andere Möglichkeit ist, dass Lehrpersonen auch bei ängstlichen oder schulphobischen Schülern fälschlicherweise von einem willentlichen Fernbleiben von der Schule ausgehen. Die Lehrpersonen zeigen diese Einstellungen wahrscheinlicher in ihrem Verhalten gegenüber diesem Schüler. Unterstellt ein Lehrer einem Schüler willentliches Handeln, kann es zu einer sich selbst erfüllenden Prophezeiung kommen. Die Lehrperson könnte dem Schüler auf verbaler oder nonverbaler Ebene vermitteln, dass dieser unzuverlässig und faul ist. Der Schüler nimmt diese Reaktion seines Lehrers in sein schulisches Selbstkonzept auf und hat die Möglichkeit auf Verhaltensebene darauf mit Reaktanz oder Konformität zu reagieren (vgl. Welling & Weber, 2009). Es wäre wünschenswert, wenn die individuellen Motive der Schüler von Lehrern differenzierter wahrgenommen werden würden, um eine sich selbst erfüllende Prophezeiung gar nicht erst entstehen zu lassen.

Studie 3

In Studie 3 wurde ein Unterstützungskonzept speziell für Schülerinnen mit einer Schulvermeidung entwickelt und im Feld getestet. In drei von vier Fällen ist die Interventionsmaßnahme gescheitert, was bedeutet, dass drei Schüler trotz eines individuellen Begleitungsangebotes nicht zur Schule gingen. Von diesen drei Jugendlichen weigerten sich immerhin zwei, während der Begleitung die Schule zu besuchen. In diesen Fällen gelang es dem Reintegrationsteam trotz individueller Unterstützungsangebote nicht, einen Schulbesuch zu erzielen.

In Studie 3 ist die geringe Anzahl an Fallstudien zu kritisieren. Zudem muss in der Bewertung des Unterstützungskonzeptes berücksichtigt werden, dass die Schüler verschiedenartige Diagnosen hatten. Zudem wurden sie mit unterschiedlichen Therapiekonzepten in der Klinik behandelt. Das Ausmaß der Schulvermeidung war auch unterschiedlich und variierte bei den Jugendlichen von der Vermeidung einzelner Schulstunden bis zur kompletten Schulvermeidung über mehrere Monate. Zu den verschiedenartigen Krankheitsbildern hatten die vier Jugendlichen unterschiedliche und unterschiedlich starke Probleme mit dem System Schule.

An Fallstudien ist allgemein zu kritisieren, dass die externe Validität und häufig auch die interne Validität erheblich eingeschränkt sind (Bortz & Döring, 2009). Hinsichtlich der externen Validität bedeutet das für die vorliegenden Fallstudien, dass die hier erzielten Aussagen fallspezifisch zu betrachten sind. Die Aussagen sind über den Einzelfall hinaus nicht verallgemeinerbar.

Es wurde an einigen Fallbeispielen in Untersuchung 3 deutlich, wie die Bagatellisierung der Notwendigkeit eines Schulbesuches von Seiten der Eltern oder eines Elternteils den regelmäßigen Schulbesuch ihres Kindes negativ beeinflussen können. Dazu gibt es Untersuchungen zur Bedeutung elterlicher Involviertheit für den Schulerfolg ihres Kindes.Elterliche Involviertheit kann dadurch zum Ausdruck gebracht werden, dass Eltern sich für die schulischen Anforderungen, die von ihren Kindern ein bestimmtes Maß an Anstrengung und Energie erfordern, interessieren (Steins, 2008). Ungünstig für einen regelmäßigen Schulbesuch ist, wenn das Gegenteil vorliegt. Sehen die Eltern keinen Sinn in Schule, ist die Notwendigkeit des Schulbesuches sicherlich auch für den Schüler selbst schwer nachvollziehbar, insbesondere für solche Schülerinnen, die nach dem Lustprinzip handeln. Schließlich wird deren Handeln durch die elterlichen Einstellungen legitimiert, es kollidiert allerdings mit den Anforderungen, die die Schule an sie stellt. Dabei kollidieren gesellschaftliche und politische Anforderungen in Form einer Schulpflicht mit dem Vermeidungsverhalten der Schüler.In einigen Fällen konnten wir dies feststellen, dass Schüler unterschiedlichen Anforderungen ausgesetzt sind. Dies lässt die Vermutung zu, dass schulvermeidende Kinder und Jugendliche divergierende Erfahrungen mit Elternhaus und Schule/Gesellschaft machen, die widersprüchlich und somit für den Schüler unvereinbar sind. Warum sollen sie auf schulischen oder gesellschaftlichen Druck reagieren, wenn ihre Eltern ihr Handeln tolerieren und in ihrem Erziehungsverhalten nachgiebig sind?

In die Interventionsmaßnahmen fließenzwei weitere Aspekte mit ein: Kooperation und Compliance der Eltern. Mit Compliance in diesem Kontext ist gemeint, ob Eltern in der Lage sind, Handlungsstrategien von außen anzunehmen und diese im Verhalten umzusetzen. Verhalten sich Eltern wenig unterstützend, kann dies noch längere schulische Fehlzeiten nach sich ziehen. Aus den langen Fehlzeiten resultiert häufig Kontaktrückzug zu Mitschülern bis hin zur sozialen Isolation. Peers übernehmen insbesondere im Jugendalter wichtige Funktionen (Steins, 2008). Möchten die Jugendlichen die Richtigkeit ihrer eigenen Meinung überprüfen, ist die peer group die Gruppe, auf die sich die Schülerinnen am ehesten beziehen (Festinger, 1954). Schüler mit langen Fehlzeiten gehören der Gruppe der Klassenkameraden nicht mehr an, womit wichtige Bezugspersonen für sie wegfallen.

Auch unsere Erfahrungen mit Schulvermeidern zeigen, dass mit dem Fernbleiben von der Schule auch die Sozialkontakte der Schüler abnehmen. Gerade im Kindes- und Jugendalter kommt es auf die soziale Präsenz an, um weiter in einer Gruppe integriert zu bleiben. Je länger die Schülerinnen keinen Kontakt mehr zu Mitschülern haben, desto schwieriger wird der Anschluss an die Klasse sein.

Außerdem haben viele Schülerinnen im Kindes- und Jugendalter ein starkes Gerechtigkeitsdenken internalisiert. Eine Ungerechtigkeit sehen sie darin, dass der Mitschüler, statt zur Schule zu gehen zu Hause bleiben darf. Besucht der schulphobische Schüler nach längerer Abwesenheit wieder die Schule, wird er möglicherweise von seinen Mitschülern mit unangenehmen Fragen konfrontiert. Von uns unterstützte Schüler haben uns gegenüber ihre Bedenken geäußert und sich besonders vor dem ersten Reintegrationstag gefürchtet, mitunter aus Angst vor den Fragen ihrer Mitschülerinnen.

In Studie 3 hat sich ebenfalls gezeigt, dass es für eine weitere Beschulung ungünstig sein kann, wenn unterschiedliche miteinander kollidierende Vorstellungen und Erwartungshaltungen von den relevanten Bezugspersonen existieren. Ein Effekt daraus kann sein, dass der Schüler neu beschult wird und dort aufgrund seiner kognitiven Voraussetzungen unterfordert ist.

Aus den oben genanntenGründen ist die Einbeziehung von familiärem, schulischem und interventivem Kontext, unumgänglich und absolut notwendig.Für eine Verbesserung der Gesamtsituation sollte dies berücksichtigt werden, wenn es um die wissenschaftliche Auseinandersetzung mit Trennungsangst und Schulphobie geht. Wünschenswert für den Erfolg einer Behandlung und für einen Reintegrationserfolg wäre, dass der Schüler selbst und die relevanten erwachsenen Bezugspersonen gemeinsam an einem Strang ziehen.

10. AUSBLICK

Fokussiert man die Einstellungen und das Verhalten von relevanten Bezugspersonen und deren Interaktionen untereinander, fällt auf, dass es hierzu wenig Forschung gibt. Die Informationen, die uns diesbezüglich vorliegen, sind noch undifferenziert und unspezifisch. Daraus resultiert ein Bedarf an umfassenderen Forschungsergebnissen über die relevanten Bezugsgruppen von trennungsängstlichen und schulphobischen Kindern und Jugendlichen. Zwei wesentliche Fragen sind nach wie vor offen: Wie müssten sich die einzelnen Bezugspersonen verhalten, damit die Störung einen günstigen Verlauf nimmt? Und wie könnte eine Interaktion zwischen den relevanten Bezugspersonen aussehen, damit ein Reintegrationserfolg beim Schüler wahrscheinlicher wird? Um Antworten auf diese Fragen zu finden, müssten viele Fälle, die umfangreich dokumentiert werden müssten, aus unterschiedlichen Perspektiven betrachtet und längerfristig beobachtet werden. Der Nachhaltigkeitsgedanke, ob es den Schülern über einen langen Zeitraum gelingt, die therapeutischen Konzepte umzusetzen und regelmäßig die Schule zu besuchen, kann nur anhand einer Längsschnittuntersuchung getestet werden. Ein Ziel weiterführender Forschung sollte sein, exaktere Aussagen zu den genannten Punkten treffen zu können, mit dem Ziel Interventionen mit lang anhaltenden Effekten für die Schülerinnen und deren Familien in der Praxis zu entwickeln, im Feld zu testen und umzusetzen.

11. FACHLITERATUR

Baumeister, Elisabeth (2001). *Schulphobie im Jugendalter – eine Nachuntersuchung stationär behandelter Patienten.* München: Univ., Diss.

Berg, Ian (1969). School Phobia - Its Classification and Relationship to Dependency. In: *Journal of Child and Psychiatry and allied disciplines*, 10, 123-141. Oxford: Pergamon Press.

Blagg, Nigel & Yule, William (1994). School Phobia. In: *International Handbook of Phobic and Anxiety Disorders in Children and Adolescents*, 169-186. NewYork: Plenum Press.

Bortz, Jürgen & Döring, Nicola (2009): *Forschungsmethoden und Evaluation für Human- und Sozialwissenschaftler.* Heidelberg: Springer Verlag.

Bowlby, John (2006). *Trennung, Angst und Zorn.* München: Ernst Reinhardt Verlag.

Bowlby, John (1999). Attachment and Loss. Volume II. *Separation. Anxiety and Anger.* Basic Books.

Bowlby, John (1976). *Trennung. Psychische Schäden als Folge der Trennung von Mutter und Kind.* München: Kindler Verlag GmbH.

Bowlby, John (1961-62). Die Trennungsangst. In: *Psyche – Eine Zeitschrift für psychologische und medizinische Menschenkunde*, 15, 411-464. Stuttgart: Ernst Klett Verlag.

Brandibas, Gilles; Jeunier, Benolt; Clanet, Claude & Fourasté, Raymond (2004). Truancy. School refusal and anxiety. In: *School Psychology International*, 25(1), 117-126.

Broadwin, Isra T. (1932). A contribution to the study of truancy. In: *The American Journal of Orthopsychiatry*, 2, 253-259. New York: AMS Reprint Company.

Brockhaus Enzyklopädie (1992). 19. Auflage, 17, 110. Pes-Rac. Mannheim: F.A. Brock-Haus.

Brückl, Tanja M.; Wittchen, Hans-Ulrich; Höfler, Michael; Pfister, Hildegard; Schneider, Silvia & Lieb, Roselind (2007). Childhood Separation Anxiety and the Risk of Subsequent Psychopathology: Results from a Community Study. In: *Psychotherapy and Psychosomatics*, 76, 47-56.

Bühl, Achim & Zöfel, Peter (2005). *SPSS 12 Einführung in die moderne Datenanalyse unter Windows.* München: Pearson Studium.

Chitiyo, Morgan & Wheeler, John J. (2006). School phobia: understanding a complex behavioural response. In: *Journal of Research in Special Educational Needs*, 6 (2), 87-91.

Chorpita, Bruce F.; Brown, Timothy A. & Barlow, David H. (1998). Perceived control as a mediator of family environment in etiological models of childhood anxiety. In: *Behavior Therapy*, 29, 457-476.

Cierpka, Manfred & Frevert, Gabriele (1994). *Die Familienbögen - Ein Inventar zur Einschätzung von Familienfunktionen.* Göttingen: Hogrefe.

Coolidge, John C.; Brodie, Richard D. & Feeney, Barbara (1964). A ten-year follow-up study of sixtysix school-phobic children. In: *American Journal of Orthopsychiatry*, 34(4), 675-684.

Csóti, Marianna (2004). *School Phobia, Panic Attacks and Anxiety in Children*. London: Jessica Kingsley Publishers.

Davison, Gerald C. & Neale, John M. (2002). *Klinische Psychologie*. Weinheim: Beltz.

Dellisch, Heide (1991). Krankmachende Angst in der Familie. In: *Praxis der Kinderpsychologie und Kinderpsychiatrie*, 40, 128-133. Göttingen: Verlag Vandenhoeck & Ruprecht.

Dellisch, Heide (1985). Zwei Formen einer frühen Störung der Eltern-Kindbeziehung und ihre Auswirkungen auf die Schule. In: *Praxis der Kinderpsychologie und Kinderpsychiatrie*, 34, 256-263. Göttingen: Vandenhoeck & Ruprecht.

Döpfner, Manfred (2000). Diagnostik und funktionale Analyse von Angst- und Zwangsstörungen bei Kindern und Jugendlichen – Ein Leitfaden. In: *Kindheit und Entwicklung*, 9(3), 143-160.

Essau, Cecilia (2003). *Angst bei Kindern und Jugendlichen*. München: Ernst Reinardt.

Esser, Günter [Hrsg.] (2008). *Lehrbuch der Klinischen Psychologie und Psychotherapie bei Kindern und Jugendlichen*. Stuttgart: Georg Thieme Verlag.

Esser, Günter; Blanz, Bernhard; Geisel, B. & Laucht, Manfred (1989). *Mannheimer Eltern-Interview*. Weinheim: Beltz Test GmbH.

Estes, Hubert R.; Haylett, Clarice H. & Johnson, Adelaide M. (1956). Separation Anxiety. In: *American Journal of Psychotherapy*, 10, 682-695.

Federer, Matthias; Margraf, Jürgen & Schneider, Silvia (2000). Leiden schon Achtjährige an Panik? In: *Zeitschrift für Kinder- und Jugendpsychiatrie und Psychotherapie*, 28, 205-214.

Festinger, Leon (1954). A theory of social communication processes. In: *Human Relations*, 7, 117-140.

Fox, Tara L.; Barrett, Paula M. & Shortt, Alison L. (2002). Sibling relationships of anxious children: a Preliminary Investigation. In: *Journal of clinical child and adolescent psychology: the official journal of the Society of ClinicalChild and Adolescent Psychology*, American Psychological Association, 31, 375-383.

Franke, Gabriele Helga (2000). *Brief Symptom Inventory (BSI)* von L. R. Derogatis. Göttigen: Beltz.

Fremont, Wanda P. (2003). School Refusal in children and adolescents. In: Grau, Ina (1999). *American family physician*, 68 (8), 1555-1561.

Grau, Ina (1999). Entwicklung von Kurzskalen zur Erfassung von Bindungsrepräsentationen in Paarbeziehungen. In: *Zeitschrift für differentielle und diagnostische Psychologie*, 20, 142-152.

Häring, Hans-Georg (1997). Professionelle Hilfe für schulvermeidende Kinder. In: *Beispiele: in Niedersachsen Schule machen*, 15 (3), 20-23.

Hahlweg, Kurt (1996). *Fragebogen zur Partnerschaftsdiagnostik (FPD)*. Göttingen: Hogrefe.

Hennig, H.; Piskorz, J. & Gaitzsch, U. (1973). Zum Syndrom der Schulphobie. In: *Acta Paedopsychiatrica*, 40, 44-56. Basel: Schwabe & Co. Verlag.

Herpertz-Dahlmann, Beate & Schneider, Silvia (2004). Psychopharmakologische Behandlung. In: Schneider, Silvia [Hrsg.](2004): *Angststörungen bei Kindern und Jugendlichen*, 373-387.Berlin: Springer.

Hersov, L. A. (1960-61). Persistant Non-Attendance at school. In: *Child Psychology and Psychiatry and allied disciplines*, 1, 130-136.

In-Albon, Tina & Schneider, Silvia (2006). Von der kindlichen Trennungsangst zur Panikstörung des Erwachsenenalters: Die Prävention der Trennungsangst. In: Heinrichs, N.; Hahlweg, K. & Döpfner, M. [Hrsg.] (2006): *Familien stärken: Evidenz-basierte Ansätze zur Unterstützung der psychischen Gesundheit von Kindern*, 357-402. Münster: Verlag für Psychotherapie.

Johnson, Adelaide M.; Falstein, Eugene I., Szurek, S.A. & Svendsen, Margaret (1941). School Phobia. In: *American Journal of Orthopsychiatry*, 2, 702-711.

Kayser, E.; Zwerenz, R.; Gustson, D.; Vorndran, A. & Beutel, M. E. (2002). Schnittstellerproblematik am Beispiel der integrierten beruflichen Belastungserprobung. In: *Praxis klinische Verhaltensmedizin und Rehabilitation*, 15(58), 101-106.

Kendall, Philip C.; Scott, Compton N.; Walkup, John T.; Birmaher, Boris; Albano, Anne Marie; Sherill, Joel; Ginsburg, Golda; Rynn, Moira; McCracken, James; Gosch, Elisabeth; Keeton, Courtney; Bergman, Lindsey; Sakolsky, Dara; Suveg, Cindy; Iyengar, Satish; March, John & Piacentini, John (2010). Clinical characteristics of anxiety disordered youth. In: *Journal of Anxiety Disorders*, 24, 360-365.

Kent, Justine M.; Coplan, Jeremy D. & Gorman, Jack M. (1998). Clinical Utility of the Selective Serotonin Reuptake Inhibitors in the Spectrum of Anxiety.In: *Society of Biological Psychiatry*, 44, 812-824.

King, Neville J. & Bernstein, Gail A. (2001). School refusal in children and adolescents: a review of the last 10 years. In: *Journal of the American Academy of Child and Adolescent Psychiatry*, 40, 197-205.

King, Neville J. & Ollendick, Thomas H. (1989). Children's anxiety and phobic disorders in school settings. Classification, assessment and intervention issues.In: *Review of educational research*, 59(4), 431-470.

Klein, Donald F. (1980). Anxiety reconceptualized. In: *Comprehensive Psychiatry*, 21, 411-427.

Klicpera, Christian (1983). Schulvermeidung und Schulphobie. In: Strian, F.: *Angst Grundlagen und Klinik. Ein Handbuch zur Psychiatrie und medizinischen Psychologie*, 147-156. Berlin: Springer-Verlag.

Klotter, Christoph (2007). Vernetzung und Interdisziplinarität – am Beispiel der Behandlung der Adipositas. In: Hoefert, Hans Wolfgang [Hrsg.]: *Führung und Management im Krankenhaus*, 193-201. Göttingen: Hogrefe.

Knollmann, Martin; Knoll, Susanne; Reissner, Volker; Metzelaars, Jana & Hebebrand, Johannes (2010). Schulvermeidendes Verhalten aus kinder- und jugendpsychiatrischer Sicht. In: *Deutsches Ärzteblatt*, 107, 4, 43-49.

Knox, Patricia (1990). *Troubled Children – A fresh Look at School Phobia*. Pen Llywenan: The Self Publishing Association Ltd.

Krevelen van, D. Arn. (1971). Kinder, die nicht zum Schulbesuch zu bewegen sind. In: *Acta Paedopsychiatrica*, 38, 161-180. Basel: Schwabe & Co Verlag.

Last, Cynthia G. & Strauss Cyd C. (1990). School refusal in anxiety-disordered children and adolescents. In: *Journal of the American Academy of Child and Adolescent Psychiatry*, 29, 31-35.

Last, Cynthia G; Hersen, Michel & Kazdin, Alan E. (1987). Psychiatric illness in the mothers of anxious children. In: *The American journal of psychiatry*, 144(12), 1580-1583.

Latzko, Gabriele & Fegert, Jörg M. (1991). Schulphobie. In: Beck, Manfred; Brückner, Gerhard & Thiel, Heinz-Ulrich [Hrsg.]*Psychosoziale Beratung. Klient/inn/en – Helfer/innen – Institutionen*, 93-110. Tübingen: dgvt Verlag.

Lebovici, Serge (1990). School Phobia: A Psychoanalytic View. In: Chiland, Colette[Hrsg.]*Why children reject school: views from seven countries*, 187-198. New Haven: Yale Univ., Pr.

Lehmkuhl, Gerd; Flechtner, Henning & Lehmkuhl, Ulrike (2003). Schulvermeidung: Klassifikation, Entwicklungspsychopathologie, Prognose und therapeutische Ansätze.In: *Praxis der Kinderpsychologie und Kinderpsychiatrie*, 52, 371-386. Göttingen: Verlag Vandenhoeck & Ruprecht.

Lehmkuhl, Gerd; Doll, Ulrike & Blanz, Bernd (1990). Schulphobisches Verhalten – Eine Untersuchung zu Diagnostik, Differentialdiagnostik und Therapie.In: *Sozialpädiatrie in Praxis und Klinik*, 10, 569-575.

Lotzgeselle, Michael (1990). Schulphobisches Verhalten – Entstehungsbedingungen und Verläufe. In: *Praxis der Kinderpsychologie und Kinderpsychiatrie*, 39, 18-25. Göttingen: Vandenhoeck & Ruprecht.

Martin, Corinne; Cabrol, Stephane; Bouvard, Manuel Pierre; Lepine, Jean Pierre & Mouren-Siméoni, Marie Christine (1999). Anxiety and depressive disordersin fathers and mothers of anxious school-refusing children. In: *Journal of the American Academy of Child and Adolescent Psychiatry*, 38, 916-922.

Martinius, J. & Orthofer N. (1993). Angststörungen in der Praxis- Schulverweigerung/Schulphobie. In: *Psychiatrie für die Praxis*, 18, 73-79. München: MMV Medizin Verlag.

Mattejat, Fritz; Eimecke, S. & Pauschardt, J. (2008). Ängste, Phobien und Kontaktstörungen. In: Esser, Günter [Hrsg.]: *Lehrbuch der Klinischen Psychologieund Psychotherapie bei Kindern und Jugendlichen*, 240-270. Stuttgart: Georg Thieme Verlag.

Mattejat, Fritz & Scholz, Michael (1994). *Das subjektive Familienbild (SFB) – Leipzig-Marburger Familientest*. Göttingen: Hogrefe.

Mattejat, Fritz (1981). Schulphobie: Klinik und Therapie. In: *Praxis der Kinderpsychologie und Kinderpsychiatrie*, 30, 292-298. Göttingen: Vandenhoeck &Ruprecht.

Messer, Stephen C. & Beidel, Deborah C. (1994). Psychological correlates of childhood anxiety disorders. In: *Journal of the American Academy of Child and Adolescent Psychiatry*, 33. 975-983.

Millar, T. P. (1961). The child who refuses to attend school. In: *The American Jounal of Psychiatry*, 118, 398-404. Arlington: Va. P.

Moosbrugger, Helfried & Kelava, Augustin (2008): *Testtheorie und Fragebogenkonstruktion*. Heidelberg: Springer Verlag.

Nichols, K. A. & Berg, Ian (1970). School phobia and selfevaluation. In: *Journal of Child Psychology and Psychiatry*, 11, 133-141.

Nothbaum, Norbert & Steins, Gisela (2010). Nicht sexistischer Sprachgebrauch: die stochastische Genuswahl. In: Steins, Gisela [Hrsg.]. *Psychologie der Geschlechterforschung – ein Handbuch*. 409-416. Wiesbaden: Verlag für Sozialwissenschaften.

Overmeyer, Stephan (1995). Schulvermeidung – eine katamnestische Untersuchung zu dem diagnostischen Konzept von ,Schulphobie' und ,Schulangst'. In: *Zeitschrift für Kinder- und Jugendpsychiatrie*, 23(1), 35-43.

Overmeyer, Stephan; Schmidt, M. H.; Blanz, B. & Lotz, M. (1994). Schulvermeidung – Unterschiede zwischen der sogenannten Schulphobie und der sogenannten Schulangst. In: *Pädiatrische Praxis*, 47, 27-36.

Rabiner, Charles J. & Klein, Donald F. (1969). Imipramine treatment of school phobia. In: *Comprehensive psychiatry*, 10(5), 387-390.

Reid, W. J. & Fortune, A. E. (2006). Task-centered practice. An exemplar of evidence-based practice. In: Roberts, A. R. & Yeager, K. R., *Foundations of evidence-based social work practice*, (194-203). Oxford: University Press.

Remschmidt, Helmut [Hrsg.] (2008). *Kinder – und Jugendpsychiatrie. Eine praktische Einführung*. Stuttgart: Georg Thieme Verlag.

Röhrle, B. & Sommer, G. (1998). Zur Effektivität netzwerkorientierter Interventionen. In: Röhrle, B.; Sommer, G. & Nestmann, F. [Hrsg.]: *Netzwerkintervention*, 13-50. Tübingen: Deutsche Gesellschaft für Verhaltenstherapie.

Sanders, James R. (2000). *Handbuch der Evaluationsstandards*. Opladen: leske +buc=ich.

Saß, Henning; Wittchen, Hans-Ulrich; Zaudig, Michael & Houben, Isabel (2003). *Diagnstische Kriterien des Diagnostischen und Statistischen Manuals Psychischer Störungen DSM-IV-TR*.Göttigen: Hogrefe Verlag.

Schlung, Ekkehart (1987). *Schulphobie – Kritische Sichtung der Literatur zu Erscheinungsformen, Entstehungsbedingungen und Behandlungsmöglichkeiten bei schulphobischem Verhalten.* Weinheim: Deutscher Studien Verlag.

Schmidt, Martin H. (1987). Schulangst – Begriffliche Abgrenzungen und Epidemiologie. In: Lempp, Reinhart & Schiefele, Hans [Hrsg.]: *Ärzte sehen die Schule – Untersuchungen und Befunde aus psychiatrischer und pädagogisch – psychologischer Sicht.* 101-108. Weinheim: Beltz.

Schneider, Silvia; Unnewehr, Suzan & Margraf, Jürgen (2006). *DIPS – Diagnostisches Interview bei psychischen Störungen.* Heidelberg: Springer Medizin Verlag.

Schneider, Silvia (2004). *Angststörungen bei Kindern und Jugendlichen.* Berlin: Springer.

Schneider, Silvia & In-Albon, Tina (2004). Störung mit Trennungsangst. In: Schneider, Silvia: *Angststörungen bei Kindern und Jugendlichen,* 107-131. Berlin: Springer.

Schumacher, Jörg; Eisemann, Martin & Brähler, Elmar (2000). *Fragebogen zum erinnerten elterlichen Erziehungsverhalten (FEE).* Bern: Verlag Hans Huber.

Siqueland, Lynne; Kendall, Philip C. & Steinberg, Laurence (1996). Anxiety in children: Perceived family environments and observed family interaction. In: *Journal of Clinical Child Psychology,* 25, 225-237.

Specht, Friedrich (2004). Schulvermeidendes Verhalten – Einführung in die Praxis von Differenzierung und Interventionsansätzen.In: *Bundesgesundheitsblatt – Gesundheitsforschung – Gesundheitsschutz,* 31-35.

Specht, Friedrich (1985). Schulphobisches Verhalten - unüberwindliche Angst vor der Schule. In: *Verband deutscher Sonderschulen/ Landesverband Niedersachsen,* 4, 50-54. Vechelde-Vallstadt.

Spitz, René A. & Cobliner, W. Godfrey (2005): *Vom Säugling zum Kleinkind. Naturgeschichte der Mutter-Kind-Beziehungen im ersten Lebensjahr.* Stuttgart: Klett-Cotta.

Stark, Kevin D.; Humphrey, Laura Lynn; Crook, Kim & Lewis, Kay (1990). Perceived familiy environments of depressed and anxious children: Child´s andMaternal Figure´s Perspectives. In: *Journal of Abnormal Child Psychology,* 18, 527-547.

Steins, Gisela [Hrsg.] (2008). *Schule trotz Krankheit.*Lengerich: Pabst Science Publishers.

Steins, Gisela (2005). *Sozialpsychologie des Schulalltags.* Stuttgart: Verlag W. Kohlhammer.

Strauss, Anselm & Corbin, Juliet (1996). *Grounded Theory: Grundlagen Qualitativer Sozialforschung.* Weinheim: Beltz.

Strauss, Cyd C.; Frame, Cynthia L. & Forehand Rex (1987). Psychosocial impairment associated with anxiety in children. In: *Journal of clinical child psychology,* 16, 235-239.

Thurner, Franz & Tewes, Uwe (2000). *Kinder-Angst-Test-II (KAT-II).* Göttingen: Hogrefe.

Trojan, A.; Hildebrandt, H.; Faltis, M. & Deneke, C. (1987). Selbsthilfe, Netzwerkforschung und Gesundheitsförderung. Grundlagen "gemeindebezogener Netzwerkförderung" als Präventionsstrategie. In: Keupp, H. & Röhrle, B. [Hrsg.]. *Soziale Netzwerke*, 294-317. Frankfurt/M.: Campus.

Tyrrell, Maureen (2005). School Phobia. In: *The Journal of School Nursing*, 21(3), 147-151.

Van Dyke, Cydney J.; Regan, Jennifer & Albano, Anne Marie (2009). Separation Anxiety Disorder. In: Mc Kay, Dean & Storch, Eric A. [Hrsg.].*Cognitivebehavior therapy for children: Treating complex and refractory cases*, 115-140. New York: Springer.

Von Kardoff, E. (1998). Kooperation, Koordination und Vernetzung. Anmerkungen zur Schnittstellenproblematik in der psychosozialen Versorgung. In: Röhrle, B.; Sommer, G. & Nestmann, F. [Hrsg.]. *Netzwerkintervention* (203-222).Tübingen: Deutsche Gesellschaft für Verhaltenstherapie.

Waldfogel, S.; Coolidge, J.C & Hahn, P.B. (1957). The Development, Meaning and Management of School Phobia. In: *American Journal of Orthopsychiatry*, 27,754-780.

Waldron, S; Shrier D. K.; Stone B.; Tobin, F. (1975). School Phobia and other childhood neuroses: A systematic study of the children and their families.In: *The American Journal of Psychiatry*, 132(8), 802-808.

Walsh, Judi; Schofield, Gillian; Harris, Gillian; Vostanis, Panos; Oyebode, Femi & Coulthard, Helen (2009). Attachment and coping strategies in middle childhood children whose mothers have a mental health problem: Implications for social work practice. In: *British Journal of Social Work*, 39, 81-98.

Weber, Pia A. & Welling, Verena (2010). Das Sanktionsverhalten von Eltern und Schule bei psychisch kranken Schülerinnen und Schülern aus dem Projekt „Soulguard". In: Steins, Gisela & Welling, Verena. *Sanktionen in der Schule*,56-74. Wiesbaden: VS-Verlag.

Weber, Pia A. (2008). Der Faktor Familie. In: Steins, Gisela [Hrsg.]. *Schule trotzKrankheit – Eine Evaluation von Unterricht mit kranken Kindern und Jugendlichen und Implikationen für allgemeinbildende Schulen*, 78-102. Lengerich: Pabst Science Publishers.

Weber, Pia A.; Steins, Gisela; Brendgen, Annika & Haep, Anna (2008). Entwicklung weiterführender Maßnahmen. In: Steins, Gisela [Hrsg.]. *Schule trotz Krankheit – Eine Evaluation von Unterricht mit kranken Kindern und Jugendlichen und Implikationen für allgemeinbildende Schulen.* 316-353. Lengerich: Pabst Science Publishers.

Welling, Verena & Weber, Pia A. (2009). Anpassung und Widerstand in der Schule. In: *Psychologieunterricht*, 42, 55-59.

Weltgesundheitsorganisation [Hrsg.] (2006). *Internationale Klassifikation psychischer Störungen – ICD-10* Übersetzt und herausgegeben von: Dilling, H.; Mombour, W. & Schmidt, M.H. Bern: Verlag Hans Huber.

12. ABBILDUNGSVERZEICHNIS

13. TABELLENVERZEICHNIS

233

14. VERZEICHNIS VORLIEGENDER KÄSTEN

15. ANHANG

15.1 Anlagen

Anlage 1: Handzettel zur Rekrutierung der Mütter und deren Kinder für Untersuchung 1 – Vorder- und Rückseite

Anlage 2: Werbeflyer für Untersuchung 1

Anlage 3: Werbeflyer für Untersuchung 1

Anlage 4: Überarbeiteter Fragebogen zur Erfassung der Bindungsrepräsentation der Mütter – Pilotstudie 1

Anlage 5: Komplettfragebogen für Untersuchung 1 – Pilotstudie 1

Anlage 6: Komplettfragebogen für Untersuchung 1 – Hauptstudie 1

Anlage 7: Fragebogen für trennnungsängstliche Kinder – Hauptstudie 1

Anlage 8: Fragebogen für Schulphobiker mit standardisierten Fragen ab 12 Jahre – Hauptstudie 1

Anlage 9: Fragebogen für Lehramtsstudenten – Pilotstudie 2

Anlage 10: Lehrerfragebogen – Hauptstudie 2

Anlage 11: Schülerfragebogen –Hauptstudie 2

15.2 Eingesetzte Fragebögen

Fragebogen 1: Überarbeiteter Fragebogen zur Erfassung der Bindungsrepräsentation der Mütter - Pilotstudie 1

Fragebogen 2: Komplettfragebogen für Untersuchung 1 – Pilotstudie 1

Fragebogen 3: Komplettfragebogen für Untersuchung 1 – Hauptstudie 1

Fragebogen 4: Fragebogen für trennnungsängstliche Kinder – Hauptstudie 1

Fragebogen 5: Fragebogen für Schulphobiker mit standardisierten Fragen ab 12 Jahre – Hauptstudie 1

Fragebogen 6: Fragebogen für Lehramtsstudenten – Pilotstudie 2

Fragebogen 7: Lehrerfragebogen – Hauptstudie 2

Fragebogen 8: Schülerfragebogen –Hauptstudie 2

MAMA, ICH HABE ANGST!

UNIVERSITÄT

DUISBURG
ESSEN

Anlage 1:
Handzettel zur Rekrutierung der Mütter und deren
Kinder für Untersuchung 1 - Vorderseite

WISSENSCHAFTLICHE STUDIE
AN DER UNIVERSITÄT DUISBURG-ESSEN

LIEBE MÜTTER, LIEBE KINDER!
Für eine wissenschaftliche Studie an der Universität
Duisburg-Essen FB Bildungswissenschaften werden
trennungsängstliche und schulphobische Kinder sowie
deren Mütter für ein Interview gesucht.

- -

- ### INTERESSE AN EINEM INTERVIEW?
Haben Sie und Ihr Kind Interesse an einem Gespräch?
Ort und Uhrzeit werden individuell mit Ihnen vereinbart.

- ### IHR VORTEIL?
Bei Interesse, kann ich Ihnen die Erkenntnisse aus der
Studie zukommen lassen. Außerdem nehmen Sie und
Ihr Kind automatisch an einer Verlosung teil.
Helfen Sie der Forschung, damit die Forschung Ihnen helfen kann!

- ### SIND SIE INTERESSIERT?
Dann setzen Sie sich mit mir in Verbindung.
Ich freue mich, wenn Sie mit machen.

Pia Anna Weber
Fachbereich Bildungswissenschaften
Abteilung Psychologie
Raum R09 S03 B08
Universitätsstraße 12
45141 Essen

☎ 02 11 | 58 00 21 27
✉ pia.weber@uni-due.de

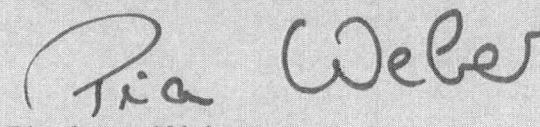

Pia Anna Weber

Anlage 1:
Handzettel - Rückseite

FOTO: flickr.com | DESIGN: blanca.design @web.de

WISSENSCHAFTLICHE STUDIE
AN DER UNIVERSITÄT DUISBURG-ESSEN

UNIVERSITÄT
DUISBURG
ESSEN

Anlage 2:
Werbeflyer für Untersuchung 1

MAMA, BITTE LASS MICH NICHT ALLEIN!

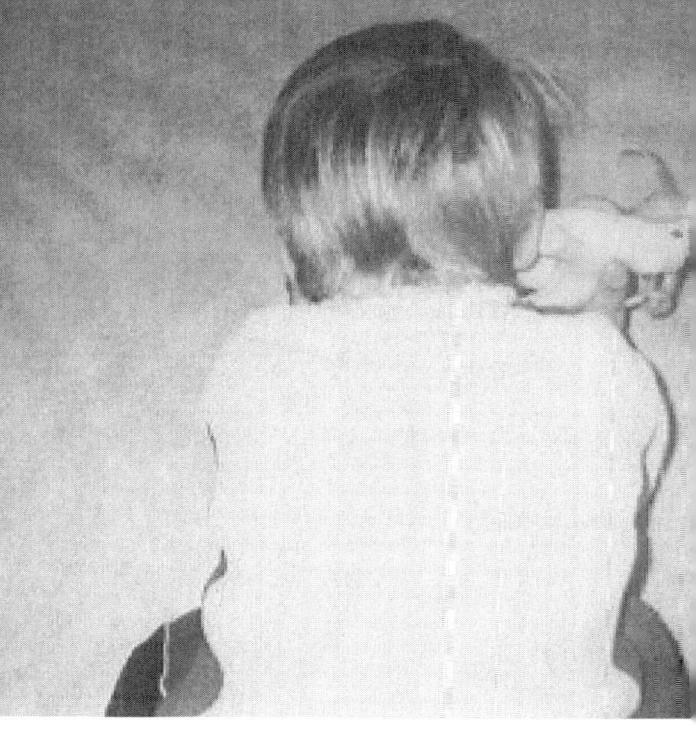

Anlage 3:
Werbeflyer für Untersuchung 1

Liebe Mütter, wie sehr wird durch folgende Aussagen Ihr Erleben mit Ihrer Mutter in **Ihrer Kindheit bis zum 12. Lebensjahr** wieder gegeben? Für Ihre Antworten haben Sie eine 7-stufige Antwortskala zur Verfügung. Ist die Aussage überhaupt nicht zutreffend, so kreuzen Sie die 1 an, ist sie voll zutreffend, kreuzen Sie die 7 an. Die Ziffer 4 bedeutet, dass weder das Eine noch das Andere zutreffend ist. Die übrigen Zahlen geben Ihnen die Möglichkeit, Ihre Einschätzung abzustufen. Bitte machen Sie für jede Aussage immer nur ein Kreuz.

	stimmt überhaupt nicht: 1 / weder noch: 4 / stimmt voll und ganz: 7
1. Ich fand es als Kind schön, mich an meine Mutter zu binden.	①②③④⑤⑥⊗
2. Ich mochte meiner Mutter als Kind gefühlsmäßig so nahe wie möglich sein.	①②③④⑤⑥⊗
3. Ich hatte als Kind leicht das Gefühl, dass meine Mutter mich vereinnahmen wollte.	①②③④⑤⊗⑦
4. Ich fühlte mich als Kind durch eine intensive Beziehung zu ihr schnell eingeengt.	⊗②③④⑤⑥⑦
5. Wenn meine Mutter mir in meiner Kindheit zu nahe kam, ging ich auf Distanz.	⊗②③④⑤⑥⑦
6. Ich war als Kind gewöhnlich lieber allein, als mit meiner Mutter zusammen.	⊗②③④⑤⑥⑦
7. Meine allerintimsten Gefühle gingen meine Mutter nichts an.	①②③⊗⑤⑥⑦
8. Meine Mutter wollte in meiner Kindheit oft, dass ich vertraulicher bin, als es mir angenehm war.	⊗②③④⑤⑥⑦
9. Meiner Mutter erzählte ich durchaus nicht alles über mich.	①②③④⑤⑥⊗
10. Wenn ich als Kind Ärger hatte oder krank war, wollte ich meine Mutter lieber nicht sehen.	⊗②③④⑤⑥⑦
11. Meine Mutter zögerte oft, mir so nahe zu kommen, wie ich es gerne in meiner Kindheit gehabt hätte.	⊗②③④⑤⑥⑦
12. Ich machte mir als Kind oft Sorgen, dass meine Mutter mich nicht genug mag.	⊗②③④⑤⑥⑦
13. Ich hatte als Kind Angst, dass meine Mutter die Beziehung zu mir abbrechen könnte.	⊗②③④⑤⑥⑦
14. Ich fragte mich als Kind manchmal, ob meine Mutter mich genauso intensiv lieb hat, wie ich sie lieb habe.	⊗②③④⑤⑥⑦
15. Meine Mutter war wichtiger für mich als ich für sie.	①②③⊗⑤⑥⑦
16. Als Kind versuchte ich meine Mutter dazu zu bewegen, dass sie mehr Zeit mit mir verbringt.	⊗②③④⑤⑥⑦
17. Ich war besorgt, für meine Mutter nicht genügend wichtig zu sein.	⊗②③④⑤⑥⑦
18. Mein großes Bedürfnis nach Aufmerksamkeit wurde von meiner Mutter nicht erfüllt.	⊗②③④⑤⑥⑦
19. Als Kind machte ich mir Sorgen darüber, dass meiner Mutter an unserer Beziehung nichts liegt.	⊗②③④⑤⑥⑦
20. Es frustrierte mich als Kind manchmal, dass meine Mutter mir nicht die Liebe gab, die ich brauchte.	⊗②③④⑤⑥⑦
21. Ich war als Kind sehr zufrieden mit meiner Mutter.	①②③④⑤⑥⊗

Die folgenden Fragen beziehen sich auf **das letzte Jahr**.

1. Lebt Ihre Mutter bei Ihnen im Haus?

☐ Ja   ☒ Nein

2. Wie oft sehen Sie Ihre Mutter heutzutage (bezogen auf das letzte Jahr)?

    ☐ ein Mal pro Tag

    ☐ mehr als ein Mal pro Tag

    ☐ ein Mal pro Woche

    ☒ mehr als ein Mal pro Woche

    ☐ ein Mal pro Monat

    ☐ mehr als ein Mal pro Monat

    ☐ ein Mal im Jahr

    ☐ mehr als ein Mal im Jahr

    ☐ es besteht kein Kontakt mehr

    ☐ Mutter ist verstorben

    ☐ sonstiges

Falls Sie Anmerkungen oder Verbesserungsvorschläge haben, schreiben Sie diese bitte auf.
Der Fragebogen soll ab September eingesetzt werden.

Bitte legen Sie den ausgefüllten Fragebogen in den beiliegenden frankierten Umschlag und
senden Sie ihn an mich zurück.

Vielen Dank fürs Mitmachen!

Fachbereich
Bildungswissenschaften

Abteilung Psychologie

Pia Anna Weber

Allgemeine Psychologie und Sozialpsychologie

Telefon   (02 01) 1 83 – 2171

Fax   (02 01) 1 83 – 3235

E-Mail   pia.weber@uni-due.de

Gebäude Universitätsstr. 12, R09 S03 B08

Anlage 5:
Komplettfragebogen für Untersuchung 1 -
Pilotstudie 1

Betreff: Fragebogenerhebung zum Thema Trennungsangst und/oder Schulphobie bei Kindern und Jugendlichen im Rahmen meiner Dissertation

Liebe Mütter!

Zunächst möchte ich mich kurz vorstellen: Mein Name ist Pia Weber. Ich schreibe eine Doktorarbeit im Fachbereich Bildungswissenschaften zum Thema Trennungsangst und Schulphobie. Für diese Arbeit benötige ich viele Teilnehmerinnen.

Alle Fragebögen, die Sie ausfüllen, werden anonym behandelt und nicht mit Ihrem Namen in Verbindung gebracht. Alle teilnehmenden Personen nehmen an einer Verlosung teil. Die Ergebnisse meiner Studie kann ich Ihnen bei Interesse selbstverständlich zukommen lassen. Zur Teilnahme an der Verlosung benötige ich Ihren Namen und Ihre Adresse. Nach der Verlosung werden Ihr Name und Ihre Adresse vollständig vernichtet. Falls Sie damit einverstanden sind, können Sie mir mitteilen bei welchem behandelnden Arzt Ihr Kind zur Zeit in Behandlung ist, so dass mir die exakte Diagnose für meine wissenschaftliche Arbeit zur Verfügung steht.

Ich möchte mich für Ihre Mitarbeit herzlich bei Ihnen bedanken.

Freundliche Grüße

(Pia Anna Weber)

$\longrightarrow$

Dieser Zettel wird nach der Verlosung vollständig vernichtet und somit nicht mit personenbezogenen Daten in Verbindung gebracht.

Ihr Name:

Ihre Anschrift:

Ihre Telefonnummer
oder e-mail-Adresse

Name und Anschrift des behandelnden Arztes:

Herzlichen Dank für Ihre Teilnahme!

$\longrightarrow$

Im Folgenden stelle ich Ihnen einige Fragen zu Ihrem Kind und seiner Lebenssituation sowie zu Ihrer Partnerschaft.
Ich bitte Sie möglichst keine Fragen auszulassen.
Alle Fragebögen sind auf der Vor- und auf der Rückseite beschriftet, bitte füllen sie auch die Rückseiten der Fragebögen aus.
In welchem Verhältnis stehen Sie zu dem Kind?

☒ leibliche Mutter
☐ Pflegemutter
☐ Sonstiges: _____

1. Wann ist das Kind geboren?

_____85_____

2. War dieses Kind ein Wunschkind?

☐ Nein   ☒ Ja

3. Welche Personen wohnen mit diesem Kind zusammen? Wie alt sind die Personen und wann sind sie geboren?

_____Vater, Mutter, Schwester._____

_____,   _____

_____

_____

Anzahl der Personen, mit denen Ihr Kind zusammen lebt: ___3___
Gesamtzahl der leiblichen Geschwister: ___1___
Gesamtzahl der übrigen Geschwister: ___0___

Gibt es Geschwister, die nie mit Ihrem Kind zusammengelebt haben?

☒ Nein   ☐ Ja, wie viele? _____

Gibt es Geschwister, die bereits von zu Hause ausgezogen sind?
☒ Nein   ☐ Ja, wie viele? _____

In welchem Jahr sind die Geschwister ausgezogen?

_____

_____

→

Jetzt kommen einige Fragen, die sich auf ihre Partnerschaft beziehen.

Sind Sie mit Ihrem aktuellen Partner verheiratet?   ☒ Ja   ☐ Nein

Falls Nein, Sie

☐ haben nie geheiratet
☐ sind voneinander geschieden
☐ sind verwitwet
☐ leben getrennt

Seit wann sind Sie verheiratet/geschieden/verwitwet/leben Sie getrennt?

_____ _1984_____

Falls die leiblichen Eltern nicht zusammen leben und Ihr Kind nur bei einem leiblichen Elternteil aufwächst:

Bestand früher ein gemeinsamer Haushalt?

☐ Ja   ☐ Nein

Falls ja, wie lange?

_____

Wie oft hat Ihr Kind Kontakt zu seinem/ihrem Vater?

☐ ein Mal pro Woche
☐ mehrmals in der Woche
☐ ein Mal pro Monat
☐ mehrmals im Monat
☐ ein Mal im Jahr
☐ unregelmäßig

Wie würden Sie sagen ist die Beziehung zwischen Ihrem Kind und seinem Vater auf einer Skala von 1 bis 6? Stellen Sie sich die Zahlen als Schulnoten vor.

(1)   2   3   4   5   6

Wissen Sie die genaue Diagnose von Ihrem Kind?

☒ Nein   ☐ Ja

Wenn Ja, wie lautet die **genaue Diagnose**:

_____
_____

Falls Sie die Diagnose nicht wissen bzw. falls die Diagnose nur ungenau benannt werden kann, wäre es schön, wenn Sie die Einverständniserklärung auf der nächsten Seite ausfüllen würden, so dass der behandelnde Arzt bzw. Psychologe mir die exakte Diagnose nennen darf. Alle Angaben werden anonym behandelt und nicht mit Ihrem Namen in Verbindung gebracht. Die Angaben dienen lediglich zur Vollständigkeit, so dass ein wissenschaftliches Arbeiten meinerseits gewährleistet werden kann.

$\longrightarrow$

Fachbereich
Bildungswissenschaften

Abteilung Psychologie

Pia Anna Weber

Allgemeine Psychologie und Sozialpsychologie

Telefon   (02 01) 1 83 – 2171

Fax   (02 01) 1 83 – 3235

E-Mail   pia.weber@uni-due.de

Gebäude Universitätsstr. 12, R09 S03 B08

Hiermit erkläre ich mich bereit, dass Sie Frau Pia Weber über die genaue Diagnose sowie den Störungsverlauf meines Kindes   telefonisch informieren dürfen. Ich habe mit meinem Kind an der Interviewstudie bzw. der Fragebogenerhebung von Frau Weber teilgenommen. Die Angaben zur Diagnostik und zum Störungsverlauf benötigt Frau Weber für die Gewährleistung einer korrekten Stichprobe, um später repräsentative Aussagen bezüglich des Störungsbildes treffen zu können.

Mit freundlichen Grüßen

(Ort, Datum, Unterschrift des Erziehungsberechtigten)

$\longrightarrow$

Besondere Ereignisse im Leben Ihres Kindes

1. Krankenhausaufenthalte:
War Ihr Kind in den letzten 5 Jahren im Krankenhaus?

☐ Nein   ☒ Ja → Wie oft? _2 X_____

2. Heim-/Internatsaufenthalte:
War Ihr Kind in den letzten 5 Jahren in einem Heim oder in einem Internat?

☒ Nein   ☐ Ja → Wie oft? _____

3. Schulwechsel:
Hat Ihr Kind in den letzten 5 Jahren die Schule gewechselt (alle Schulwechsel außer dem Regelwechsel von der Primar- zur Sekundarstufe)

☒ Nein   ☐ Ja → Wie oft? _____

4. Trennung von Familienmitgliedern?
Hat sich Ihr Kind in den letzten 5 Jahren von einem Elternteil trennen müssen?

☒ Nein   ☐ Ja → Wie oft?_____

Hat sich Ihr Kind in den letzten 5 Jahren von anderen Familienmitgliedern trennen müssen?

☒ Nein   ☐ Ja → Wie oft? _____

Hat sich Ihr Kind in den letzten 5 Jahren von einem engen Freund oder einer anderen wichtigen Bezugsperson trennen müssen?

☒ Nein   ☐ Ja → Wie oft? _____

5. Neue Familienmitglieder

Sind in den letzten Jahren neue Personen in die Familie gekommen (z.B. Geburt eines Geschwisters, Stiefvater, Stiefmutter, Oma)?

☒ Nein   ☐ Ja → Wie oft? _____

→

Fragen zum Alltagsverhalten Ihres Kindes

1. Schläft Ihr Kind manchmal bei Ihnen im Bett?

☒ Nein   ☐ Ja

Falls Ja,
wie häufig kommt es vor, dass Ihr Kind bei Ihnen im Bett schläft (im letzten halben Jahr)?

☐ jede Nacht
☐ ein Mal pro Woche
☐ mehrmals in der Woche
☐ ein Mal im Monat
☐ ein Mal im Jahr
☐ mehrmals im Jahr
☐ nie

2. Schläft Ihr Kind manchmal bei Geschwistern im Bett?

☒ Nein   ☐ Ja

Falls Ja,
wie häufig kommt es vor, dass Ihr Kind bei seinen Geschwistern im Bett schläft (im letzten halben Jahr)?

☐ jede Nacht
☐ ein Mal pro Woche
☐ mehrmals in der Woche
☐ ein Mal im Monat
☐ ein Mal im Jahr
☐ mehrmals im Jahr
☐ nie

3. Denken Sie es gibt Ereignisse, nach denen Ihr Kind lieber nicht in seinem eigenen Bett schlafen möchte?
Bitte Zutreffendes ankreuzen:

☐   Ärger in der Schule
☐   Angst vor einer bevorstehenden Prüfung
☐   Streit mit den Geschwistern
☐   Probleme in der Familie
☐   nach einem gruseligen Film
☐   Tod eines Angehörigen
☐   anstehender Auszug bzw. vollendeter Auszug eines Geschwisters
☐   anstehender Auszug bzw. vollendeter Auszug eines Elternteils
☐   andere belastende Lebensereignisse
☐   aus Angst den Eltern könnte etwas Schlimmes zustoßen, wenn das Kind nicht zu Hause ist
☐   aus Angst es könnte seiner Mutter etwas Schlimmes zustoßen, wenn das Kind nicht zu Hause ist
☐   Sonstiges _____

→

4. Wie finden Sie es, wenn das Kind zu Ihnen ins Bett kommt? Bitte zutreffende Zahl ankreuzen.

unangenehm		neutral		sehr angenehm
0	1	2	3	4

5. Wie erleben es die Geschwister, wenn das Kind zu ihnen ins Bett kommt? Bitte zutreffende Zahl ankreuzen.

unangenehm		neutral		sehr angenehm
0	1	2	3	4

6. Haben Sie schon versucht, das Verhalten von Ihrem Kind einzuschränken?

☒ Nein   ☐ Ja, versucht aber ohne Erfolg   ☐ Ja, mit Erfolg
Wenn ja, wie:

----

7. Haben die Geschwister schon versucht, das Verhalten Ihres Kindes einzuschränken?

☒ Nein   ☐ Ja, versucht aber ohne Erfolg   ☐ Ja, mit Erfolg
Wenn ja, wie:

----

8. Was vermuten Sie, warum Ihr Kind nicht in seinem eigenen Bett schläft?
Bitte Zutreffendes ankreuzen!

☐   aus Angst die Kontrolle über die Familie zu verlieren
☐   um den Zusammenhalt der Familienmitglieder aufrecht zu erhalten
☐   um nach einem Elternstreit zwischen den Eltern zu schlichten
☐   aus Angst alleine zu sein
☐   weil es seinen Eltern so nahe wie möglich sein will
☐   weil es seinen Geschwistern so nahe wie möglich sein will
☐   weil es Aufmerksamkeit braucht
☐   weil es glaubt, den Eltern könnte in der Nacht etwas Schlimmes zustoßen
☐   weil es glaubt, den Geschwistern könnte in der Nacht etwas Schlimmes zustoßen
☐   Sonstiges _____

→

Nachfolgend finden Sie einige Fragen zu Ihrer beruflichen Situation und zu der Ihres Partners.

1. Wie alt sind Sie?

_____47_____

2. Welchen Schulabschluss haben Sie? (höchster Schulabschluss)
☒ Hauptschulabschluss   ☐ Mittlere Reife   ☐ Abitur   ☐ keinen Abschluss

3. Haben Sie eine abgeschlossene Berufsausbildung?
☐ Nein   ☒ Ja

4. Welchen Beruf haben Sie erlernt?

__Spulerin_____

5. In welchem Beruf arbeiten Sie zur Zeit?

___Hauswirtschaftl. Mitarbeiterin (Altenheim)___

☐ Nein, ich arbeite zur Zeit nicht.
Wenn Ja,
wie viele Stunden arbeiten Sie in der Woche?
☐ unter 5 Stunden ☒ halbtags ☐ ganztags ☐ regelmäßig > 40 Stunden Zahl der Stunden

Hier nun einige Fragen zu **Ihrem Partner**:

1. Wie alt ist Ihr Partner?

_____48_____

2. Welchen Schulabschluss hat Ihr Partner? (höchster Schulabschluss)
☒ Hauptschulabschluss   ☐ Mittlere Reife   ☐ Abitur   ☐ keinen Abschluss

3. Hat er eine abgeschlossene Berufsausbildung?

☐ Nein   ☒ Ja

4. Welchen Beruf hat er erlernt?

_____Maurer._____

5. In welchem Beruf arbeitet er zur Zeit?

_____Maurer._____

☐ Nein, er arbeitet zur Zeit nicht.
Wenn Ja,
wie viele Stunden arbeitet er in der Woche?
☐ unter 5 Stunden ☐ halbtags ☐ ganztags ☒ regelmäßig > 40 Stunden

→

Liebe Mütter,

der nachfolgende Fragebogen thematisiert die Beziehung zu Ihrer Mutter. Wie sehr wird durch folgende Aussagen Ihr Erleben mit Ihrer Mutter in **Ihrer Kindheit bis zum 12. Lebensjahr** wieder gegeben? Für Ihre Antworten haben Sie eine 7-stufige Antwortskala zur Verfügung. Ist die Aussage überhaupt nicht zutreffend, so kreuzen Sie die 1 an, ist sie voll zutreffend, kreuzen Sie die 7 an. Die Ziffer 4 bedeutet, dass weder das Eine noch das Andere zutreffend ist. Die übrigen Zahlen geben Ihnen die Möglichkeit, Ihre Einschätzung abzustufen. Bitte machen Sie für jede Aussage immer nur ein Kreuz.

	stimmt überhaupt nicht: 1 weder noch: 4 stimmt voll und ganz: 7
1. Ich fand es als Kind schön, mich an meine Mutter zu binden.	① ② ③ ④ ⑤ ⑥ ⑦
2. Ich mochte meiner Mutter als Kind gefühlsmäßig so nahe wie möglich sein.	① ② ③ ④ ⑤ ⑥ ⑦
3. Ich war als Kind sehr zufrieden mit meiner Mutter.	① ② ③ ④ ⑤ ⑥ ⑦
4. Ich hatte als Kind leicht das Gefühl, dass meine Mutter mich vereinnahmen wollte.	① ② ③ ④ ⑤ ⑥ ⑦
5. Ich fühlte mich als Kind durch eine intensive Beziehung zu ihr schnell eingeengt.	① ② ③ ④ ⑤ ⑥ ⑦
6. Wenn meine Mutter mir in meiner Kindheit zu nahe kam, ging ich auf Distanz.	① ② ③ ④ ⑤ ⑥ ⑦
7. Ich war als Kind gewöhnlich lieber allein, als mit meiner Mutter zusammen.	① ② ③ ④ ⑤ ⑥ ⑦
8. Meine allerintimsten Gefühle gingen meine Mutter nichts an.	① ② ③ ④ ⑤ ⑥ ⑦
9. Meine Mutter wollte in meiner Kindheit oft, dass ich vertraulicher bin, als es mir angenehm war.	① ② ③ ④ ⑤ ⑥ ⑦
10. Meiner Mutter erzählte ich durchaus nicht alles über mich.	① ② ③ ④ ⑤ ⑥ ⑦
11. Wenn ich als Kind Ärger hatte oder krank war, wollte ich meine Mutter lieber nicht sehen.	① ② ③ ④ ⑤ ⑥ ⑦
12. Meine Mutter zögerte oft, mir so nahe zu kommen, wie ich es gerne in meiner Kindheit gehabt hätte.	① ② ③ ④ ⑤ ⑥ ⑦
13. Ich machte mir als Kind oft Sorgen, dass meine Mutter mich nicht genug mag.	① ② ③ ④ ⑤ ⑥ ⑦
14. Ich hatte als Kind Angst, dass meine Mutter die Beziehung zu mir abbrechen könnte.	① ② ③ ④ ⑤ ⑥ ⑦
15. Ich fragte mich als Kind manchmal, ob meine Mutter mich genauso intensiv lieb hat, wie ich sie lieb habe.	① ② ③ ④ ⑤ ⑥ ⑦
16. Meine Mutter war wichtiger für mich als ich für sie.	① ② ③ ④ ⑤ ⑥ ⑦
17. Als Kind versuchte ich meine Mutter dazu zu bewegen, dass sie mehr Zeit mit mir verbringt.	① ② ③ ④ ⑤ ⑥ ⑦
18. Ich war besorgt, für meine Mutter nicht genügend wichtig zu sein.	① ② ③ ④ ⑤ ⑥ ⑦
19. Mein großes Bedürfnis nach Aufmerksamkeit wurde von meiner Mutter nicht erfüllt.	① ② ③ ④ ⑤ ⑥ ⑦
20. Als Kind machte ich mir Sorgen darüber, dass meiner Mutter an unserer Beziehung nichts liegt.	① ② ③ ④ ⑤ ⑥ ⑦
21. Es frustrierte mich als Kind manchmal, dass meine Mutter mir nicht die Liebe gab, die ich brauchte.	① ② ③ ④ ⑤ ⑥ ⑦

→

Die folgenden Fragen beziehen sich auf **das letzte Jahr**.

1. Lebt Ihre Mutter bei Ihnen im Haus?

☐ Ja   ☒ Nein

2. Wie oft sehen Sie Ihre Mutter heutzutage (bezogen auf das letzte Jahr)?

☐ ein Mal am Tag   ☐ mehr als ein Mal am Tag

☒ ein Mal in der Woche   ☐ mehr als ein Mal in der Woche

☐ ein Mal im Monat   ☐ mehr als ein Mal im Monat

☐ ein Mal im Jahr   ☐ mehr als ein Mal im Jahr

☐ es besteht kein Kontakt mehr

3. Lebt Ihre Mutter noch?   ☒ Ja   ☐ Nein

4. Würden Sie Ihre Mutter gerne öfter sehen?   ☒ Ja   ☐ Nein

    4.1 Wenn ja, was können Sie dazu sagen?

    4.2 Wenn nein, wie kam es dazu, dass Sie Ihre Mutter nicht gerne sehen möchten?

----

5. Wie würden Sie Ihre gegenwärtige Beziehung zu Ihrer Mutter beschreiben?

	stimmt überhaupt nicht: 1 weder noch: 4 stimmt voll und ganz: 7
1. angenehm	① ② ③ ④ ⑤ ⑥ ❼
2. unterstützend	① ② ③ ④ ❺ ⑥ ⑦
3. liebevoll	① ② ③ ④ ⑤ ⑥ ❼
4. ängstlich	❶ ② ③ ④ ⑤ ⑥ ⑦
5. vermeidend	❶ ② ③ ④ ⑤ ⑥ ⑦
6. unsicher	❶ ② ③ ④ ⑤ ⑥ ⑦
7. überbehütet	❶ ② ③ ④ ⑤ ⑥ ⑦
8. ambivalent	① ② ③ ❹ ⑤ ⑥ ⑦
9. sicher	① ② ③ ④ ⑤ ⑥ ❼
10. vertrauenswürdig	① ② ③ ④ ⑤ ⑥ ❼
11. distanziert	❶ ② ③ ④ ⑤ ⑥ ⑦
12. beständig	① ② ③ ④ ⑤ ⑥ ❼
13. ablehnend	❶ ② ③ ④ ⑤ ⑥ ⑦

→

Hier geht es um Ihre Eltern!

			Nein, niemals ①	Ja, gelegentlich ②	Ja, oft ③	Ja, ständig ④
1	Spürten Sie, dass Ihre Eltern Sie gern hatten?	Vater			X	
		Mutter			X	
2	Versuchten Ihre Eltern Sie zu beeinflussen, etwas „Besseres" zu werden?	Vater			X	
		Mutter			X	
3	Haben Ihre Eltern Dinge verbo-ten, aus Angst Ihnen könnte etwas zustoßen, die anderen in Ihrem Alter erlaubt wurden?	Vater	X			
		Mutter				X
4	Fanden Sie, dass Ihre Eltern versuchten, Sie zu trösten und aufzumuntern, wenn Ihnen etwas daneben gegangen war?	Vater		X		
		Mutter		X		
5	Konnten Sie von ihren Eltern Unterstützung erwarten, wenn Sie vor einer schweren Aufgabe standen?	Vater			X	
		Mutter			X	
6	Lehnten Ihre Eltern die Freunde und Kameraden ab, mit denen Sie sich gerne trafen?	Vater	X			
		Mutter		X		
7	Versuchten Ihre Eltern Sie anzutreiben, „Beste" zu werden?	Vater	X			
		Mutter		X		
8	Zeigten Ihre Eltern vor anderen, dass sie Sie gern hatten?	Vater		X		
		Mutter		X		
9	Gebrauchten Ihre Eltern folgende Redensart: „Wenn Du das nicht tust, bin ich traurig"?	Vater	X			
		Mutter		X		
10	Wurden Sie von Ihren Eltern gelobt?	Vater			X	
		Mutter		X		

→

			Nein, niemals ①	Ja, gelegentlich ②	Ja, oft ③	Ja, ständig ④
11	Wurden Sie von Ihren Eltern getröstet, wenn Sie traurig waren?	Vater		X		
		Mutter		X		
12	Zeigten Ihre Eltern mit Worten und Gesten, dass sie Sie gern hatten?	Vater			X	
		Mutter			X	
13	Wünschten Sie sich manchmal, dass sich Ihre Eltern weniger darum kümmerten, was Sie taten?	Vater		X		
		Mutter		X		
14	Setzten Ihre Eltern bestimmte Grenzen für das, was Sie tun und lassen durften, und bestanden Sie eisern darauf?	Vater	X			
		Mutter			X	
15	Finden Sie, dass Ihre Eltern übertrieben ängstlich darüber waren, dass Ihnen etwas zustoßen könnte?	Vater	X			
		Mutter			X	
16	Konnten Ihre Eltern mit Ihnen schmusen?	Vater		X		
		Mutter		X		

Nun finden Sie zunächst Aussagen über die **Beziehung zwischen Ihnen und Ihrem Kind**.

		stimmt überhaupt nicht	stimmt eher nicht	stimmt ein wenig	stimmt genau
1	Mein Kind kann nur schwer meinen Lösungsvorschlag zu einem Problem akzeptieren.	☐	☒	☐	☐
2	Mein Kind akzeptiert, was ich von ihm an Verantwortlichkeiten und Pflichten gegenüber der Familie erwarte.	☐	☐	☒	☐
3	Ich weiß, was mein Kind meint, wenn es etwas sagt.	☐	☐	☒	☐
4	Ich kann meinem Kind mitteilen, wie es mir wirklich geht.	☐	☐	☒	☐
5	Mein Kind mag mich, selbst wenn ich mit ihm streite.	☐	☒	☐	☐
6	Mein Kind reagiert angemessen, wenn ich einen Fehler mache.	☐	☐	☒	☐

$\rightarrow$

Nr.					
7	Mein Kind und ich haben die gleichen Ansichten darüber, was richtig und falsch ist.	☐	☐	☒	☐
8	Mein Kind hilft mir bei der Bewältigung von Schwierigkeiten.	☐	☐	☒	☐
9	Mein Kind erwartet zu viel von mir.	☐	☒	☐	☐
10	Oft versteht mein Kind nicht, was ich meine.	☐	☒	☐	☐
11	Wenn ich mich über etwas aufrege, weiß mein Kind gewöhnlich warum.	☐	☐	☒	☐
12	Mein Kind und ich fühlen uns eng miteinander verbunden.	☐	☐	☐	☒
13	Selbst wenn ich zugebe im Unrecht zu sein, vergibt mir mein Kind nicht.	☒	☐	☐	☐
14	Mein Kind und ich haben ähnliche Ansichten über unsere gemeinsame Zukunft.	☐	☐	☒	☐
15	Wenn es ein Problem zwischen uns gibt, findet mein Kind immer neue Wege, dieses zu lösen.	☐	☐	☐	☒
16	Mein Kind und ich haben die gleichen Ansichten darüber, wer was in unserer Familie tun sollte.	☐	☐	☒	☐
17	Ich weiß oft nicht, ob ich dem glauben soll, was mein Kind sagt.	☒	☐	☐	☐
18	Wenn mein Kind sich über mich ärgert, geht das nicht so schnell vorüber.	☐	☐	☒	☐
19	Mein Kind vertraut mir wirklich.	☐	☐	☐	☒
20	Wenn ich einen Fehler mache, gibt mir mein Kind die Gelegenheit, zu erklären warum.	☐	☐	☐	☒
21	Mein Kind stellt viel höhere Ansprüche an mich, als er selbst einhalten kann.	☒	☐	☐	☐
22	Mein Kind sieht die Schwierigkeiten in der Familie niemals auf die gleiche Weise wie ich.	☐	☒	☐	☐
23	Mein Kind beklagt sich darüber, dass ich zu viel von ihm erwarte.	☒	☐	☐	☐
24	Selbst wenn mein Kind nicht so denkt wie ich, hört es wenigstens meinen Standpunkt an.	☐	☐	☐	☒
25	Mein Kind lässt mich wissen, wie es zu mir steht.	☐	☐	☐	☒
26	Mein Kind geht auf meine Gefühle und Bedürfnisse ein.	☐	☐	☐	☒
27	Ich weiß nie, wie mein Kind reagiert, wenn ich etwas falsch mache.	☒	☐	☐	☐
28	Mein Kind und ich haben die gleichen Ansichten darüber, wie wir unsere Freizeit verbringen.	☐	☐	☐	☒

→

Im Folgenden finden Sie Aussagen über die **Beziehung zwischen Ihnen und Ihrem Partner.**

		stimmt überhaupt nicht	stimmt eher nicht	stimmt ein wenig	stimmt genau
1	Mein Partner kann nur schwer meinen Lösungsvorschlag zu einem Problem akzeptieren.	☐	☒	☐	☐
2	Mein Partner akzeptiert, was ich von ihm an Verantwortlichkeiten und Pflichten gegenüber der Familie erwarte.	☐	☐	☐	☒
3	Ich weiß, was mein Partner meint, wenn er etwas sagt.	☐	☐	☐	☒
4	Ich kann meinem Partner mitteilen, wie es mir wirklich geht.	☐	☐	☐	☒
5	Mein Partner mag mich, selbst wenn ich mit ihm streite.	☐	☐	☒	☐
6	Mein Partner reagiert angemessen, wenn ich einen Fehler mache.	☐	☐	☒	☐
7	Mein Partner und ich haben die gleichen Ansichten darüber, was richtig und falsch ist.	☐	☐	☒	☐
8	Mein Partner hilft mir bei der Bewältigung von Schwierigkeiten.	☐	☐	☐	☒
9	Mein Partner erwartet zu viel von mir.	☐	☒	☐	☐
10	Oft versteht mein Partner nicht, was ich meine.	☒	☐	☐	☐
11	Wenn ich mich über etwas aufrege, weiß mein Partner gewöhnlich warum.	☐	☐	☐	☒
12	Mein Partner und ich fühlen uns eng miteinander verbunden.	☐	☐	☐	☒
13	Selbst wenn ich zugebe im Unrecht zu sein, vergibt mir mein Partner nicht.	☒	☐	☐	☐
14	Mein Partner und ich haben ähnliche Ansichten über unsere gemeinsame Zukunft.	☐	☐	☐	☒
15	Wenn es ein Problem zwischen uns gibt, findet mein Partner immer neue Wege, dieses zu lösen.	☐	☐	☐	☒
16	Mein Partner und ich haben die gleichen Ansichten darüber, wer was in unserer Familie tun sollte.	☐	☐	☐	☒
17	Ich weiß oft nicht, ob ich dem glauben soll, was mein Partner sagt.	☒	☐	☐	☐
18	Wenn mein Partner sich über mich ärgert, geht das nicht so schnell vorüber.	☐	☒	☐	☐
19	Mein Partner vertraut mir wirklich.	☐	☐	☐	☒
20	Wenn ich einen Fehler mache, gibt mir mein Partner die Gelegenheit, zu erklären warum.	☐	☐	☐	☒

→

		stimmt überhaupt nicht	stimmt eher nicht	stimmt ein wenig	stimmt genau
21	Mein Partner stellt viel höhere Ansprüche an mich, als er selbst einhalten kann.	☒	☐	☐	☐
22	Mein Partner sieht die Schwierigkeiten in der Familie niemals auf die gleiche Weise wie ich.	☐	☒	☐	☐
23	Mein Partner beklagt sich darüber, dass ich zu viel von ihm erwarte.	☒	☐	☐	☐
24	Selbst wenn mein Partner nicht so denkt wie ich, hört er wenigstens meinen Standpunkt an.	☐	☐	☐	☒
25	Mein Partner lässt mich wissen, wie er zu mir steht.	☐	☐	☐	☒
26	Mein Partner geht auf meine Gefühle und Bedürfnisse ein.	☐	☐	☐	☒
27	Ich weiß nie, wie mein Partner reagiert, wenn ich etwas falsch mache.	☒	☐	☐	☐
28	Mein Partner und ich haben die gleichen Ansichten darüber, wie wir unsere Freizeit verbringen.	☐	☐	☐	☒

→

Abschließend ist eine Reihe von Verhaltensweisen aufgeführt, die möglicherweise **Ihr Partner** zeigt. Kreuzen Sie bitte bei jeder Festestellung an, wie oft diese Verhaltensweisen in der letzten Zeit **bei Ihrem Partner aufgetreten sind**.

	nie/ sehr selten	selten	oft	sehr oft
1. Er wirft mir Fehler vor, die ich in der Vergangenheit gemacht habe.	⓪ Ⓧ	①	②	③
2. Er streichelt mich während des Vorspiels so, dass ich sexuell erregt werde.	⓪	①	②	③ Ⓧ
3. Ich merke, dass er mich körperlich attraktiv findet.	⓪	①	② Ⓧ	③
4. Er sagt mir, dass er zufrieden ist, wenn er mit mir zusammen ist.	⓪	①	② Ⓧ	③
5. Vor dem Einschlafen schmiegen wir uns im Bett aneinander.	⓪	①	② Ⓧ	③
6. Er bricht über eine Kleinigkeit einen Streit vom Zaun.	⓪ Ⓧ	①	②	③
7. Er teilt mir seine Gedanken und Gefühle offen mit.	⓪	① Ⓧ	②	③
8. Wenn wir uns streiten, beschimpft er mich.	⓪ Ⓧ	①	②	③
9. Er reagiert positiv auf meine sexuellen Wünsche.	⓪	①	② Ⓧ	③
10. Wir schmiegen gemeinsam Zukunftspläne.	⓪	①	② Ⓧ	③
11. Wenn er etwas aus seiner Arbeitswelt erzählt, so möchte er meine Meinung dazu hören.	⓪	①	② Ⓧ	③
12. Wir planen gemeinsam, wie wir das Wochenende verbringen wollen.	⓪	①	②	③ Ⓧ
13. Er berührt mich zärtlich, und ich empfinde es als angenehm.	⓪	①	②	③ Ⓧ
14. Er macht mir ein ernst gemeintes Kompliment über mein Aussehen.	⓪	①	② Ⓧ	③
15. Er bespricht Dinge aus seinem Berufsleben mit mir.	⓪	①	② Ⓧ	③
16. Er bemüht sich, sich meine Wünsche zu merken, und erfüllt sie bei passender Gelegenheit.	⓪	①	② Ⓧ	③
17. Er kritisiert mich in einer sarkastischen Art und Weise.	⓪ Ⓧ	①	②	③
18. Er äußert sich abfällig über eine von mir geäußerte Meinung.	⓪ Ⓧ	①	②	③
19. Wenn er mich offensichtlich falsch behandelt hat, entschuldigt er sich später bei mir.	⓪	①	②	③ Ⓧ
20. Wir unterhalten uns am Abend mindestens eine halbe Stunde miteinander	⓪	①	②	③ Ⓧ
21. Wenn wir uns streiten, können wir nie ein Ende finden.	⓪ Ⓧ	①	②	③

→

	nie/ sehr selten	selten	oft	sehr oft
22. Er gibt mir die Schuld, wenn etwas schief gegangen ist.	⓪	①	②	③
23. Er nimmt mich in den Arm.	⓪	①	②	③
24. Während eines Streites schreit er mich an.	⓪	①	②	③
25. Er fragt mich abends, was ich den Tag über gemacht habe.	⓪	①	②	③
26. Wenn wir uns streiten, verdreht er meine Aussagen ins Gegenteil.	⓪	①	②	③
27. Er spricht mit mir über seine sexuellen Wünsche. #	⓪	①	②	③
28. Er streichelt mich zärtlich.	⓪	①	②	③
29. Er sagt mir, dass er mich gerne hat.	⓪	①	②	③
30. Er schränkt mich in meiner persönlichen Freiheit ein.	⓪	①	②	③

31. Wie glücklich würden Sie Ihre Partnerschaft im Augenblick einschätzen?
(Bitte Zutreffendes ankreuzen)

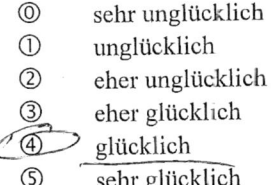

⓪   sehr unglücklich
①   unglücklich
②   eher unglücklich
③   eher glücklich
④   glücklich
⑤   sehr glücklich

→

Zum Schluss finden Sie nun eine Liste von Problemen und Beschwerden, die man manchmal hat. Bitte lesen Sie jede einzelne Frage einzeln sorgfältig durch und entscheiden Sie, wie stark Sie durch die Beschwerden gestört oder bedrängt worden sind, und zwar **während der vergangenen sieben Tage bis heute.**

überhaupt nicht	ein wenig	ziemlich	stark	sehr stark
⓪	①	②	③	④

Wie sehr litten Sie in den letzten Tagen unter....

1. Nervosität oder innerem Zittern	⓪①②③④
2. Furcht auf offenen Plätzen oder auf der Straße	⓪①②③④
3. Gedanken sich das Leben zu nehmen	⓪①②③④
4. Plötzlichem Erschrecken ohne Grund	⓪①②③④
5. Einsamkeitsgefühlen	⓪①②③④
6. Schwermut	⓪①②③④
7. dem Gefühl sich für nichts zu interessieren	⓪①②③④
8. Furchtsamkeit	⓪①②③④
9. Furcht vor Fahrten in Bus, Straßenbahn, U-Bahn oder Zug	⓪①②③④
10. Der Notwendigkeit, bestimmte Dinge, Orte oder Tätigkeiten zu meiden, weil Sie durch diese erschreckt werden	⓪①②③④
11. einem Gefühl der Hoffnungslosigkeit angesichts der Zukunft	⓪①②③④
12. dem Gefühl, gespannt oder aufgeregt zu sein	⓪①②③④
13. Abneigung gegen Menschenmengen, z.B. beim Einkaufen oder im Kino	⓪①②③④
14. Schreck- oder Panikanfällen	⓪①②③④
15. Nervosität, wenn Sie allein gelassen werden	⓪①②③④
16. so starke Ruhelosigkeit, dass Sie nicht still sitzen können	⓪①②③④
17. dem Gefühl, wertlos zu sein	⓪①②③④

→

Fragen zum allgemeinen psychischen Wohlbefinden

1.1 Wie oft waren Sie im letzten halben Jahr beim Arzt?
☐ Nein   ☒ Ja, wie oft? __3 X__

1.2 Waren/Sind Sie in psychiatrischer Behandlung?
☐ Ja   ☒ Nein

Falls Ja:
☐ Ambulant   ☐ Stationär   Welches Jahr? _____

1.3 Waren/Sind Sie in psychotherapeutischer Behandlung?
☐ Ja   ☒ Nein

Falls Ja:
☐ Ambulant   ☐ Stationär   Welches Jahr? _____

2.1 Leiden Sie unter körperlichen (psychosomatischen) Beschwerden wie: Kopfschmerzen, Bauchschmerzen, Asthma, Schlafstörungen, Herz-/Kreislaufbeschwerden, Essstörungen?
☐ Nein   ☒ Ja, etwas   ☐ Ja, sehr
Art der körperlichen (psychosomatischen) Beschwerde: __Kopfschmerz__

Falls ja,
führen diese Beschwerden und/oder Auffälligkeiten zu Einschränkungen im Leistungsvermögen (Arbeitsplatz) oder im sozial emotionalen Bereich (soziale Kontakte, Partnerschaft)?

☐ Leistungsvermögen   ☒ Sozial emotionaler Bereich

3.1 Nehmen Sie regelmäßig Medikamente ein?
☐ Nein   ☒ Ja

Falls Ja:
nehmen Sie regelmäßig Psychopharmaka und/oder Schmerzmittel ein?
☐ Tranquilizer   ☐ Antidepressiva   ☐ Neuroleptika   ☒ Schmerzmittel

$\rightarrow$

Fachbereich
Bildungswissenschaften

Abteilung Psychologie

Pia Anna Weber

Allgemeine Psychologie und Sozialpsychologie

Telefon	(02 01) 1 83 – 2171
Fax	(02 01) 1 83 – 3235
E-Mail	pia.weber@uni-due.de

Universitätsstr. 12, Gebäude R09 S03 B08

Anlage 6:
Komplettfragebogen für Untersuchung 1-
Hauptstudie 1

Betreff: Fragebogenerhebung zum Thema Trennungsangst und/oder Schulphobie bei Kindern und Jugendlichen im Rahmen meiner Dissertation

Liebe Mütter!

Zunächst möchte ich mich kurz vorstellen: Mein Name ist Pia Weber. Ich schreibe eine Doktorarbeit im Fachbereich Bildungswissenschaften zum Thema Trennungsangst und Schulphobie. Für diese Arbeit benötige ich viele Teilnehmerinnen. Diesbezüglich würde ich mich sehr über Ihre Mitarbeit freuen. Alle Fragebögen, die Sie ausfüllen, werden anonym behandelt und nicht mit Ihrem Namen in Verbindung gebracht. Alle teilnehmenden Personen haben die Möglichkeit an einer Verlosung teilzunehmen. Die Ergebnisse meiner Studie kann ich Ihnen bei Interesse selbstverständlich zukommen lassen.

Zur Teilnahme an der Verlosung benötige ich Ihren Namen und Ihre Adresse. Nach der Verlosung werden Ihre Angaben vollständig vernichtet. Falls Sie damit einverstanden sind, können Sie mir mitteilen bei welchem Facharzt Ihr Kind zur Zeit in Behandlung ist, so dass mir die exakte Diagnose für meine wissenschaftliche Arbeit zur Verfügung steht.

Ich möchte mich für Ihre Mitarbeit herzlich bei Ihnen bedanken.

Freundliche Grüße

(Pia Anna Weber)

Bitte Rückseiten beachten!

Dieser Zettel wird nach der Verlosung vollständig vernichtet und somit nicht mit personenbezogenen Daten in Verbindung gebracht.

Ihr Name:

Ihre Anschrift:

Ihre Telefonnummer
oder e-mail-Adresse:

Name und Anschrift des behandelnden Facharztes bzw. Psychologen:

Name:

Anschrift:

Herzlichen Dank für Ihre Mitarbeit!

$\longrightarrow$

Im Folgenden stelle ich Ihnen einige Fragen zu Ihrem Kind und seiner Lebenssituation sowie zu Ihrer Partnerschaft.
Ich bitte Sie möglichst keine Fragen auszulassen.
Alle Fragebögen sind auf der Vor- und auf der Rückseite beschriftet, bitte füllen sie auch die Rückseiten der Fragebögen aus.
In welchem Verhältnis stehen Sie zu dem Kind?

☐ leibliche Mutter
☐ Pflegemutter   ☒ ✓Adoptivmutter
☐ Sonstiges: _____

1. Wann ist das Kind geboren?

----

2. War dieses Kind ein Wunschkind?

☐ Nein   ☐ Ja

3. Welche Personen wohnen mit diesem Kind zusammen? Wie alt sind die Personen?

Personen?   Alter?

1 Adoptivkind _mit 11 Monaten_   _9_ _männlich_
zu ihnen gekommen.   _direkt nach de Geburt_

Adoptivvater   ----------------------

Adoptivmutter   ----------------------

----------------------   ----------------------

Gibt es Geschwister, die nie mit Ihrem Kind zusammengelebt haben?

☐ Nein   ☒ Ja, wie viele? _1 leibliche Schwester (Halbschw_

Gibt es Geschwister, die bereits von zu Hause ausgezogen sind?

☒ Nein   ☐ Ja, wie viele und in welchem Jahr sind sie ausgezogen? _____

→

Jetzt kommen einige Fragen, die sich auf ihre Partnerschaft beziehen.

Sind Sie mit Ihrem aktuellen Partner verheiratet? ☒ Ja ☐ Nein

Falls Nein, Sie

☐ haben nie geheiratet
☐ sind voneinander geschieden
☐ sind verwitwet
☐ leben getrennt

Seit wann sind Sie verheiratet/geschieden/verwitwet/leben Sie getrennt? (Bitte auch Zutreffendes unterstreichen)

------------------ seit 1988 --

Falls die leiblichen Eltern nicht zusammen leben und Ihr Kind nur bei einem leiblichen Elternteil aufwächst:

Bestand früher ein gemeinsamer Haushalt?

☐ Ja ☐ Nein

Falls ja, wie lange?

Wie oft hat Ihr Kind Kontakt zu seinem/ihrem Vater?

☐ ein Mal pro Woche
☐ mehrmals in der Woche
☐ ein Mal pro Monat
☐ mehrmals im Monat
☐ ein Mal im Jahr
☐ mehrmals im Jahr
☐ unregelmäßig

Wie würden Sie sagen ist die Beziehung zwischen Ihrem Kind und seinem Vater auf einer Skala von 1 bis 6? Stellen Sie sich die Zahlen als Schulnoten vor. Bitte kreuzen Sie die entsprechende Zahl an.

1   2   3   4   5   6

Wissen Sie die genaue Diagnose von Ihrem Kind?

☐ Nein ☐ Ja

Wenn Ja, wie lautet die **genaue Diagnose Ihres Kindes**:

---------------- Schulphobie u. Trennungsangst ------------------

----

Falls Sie die Diagnose nicht wissen bzw. falls die Diagnose nur ungenau benannt werden kann, wäre es schön, wenn Sie die Einverständniserklärung auf der nächsten Seite ausfüllen würden, so dass der behandelnde Arzt bzw. Psychologe mir die exakte Diagnose nennen darf. Alle Angaben werden anonym behandelt und nicht mit Ihrem Namen in Verbindung gebracht. Die Angaben dienen lediglich zur Vollständigkeit, so dass ein wissenschaftliches Arbeiten meinerseits gewährleistet werden kann.

→

Fachbereich
Bildungswissenschaften

Abteilung Psychologie

Pia Anna Weber

Allgemeine Psychologie und Sozialpsychologie

Telefon	(02 01) 1 83 – 2171
Fax	(02 01) 1 83 – 3235
E-Mail	pia.weber@uni-due.de

Gebäude Universitätsstr. 12, R09 S03 B08

Hiermit erkläre ich mich bereit, dass Sie Frau Pia Weber über die genaue Diagnose sowie den Störungsverlauf meines Kindes _____ telefonisch informieren dürfen. Ich habe mit meinem Kind an der Interviewstudie bzw. an der Fragebogenerhebung von Frau Weber teilgenommen. Die Angaben zur Diagnostik und zum Störungsverlauf benötigt Frau Weber für die Gewährleistung einer korrekten Stichprobe, um später repräsentative Aussagen bezüglich des Störungsbildes treffen zu können.

Mit freundlichen Grüßen

_____

(Ort, Datum, Unterschrift eines Erziehungsberechtigten)

$\longrightarrow$

Besondere Ereignisse im Leben Ihres Kindes

1. Krankenhausaufenthalte:
War Ihr Kind in den letzten 5 Jahren im Krankenhaus?

☐ Nein   ☒ Ja → Wie oft? *stationäre Aufenth.* _Hand, Blinddarm_

2. Heim-/Internatsaufenthalte:
War Ihr Kind in den letzten 5 Jahren in einem Heim oder in einem Internat?

☒ Nein   ☐ Ja → Wie oft? _____

3. Schulwechsel:
Hat Ihr Kind in den letzten 5 Jahren die Schule gewechselt (alle Schulwechsel außer den Regelwechsel von der Primar- zur Sekundarstufe)

☐ Nein   ☒ Ja → Wie oft? _von Grundschule A zur Grundschule B Anfang 3.Klasse ; nach der 6.Klasse in die 7.Klasse des Anfang ymnas._

4. Trennung von Familienmitgliedern und engen Freunden:
Hat sich Ihr Kind in den letzten 5 Jahren von einem Elternteil trennen müssen?

☒ Nein ☐ Ja → Wie oft und von welchen
Personen? _____

Hat sich Ihr Kind in den letzten 5 Jahren von anderen Familienmitgliedern trennen müssen?

☒ Nein   ☐ Ja → wer war diese Person und wie oft musste sich das Kind
trennen? _____

Hat sich Ihr Kind in den letzten 5 Jahren von einem engen Freund oder einer anderen
wichtigen Bezugsperson trennen müssen?

☒ Nein   ☐ Ja → Wie oft? _____

5. Neue Familienmitglieder

Sind in den letzten Jahren neue Personen in die Familie gekommen (z.B. Geburt eines
Geschwisters, Stiefvater, Stiefmutter, Oma)?

☒ Nein   ☐ Ja → Welche Personen und wie oft?

_____

→

Fragen zum Alltagsverhalten Ihres Kindes

1. Schläft Ihr Kind manchmal bei Ihnen im Bett?

☒ Nein   ☐ Ja

Falls Ja,

wie häufig kommt es vor, dass Ihr Kind bei Ihnen im Bett schläft (im letzten halben Jahr)?

☐ jede Nacht
☐ ein Mal pro Woche
☐ mehrmals in der Woche
☐ ein Mal im Monat
☐ ein Mal im Jahr
☐ mehrmals im Jahr
☐ nie

2. Schläft Ihr Kind manchmal bei Geschwistern im Bett?

☒ Nein   ☐ Ja

Falls Ja,

wie häufig kommt es vor, dass Ihr Kind bei seinen Geschwistern im Bett schläft (im letzten halben Jahr)?

☐ jede Nacht
☐ ein Mal pro Woche
☐ mehrmals in der Woche
☐ ein Mal im Monat
☐ ein Mal im Jahr
☐ mehrmals im Jahr
☐ nie

3. Denken Sie es gibt Ereignisse, nach denen Ihr Kind lieber nicht in seinem eigenen Bett schlafen möchte?
Bitte Zutreffendes ankreuzen:

☐   Ärger in der Schule
☐   Angst vor einer bevorstehenden Prüfung
☐   Streit mit den Geschwistern
☐   Probleme in der Familie
☐   nach einem gruseligen Film
☐   Tod eines Angehörigen
☐   anstehender Auszug bzw. vollendeter Auszug eines Geschwisters
☐   anstehender Auszug bzw. vollendeter Auszug eines Elternteils
☐   andere belastende Lebensereignisse
☐   aus Angst den Eltern könnte etwas Schlimmes zustoßen, wenn das Kind nicht zu Hause ist
☐   aus Angst es könnte seiner Mutter etwas Schlimmes zustoßen, wenn das Kind nicht zu Hause ist
☐   Sonstiges _____

$\longrightarrow$

4. Wie finden Sie es, wenn das Kind zu Ihnen ins Bett kommt? Bitte zutreffende Zahl ankreuzen.

unangenehm		neutral		sehr angenehm
0	1	2	3	4

5. Wie erleben es die Geschwister, wenn das Kind zu ihnen ins Bett kommt? Bitte zutreffende Zahl ankreuzen.

unangenehm		neutral		sehr angenehm
0	1	2	3	4

6. Haben Sie schon versucht, das Verhalten von Ihrem Kind einzuschränken?

☐ Nein   ☐ Ja, versucht aber ohne Erfolg   ☐ Ja, mit Erfolg
Wenn ja, wie:

----

7. Haben die Geschwister schon versucht, das Verhalten Ihres Kindes einzuschränken?

☐ Nein   ☐ Ja, versucht aber ohne Erfolg   ☐ Ja, mit Erfolg
Wenn ja, wie:

----

8. Was vermuten Sie, warum Ihr Kind nicht in seinem eigenen Bett schläft?
Bitte Zutreffendes ankreuzen!

☐   aus Angst die Kontrolle über die Familie zu verlieren
☐   um den Zusammenhalt der Familienmitglieder aufrecht zu erhalten
☐   um nach einem Elternstreit zwischen den Eltern zu schlichten
☐   aus Angst alleine zu sein
☐   weil es seinen Eltern so nahe wie möglich sein will
☐   weil es seinen Geschwistern so nahe wie möglich sein will
☐   weil es Aufmerksamkeit braucht
☐   weil es glaubt, den Eltern könnte in der Nacht etwas Schlimmes zustoßen
☐   weil es glaubt, den Geschwistern könnte in der Nacht etwas Schlimmes zustoßen
☐   Sonstiges _____

alle in einem Zimmer schlafen
Matratze für wann, dann 2 Matratze
im elterl. Schlafzimmer als die Kinder kleiner waren. →

Nachfolgend finden Sie einige Fragen zu Ihrer beruflichen Situation und zu der Ihres Partners.

1. Wie alt sind Sie?

------------------------------ 48 Jahre ------------------------------

2. Welchen Schulabschluss haben Sie? (höchster Schulabschluss)
☐ Hauptschulabschluss   ☐ Mittlere Reife   ☒ Abitur   ☐ keinen Abschluss

3. Haben Sie eine abgeschlossene Berufsausbildung?   abgeschlossen Studium
☐ Nein   ☐ Ja   ☒ Ja

4. Welchen Beruf haben Sie erlernt?

------------------------------ Lehrerin ------------------------------

5. In welchem Beruf arbeiten Sie zur Zeit?

---------------- beurlaubt ---------- das 4. Jahr, möchte nächstes Schulj.
                                                      würde anfange

☒ Nein, ich arbeite zur Zeit nicht.
Wenn Ja,
wie viele Stunden arbeiten Sie in der Woche?
☐ unter 5 Stunden   ☐ halbtags   ☐ ganztags   ☐ regelmäßig > 40 Stunden

Hier nun einige Fragen zu **Ihrem Partner**:

1. Wie alt ist Ihr Partner?

------------------------------ 51 Jahre ------------------------------

2. Welchen Schulabschluss hat Ihr Partner? (höchster Schulabschluss)
☐ Hauptschulabschluss   ☐ Mittlere Reife   ☒ Abitur   ☐ keinen Abschluss

3. Hat er eine abgeschlossene Berufsausbildung?
                                              abgeschlossenes Studium
☐ Nein   ☒ Ja   ☐ Ja

4. Welchen Beruf hat er erlernt?

------------------------------ Lehrer ------------------------------

5. In welchem Beruf arbeitet er zur Zeit?

------------------------------ Lehrer ------------------------------

☐ Nein, er arbeitet zur Zeit nicht.
Wenn Ja,
wie viele Stunden arbeitet er in der Woche?
☐ unter 5 Stunden   ☐ halbtags   ☒ ganztags   ☐ regelmäßig > 40 Stunden
                              Vollzeit

→

Liebe Mütter,

der nachfolgende Fragebogen thematisiert die Beziehung zu Ihrer Mutter. Wie sehr wird durch folgende Aussagen Ihr Erleben mit Ihrer Mutter in **Ihrer Kindheit bis zum 12. Lebensjahr** wieder gegeben? Für Ihre Antworten haben Sie eine 7-stufige Antwortskala zur Verfügung. Ist die Aussage überhaupt nicht zutreffend, so kreuzen Sie die 1 an, ist sie voll zutreffend, kreuzen Sie die 7 an. Die Ziffer 4 bedeutet, dass weder das Eine noch das Andere zutreffend ist. Die Stärke der Zustimmung steigt mit der Höhe der Zahlen. Die übrigen Zahlen geben Ihnen die Möglichkeit, Ihre Einschätzung abzustufen. Bitte machen Sie für jede Aussage immer nur ein Kreuz.

① stimmt überhaupt nicht
weder noch ④
stimmt voll und ganz ⑦

Aussage	①	②	③	④	⑤	⑥	⑦
1. Ich fand es als Kind schön, mich an meine Mutter zu binden.							X
2. Ich mochte meiner Mutter als Kind gefühlsmäßig so nahe wie möglich sein.					X		
3. Ich war als Kind sehr zufrieden mit meiner Mutter.						X	
4. Ich hatte als Kind leicht das Gefühl, dass meine Mutter mich vereinnahmen wollte.	X						
5. Ich fühlte mich als Kind durch eine intensive Beziehung zu ihr schnell eingeengt.	X						
6. Wenn meine Mutter mir in meiner Kindheit zu nahe kam, ging ich auf Distanz.	X						
7. Ich war als Kind gewöhnlich lieber allein, als mit meiner Mutter zusammen.	X						
8. Meine allerintimsten Gefühle gingen meine Mutter nichts an.							X
9. Meine Mutter wollte in meiner Kindheit oft, dass ich vertraulicher bin, als es mir angenehm war.	X						
10. Meiner Mutter erzählte ich durchaus nicht alles über mich.					X		
11. Wenn ich als Kind Ärger hatte oder krank war, wollte ich meine Mutter lieber nicht sehen.	X						
12. Meine Mutter zögerte oft, mir so nahe zu kommen, wie ich es gerne in meiner Kindheit gehabt hätte.				X			
13. Ich machte mir als Kind oft Sorgen, dass meine Mutter mich nicht genug mag.	X						
14. Ich hatte als Kind Angst, dass meine Mutter die Beziehung zu mir abbrechen könnte.	X						
15. Ich fragte mich als Kind manchmal, ob meine Mutter mich genauso intensiv lieb hat, wie ich sie lieb habe.					X		
16. Meine Mutter war wichtiger für mich als ich für sie.					X		
17. Als Kind versuchte ich meine Mutter dazu zu bewegen, dass sie mehr Zeit mit mir verbringt.					X		
18. Ich war besorgt, für meine Mutter nicht genügend wichtig zu sein.	X						
19. Mein großes Bedürfnis nach Aufmerksamkeit wurde von meiner Mutter nicht erfüllt.	X						
20. Als Kind machte ich mir Sorgen darüber, dass meiner Mutter an unserer Beziehung nichts liegt.	X						
21. Es frustrierte mich als Kind manchmal, dass meine Mutter mir nicht die Liebe gab, die ich brauchte.	X						

→

Die folgenden Fragen beziehen sich auf **das letzte Jahr**.

1. Lebt Ihre Mutter noch? ☒ Ja ☐ Nein

2. Wenn ja, lebt Ihre Mutter bei Ihnen im Haus? ☐ Ja ☒ Nein

3. Wie oft sehen Sie Ihre Mutter heutzutage (bezogen auf das letzte Jahr)?

☐ ein Mal am Tag
☐ mehr als ein Mal am Tag
☐ ein Mal in der Woche
☐ mehr als ein Mal in der Woche
☐ ein Mal im Monat
☐ mehr als ein Mal im Monat
☐ ein Mal im Jahr
☒ mehr als ein Mal im Jahr
☐ es besteht kein Kontakt mehr

4. Würden Sie Ihre Mutter gerne öfter sehen? ☒ Ja ☐ Nein

4.1 Wenn ja, warum würden Sie Ihre Mutter gern öfter sehen?

Ein häufigeres Treffen erleichtert
den Kontakt

_____

4.2 Wenn nein, wie kam es dazu, dass Sie Ihre Mutter nicht gerne sehen möchten?

_____

_____

5 Wie würden Sie Ihre gegenwärtige Beziehung zu Ihrer Mutter beschreiben? Bitte denken Sie daran hinter jedes Adjektiv ein Kreuz zu machen.

	① stimmt überhaupt nicht weder noch:④ stimmt voll und ganz: ⑦
1. angenehm	① ② ③ ④ ⑤⊗ ⑥ ⑦
2. unterstützend	① ② ③⊗ ④ ⑤ ⑥ ⑦
3. liebevoll	① ② ③ ④ ⑤ ⑥⊗ ⑦
4. ängstlich	①⊗ ② ③ ④ ⑤ ⑥ ⑦
5. vermeidend	①⊗ ② ③ ④ ⑤ ⑥ ⑦
6. unsicher	①⊗ ② ③ ④ ⑤ ⑥ ⑦
7. überbehütet	①⊗ ② ③ ④ ⑤ ⑥ ⑦
8. ambivalent	① ② ③ ④⊗ ⑤ ⑥ ⑦
9. sicher	① ② ③ ④ ⑤ ⑥ ⑦⊗
10. vertrauenswürdig	① ② ③ ④ ⑤ ⑥ ⑦⊗
11. distanziert	①⊗ ② ③ ④ ⑤ ⑥ ⑦
12. beständig	① ② ③ ④ ⑤ ⑥ ⑦⊗
13. ablehnend	①⊗ ② ③ ④ ⑤ ⑥ ⑦

→

Hier geht es um Ihre Eltern!

			Nein, niemals ①	Ja, gelegentlich ②	Ja, oft ③	Ja, ständig ④
1	Spürten Sie, dass Ihre Eltern Sie gern hatten?	Vater	verboten 1?l			
		Mutter			X	
2	Versuchten Ihre Eltern Sie zu beeinflussen, etwas „Besseres" zu werden?	Vater				
		Mutter	X			
3	Haben Ihre Eltern Dinge verboten, aus Angst Ihnen könnte etwas zustoßen, die anderen in Ihrem Alter erlaubt wurden?	Vater				
		Mutter	X			
4	Fanden Sie, dass Ihre Eltern versuchten, Sie zu trösten und aufzumuntern, wenn Ihnen etwas danebengegangen war?	Vater				
		Mutter			X	
5	Konnten Sie von ihren Eltern Unterstützung erwarten, wenn Sie vor einer schweren Aufgabe standen?	Vater				
		Mutter			X	
6	Lehnten Ihre Eltern die Freunde und Kameraden ab, mit denen Sie sich gerne trafen?	Vater				
		Mutter	X			
7	Versuchten Ihre Eltern Sie anzutreiben, „Beste" zu werden?	Vater				
		Mutter	X			
8	Zeigten Ihre Eltern vor anderen, dass sie Sie gern hatten?	Vater				
		Mutter		X		
9	Gebrauchten Ihre Eltern folgende Redensart: „Wenn Du das nicht tust, bin ich traurig"?	Vater				
		Mutter	X			
10	Wurden Sie von Ihren Eltern gelobt?	Vater				
		Mutter		X		

→

			Nein, niemals ①	Ja, gelegentlich ②	Ja, oft ③	Ja, ständig ④
11	Wurden Sie von Ihren Eltern getröstet, wenn Sie traurig waren?	Vater				
		Mutter		X		
12	Zeigten Ihre Eltern mit Worten und Gesten, dass sie Sie gern hatten?	Vater				
		Mutter		X		
13	Wünschten Sie sich manchmal, dass sich Ihre Eltern weniger darum kümmerten, was Sie taten?	Vater				
		Mutter	X			
14	Setzten Ihre Eltern bestimmte Grenzen für das, was Sie tun und lassen durften, und bestanden Sie eisern darauf?	Vater				
		Mutter	X			
15	Finden Sie, dass Ihre Eltern übertrieben ängstlich darüber waren, dass Ihnen etwas zustoßen könnte?	Vater				
		Mutter	X			
16	Konnten Ihre Eltern mit Ihnen schmusen?	Vater				
		Mutter Rohwert (RW)		X		

Nun finden Sie zunächst Aussagen über die **Beziehung zwischen Ihnen und Ihrem Kind**.

		stimmt überhaupt nicht	stimmt eher nicht	stimmt ein wenig	stimmt genau
1	Mein Kind kann nur schwer meinen Lösungsvorschlag zu einem Problem akzeptieren.	☐	☐	☒	☐
2	Mein Kind akzeptiert, was ich von ihm an Verantwortlichkeiten und Pflichten gegenüber der Familie erwarte.	☐	☒	☐	☐
3	Ich weiß, was mein Kind meint, wenn es etwas sagt.	☐	☐	☐	☒
4	Ich kann meinem Kind mitteilen, wie es mir wirklich geht.	☐	☐	☒	☐
5	Mein Kind mag mich, selbst wenn ich mit ihm streite.	☒	☐	☐	☐
6	Mein Kind reagiert angemessen, wenn ich einen Fehler mache.	☐	☐	☒	☐

		stimmt überhaupt nicht	stimmt eher nicht	stimmt ein wenig	stimmt genau
7	Mein Kind und ich haben die gleichen Ansichten darüber, was richtig und falsch ist.	☐	☐	☒	☐
8	Mein Kind hilft mir bei der Bewältigung von Schwierigkeiten.	☐	☐	☒	☐
9	Mein Kind erwartet zu viel von mir.	☐	☒	☐	☐
10	Oft versteht mein Kind nicht, was ich meine.	☐	☒	☐	☐
11	Wenn ich mich über etwas aufrege, weiß mein Kind gewöhnlich warum.	☐	☐	☐	☒
12	Mein Kind und ich fühlen uns eng miteinander verbunden.	☐	☐	☐	☒
13	Selbst wenn ich zugebe im Unrecht zu sein, vergibt mir mein Kind nicht.	☒	☐	☐	☐
14	Mein Kind und ich haben ähnliche Ansichten über unsere gemeinsame Zukunft.	☐	☐	☐	☐
15	Wenn es ein Problem zwischen uns gibt, findet mein Kind immer neue Wege, dieses zu lösen.	☐	☐	☐	☒
16	Mein Kind und ich haben die gleichen Ansichten darüber, wer was in unserer Familie tun sollte.	☐	☐	☒	☐
17	Ich weiß oft nicht, ob ich dem glauben soll, was mein Kind sagt.	☐	☒	☐	☐
18	Wenn mein Kind sich über mich ärgert, geht das nicht so schnell vorüber.	☐	☒	☐	☐
19	Mein Kind vertraut mir wirklich.	☐	☐	☐	☒
20	Wenn ich einen Fehler mache, gibt mir mein Kind die Gelegenheit, zu erklären warum.	☐	☐	☒	☐
21	Mein Kind stellt viel höhere Ansprüche an mich, als es selbst einhalten kann.	☐	☐	☒	☐
22	Mein Kind sieht die Schwierigkeiten in der Familie niemals auf die gleiche Weise wie ich.	☐	☐	☒	☐
23	Mein Kind beklagt sich darüber, dass ich zu viel von ihm erwarte.	☐	☒	☐	☐
24	Selbst wenn mein Kind nicht so denkt wie ich, hört es wenigstens meinen Standpunkt an.	☐	☐	☐	☒
25	Mein Kind lässt mich wissen, wie es zu mir steht.	☐	☐	☐	☐
26	Mein Kind geht auf meine Gefühle und Bedürfnisse ein.	☐	☒	☐	☐
27	Ich weiß nie, wie mein Kind reagiert, wenn ich etwas falsch mache.	☐	☒	☐	☐
28	Mein Kind und ich haben die gleichen Ansichten darüber, wie wir unsere Freizeit verbringen.	☐	☐	☒	☐

Im Folgenden finden Sie Aussagen über die **Beziehung zwischen Ihnen und Ihrem Partner.**

		stimmt überhaupt nicht	stimmt eher nicht	stimmt ein wenig	stimmt genau
1	Mein Partner kann nur schwer meinen Lösungsvorschlag zu einem Problem akzeptieren.	☐	☐	☒	☐
2	Mein Partner akzeptiert, was ich von ihm an Verantwortlichkeiten und Pflichten gegenüber der Familie erwarte.	☐	☒	☐	☐
3	Ich weiß, was mein Partner meint, wenn er etwas sagt.	☐	☐	☒	☐
4	Ich kann meinem Partner mitteilen, wie es mir wirklich geht.	☐	☐	☒	☐
5	Mein Partner mag mich, selbst wenn ich mit ihm streite.	☐	☐	☐	☒
6	Mein Partner reagiert angemessen, wenn ich einen Fehler mache.	☐	☐	☒	☐
7	Mein Partner und ich haben die gleichen Ansichten darüber, was richtig und falsch ist.	☐	☒	☐	☐
8	Mein Partner hilft mir bei der Bewältigung von Schwierigkeiten.	☐	☒	☐	☐
9	Mein Partner erwartet zu viel von mir.	☐	☐	☐	☒
10	Oft versteht mein Partner nicht, was ich meine.	☐	☐	☐	☒
11	Wenn ich mich über etwas aufrege, weiß mein Partner gewöhnlich warum.	☐	☐	☒	☐
12	Mein Partner und ich fühlen uns eng miteinander verbunden.	☐	☐	☒	☐
13	Selbst wenn ich zugebe im Unrecht zu sein, vergibt mir mein Partner nicht.	☐	☒	☐	☐
14	Mein Partner und ich haben ähnliche Ansichten über unsere gemeinsame Zukunft.	☐	☐	☒	☐
15	Wenn es ein Problem zwischen uns gibt, findet mein Partner immer neue Wege, dieses zu lösen.	☐	☒	☐	☐
16	Mein Partner und ich haben die gleichen Ansichten darüber, wer was in unserer Familie tun sollte.	☐	☒	☐	☐
17	Ich weiß oft nicht, ob ich dem glauben soll, was mein Partner sagt.	☒	☐	☐	☐
18	Wenn mein Partner sich über mich ärgert, geht das nicht so schnell vorüber.	☐	☐	☐	☒
19	Mein Partner vertraut mir wirklich.	☐	☐	☐	☒
20	Wenn ich einen Fehler mache, gibt mir mein Partner die Gelegenheit, zu erklären warum.	☐	☐	☐	☒

$\rightarrow$

		stimmt überhaupt nicht	stimmt eher nicht	stimmt ein wenig	stimmt genau
21	Mein Partner stellt viel höhere Ansprüche an mich, als er selbst einhalten kann.	☐	☐	☐	☒
22	Mein Partner sieht die Schwierigkeiten in der Familie niemals auf die gleiche Weise wie ich.	☐	☐	☐	☒
23	Mein Partner beklagt sich darüber, dass ich zu viel von ihm erwarte.	☐	☐	☒	☐
24	Selbst wenn mein Partner nicht so denkt wie ich, hört er wenigstens meinen Standpunkt an.	☐	☐	☐	☒
25	Mein Partner lässt mich wissen, wie er zu mir steht.	☐	☐	☒	☐
26	Mein Partner geht auf meine Gefühle und Bedürfnisse ein.	☐	☐	☒	☐
27	Ich weiß nie, wie mein Partner reagiert, wenn ich etwas falsch mache.	☒	☐	☐	☐
28	Mein Partner und ich haben die gleichen Ansichten darüber, wie wir unsere Freizeit verbringen.	☐	☐	☐	☒

$\longrightarrow$

Abschließend ist eine Reihe von Verhaltensweisen aufgeführt, die möglicherweise **Ihr Partner** zeigt. Kreuzen Sie bitte bei jeder Festestellung an, wie oft diese Verhaltensweisen in der letzten Zeit **bei Ihren Partner aufgetreten sind.**

	nie/sehr selten	selten	oft	sehr oft
1. Er wirft mir Fehler vor, die ich in der Vergangenheit gemacht habe.	⓪	①	☒	③
2. Er streichelt mich während des Vorspiels so, dass ich sexuell erregt werde.	⓪	☒	②	③
3. Ich merke, dass er mich körperlich attraktiv findet.	⓪	①	☒	③
4. Er sagt mir, dass er zufrieden ist, wenn er mit mir zusammen ist.	⓪	☒	②	③
5. Vor dem Einschlafen schmiegen wir uns im Bett aneinander.	☒	①	②	③
6. Er bricht über eine Kleinigkeit einen Streit vom Zaun.	⓪	①	②	☒
7. Er teilt mir seine Gedanken und Gefühle offen mit.	⓪	①	②	☒
8. Wenn wir uns streiten, beschimpft er mich.	⓪	①	②	☒
9. Er reagiert positiv auf meine sexuellen Wünsche.	☒	①	②	③
10. Wir schmieden gemeinsam Zukunftspläne.	⓪	☒	②	③
11. Wenn er etwas aus seiner Arbeitswelt erzählt, so möchte er meine Meinung dazu hören.	⓪	①	☒	③
12. Wir planen gemeinsam, wie wir das Wochenende verbringen wollen.	☒	①	②	③
13. Er berührt mich zärtlich, und ich empfinde es als angenehm.	⓪	☒	②	③
14. Er macht mir ein ernst gemeintes Kompliment über mein Aussehen.	⓪	☒	②	③
15. Er bespricht Dinge aus seinem Berufsleben mit mir.	⓪	①	☒	③
16. Er bemüht sich, sich meine Wünsche zu merken, und erfüllt sie bei passender Gelegenheit.	⓪	☒	②	③
17. Er kritisiert mich in einer sarkastischen Art und Weise.	⓪	☒	②	③
18. Er äußert sich abfällig über eine von mir geäußerte Meinung.	⓪	☒	②	③
19. Wenn er mich offensichtlich falsch behandelt hat, entschuldigt er sich später bei mir.	⓪	①	②	☒
20. Wir unterhalten uns am Abend mindestens eine halbe Stunde miteinander.	☒	①	②	③
21. Wenn wir uns streiten, können wir nie ein Ende finden.	☒	①	②	③

$\longrightarrow$

	nie/ sehr selten	selten	oft	sehr oft
22. Er gibt mir die Schuld, wenn etwas schief gegangen ist.	⓪	①	②	③ (X)
23. Er nimmt mich in den Arm.	⓪	①	② (X)	③
24. Während eines Streites schreit er mich an.	⓪	① (X)	②	③
25. Er fragt mich abends, was ich den Tag über gemacht habe.	⓪ (X)	①	②	③
26. Wenn wir uns streiten, verdreht er meine Aussagen ins Gegenteil.	⓪	①	② (X)	③
27. Er spricht mit mir über seine sexuellen Wünsche.	⓪ (X)	①	②	③
28. Er streichelt mich zärtlich.	⓪ (X)	①	②	③
29. Er sagt mir, dass er mich gerne hat.	⓪	①	② (X)	③
30. Er schränkt mich in meiner persönlichen Freiheit ein.	⓪	① (X)	②	③

31. Wie glücklich würden Sie Ihre Partnerschaft im Augenblick einschätzen?
(Bitte Zutreffendes ankreuzen)

  ⓪   sehr unglücklich
  ①   unglücklich
  ② (X)   eher unglücklich
  ③   eher glücklich
  ④   glücklich
  ⑤   sehr glücklich

$\longrightarrow$

Zum Schluss finden Sie nun eine Liste von Problemen und Beschwerden, die man manchmal hat. Bitte lesen Sie jede einzelne Frage einzeln sorgfältig durch und entscheiden Sie, wie stark Sie durch die Beschwerden gestört oder bedrängt worden sind, und zwar **während der vergangenen sieben Tage bis heute**.

überhaupt nicht	ein wenig	ziemlich	stark	sehr stark
⓪	①	②	③	④

Wie sehr litten Sie in den letzten Tagen unter....

1. Nervosität oder innerem Zittern	⓪①②③④
2. Furcht auf offenen Plätzen oder auf der Straße	⓪①②③④
3. Gedanken sich das Leben zu nehmen	⓪①②③④
4. plötzlichem Erschrecken ohne Grund	⓪①②③④
5. Einsamkeitsgefühlen	⓪①②③④
6. Schwermut	⓪①②③④
7. dem Gefühl sich für nichts zu interessieren	⓪①②③④
8. Furchtsamkeit	⓪①②③④
9. Furcht vor Fahrten in Bus, Straßenbahn, U-Bahn oder Zug	⓪①②③④
10. Der Notwendigkeit, bestimmte Dinge, Orte oder Tätigkeiten zu meiden, weil Sie durch diese erschreckt werden	⓪①②③④
11. einem Gefühl der Hoffnungslosigkeit angesichts der Zukunft	⓪①②③④
12. dem Gefühl, gespannt oder aufgeregt zu sein	⓪①②③④
13. Abneigung gegen Menschenmengen, z.B. beim Einkaufen oder im Kino	⓪①②③④
14. Schreck- oder Panikanfällen	⓪①②③④
15. Nervosität, wenn Sie allein gelassen werden	⓪①②③④
16. so starke Ruhelosigkeit, dass Sie nicht still sitzen können	⓪①②③④
17. dem Gefühl, wertlos zu sein	⓪①②③④

Als letzter Punkt stelle ich Ihnen einige wenige Fragen zu Ihrem allgemeinen psychischen Wohlbefinden.

1.1 Waren Sie im letzten Jahr beim Arzt gewesen?

☐ Nein   ☒ Ja, wie oft? _gelegentlich._

1.2 Waren/Sind Sie in psychiatrischer Behandlung?

☐ Ja   ☒ Nein

Falls Ja:

☐ Ambulant   ☐ Stationär   Welches Jahr? _____

1.3 Waren/Sind Sie in psychotherapeutischer Behandlung?

☐ Ja   ☒ Nein

Falls Ja:

☐ Ambulant   ☐ Stationär   Welches Jahr? _____

2.1 Leiden Sie unter körperlichen (psychosomatischen) Beschwerden wie: Kopfschmerzen, Bauchschmerzen, Asthma, Schlafstörungen, Herz-/Kreislaufbeschwerden, Essstörungen?

☐ Nein   ☒ Ja, etwas   ☐ Ja, sehr

Art der körperlichen (psychosomatischen) Beschwerde: _Schlafstörungen_

Falls ja,

führen diese Beschwerden und/oder Auffälligkeiten zu Einschränkungen im Leistungsvermögen (Arbeitsplatz) oder im sozial emotionalen Bereich (soziale Kontakte, Partnerschaft)?

☐ Leistungsvermögen   ☒ Sozial emotionaler Bereich

3.1 Nehmen Sie regelmäßig Medikamente ein?

☒ Nein   ☐ Ja

Falls Ja:

nehmen Sie regelmäßig Psychopharmaka und/oder Schmerzmittel ein?

☐ Tranquilizer   ☐ Antidepressiva   ☐ Neuroleptika   ☐ Schmerzmittel

Vielen Dank für Ihre Teilnahme!

Ich stelle Dir nun ein paar Fragen zu Deiner Schule und zu Deinem Freizeitverhalten. Schreibe einfach auf, was Dir zu den Fragen einfällt. Wenn Du magst, kannst Du alle Zeilen nutzen. Bei der Beantwortung der Fragen gibt es kein richtig oder falsch. Bitte vergiss nicht die Rückseiten der Blätter auszufüllen!

Wie heißt Du? _ _____

Wie alt bist Du? _11 Jare_

Was ist Dein Geschlecht? ☒ männlich ☐ weiblich

Was sind Deine Hobbys?

Jurnaschfahren, Eishockey, lesen, klettern, manchmal
() im Verein   () im Verein , Mo + Fr. ganze Schule
Sommer 2x pro Woche

Welche Schule besuchst Du (Schulform)?

Unesco-Schule im Essen

In welcher Klassenstufe bist Du jetzt? _7a_ Klasse

1. Was magst Du an der Schule?

° _bekommt wenig HA auf_
° _nette Lehre_
° _guter Unterricht_

2. Was magst Du nicht an der Schule?

° _man darf kein Fußball spielen_
man muss in der Pause draußen bleibe

3. Was machst Du nach der Schule?

- Hausaufgaben
- Leichtathletik-Training
- mit Maene spiel
- trifft sich nicht mit Freunde

4. Übernachtest du manchmal bei Freunden oder Verwandten?

nein
1x bei Oma übernachtet im Westtop-Rauxel
1x Leichtathletik Ostejehnt

4.1 Falls Du nicht gerne bei Freunden oder Verwandten übernachtest, warum übernachtest Du nicht gerne bei ihnen?

· ist nicht so wie zu Hause
· kann kein Tennihe fuchen

5. Könntest Du Dir vorstellen, ohne Deine Eltern, aber mit anderen Kindern Ferien zu machen?

- eigentlich nicht
- ist langweilig, muss das machen was ander pafen
- zu Hause kann das machen, was es möchte

6. Übernachtest Du manchmal bei Deinen Eltern oder Geschwistern im Bett?

☐ Eltern   ☐ Geschwistern

6.1 Warum übernachtest du so gerne, bei Deinen Eltern oder Geschwistern im Bett?

6.2 Was ist schöner als in Deinem Bett?

----

7. Möchtest Du auch alleine in Deinem Bett schlafen können?

7.1 Falls Du gerne in Deinem eigenen Bett schlafen würdest, was könnte Dir helfen, in Deinem eigenen Bett zu schlafen?

----

8. Warum schläfst Du nicht alleine in Deinem Bett?

Anlage 8:
Fragebogen für Schulphobiker mit
standardisierten Fragen ab 12 Jahre -
Hauptstudie 1

Ich stelle Dir nun ein paar Fragen zu Deiner Schule und zu Deinem Freizeitverhalten. Schreibe einfach auf, was Dir zu den Fragen einfällt. Wenn Du magst, kannst Du alle Zeilen nutzen. Bei der Beantwortung der Fragen gibt es kein richtig oder falsch. Bitte vergiss nicht die Rückseiten der Blätter auszufüllen!

Wie heißt Du? _____

Wie alt bist Du? _____

Was ist Dein Geschlecht? ☐ männlich   ☐ weiblich

Was sind Deine Hobbys?

_____

_____

Welche Schule besuchst Du (Schulform)?

_____

In welcher Klassenstufe bist Du jetzt? _____ Klasse

1. Was magst Du an der Schule?

----

2. Was magst Du nicht an der Schule?

----

3. Was machst Du nach der Schule?

-----

3. Warum gehst Du nicht mehr zur Schule?

- wurde gehauen
- schlechte Erfahrung mit Grundschule und weiter
  führende Schule
- Schule haben ihm geantwortet gemacht
- Lehrer waren doof
- jetzt ist wieder in Ordnung

4. Was vermisst Du an der Schule?

- eher nicht
- gar nicht

4.1 Wie lange gehst Du schon nicht mehr zur Schule?

1-1,5 Wochen

5-6 Wochen   nur ins Häuschen

5. Was kann getan werden, damit es Dir wieder besser geht?

hat sich ergeben, hat Lehrer böse kennengelernt

6. Was könnte Dir helfen, die Schule wieder zu besuchen?

7. Wer oder was hindert Dich am Schulbesuch?

_____ Hause war ich einfach nicht mehr hin
_____ gegangen

8. Warum bleibst Du lieber Zuhause?

_____ Zu Hause geübt den ganzen Vormittag
_____ Aufgaben gemacht

Ich möchte von Dir gerne erfahren, wie Deiner Meinung nach die Beziehung zwischen Dir und Deinen Eltern ist.

Bitte beschreibe Dein Verhalten, das Verhalten Deines Vaters und Deiner Mutter mit Hilfe der folgenden Beurteilungsskalen.

Beispiele:

ICH

verhalte mich meinem **Vater** gegenüber

freundlich   3   2   1   0   X̄1   2   3   unfreundlich

Das Kreuz auf der rechten 1 würde bedeuten, dass Du Dich Deinem Vater gegenüber eher unfreundlich verhältst.

ICH

verhalte mich meinem **Vater** gegenüber

freundlich   X̄3   2   1   0   1   2   3   unfreundlich

Das Kreuz auf der linken 3 würde bedeuten, dass Du Dich Deinem Vater gegenüber sehr freundlich verhältst.

Es handelt sich hier natürlich immer um Durchschnittseinschätzungen, und es empfiehlt sich, nicht lange zu überlegen, sondern spontan anzukreuzen.

Bitte Rückseite beachten!

Auf dieser Seite beschreibe bitte Dein eigenes Verhalten!

ICH

verhalte mich **meinem Vater** gegenüber

selbstständig	3	2̶	1	0	1	2	3	unselbstständig
uninteressiert	3	2	1	0	1	2	3̶	interessiert
warmherzig	3̶	2	1	0	1	2	3	kühl
unentschlossen	3	2	1	0	1	2̶	3	entschlossen
verständnisvoll	3	2̶	1	0	1	2	3	intolerant
sicher	3	2̶	1	0	1	2	3	ängstlich

ICH

verhalte mich **meiner Mutter** gegenüber

selbstständig	3	2̶	1	0	1	2	3	unselbstständig
uninteressiert	3	2	1	0	1	2	3̶	interessiert
warmherzig	3̶	2	1	0	1	2	3	kühl
unentschlossen	3	2	1	0	1	2̶	3	entschlossen
verständnisvoll	3	2̶	1	0	1	2	3	intolerant
sicher	3	2̶	1	0	1	2	3	ängstlich

Bitte Rückseite beachten!

Auf dieser Seite beschreibe bitte das Verhalten Deines Vaters!

MEIN VATER

verhält sich **mir** gegenüber

selbstständig	3	2	1	0	1	2	3	unselbstständig
uninteressiert	3	2	1	0	1	2	3	interessiert
warmherzig	3	2	1	0	1	2	3	kühl
unentschlossen	3	2	1	0	1	2	3	entschlossen
verständnisvoll	3	2	1	0	1	2	3	intolerant
sicher	3	2	1	0	1	2	3	ängstlich

MEIN VATER

verhält sich **meiner Mutter** gegenüber

selbstständig	3	2	1	0	1	2	3	unselbstständig
uninteressiert	3	2	1	0	1	2	3	interessiert
warmherzig	3	2	1	0	1	2	3	kühl
unentschlossen	3	2	1	0	1	2	3	entschlossen
verständnisvoll	3	2	1	0	1	2	3	intolerant
sicher	3	2	1	0	1	2	3	ängstlich

Bitte Rückseite beachten!

Auf dieser Seite beschreibe bitte das Verhalten Deiner Mutter!

MEINE MUTTER

verhält sich **mir** gegenüber

selbstständig	3	2	1	0	1	2	3	unselbstständig
uninteressiert	3	2	1	0	1	2	3	interessiert
warmherzig	3	2	1	0	1	2	3	kühl
unentschlossen	3	2	1	0	1	2	3	entschlossen
verständnisvoll	3	2	1	0	1	2	3	intolerant
sicher	3	2	1	0	1	2	3	ängstlich

MEINE MUTTER

verhält sich **meinem Vater** gegenüber

selbstständig	3	2	1	0	1	2	3	unselbstständig
uninteressiert	3	2	1	0	1	2	3	interessiert
warmherzig	3	2	1	0	1	2	3	kühl
unentschlossen	3	2	1	0	1	2	3	entschlossen
verständnisvoll	3	2	1	0	1	2	3	intolerant
sicher	3	2	1	0	1	2	3	ängstlich

Bitte beantworte der Reihe nach die folgenden Fragen so, wie es für dich zutrifft. Hinter jeder Frage steht ein „JA" und ein „NEIN". Hast Du Dich für das „JA" entschieden, dann machst du um das „Ja" einen Kreis. Trifft für Dich eher das „NEIN" zu, dann machst Du um das „Nein" einen Kreis.

Überlege bei den einzelnen Fragen nicht zu lange und achte darauf, dass Du keine Frage auslässt.

Es gibt keine „richtigen" oder „falschen" und keine „guten" oder „schlechten" Antworten.

Bitte einen Kreis um die richtige Antwort machen.

1. Manche Kinder haben weniger Angst vor Tieren als ich.	Ja	Nein
2. Manchmal fühle ich mich auch dann allein, wenn andere Menschen um mich sind	Ja	Nein
3. Ich leide oft unter Kopfschmerzen.	Nein	Ja
4. Ich mache mir oft Sorgen, wenn ich abends im Bett liege.	Ja	Nein
5. Ich habe oft den Eindruck, anderen gefällt meine Art nicht.	Ja	Nein
6. Ich mache mir fast immer irgendwelche Sorgen.	Ja	Nein
7. Ich glaube, dass den meisten anderen alles leichter fällt als mir.	Ja	Nein
8. Zuhause werde ich fast täglich ermahnt, vorsichtig zu sein.	Ja	Nein
9. Ich mache mir häufig Sorgen darüber, ob ich in der Schule ausgeschimpft oder bestraft werde.	Nein	Ja
10. Ich glaube, ich mache mir mehr Sorgen um meine Schulleistungen als die meisten Mitschüler, die ungefähr die gleichen Noten haben wie ich.	Ja	Nein
11. Ich mache mir manchmal Sorgen um die Zukunft.	Ja	Nein
12. Ich fürchte oft, dass ich krank werden könnte oder dass mir sonst etwas Schlimmes zustoßen könnte.	Nein	Ja
13. Ich bin häufig nervös.	Ja	Nein
14. Ich glaube, bei Klassenarbeiten oder Prüfungen bin ich aufgeregter als die meisten Mitschüler.	Ja	Nein
15. Fast jeden Tag habe ich wegen irgendetwas ein schlechtes Gewissen.	Ja	Nein
16. Ich mache mir häufig Sorgen darüber, wie sich meine Eltern mir gegenüber verhalten werden.	Nein	Ja
17. Ich bin leicht verzagt.	Nein	Ja
18. Ich fühle mich oft schlecht.	Ja	Nein
19. Mich kann leicht etwas beunruhigen.	Ja	Nein
20. Ich erlebe oft Angst.	Nein	Ja

Im Folgenden findest Du Aussagen über die Beziehung zwischen Deiner Mutter und Dir. Bitte lese jede Aussage sorgfältig durch und entscheide, wie gut die Aussage Deine Beziehung zu Deiner Mutter beschreibt. Bitte kreuze die für Dich am ehesten zutreffende Einschätzung in den **entsprechenden Kästchen** neben der Aussage an. Bitte kreuze nur **ein Kästchen** für jede Aussage an und versuche jede Aussage zu beantworten.

		stimmt überhaupt nicht	stimmt eher nicht	stimmt ein wenig	stimmt genau
1	Meine Mutter kann nur schwer meinen Lösungsvorschlag zu einem Problem akzeptieren.	☒	☐	☐	☐
2	Meine Mutter akzeptiert, was ich von ihr an Verantwortlichkeiten und Pflichten gegenüber der Familie erwarte.	☐	☐	☐	☒
3	Ich weiß, was meine Mutter meint, wenn sie etwas sagt.	☐	☐	☐	☒
4	Ich kann meiner Mutter mitteilen, wie es mir wirklich geht.	☐	☐	☐	☒
5	Meine Mutter mag mich, selbst wenn ich mit ihr streite.	☐	☐	☐	☒
6	Meine Mutter reagiert angemessen, wenn ich einen Fehler mache.	☐	☐	☐	☒
7	Meine Mutter und ich haben die gleichen Ansichten darüber, was richtig und falsch ist.	☐	☐	☒	☐
8	Meine Mutter hilft mir bei der Bewältigung von Schwierigkeiten.	☐	☐	☐	☒
9	Meine Mutter erwartet zu viel von mir.	☒	☐	☐	☐
10	Oft versteht meine Mutter nicht, was ich meine.	☒	☐	☐	☐
11	Wenn ich mich über etwas aufrege, weiß meine Mutter gewöhnlich warum.	☐	☐	☐	☒
12	Meine Mutter und ich fühlen uns eng miteinander verbunden.	☐	☐	☐	☒
13	Selbst wenn ich zugebe im Unrecht zu sein, vergibt mir meine Mutter nicht.	☒	☐	☐	☐
14	Meine Mutter und ich haben ähnliche Ansichten über unsere gemeinsame Zukunft.	☐	☐	☒	☐
15	Wenn es ein Problem zwischen uns gibt, findet meine Mutter immer neue Wege, dieses zu lösen.	☐	☒	☐	☐
16	Meine Mutter und ich haben die gleichen Ansichten darüber, wer was in unserer Familie tun sollte.	☐	☒	☐	☐
17	Ich weiß oft nicht, ob ich dem glauben soll, was meine Mutter sagt.	☒	☐	☒	☐
18	Wenn meine Mutter sich über mich ärgert, geht das nicht so schnell vorüber.	☒	☐	☐	☐
19	Meine Mutter vertraut mir wirklich.	☐	☐	☐	☒

		stimmt überhaupt nicht	stimmt eher nicht	stimmt ein wenig	stimmt genau	
20	Wenn ich einen Fehler mache, gibt mir meine Mutter die Gelegenheit, zu erklären warum.	☐	☐	☒	☐	2
21	Meine Mutter stellt viel höhere Ansprüche an mich, als sie selbst einhalten kann.	☒	☐	☐	☐	3
22	Meine Mutter sieht die Schwierigkeiten in der Familie niemals auf die gleiche Weise wie ich.	☐	☐	☐	☒	0
23	Meine Mutter beklagt sich darüber, dass ich zu viel von ihr erwarte.	☒	☐	☐	☐	3
24	Selbst wenn meine Mutter nicht so denkt wie ich, hört sie wenigstens meinen Standpunkt an.	☐	☐	☐	☒	3
25	Meine Mutter lässt mich wissen, wie sie zu mir steht.	☐	☐	☐	☒	3
26	Meine Mutter geht auf meine Gefühle und Bedürfnisse ein.	☐	☐	☐	☒	3
27	Ich weiß nie, wie meine Mutter reagiert, wenn ich etwas falsch mache.	☐	☐	☒	☐	1
28	Meine Mutter und ich haben die gleichen Ansichten darüber, wie wir unsere Freizeit verbringen.	☒	☐	☐	☐	0

Fachbereich
Bildungswissenschaften

Abteilung Psychologie

Pia Anna Weber

Allgemeine Psychologie und Sozialpsychologie

Telefon	(02 01) 1 83 – 2171
Fax	(02 01) 1 83 – 3235
E-Mail	pia.weber@uni-due.de

Gebäude Universitätsstr. 12, R09 S03 B08

Anlage 9:
Fragebogen für Lehramtsstudenten -
Pilotstudie 2

Liebe LehramtsstudentInnen,

wie angekündigt liegt Ihnen der Fragebogen zum Thema Trennungsangst und Schulphobie von Kindern und Jugendlichen vor. Die Befragung findet im Rahmen meiner Doktorarbeit statt. Die Bearbeitungszeit dieses Fragebogens beträgt 10 Minuten.

Bitte füllen Sie den Fragebogen aus ohne vorher in Büchern oder im Internet Informationen gesammelt zu haben.

Sämtliche Antworten werden anonym ausgewertet und selbstverständlich nicht mit Ihrer Person in Verbindung gebracht.

Herzlichen Dank!

Freundliche Grüße

(Pia Anna Weber)

1. In welchem Semester sind Sie jetzt?

___9.___ Semester

2. Ihr Geschlecht

Männlich O   Weiblich ☒

3. Welche Studienrichtung studieren Sie?

Lehramt Berufskolleg

4. An welcher Schulform möchten Sie später einmal unterrichten?

Gymnasium O   Gesamtschule O   Hauptschule O   Realschule O   Grundschule O   *O Berufskolleg*

5. Trennungsangst/Schulphobie

5.1 Was sind die Symptome einer Trennungsangst bzw. Schulphobie?
Für Ihre Antworten haben Sie eine 4-stufige Antwortskala zur Verfügung. Ist die Aussage überhaupt nicht zutreffend, so kreuzen Sie bitte das erste Kästchen an, ist die Aussage voll zutreffend, so kreuzen Sie das letzte Kästchen an. Mit den Kästchen 2 und 3 können Sie Abstufungen in Ihren Antworten vornehmen.
Bitte denken Sie daran hinter jede Antwort nur ein Kreuz zu setzen und keine Antwort auszulassen.

		Stimmt überhaupt nicht	Stimmt eher nicht	Stimmt ein wenig	Stimmt genau
1	starke Angst vor der Schule selbst, vor Lehrern und/oder Mitschülern	☐	☐	☒	☐
2	Vermeidung der phobischen Situation	☐	☐	☐	☒
3	Angst vor Leistungsanforderung	☐	☐	☒	☐
4	Angst vor sozialer Abwertung	☐	☐	☒	☐
5	Auftreten körperlicher Beschwerden ohne organische Ursachen	☐	☐	☐	☒
6	Übermäßige Angst vor der Trennung von zu Hause oder von der Hauptbezugsperson	☐	☒	☐	☐
7	Desinteresse an der Schule	☒	☐	☐	☐
8	unrealistische, vereinnahmende Besorgnis des Kindes, dass irgendein unglückliches Ereignis das Kind von seiner Hauptbezugsperson trennen wird	☐	☒	☐	☐
9	wiederholtes Klagen über körperl. Beschwerden wie Kopfschmerzen, Bauchschmerzen, Übelkeit oder Erbrechen, wenn die Trennung von einer wichtigen Bezugsperson bevorsteht oder stattfindet	☐	☐	☐	☒
10	wiederholte aggressive Verhaltensweisen	☐	☐	☒	☐
11	das Verweigern des Schulbesuchs geschieht mit dem Wissen der Eltern	☒	☐	☐	☐

12	kriminelle Handlungen	☒	☐	☐	☐

5.2 Was glauben Sie, warum das Kind nicht mehr zur Schule geht bzw. was sind mögliche Ursachen für eine Trennungsangst bzw. Schulphobie?

		Stimmt überhaupt nicht	Stimmt eher nicht	Stimmt ein wenig	Stimmt genau
1	genetische Ursachen	☒	☐	☐	☐
2	Teilleistungsschwächen	☐	☒	☐	☐
3	Schule als Angst auslösende Situation	☐	☐	☐	☒
4	negatives Selbstkonzept	☐	☐	☐	☒
5	strenger Erziehungsstil	☐	☐	☒	☐
6	laissez-faire Erziehungsstil	☐	☒	☐	☐
7	inkonsistente Haltung der Eltern gegenüber dem Kind	☐	☐	☐	☒
8	elterliche Einstellungen	☐	☐	☒	☐
9	überbehütendes Verhalten	☐	☐	☒	☐
10	ablehnendes Verhalten	☐	☐	☐	☒
11	symbiotische Einstellung der Hauptbezugsperson zum Kind	☐	☐	☒	☐
12	übermäßig starke Bindung des Kindes an die Hauptbezugsperson	☐	☒	☐	☐
13	gestörtes Kommunikationsmuster zwischen Familienmitgliedern	☐	☐	☒	☐
14	geringer sozialer Status der Familie	☒	☐	☐	☐
15	Krankheitsgewinn	☐	☒	☐	☐
16	geringe Frustrationstoleranz	☐	☐	☒	☐

5.3 Kennen Sie das Problem aus Ihrer eigenen Berufserfahrung?

☒ ja   O nein

5.4 Wenn Sie einen trennungsängstlichen bzw. schulphobischen Schüler in Ihrer Klasse hätten, wie würden Sie mit der Problematik umgehen?

		Stimmt überhaupt nicht	Stimmt eher nicht	Stimmt ein wenig	Stimmt genau
1	mit den Eltern des Kindes sprechen	☐	☐	☒	☐
2	dafür plädieren, dass die Eltern mit ihrem Kind zum Psychologen gehen	☐	☐	☒	☐

3	den Beratungslehrer kontaktieren	☐	☐	☒	☐
4	den Schulpsychologen kontaktieren	☐	☐	☐	☒
5	Keine Maßnahme	☒	☐	☐	☐
6	Das Kind auf seine Problematik ansprechen	☐	☐	☐	☒
7	Informationen zu dem Thema sammeln	☐	☐	☐	☒
8	mit meinen Kollegen austauschen	☐	☐	☐	☒

6. Wie stehen Sie zu folgenden Aussagen?

		Stimmt überhaupt nicht	Stimmt eher nicht	Stimmt ein wenig	Stimmt genau
1	Die Schule sollte sich auch um psychische Probleme der Schüler kümmern.	☐	☐	☐	☒
2	Lehrer sollten eng mit Fachärzten und Therapeuten kooperieren.	☐	☐	☐	☒
3	Die Lehrer sollten eng mit den Eltern kooperieren.	☐	☐	☐	☒
4	Lehrer sollten sich für die Reifung und die psychosoziale Entwicklung ihrer Schüler interessieren.	☐	☐	☒	☐
5	Schule sollte die Aufgabe haben, Unsicherheiten beim Schüler abzubauen.	☐	☐	☐	☒
6	Schule sollte Schülern soziale Kompetenzen vermitteln	☐	☐	☐	☒

7. Ich habe zu diesem Krankheitsbild

Literatur gelesen   ja O   nein ☒
an einer Fortbildung teilgenommen   ja O   nein ☒
bereits Erfahrungen mit Schülern gesammelt   ja ☒   nein O
Wie hoch schätzen Sie den Anteil an dieser Störung erkrankter Schüler an Ihrer Schule? __25__ %

8. Wünschen Sie sich mehr Lehre zu dem Thema Schulverweigerung allgemein?
ja ☒   nein O

9. Wo haben Sie den Fragebogen ausgefüllt?
In der Universität   ☒
ein anderer Ort: _____

10. Haben Sie noch Anmerkungen, die Sie mir mitteilen möchten?

-hatte diese Angst früher selber, Symptome: Übelkeit (real empfunden),
Fernbleiben von der Schule, etc.
-damals hätte ich mir Unterstützung gewünscht

Vielen Dank für Ihre Teilnahme!

Pia Anna Weber

Allgemeine Psychologie und Sozialpsychologie

Telefon	(02 01) 1 83 - 2171
Fax	(02 01) 1 83 - 3235
E-Mail	**pia.weber@uni-due.de**

Gebäude Universitätsstr. 12, R09 S03 B98

An die Kollegien der teilnehmenden Schulen

Anlage 10:
Lehrerfragebogen - Hauptstudie 2

Sehr geehrte Lehrerinnen und Lehrer,

wie angekündigt liegt Ihnen der Fragebogen zum Thema *emotionale Störung mit Trennungsangst bei Kindern und Jugendlichen (Schulphobie)* vor. Die Befragung findet im Rahmen meiner Doktorarbeit statt. Die Bearbeitungszeit beträgt 10 Minuten.

Bitte füllen Sie den Fragebogen aus ohne vorher in Büchern oder im Internet Informationen gesammelt zu haben. Bitte geben Sie den Fragebogen im Sekretariat ab, dieser wird je nach Absprache mit dem Direktor/der Direktorin 10 Tage nach Ausliegen des Fragebogens an mich zurück gesandt oder von mir im Sekretariat abgeholt.

Sämtliche Antworten werden anonym ausgewertet und selbstverständlich nicht mit Ihrer Person in Verbindung gebracht.

Wenn Sie an meinen Forschungsergebnissen interessiert sind, geben Sie bitte im unteren Abschnitt des Schreibens Ihre e-mail Adresse an. Der Abschnitt wird abgetrennt und nicht mit den Fragebögen zusammen gespeichert. Bei Fragen können Sie mich gerne kontaktieren.

Herzlichen Dank!
Freundliche Grüße

(Pia Anna Weber)

Bitte senden Sie mir die Forschungsergebnisse an die folgende e-mail Adresse:

1. Wie lange unterrichten Sie als Lehrer?

_18_ Jahre (inkl. Referendariat)

2. Ihr Geschlecht

Männlich O   Weiblich Ⓧ

3. An welcher Schulform unterrichten Sie?

Gymnasium O   Gesamtschule O   Hauptschule O   Realschule O   Grundschule Ⓧ   Berufskolleg O

4. Wie viele Schüler unterrichten Sie derzeit? (Bitte geben Sie die Gesamtzahl an) _78_

5. Emotionale Störung mit Trennungsangst (hierzu zählt auch die Schulphobie)

Bitte versuchen Sie möglichst alle Fragen zu beantworten, auch wenn Sie keinen Schüler mit diesem Störungsbild in Ihrer Klasse haben.

5.1 Wie nehmen Sie Schüler mit diesem Störungsbild wahr?
Es liegt Ihnen eine 7-stufige Antwortskala vor, von -3 sehr negativ bis +3 sehr positiv. Die 0 bedeutet, dass weder das eine noch das andere zutrifft. Mit den restlichen Zahlen können Sie Abstufungen in Ihrem Antwortverhalten vornehmen.
Bitte denken Sie daran, hinter jede Antwort nur ein Kreuz zu setzen und keine Antwort auszulassen.

	-3	-2	-1	0	+1	+2	+3	
unsozial					X			sozial
unintelligent					X			intelligent
nicht hilfsbereit				X				hilfsbereit
phantasielos								phantasievoll
humorlos					X			humorvoll
leistungsschwach					X			leistungsstark
launenhaft						X		umgänglich
mündl. zurückgezogen					X			mündlich engagiert
unbeliebt					X			gesellig
naiv					X			scharfsinnig

5.2 Haben Sie bereits Erfahrungen mit solchen Schülern gesammelt?

Ja Ⓧ   Nein O

Wenn ja, welche Erfahrungen haben Sie gemacht?

Dieser Schüler/Schülerin ist im Schulverhalten eher unauffällig, macht keine Probleme – fällt positiv auf, zu Hause ↑ nach Aussagen der Eltern, genau entgegengesetzt. verhält sich das Kind

*5.3 Was denken Sie sind mögliche **Symptome** einer emotionalen Störung mit Trennungsangst (hierzu zählt auch die Schulphobie)?*

		stimmt überhaupt nicht	stimmt eher nicht	stimmt ein wenig	stimmt genau
1	starke Angst vor der Schule selbst, vor Lehrern und/oder Mitschülern	☐	☐	☒	☐
2	Vermeidung der phobischen Situation	☐	☐	☒	☐
3	Angst vor Leistungsanforderung	☐	☐	☒	☐
4	Angst vor sozialer Abwertung	☐	☐	☒	☐
5	Auftreten körperlicher Beschwerden ohne organische Ursachen	☐	☐	☒	☐
6	übermäßige Angst vor der Trennung von zu Hause oder von der Hauptbezugsperson	☐	☒	☐	☐
7	Desinteresse an der Schule	☐	☒	☐	☐
8	unrealistische, vereinnahmende Besorgnis des Kindes, dass irgendein unglückliches Ereignis das Kind von seiner Hauptbezugsperson trennen wird	☐	☒	☐	☐
9	wiederholtes Klagen über körperl. Beschwerden wie Kopfschmerzen, Bauchschmerzen, Übelkeit oder Erbrechen, wenn die Trennung von einer wichtigen Bezugsperson bevorsteht oder stattfindet	☐	☐	☒	☐
10	wiederholte aggressive Verhaltensweisen in der Schule	☐	☐	☒	☐
11	das Verweigern des Schulbesuchs geschieht mit dem Wissen der Eltern	☐	☒	☐	☐
12	kriminelle Handlungen	☐	☒	☐	☐

*5.4 Was glauben Sie, warum das Kind nicht mehr zur Schule geht bzw. was sind mögliche **Ursachen** einer emotionalen Störung mit Trennungsangst (hierzu zählt auch die Schulphobie)?*

		stimmt überhaupt nicht	stimmt eher nicht	stimmt ein wenig	stimmt genau
1	genetische Ursachen	☒	☐	☐	☐
2	Teilleistungsschwächen	☐	☐	☒	☐
3	Schule als Angst auslösende Situation	☐	☐	☒	☐
4	negatives Selbstkonzept	☐	☐	☒	☐
5	strenger Erziehungsstil	☐	☐	☒	☐
6	laissez-faire Erziehungsstil	☐	☐	☒	☐
7	inkonsequente Haltung der Eltern gegenüber dem Kind	☐	☐	☒	☐
8	überbehütendes Verhalten der Eltern	☐	☐	☒	☐
9	ablehnendes Verhalten der Eltern	☐	☐	☒	☐
10	übermäßig starke Bindung des Kindes an die Hauptbezugsperson	☐	☐	☒	☐
11	übermäßig starke Bindung der Hauptbezugsperson an das Kind	☐	☐	☒	☐
12	gestörtes Kommunikationsmuster zwischen Familienmitgliedern	☐	☐	☒	☐
13	geringer sozialer Status der Familie	☐	☒	☐	☐
14	geringe Frustrationstoleranz des Kindes	☐	☐	☒	☐

5.5 Wenn Sie einen trennungsängstlichen bzw. schulphobischen Schüler in Ihrer Klasse hätten, wie würden Sie mit dem Schüler umgehen?

		stimmt überhaupt nicht	stimmt eher nicht	stimmt ein wenig	stimmt genau
1	mit den Eltern des Kindes sprechen	☐	☐	☐	☒
2	dafür plädieren, dass die Eltern mit ihrem Kind zum Psychologen gehen	☐	☐	☐	☒
3	den Beratungslehrer kontaktieren	☐	☐	☐	☒
4	den Schulpsychologen kontaktieren	☐	☐	☐	☒
5	keine Maßnahme	☒	☐	☐	☐
6	das Kind auf seine Problematik ansprechen	☐	☐	☐	☒
7	Informationen zu dem Thema sammeln	☐	☐	☐	☒
8	mit meinen Kollegen austauschen	☐	☐	☐	☒
9	den Schüler im Unterricht wie alle anderen Schüler behandeln	☐	☐	☒	☐
10	den Schüler besonders in die Klassengemeinschaft einbeziehen	☐	☐	☐	☒
11	den Schüler im Unterricht weniger einbeziehen, um ihn zu schützen	☒	☐	☐	☐

5.6 Wie würde es Ihnen damit gehen, wenn Sie einen Schüler mit einer emotionalen Störung mit Trennungsangst (hierzu zählt auch die Schulphobie) in Ihrer Klasse hätten?

	-3	-2	-1	0	+1	+2	+3	
problematisch	X							unproblematisch
unangenehm			X					angenehm
uninteressiert						X		interessiert
belastend			X					problemlos
behindernd						X		nicht behindernd
zeitaufwendig		X						zeitunaufwendig
frustrierend				X				gleichgültig

6. Ich habe zu diesem Krankheitsbild

Literatur gelesen   ja O   nein ☒

an einer Fortbildung teilgenommen   ja O   nein ☒

bereits Erfahrungen mit Schülern gesammelt   ja ☒   nein O

Wie hoch schätzen Sie den Anteil an dieser Störung erkrankter Schüler an Ihrer Schule? ___10___ %

7. Für wie wichtig halten Sie das Thema in Bezug auf ihr tägliches schulisches Handeln?

1 = sehr wichtig	2 = wichtig	3 = mittel	4 = eher unwichtig	5 = unwichtig
	X			

8. Wie schätzen Sie ihr Vorwissen zu diesem Störungsbild ein?

1 = sehr hoch	2 = hoch	3 = mittel	4 = eher gering	5 = gering
			X	

Vielen Dank für Ihre Teilnahme!

Fachbereich
Bildungswissenschaften

Abteilung Psychologie

Pia Anna Weber

Allgemeine Psychologie und Sozialpsychologie

An die Schüler der teilnehmenden Schulen

Telefon	(02 01) 1 83 – 2171
Fax	(02 01) 1 83 – 3235
E-Mail	pia.weber@uni-due.de

Gebäude Universitätsstr. 12, R09 S03 B08

Anlage 11:
Schülerfragebogen - Hauptstudie 2

Liebe Schülerin, lieber Schüler,

wie angekündigt liegt Dir der Fragebogen zum Thema *emotionale Störung mit Trennungsangst bei Kindern und Jugendlichen (Schulphobie)* vor. Die Befragung findet im Rahmen meiner Doktorarbeit statt. Die Bearbeitungszeit beträgt 10 Minuten.

Bitte fülle den Fragebogen aus ohne vorher in Büchern oder im Internet Informationen gesammelt zu haben. Bitte gib den ausgefüllten Fragebogen bei Deinem Lehrer, der Dir den Fragebogen ausgehändigt hat oder im Sekretariat ab.

Sämtliche Antworten werden anonym ausgewertet und selbstverständlich nicht mit Deiner Person in Verbindung gebracht.

Wenn Du an meinen Forschungsergebnissen interessiert bist, gib mir bitte im unteren Abschnitt des Schreibens Deine e-mail Adresse an. Der Abschnitt wird abgetrennt und nicht mit den Fragebögen zusammen gespeichert.

Herzlichen Dank!

Freundliche Grüße

(Pia Anna Weber)

Bitte sende mir die Forschungsergebnisse an die folgende e-mail Adresse

1. In welcher Klassenstufe bist Du zur Zeit?

STU Klasse

2. Dein Geschlecht

Männlich O   Weiblich ☒

3. Welche Schule besuchst Du? (Bitte Zutreffendes ankreuzen)

Gymnasium O   Gesamtschule O   Hauptschule O   Realschule O   Grundschule O   Berufskolleg ☒

4. Wie viele Schüler sind in Deiner Klasse? ___16___

5. Emotionale Störung mit Trennungsangst (hierzu zählt auch die Schulphobie)

Bitte versuche möglichst alle Fragen zu beantworten, auch wenn Du keinen Schüler mit diesem Störungsbild in Deiner Klasse hast.

5.1 Wie würdest Du Schüler mit dieser Erkrankung wahrnehmen?
Dir liegt eine 7-stufige Antwortskala vor, von -3 sehr negativ bis +3 sehr positiv. Die 0 bedeutet, dass weder das eine noch das andere zutrifft. Mit den restlichen Zahlen kannst Du Abstufungen in Deinem Antwortverhalten vornehmen.
Bitte denke daran, hinter jede Antwort nur ein Kreuz zu setzen und keine Antwort auszulassen.

	-3	-2	-1	0	+1	+2	+3	
unsozial					X			sozial
unintelligent						X		intelligent
nicht hilfsbereit			X					hilfsbereit
phantasielos			X					phantasievoll
humorlos			X					humorvoll
leistungsschwach			X					leistungsstark
launenhaft		X						umgänglich
unbeliebt		X						gesellig

5.2 Hast Du bereits Erfahrungen mit solchen Schülern gesammelt?

Ja ☒   Nein O

Wenn ja, welche Erfahrungen hast Du gemacht?

Meistens liegen soziale Probleme vor, die der entsprechende Schüler alleine nicht mehr überwinden kann. Dann schleicht sich langsam eine Abkapselung der restlichen Klasse ein. Mit Unterstützung könnte man früh eingreifen, damit sich dieses Verhalten nicht manifestiert.

*5.3 Was denkst Du sind mögliche **Symptome** einer emotionalen Störung mit Trennungsangst (hierzu zählt auch die Schulphobie)?*

		stimmt überhaupt nicht	stimmt eher nicht	stimmt ein wenig	stimmt genau
1	starke Angst vor der Schule selbst, vor Lehrern und/oder Mitschülern	☐	☐	☐	☒
2	Vermeidung der phobischen Situation	☐	☐	☐	☒
3	Angst vor Leistungsanforderung	☐	☐	☒	☐
4	Angst vor sozialer Abwertung	☐	☐	☒	☐
5	Auftreten körperlicher Beschwerden ohne organische Ursachen	☐	☐	☐	☒
6	übermäßige Angst vor der Trennung von zu Hause oder von der Hauptbezugsperson	☐	☒	☐	☐
7	Desinteresse an der Schule	☐	☒	☐	☐
8	unrealistische, vereinnahmende Besorgnis des Kindes, dass irgendein unglückliches Ereignis das Kind von seiner Hauptbezugsperson trennen wird	☐	☒	☐	☐
9	wiederholtes Klagen über körperl. Beschwerden wie Kopfschmerzen, Bauschschmerzen, Übelkeit oder Erbrechen, wenn die Trennung von einer wichtigen Bezugsperson bevorsteht oder stattfindet	☐	☒	☐	☐
10	wiederholte aggressive Verhaltensweisen in der Schule	☐	☐	☒	☐
11	das Verweigern des Schulbesuchs geschieht mit dem Wissen der Eltern	☐	☐	☒	☐
12	kriminelle Handlungen	☐	☒	☐	☐

5.4 Was glaubst Du, warum das Kind nicht mehr zur Schule geht bzw. was sind mögliche Ursachen einer emotionalen Störung mit Trennungsangst (hierzu zählt auch die Schulphobie)?

		stimmt überhaupt nicht	stimmt eher nicht	stimmt ein wenig	stimmt genau
1	genetische Ursachen	☒	☐	☐	☐
2	Teilleistungsschwächen	☐	☒	☐	☐
3	Schule als Angst auslösende Situation	☐	☐	☐	☒
4	negatives Selbstkonzept	☐	☐	☒	☐
5	strenger Erziehungsstil	☐	☐	☒	☐
6	laissez-faire Erziehungsstil	☐	☐	☒	☐
7	inkonsequente Haltung der Eltern gegenüber dem Kind	☐	☒	☒	☐
8	überbehütendes Verhalten der Eltern	☐	☒	☐	☐
9	ablehnendes Verhalten der Eltern	☐	☐	☒	☐
10	übermäßig starke Bindung des Kindes an die Hauptbezugsperson	☐	☒	☐	☐
11	übermäßig starke Bindung der Hauptbezugsperson an das Kind	☐	☐	☒	☐
12	gestörtes Kommunikationsmuster zwischen Familienmitgliedern	☐	☐	☐	☒
13	geringer sozialer Status der Familie	☐	☐	☒	☐
14	geringe Frustrationstoleranz des Kindes	☐	☐	☒	☐

5.5 Wenn Du einen solchen Schüler in Deiner Klasse hättest, wie würdest Du mit dem Schüler umgehen?

		stimmt überhaupt nicht	stimmt eher nicht	stimmt ein wenig	stimmt genau
1	den Mitschüler auf sein Problem ansprechen	☐	☐	☒	☐
2	das Problem ignorieren	☐	☒	☐	☐
3	den Mitschüler wie alle anderen Mitschüler behandeln	☐	☐	☒	☐
4	Informationen zu dem Thema sammeln	☐	☒	☐	☐
5	mit Deinen anderen Klassenkameraden austauschen	☐	☐	☒	☐
6	diesen Schüler besonders in die Klassengemeinschaft einbeziehen	☐	☒	☐	☐
7	den Schüler ignorieren	☐	☒	☐	☐

5.6 Wie würde es Dir damit gehen, wenn Du einen Schüler mit einer emotionalen Störung mit Trennungsangst (hierzu zählt auch die Schulphobie) in Deiner Klasse hättest?

	-3	-2	-1	0	+1	+2	+3	
problematisch				✗				unproblematisch
unangenehm				✗				angenehm
uninteressiert			✗					interessiert
belastend				✗				problemlos
behindernd			✗					nicht behindernd
frustrierend				✗				gleichgültig

6. Ich habe zu diesem Krankheitsbild

Literatur gelesen   ja O   nein ☒
bereits Erfahrungen mit Schülern gesammelt   ja ☒   nein O
Wie hoch schätzt Du den Anteil an dieser Störung erkrankter Schüler an Deiner Schule? ___10___ %

7. Für wie wichtig hälst Du das Thema in Bezug auf Dein tägliches schulisches Handeln?

1 = sehr wichtig	2 = wichtig	3 = mittel	4 = eher unwichtig	5 = unwichtig
		✗		

8. Wie schätzt Du Dein Vorwissen zu diesem Störungsbild ein?

1 = sehr hoch	2 = hoch	3 = mittel	4 = eher gering	5 = gering
			✗	

Vielen Dank für Deine Teilnahme!

Gisela Steins (Hrsg.)

Schule trotz Krankheit

Eine Evaluation von Unterricht mit kranken Kindern und Jugendlichen und ihre Implikationen für die allgemeinbildenden Schule

In jeder Schulklasse befinden sich Schüler/-innen, die sich auf dem Kontinuum gesund versus krank an irgendeinem Punkte befinden, der nicht als vollständig gesund zu bezeichnen ist.

Im Lehrberuf wird zunehmend gefordert, dass Lehrer/-innen die relevanten Grundlagen in breiterem Umfang kennen sollten, denn ihre Schüler/-innen gedeihen am besten, wenn sie angemessen behandelt werden. Und viele von ihnen sind physisch oder psychisch krank, nicht alle immer und ständig, aber viele in einer bestimmten Phase ihres Lebens. Schule kann hier helfen, sie kann aber auch destruktiv wirken und Krankheit verstärken.

Eine Kenntnis über die Bedeutung von Krankheit im schulischen Kontext ist also nicht nur für die Lehrer/-innen interessant und gewinnbringend, die an Schulen für Kranke unterrichten, sie ist eine wichtige Grundlage für Unterricht überhaupt, unabhängig von der Schulform. Um die Frage, was guter Unterricht für kranke und gesunde Kinder ist, geht es in diesem Buch, um dessen Sicherung und um die Notwendigkeit einer immerwährenden Selbstreflexion. Aus der gewählten krankenpädagogischen Perspektive ergeben sich überraschend viele allgemeine Erkenntnisse für Schule. Mit diesem Buch ist ein weiterer Schritt gemacht, diese beiden Perspektiven zusammenzuführen.

PABST SCIENCE PUBLISHERS
Eichengrund 28
D-49525 Lengerich,
Tel. ++ 49 (0) 5484-308,
Fax ++ 49 (0) 5484-550,
pabst.publishers@t-online.de
www.pabst-publishers.de

384 Seiten, ISBN 978-3-89967-501-6
Preis: 25,- Euro